■2025年度高等学校受験用

日本工業大学駒場高等学校

収録内容一覧

★この問題集は以下の収録内容となっています。また、編集の都合上、解説、解答用紙を省略させていただいている場合もございますのでご了承ください。

（○印は収録、一印は未収録）

入試問題と解説・解答の収録内容			解答用紙
2024年度	一般①	英語・数学・国語	○
	一般②	英語・数学・国語	○
2023年度	一般①	英語・数学・国語	○
	一般②	英語・数学・国語	○
2022年度	一般①	英語・数学・国語	○
	一般②	英語・数学・国語	○
2021年度	一般①	英語・数学・国語	○
	一般②	英語・数学・国語	○

★当問題集のバックナンバーは在庫がございません。あらかじめご了承ください。

●凡例●

【英語】

≪解答≫

〔　〕　①別解
　②置き換え可能な語句（なお下線は置き換える箇所が2語以上の場合）
　（例）I am〔I'm〕glad〔happy〕to ~

（　）　省略可能な言葉

≪解説≫

1, 2… 本文の段落（ただし本文が会話文の場合は話者の１つの発言）

〔　〕　置き換え可能な語句（なお〔　〕の前の下線は置き換える箇所が 2 語以上の場合）

（　）　①省略が可能な言葉
　（例）「(数が) いくつかの」
　②単語・代名詞の意味
　（例）「彼（＝警察官）が叫んだ」
　③言い換え可能な言葉
　（例）「いやなにおいがするなべにはふたをするべきだ（＝くさいものにはふたをしろ）」

// 　訳文と解説の区切り

cf. 　比較・参照

≒　ほぼ同じ意味

【数学】

≪解答≫

〔　〕　別解

≪解説≫

（　）　補足的指示
　（例）（右図１参照）など

〔　〕　①公式の文字部分
　（例）〔長方形の面積〕=〔縦〕×〔横〕
　②面積・体積を表す場合
　（例）〔立方体 ABCDEFGH〕

∴　ゆえに

≒　約、およそ

【社会】

≪解答≫

〔　〕　別解

（　）　省略可能な語

＿＿　使用を指示された語句

≪解説≫

〔　〕　別称・略称
　（例）政府開発援助〔ODA〕

（　）　①年号
　（例）壬申の乱が起きた（672 年）。
　②意味・補足的説明
　（例）資本収支（海外への投資など）

【理科】

≪解答≫

〔　〕　別解

（　）　省略可能な語

＿＿　使用を指示された語句

≪解説≫

〔　〕　公式の文字部分

（　）　①単位
　②補足的説明
　③同義・言い換え可能な言葉
　（例）カエルの子（オタマジャクシ）

≒　約、およそ

【国語】

≪解答≫

〔　〕　別解

（　）　省略してもよい言葉

＿＿　使用を指示された語句

≪解説≫

〈　〉　課題文中の空所部分（現代語訳・通釈・書き下し文）

（　）　①引用文の指示語の内容
　（例）「それ（＝過去の経験）が ～」
　②選択肢の正誤を示す場合
　（例）（ア，ウ…×）
　③現代語訳で主語などを補った部分
　（例）（女は）出てきた。

／　漢詩の書き下し文・現代語訳の改行部分

日本工業大学駒場高等学校

所在地	〒153-8508 東京都目黒区駒場1-35-32
電　話	03-3467-2130
ホームページ	https://nit-komaba.ed.jp
交通案内	京王井の頭線 駒場東大前駅西口より徒歩3分 東急田園都市線 池尻大橋駅北口より徒歩15分

普通科

男女共学

くわしい情報は
ホームページへ

応募状況

年度	募集数		受験数	合格数
2024	推薦	特進 18名	2名	3名
		理特 18名	4名	6名
		総進 53名	24名	28名
		文理 35名	53名	46名
	一般	特進 17名	51名	50名
		理特 17名	44名	29名
		総進 52名	181名	144名
		文理 35名	137名	69名
2023	推薦	特進 18名	16名	30名
		理特 18名	7名	15名
		総進 53名	124名	131名
		文理 35名	58名	29名
	一般	特進 17名	96名	120名
		理特 17名	60名	68名
		総進 52名	378名	311名
		文理 35名	210名	147名
2022	推薦	特進 18名	13名	28名
		理特 18名	13名	15名
		総進 88名	97名	80名
		文理 35名	45名	45名
	一般	特進 17名	87名	139名
		理特 17名	63名	75名
		総進 87名	379名	293名
		文理 35名	102名	73名

※推薦は推薦A・推薦Bの合計。
※一般には併願優遇入試の人数を含む。
※スライド合格を含む。

編集部注一本書の内容は2024年5月現在のものであり，変更されている場合があります。正確な情報は，学校のホームページ等で必ずご確認ください。

試験科目　（参考用：2024年度入試）

［推薦A・推薦B］
適性検査(国語・英語・数学)，面接
［一般・併願優遇・チャレンジ］
国語・英語・数学，面接
［マイワーク］
作文，面接

本校の特色

本校では，生徒一人ひとりの多様な進路目標を実現するため，４つのコースを設置している。

特進コース

〔文系クラス／理系クラス〕

広く教養を高めながら，国公立・難関私立大へ進学できる学力の獲得を目指す。部活動などの課外活動に積極的に取り組む生徒も多い。

理数特進コース

〔理系クラス〕

科学的探究心や理工学的応用力を育み，難関理系大学を目指す。科学史，理数探究講座，ものつくり講座などの特設科目がある。

総合進学コース

〔文系クラス／理系クラス／英語国際クラス〕

勉強だけでなく部活動や委員会活動などをバランスよく行い，自分の得意分野を生かして進学する。英語国際クラスは海外留学も実施する。

文理未来コース

〔文系クラス／理系クラス〕

普通科の授業の中に，基礎ものつくりや科学技術史など，ものつくりの特設科目を設けているのが特徴。ものつくり体験から得られる豊かな感性や創意工夫の精神を生かして，大学現役合格を目指す。

出題傾向と今後への対策　英語

出題内容

	2024		2023		2022	
	一般①	一般②	一般①	一般②	一般①	一般②
大問数	6	6	7	7	7	7
小問数	52	52	49	52	51	51
リスニング	×	×	×	×	×	×

◎大問数6～8題，小問数50問前後である。出題構成は，一般①②ともに適語選択，整序結合，対話文完成，テーマ作文，長文読解総合などとなっている。

2024年度の出題状況

《一般①》

1 適語(句)選択・語形変化
2 整序結合
3 対話文完成－適文選択
4 テーマ作文
5 長文読解総合(英問英答形式)－メニュー・対話文
6 長文読解総合－物語

《一般②》

1 適語(句)選択・語形変化
2 整序結合
3 対話文完成－適文選択
4 テーマ作文
5 長文読解総合－対話文
6 長文読解総合－物語

解答形式

《一般①》　記　述／マーク／併　用

《一般②》　記　述／マーク／併　用

出題傾向

長文の題材は物語やノンフィクションが多い。設問は適語・適文選択，指示語，内容真偽など内容把握の問題が中心である。読解総合問題では短い英文で，対話文完成や図表を読み解く英問英答などが見られる。整序結合は日本語付きで7～9語(句)程度を並べ替え単語を記述させる形式。その他の問題もよくある出題形式である。

今後への対策

基本問題が多いので，教科書の基本単語や熟語を正確に覚え，基本例文もできるかぎり暗記しよう。教科書の復習を終えたら，標準レベルの問題集で練習を積み何度も解き直そう。定期テストで間違えた問題も必ず確認し復習しておこう。仕上げに過去問を時間を計って解き，問題形式と時間配分を確認しておこう。

◆◆◆◆◆ 英語出題分野一覧表 ◆◆◆◆◆

分野			2022 一般①	2022 一般②	2023 一般①	2023 一般②	2024 一般①	2024 一般②	2025予想※ 一般①	2025予想※ 一般②
音声	放送問題									
	単語の発音・アクセント									
	文の区切り・強勢・抑揚									
語彙・文法	単語の意味・綴り・関連知識			●	●			●	△	◎
	適語(句)選択・補充		●	●	●	●	■	■	◎	◎
	書き換え・同意文完成		●	●	●	●			△	△
	語形変化		●				●	●	◎	△
	用法選択									
	正誤問題・誤文訂正									
	その他(短縮形)									
作文	整序結合		■	●	■	■	●	■	◎	◎
	日本語英訳	適語(句)・適文選択								
		部分・完全記述								
	条件作文									
	テーマ作文		●	●	●	●	●	●	◎	◎
会話文	適文選択		★	★	★	★	★	★	◎	◎
	適語(句)選択・補充									
	その他									
長文読解	内容把握	主題・表題								
		内容真偽	●	■	●	■	■	■	◎	◎
		内容一致・要約文完成								
		文脈・要旨把握	●	●	●	●	●	●	◎	◎
		英問英答	■	■	●	●	●	●	◎	◎
	適語(句)選択・補充		●	■		■	●	●	◎	◎
	適文選択・補充		●	●	■		■	●	◎	◎
	文(章)整序									
	英文・語句解釈(指示語など)		●	●	●	●	●	●	◎	◎
	その他					●				△

●印：1～5問出題，■印：6～10問出題，★印：11問以上出題。
※予想欄　◎印：出題されると思われるもの。　△印：出題されるかもしれないもの。

出題傾向と今後への対策 数学

出題内容

2024年度

《一般①》 証

[1]，[2]は数と式，方程式の計算問題で，各4問。[3]はさいころを利用した確率。[4]は規則性に関する問題。[5]は関数で，放物線と直線に関するもの。[6]，[7]は平面図形の出題。[6]は，穴埋め形式の証明問題もある。

《一般②》 証

[1]，[2]は数と式，方程式の計算問題で，各4問。[3]は数の性質に関する問題2問。[4]は規則性に関する問題。[5]は関数で，放物線と直線に関するもの。[6]は平面図形で，穴埋め形式の証明問題もある。[7]は関数で，一次関数のグラフに関する問題。

2023年度

《一般①》 証

[1]，[2]は小問集合で，計算を主とする問題が計8問。[3]は数の性質に関する問題。[4]は座標平面上の図形の面積について問うもの。[5]は関数で，一次関数と反比例のグラフを利用した問題。[6]，[7]は平面図形で，[6]では証明問題もある。

《一般②》 証

[1]，[2]は小問集合で，計算を主とする問題が計8問。[3]はデータの活用。[4]は一次方程式の応用。[5]は関数で，放物線と直線に関するもの。[6]，[7]は平面図形。円や，正三角形を折り返した図について問うもので，[7]は証明問題もある。

作…作図問題　証…証明問題　グ…グラフ作成問題

解答形式

《一般①》　記　述／マーク／併　用

《一般②》　記　述／マーク／併　用

出題傾向

大問7題，小問16～20問。[1]，[2]が方程式を含めた計算問題，[3]以降が，方程式の応用，確率，関数，図形などとなる。ほとんどが基礎～標準レベルの問題で構成され，オーソドックスな問題が多い。しかし，数問，推理力を必要としたり，設定がやや複雑であったり，応用力を必要とする問題も見られる。

今後への対策

教科書の練習問題や章末問題を解いて基礎基本の確認を。基礎基本がマスターできたら，標準レベルの問題集を使って演習を積もう。できるだけ多くの問題に接するようにし，いろいろな解法や考え方を身につけるようにしていくとよい。特に，計算問題は毎日のように練習し，できるだけ速く，正確にできるようにしよう。

◆◆◆◆ 数学出題分野一覧表 ◆◆◆◆

分野		2022 一般①	2022 一般②	2023 一般①	2023 一般②	2024 一般①	2024 一般②	2025予想※ 一般①	2025予想※ 一般②
数と式	計算，因数分解	★	★	★	★	★	★	◎	◎
	数の性質，数の表し方			■			■	△	△
	文字式の利用，等式変形								
	方程式の解法，解の利用	★	★	★	★	★	★	◎	◎
	方程式の応用	●	■		■			△	△
関　数	比例・反比例，一次関数		■	★			★	△	△
	関数$y=ax^2$とその他の関数	★	★		★	★	★	◎	◎
	関数の利用，図形の移動と関数			■				△	
図　形	（平面）計　量	★	★	★	★	★	●	◎	◎
	（平面）証明，作図	●	●	●	●	●	●	◎	◎
	（平面）その他								
	（空間）計　量								
	（空間）頂点・辺・面，展開図								
	（空間）その他								
データの活用	場合の数，確率					■		△	
	データの分析・活用，標本調査				■				△
その他	不等式								
	特殊・新傾向問題など	■				■	■	△	△
	融合問題								

●印：1問出題，■印：2問出題，★印：3問以上出題。
※予想欄　◎印：出題されると思われるもの。　△印：出題されるかもしれないもの。

出題傾向と今後への対策　国語

出題内容

2024年度

《一般①》

一	二	三	四	五
論説文	論説文	漢字	国語の知識	資料

課題文　一福嶋亮大『感染症としての文学と哲学』
二宮本直美『ミュージカルの歴史』

《一般②》

一	二	三	四	五
論説文	論説文	漢字	慣用句	古文

課題文　一國分功一郎『はじめてのスピノザ』
二北村紗衣『批評の教室』
五『十訓抄』

2023年度

《一般①》

一	二	三	四	五
論説文	論説文	漢字	四字熟語	資料

課題文　一清水真木『感情とは何か』
二熊坂元大「環境問題を『道徳的に考えること』を考える」

《一般②》

一	二	三	四	五
論説文	論説文	漢字	文学史	古文

課題文　一白井　聡「消費社会とは何か」
二伊豫谷登士翁『グローバリゼーション』
五『平家物語』

解答形式

《一般①》　**記述**／マーク／併用

《一般②》　**記述**／マーク／併用

出題傾向

論説文の読解問題にそれぞれ８～10問，漢字に10問，その他の国語の知識の問題や資料の読み取り，古文の読解問題に５問ずつ，合計40問前後の出題となっている。読解問題は，ほとんどが内容理解に関する設問で，35～80字程度の記述式解答の設問が，複数含まれている。課題文は，分量・内容ともに標準的なものが選ばれている。

今後への対策

論説文の読解問題は，基本的なレベルのものではあるが，しっかりした読解力と表現力がないと対応できない。こうした力をつけるためには，基礎学力レベルのものでよいから，問題集を数多くこなすのがよい。古文は，基本的な問題集をこなすとよい。国語の知識に関しては，漢字，四字熟語，文学史などを中心に復習するとよいだろう。

◆◆◆◆◆ 国語出題分野一覧表 ◆◆◆◆◆

分野		年度	2022		2023		2024		2025予想※	
			一般①	一般②	一般①	一般②	一般①	一般②	一般①	一般②
現代文	論説文 説明文	主題・要旨	●	●	●	●	●	●	◎	◎
		文脈・接続語・指示語・段落関係	●	●	●	●	●	●	◎	◎
		文章内容	●	●	●	●	●	●	◎	◎
		表現	●	●	●	●	●	●	◎	◎
	随筆 日記 手紙	主題・要旨								
		文脈・接続語・指示語・段落関係								
		文章内容								
		表現								
		心情								
	小説	主題・要旨								
		文脈・接続語・指示語・段落関係								
		文章内容								
		表現								
		心情								
		状況・情景								
韻文	詩	内容理解								
		形式・技法								
	俳句 和歌 短歌	内容理解								
		技法								
古典	古文	古語・内容理解・現代語訳		●		●		●		◎
		古典の知識・古典文法		●		●		●		◎
	漢文	（漢詩を含む）								
国語の知識	漢字 語句	漢字	●	●	●	●	●	●	◎	◎
		語句・四字熟語	●	●	●	●	●	●	◎	◎
		慣用句・ことわざ・故事成語		●			●	●	△	◎
		熟語の構成・漢字の知識		●		●				◎
	文法	品詞	●		●				◎	
		ことばの単位・文の組み立て								
		敬語・表現技法								
	文学史		●	●		●		●	△	◎
作文・文章の構成・資料			●		●		●		◎	
その他										

※予想欄　◎印：出題されると思われるもの。　△印：出題されるかもしれないもの。

合格を勝ち取るための

本書の使い方

本書に掲載されている過去問をご覧になって，「難しそう」と感じたかもしれません。でも，大丈夫。ほとんどの受験生が同じように感じるのです。高校入試の出題範囲は中学校の定期テストに比べて広いですし，残りの中学校生活で学ぶはずの，まだ習っていない内容からも出題されているかもしれません。

ですから，初めて本書に取り組む際には，点数を気にする必要はありません。点数は本番で取れればいいのです。

過去問で重要なのは「間違えること」です。自分の弱点を知るために，過去問に取り組むのです。当然，間違った問題をそのままにしておいては意味がありません。

本書には，長年にわたって高校受験に関わってきたベテランスタッフによる詳細な解説がついています。間違えた問題は重点的に解説を読み，何度も解きなおしてください。時にはもう一度，教科書で復習するのもよいでしょう。

別冊として，抜き取って使える解答用紙を収録しました。表示してあるように拡大コピーをとれば，実際の入試と同じ条件で，何度でも過去問に取り組むことができます。特に記述問題では解答欄の大きさがヒントになる場合があります。そうした，本番で使える受験テクニックの練習ができるのも，本書の強みです。

前のページにある「出題傾向と今後への対策」もよく読んで，本校の出題傾向に慣れておきましょう。

2024年度 日本工業大学駒場高等学校（一般①）

【英　語】（50分）〈満点：100点〉

1　次の英文の（　）に入れるのに最も適切な語(句)を１つずつ選び，記号で答えなさい。

1　The cat (　　　) under the table is mine.
　ア　sleep　　イ　sleeps　　ウ　sleeping　　エ　slept

2　She (　　　) me if I joined the team.
　ア　said　　イ　asked　　ウ　told　　エ　talked

3　This desk is (　　　　) wood.
　ア　made of　　イ　made in　　ウ　made from　　エ　made for

4　Don't come in now, (　　　　　)?
　ア　don't you　　イ　do you　　ウ　aren't you　　エ　will you

5　My little sister (　　　) lunch at that moment.
　ア　have　　イ　eats　　ウ　is having　　エ　was eating

6　(　　　　　) going to the library?
　ア　Why don't you　　イ　What time　　ウ　How often　　エ　How about

7　My father is (　　　　　) than my brother.
　ア　as tall　　イ　very taller　　ウ　the tallest　　エ　much taller

8　Who (　　　) a letter to Jane yesterday?
　ア　write　　イ　writes　　ウ　wrote　　エ　written

9　You have a lot of work (　　　) today.
　ア　to do　　イ　doing　　ウ　do　　エ　did

10　Maria is used to (　　　) her uncle's house.
　ア　visit　　イ　visit to　　ウ　visiting　　エ　visiting to

2　次の日本文の意味になるように【　】内の語(句)を並べかえなさい。ただし，文頭に来るべき語も小文字で示してあります。

1　私は彼が優しい人だとは思いません。
　【do / think / not / kind / that / I / is / he】.

2　あなたは彼らがいつ出発するべきか知っていますか。
　【know / should / they / you / do / when / leave】?

3　絵を描いているあの男性は私の父です。
　【is / a picture / is / that / who / drawing / man】my father.

4　私は先週，母のために花を買いました。
　I【mother / week / my / flowers / last / for / bought / some】.

5　彼は私にドアを開けないように言いました。
　【the door / told / to / not / he / open / me】.

3　A　次の会話文の(　)に入れるのに最も適切なものを１つ選び，記号で答えなさい。

1　A：I'm glad to see you.　How are you?
　B：Well, I'm not so good.　(　　　　)
　A：Oh, dear.　Take care.
　ア　I've got a cough.　　イ　I had a good time.
　ウ　You can be happy.　　エ　I want to see you.

2　A：Excuse me.　I'm going to the post office.　(　　　　)
　B：Sure.　Turn right at the third corner, and you'll find it on your right.
　A：Thank you very much.
　ア　Could you tell me the way?　　イ　Could I tell you the way?
　ウ　How can I send a letter?　　エ　Would you like some letters?

3　A：Dad, I think I lost my subway ticket.　I can't find it.
　B：Have you checked your bag and your pockets?
　A：(　　　　)　I'll have to tell the ticket office that I've lost it.
　B：Wait a minute.　Here's your ticket.　It was with mine in my pocket.
　ア　I've already bought one.　　イ　I've just found it.
　ウ　I've just asked the officer.　　エ　I've already looked.

4　A：How was the Thai restaurant last night?
　B：The food and staff were great.　But it was too expensive.
　A：Really?　How much was the main course?
　B：About 120 dollars.　(　　　　)
　ア　It was too hot to eat.　　イ　It was more than I thought.
　ウ　It was very cheap.　　エ　It was not as good as the other one.

5　A：I'm happiest when I read comic books.
　B：I saw you have a lot of comics in your room.　(　　　　)
　A：Over 400 on the shelf.
　ア　How high is it?　　イ　How much do you have?
　ウ　How many do you have?　　エ　How far is it?

6　A：It's almost lunch time.　Do you have time to go out for lunch?
　B：No, I have to do this by one thirty.
　A：You look busy.　I'll buy a lunch box.　(　　　　)
　B：Yes, please!　You are so helpful.
　ア　Should I take you to the store?　　イ　I brought my lunch.
　ウ　Shall I get you anything?　　エ　May I go out now?

7　A：I take piano lessons to be a good pianist.
　B：How often do you take lessons?
　A：(　　　　)
　ア　This is my first time.　　イ　Twice a week.
　ウ　By bus.　　エ　Four out of six.

8　A：How did you do on your math test?
　B：Not bad.　You know math isn't my favorite subject, but I thought it was easy.　How about you?

A：（　　　　）I was sick last week, so I couldn't study very much.

B：I didn't know you were sick.　That's too bad.　Better luck next time.

ア　I didn't do so well.　　　イ　I have no idea.

ウ　It was fine.　　　　　　エ　I can't stand it.

B　次の会話文の（1）～（4）に入れるのに最も適切なものを1つずつ選び，記号で答えなさい。

A：（　1　）I'm very impressed.

B：Thank you so much.　I hope you had a great time with us.

A：What do you want to say to the audience?

B：Thank you for coming to see this musical tonight.　We gave all of our energy to perform this show.（　2　）

A：How long have you prepared for it?

B：（　3　）All actors and staff had a lot of meetings to make this show.

A：（　4　）

B：That's right.　I hope this musical brought you a lot of happiness.

A：Thank you!

ア　We did our best performance tonight.

イ　What a great show!

ウ　We have been practicing for two months.

エ　That's why this musical was moving.

4　次の問いに対して，理由も含めて25語以上の英語で答えなさい。

Which do you like better, playing with friends inside or outside?

5　4ページのメニューと次の会話文を読み，下記の設問に答えなさい。

Waiter：Hello, are you ready to order?

John：I am, are you?

Nancy：Uh, yes.　I think so.　What is the soup of the day, please?

Waiter：It's spicy carrot soup.

Nancy：Hmm, no, I don't want that.　I'll start with cauliflower, please, and can I have the chicken wrap?

Waiter：Sure, and would you like potato chips or onion rings?

Nancy：I'll have chips, please.

Waiter：Fine, and you sir?

John：I'd like the salad with tomatoes and beans to start, please.

Waiter：Sure, and for you, main dish?

John：Uh, a burger with bacon please.　Can I have it without cheese?

Waiter：No cheese, sure.　And what would you like to drink?

Nancy：A beer for me, please.

John：Really?　You usually have wine.

Nancy：That's true, but I don't want that today.

John：Hmm, I'll have a beer, too, and could we have some water, too?

Waiter：Sure.　I'll bring your drinks in a moment.

NIT AMERICAN RESTAURANT

Lunch items ready for here/to go

★STARTERS★

Soup of the Day... $7.00
Please ask the waiter about the soup.

Chips... $5.00
Served with sour cream sauce.

Cauliflower... $8.00
Battered and fried, served with garlic sauce.

Mushrooms... $6.00
Battered and fried, served with our signature cheese sauce.

★FRESH SALADS★

Club Salad... $10.00
Crisp bed of lettuce, chopped ham & bacon, diced tomatoes, onions and green peppers.

American House Salad... $7.50
Fresh garden salad topped with shredded cheese, sliced red onions, and diced tomatoes with beans.

★BURGERS★

JUMBO BURGER... $9.00
with cheese... $9.50
with lettuce, tomato, pickle, served with potato chips and onion rings.

SUPER BURGER DELUXE... $11.00
with cheese... $11.50
with lettuce, tomato, pickle and bacon. Served with potato chips and onion rings.

★DRINKS★

Orange Juice / Coca-Cola / Beer / Wine... $3.00

★WRAPS★

Wraps are served with chips. Switch to onion rings for $1.50.

Buffalo Chicken Wrap... $8.00
Choice of grilled or crispy chicken tossed in buffalo sauce with crispy lettuce and shredded cheese.

Veggie Wrap... $6.50
Fresh lettuce with shredded cheese, sliced red onions, and diced tomatoes. Served with your choice of dressing.

★DESSERTS★

Maple Apple Pie... $6.00
Served with homemade whipped cream or vanilla ice cream.

White Chocolate Cake... $5.00
Served with cherry sauce and whipped cream.

Orange Cheesecake... $5.50
Served with chocolate sauce and whipped cream.

— 30 minutes later —

Waiter : How was your meal ?

Nancy : Delicious. Thank you.

Waiter : Would you like dessert ? The menu is on the wall over there.

Nancy : Yes, I'd love one, but mmm, I can't decide between the white chocolate cake or the orange cheesecake. I might order a dessert that I haven't tried before.

John : Well, I know what I want : apple pie.

Waiter : Sure, with whipped cream or ice cream ?

John : Ice cream, please.

Waiter : No problem, and are you ready to order ?

Nancy : Well, I had orange cheesecake last time I was here, so (①) this time. It's different from last time.

Waiter : Great. I'll bring them for you soon.

Q 1 How much did John pay for his lunch ?

Q 2 Fill in the blank (①) with five or more words.

Q 3 True or False. Answer T or F.

1 Nancy ordered the spicy carrot soup for her starter.

2 Both Nancy and John ordered a beer.

3 The waiter brought a dessert menu after the main dish.

4 You can also take out items from the menu.

5 The cheese on the hamburger comes at no extra cost.

Q 4 What topping did John choose for his apple pie ? Answer in an English sentence.

6 次の英文を読んで，下記の設問に答えなさい。〔語注(*)が文の最後にあります。〕

Ben Ross taught history at Gordon High School. One afternoon he showed a film about *Hitler and *the Nazis. At the end of the film, he told his students : 'The Nazis killed more than ten million men, women and children.'

A student near the door turned the lights on. Ben looked round. He saw sad faces all round the room.

'I know many of you are very sad,' Ben told the students, 'But I want you to think about what you saw. Does anybody have any questions ?'

Amy Smith put her hand up. '[ア]'

'It was called *Auschwitz. The Nazis built Auschwitz to kill people quickly.'

The room was very (A). Amy put her hand up again. 'Were all the Germans Nazis ?' she asked.

'No, most Germans were not Nazis.'

'Did the German people try to stop them ?' Amy asked.

'No, most Germans didn't try to stop the Nazis,' Ben told her. 'Perhaps ①they were afraid of them.'

'But why were they afraid ?'

'You must remember that life was very (B) in Germany at that time,' said Ben. 'There weren't very many Nazis but they had guns. And after 1945 most Germans said, "[イ] We didn't know about Auschwitz."'

Now Laurie Saunders put her hand up. 'I can't believe that,' she said. 'I think they knew what happened.'

Ben was happy that his students were (C). They were not usually (C) in history. 'Only they know what they knew,' Ben told Laurie. 'And we don't know why most German people did not try to stop the Nazis.'

It was time for lunch. The students left the room quickly. David Collins looked over at Laurie. 'Come on, Laurie,' he said. 'Let's go to lunch. I'm hungry.'

'I'll be down in a few minutes, David,' said Laurie.

David went off to lunch. There were only a few students left in the room now. Laurie looked up at Mr Ross.

'How many people did the Nazis kill ?' Laurie asked her teacher.

'They killed more than six million *Jews. And about four million others.'

'But why did they kill them ? Were all the Nazis bad people ?'

Mr Ross put his books in his bag. For about a minute he was (A). Then he turned to Laurie. 'I don't know, Laurie,' said Mr Ross. '[ウ]'

A few minutes later, Laurie sat next to David in the school restaurant.

'Look at Robert Billings,' said David. '[エ]'

Robert tried to sit next to two students from Mr Ross's history lesson. The students stood up and went to another table.

'Do you think there's something (D) with him ?' Laurie asked.

'I don't know,' said David. 'He's very (E). But perhaps that's because he doesn't have any friends.'

David began eating again. ②Laurie did not eat any of her lunch. Her face was very sad.

'What's wrong ?' David asked.

'That film, David,' Laurie answered. 'I thought it was very sad. Did you think it was sad ?'

'Yes, but those things happened a long time ago,' said David. '[オ]'

'But we mustn't forget that it did happen,' Laurie said.

Amy Smith and Brian Amman came over to their table.

'I want to sit here,' said Amy. 'I was here first !'

'No, I want to sit here,' said Brian. 'I want to talk to David about our football team. We're playing Clarkstown on Saturday.'

'And I want to talk to Laurie about ③*The Grapevine*.'

David played football for the Gordon High team. Laurie wrote for the school newspaper. It was called *The Grapevine*.

Laurie laughed. 'It's OK, there are two places,' she said.

Brian and Amy sat down.

'Will you win on Saturday ?' Laurie asked. 'I'm going to write about the game for next week's *Grapevine*.'

'I don't know,' said David. 'Our players don't have much *discipline.'

'That's right,' said Brian. 'And we don't have any good new players.'

(注) Hitler アドルフ・ヒトラー（第二次世界大戦中のドイツ国の首相）

the Nazis ナチス（ヒトラーが率いた国家社会主義ドイツ労働者党，またはその党員）

Auschwitz アウシュビッツ強制収容所 Jew ユダヤ人 discipline 訓練，鍛錬

問1 ［ア］～［オ］に入れるべき文を１つずつ選び，番号で答えなさい。

1 You can't change what happened then.

2 I can't answer that question.

3 What was the place in the film called ?

4 Nobody wants to sit with him.

5 We didn't know that they killed all those people.

問2 （A）～（E）に入れるべき語を１つずつ選び，記号で答えなさい。ただし，それぞれの記号は１度しか使えません。

ア wrong イ interested ウ hard エ quiet オ strange

問3 下線部①の内容として適切なものを１つ選び，記号で答えなさい。

ア ナチスの人々はドイツ人を恐れていた。

イ ほとんどのドイツ人はユダヤ人を恐れていた。

ウ ドイツ人の大半がナチスの人々を恐れていた。

エ ナチスの人々は銃を持つことを恐れていた。

問4 下線部②の理由として適切なものを１つ選び，記号で答えなさい。

ア 具合が悪く，食欲がなかったから。

イ 友だちが一人で食事をしているのが気になったから。

ウ 学食に遅れて到着したから。

エ 歴史の授業の内容が頭から離れなかったから。

問5 下線部③が何であるのかを説明する文になるように，下記の空欄に適切な語句を入れ，英文を完成させなさい。

The Grapevine is ＿＿＿＿＿.

問6 以下の英文で本文の内容と一致するものにはＴ，一致しないものにはＦで答えなさい。

1 Laurie couldn't believe that most Germans didn't know about Auschwitz.

2 Brian and Amy wanted to sit at the same table, but they couldn't.

3 David and Brian were sure that their team was very good.

【数　学】（50分）〈満点：100点〉

1　次の計算をしなさい。

(1)　$2\times\left(-\frac{3}{2}\right)^3+\left(-\frac{3}{5}\right)^2\times\frac{5}{2}+\frac{17}{20}$

(2)　$\frac{2x-1}{3}-\frac{x+2}{2}+\frac{-3x+2}{6}$

(3)　$\left\{\left(\frac{4x}{3y}+\frac{x-z}{2y}\right)\left(\frac{4x}{3y}-\frac{x-z}{2y}\right)+\frac{x^2-2xz+z^2}{4y^2}\right\}\div\frac{4x}{3y^2}$

(4)　$\frac{8\sqrt{6}-12\sqrt{2}}{3-2\sqrt{3}}$

2　次の方程式を解きなさい。

(1)　$1.2x-\frac{3x-2}{5}=\frac{x-18}{15}$

(2)　$\begin{cases}(\sqrt{2}+1)^2x-2y=1\\ \sqrt{2}x-y=2\end{cases}$

(3)　$3x^2-4x-2=0$

(4)　$(x-a)^2-3x=-3a+4$　（a は定数）

3　2つのさいころA，Bを投げて，出た目をそれぞれ a，b とします。このとき，次の問いに答えなさい。

(1)　2つの直線 $y=-x+a$ と $y=x$ の交点の x 座標が整数となるときの確率を求めなさい。

(2)　2つの直線 $y=-x+a$ と $y=bx$ の交点の x 座標が整数となるときの確率を求めなさい。

4　図のように，長さが同じ棒をつなげて正三角形をつくります。n 番目の正三角形において，棒のつなぎ目の点の個数を a_n とするとき，次の問いに答えなさい。

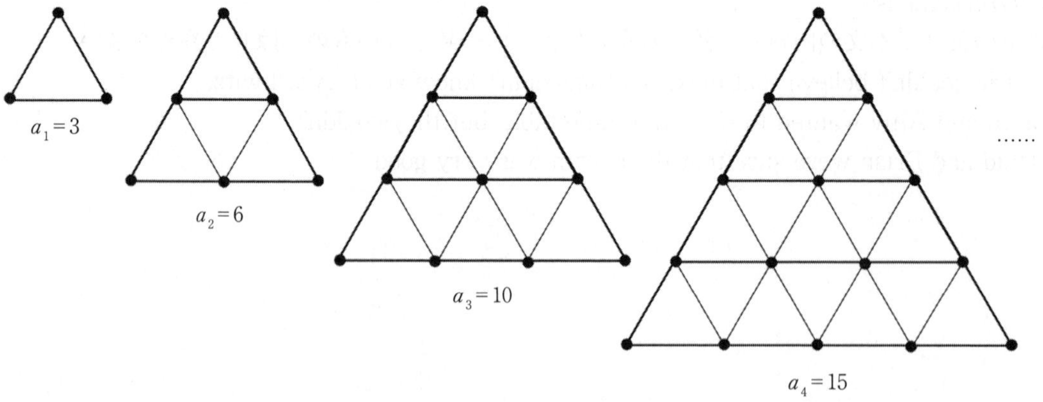

(1)　a_5 を求めなさい。

(2)　a_{46} を求めなさい。

5　図のように，放物線 $y=x^2$ と直線 l が2点A，Bで交わっており，その x 座標はそれぞれ -2 と1です。直線 m は原点を通り，直線 l と平行です。直線 m と放物線 $y=x^2$ の交点をCとするとき，次の問いに答えなさい。

(1)　直線 l の式を求めなさい。

(2)　四角形 ACOB の面積を求めなさい。

(3)　線分 AB 上の点Pについて，△ACP と四角形 BPCO の面積比が 5：3 となるとき，直線 CP の式を求めなさい。

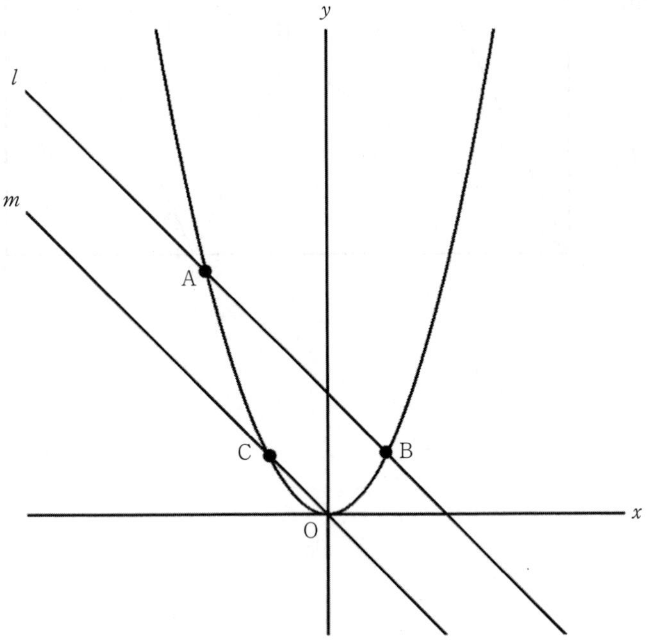

6　図のように，AB を直径とする円Oと直線 DE は点Cで接しています。AD⊥DE，BE⊥DE であるとき，次の問いに答えなさい。

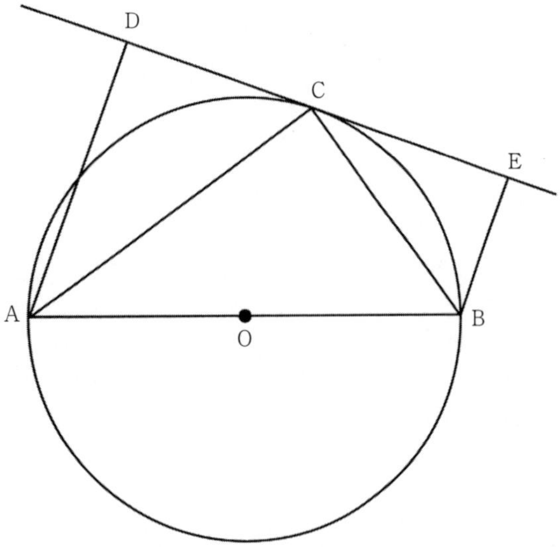

(1)　ア，イには適切な数字や式を，ウには相似条件をあてはめて△ACD∽△CBE であることを証明しなさい。

【証明】
△ACD と△CBE で，
AD⊥DE，BE⊥DE なので，
∠ADC＝∠CEB＝90°……①
AB は円Oの直径より，
∠ACB＝［　ア　］°
∠ACD＝x とすると，
∠BCE＝［　イ　］
三角形の内角の和は180°なので
∠CBE＝x
これより，∠ACD＝∠CBE……②
①，②より，［　　ウ　　］から
△ACD∽△CBE である。

(2)　AB＝5cm，BC＝3cm であるとき，四角形 ABED の面積を求めなさい。

7　図のように長方形ABCDがあり，AD上にAE＝EG＝GD＝2cmとなるように点E，Gをとります。また，BC上にFC＝2cmとなるように点Fをとり，対角線BDとEFの交点をHとします。AB＝$2\sqrt{3}$cmのとき，次の問いに答えなさい。

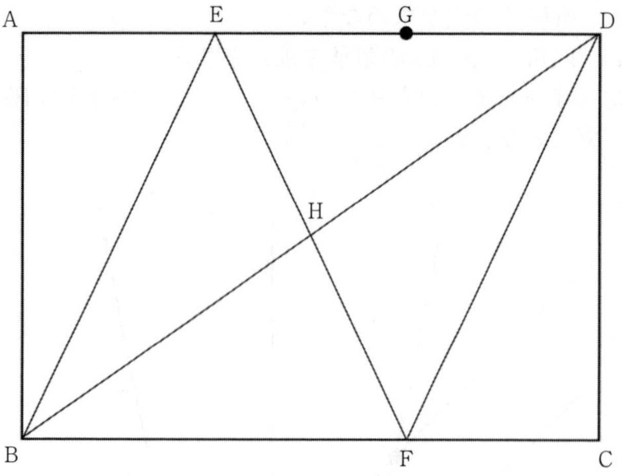

(1)　BEの長さを求めなさい。

(2)　BHの長さを求めなさい。

(3)　FGとAC，BDとの交点をそれぞれI，Jとするとき，△HIJの面積を求めなさい。

ア　小学生・中学生・高校生に向けた人数による割引についての情報。

イ　小学生・中学生・高校生に向けた名作映画のポスターを入れた情報。

ウ　２０代から３０代に向けたファミリー割引についての情報。

エ　４０代・５０代に向けた館内の雰囲気の良さに焦点をあてた情報。

オ　６０代以上に向けたシニア層限定上映の告知を入れた情報。

問４　チラシの内容の説明として最も適当なものを次の中から一つ選び、記号で答えなさい。

ア　日駒館は海外のアクション映画が中心で、恋愛映画は取り扱っていない。

イ　日駒館は３Ｄ上映などの特殊な上映方法に力を入れている映画館である。

ウ　毎週水曜日には小、中学生を除く全ての人が１３００円で新作映画を鑑賞することができる。

エ　幼稚園に通う子どもと一緒に来館した場合には鑑賞を断られる可能性がある。

オ　６月２７日にはプレオープン価格で旧作映画を鑑賞することができる。

問3　日駒館の館長はプレオープン一週目の来館者の割合や意見をもとに、二週目以降に特定の層に向けて配布中のチラシに情報を追加しようと考えています。チラシと次の資料を踏まえて、館長が追加すると思われる情報として最も適当なものを次の中から一つ選び、記号で答えなさい。

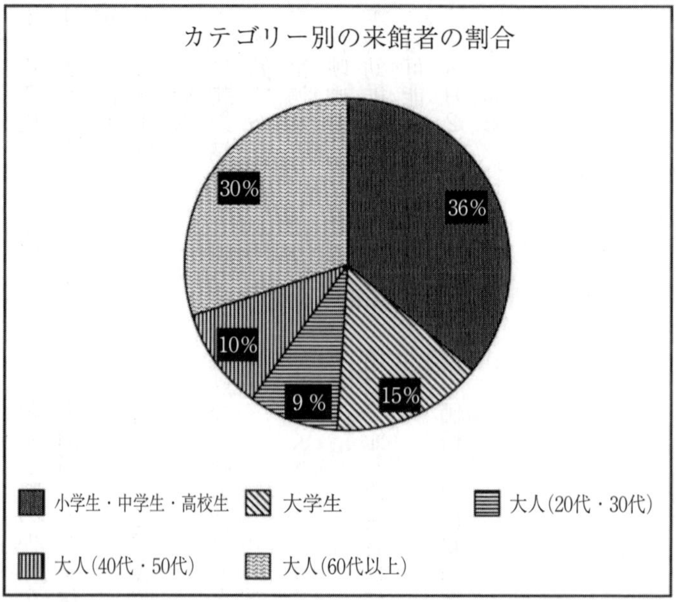

【館長の指針】
・現在，多く来館している層にアプローチする。
・好意的な意見の多い層にアプローチし，さらなる来館者の増加を目指す。

【お客様の声】
・駅から近く，アクセスがよいので通いやすい(20代)
・友達と通いやすい料金でうれしい(中学生)
・名作はとても面白かったが，映画に詳しくないので宣伝用のポスターを事前に見たい(高校生)
・大迫力で楽しかった(小学生)
・新規開館ではあるが，レトロな劇場の雰囲気が感じられて，仕事を忘れて非日常を楽しめた(50代)
・売店が充実していてよかった(40代)
・学生が多くて少し落ち着かないのが残念だった(60代)
・シートの座り心地がよい(30代)
・家族で映画を観ました。両親が好きだと言っていた映画が観られて良かった(小学生)
・昔は時間やお金に余裕がなくて劇場では観られなかった名作をスクリーンで観られて非常に満足(60代)
・名作の選定の条件がわからなかった。名作とはいうもののマイナーな映画で思ったほどではなかった(20代)

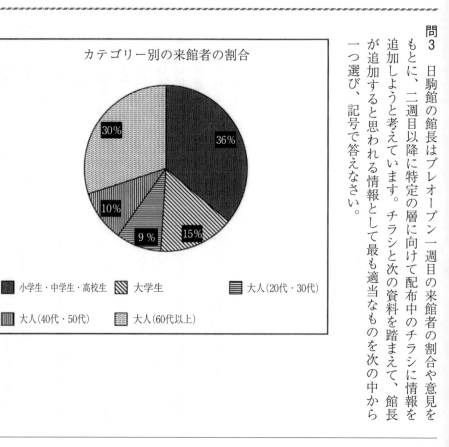

ア　4700円　イ　5100円　ウ　5500円
エ　5700円　オ　5900円

問2　駒場駅から映画館までの地図として最も適当なものを次の中から一つ選び、記号で答えなさい。

ア

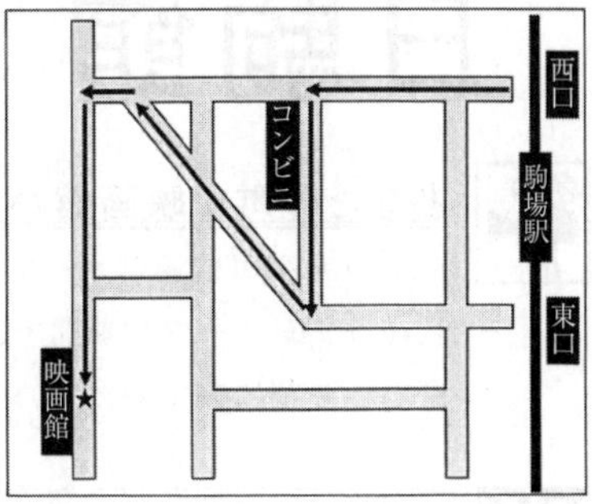

イ

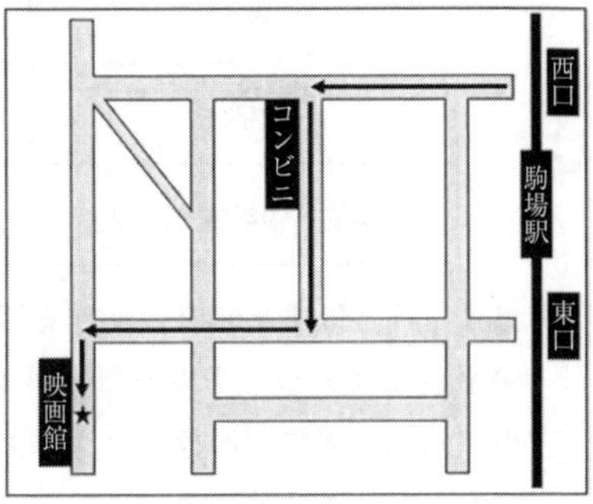

ウ

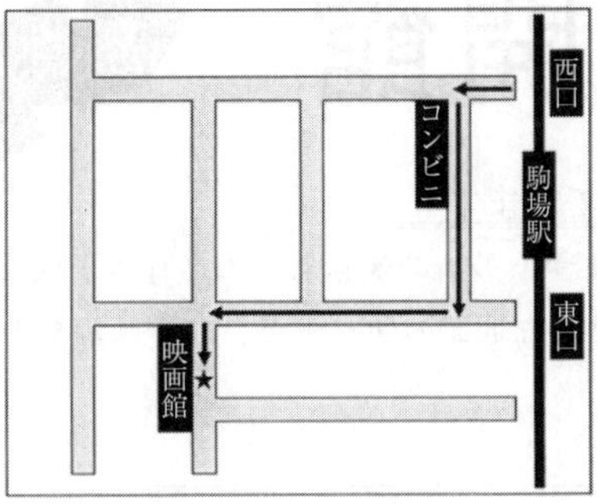

エ

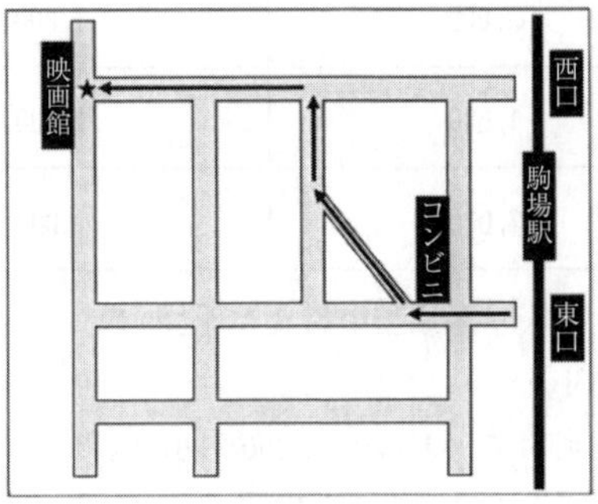

オ

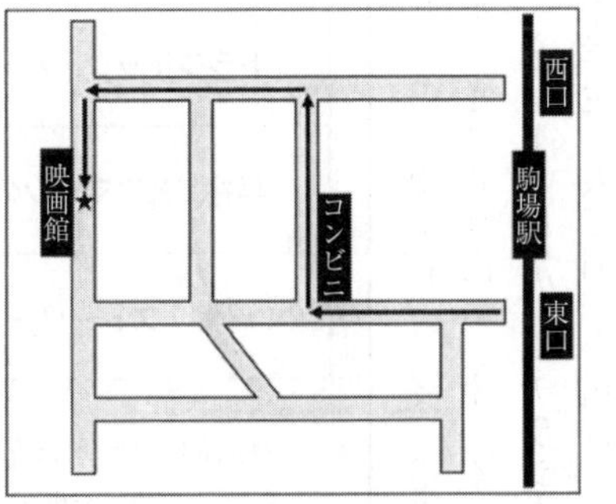

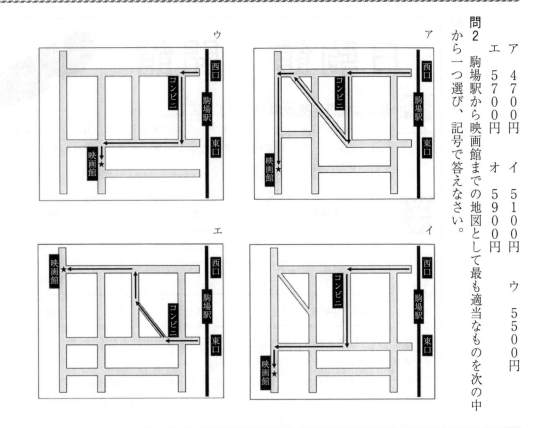

五

次のチラシは映画館の開館宣伝広告です。これを読んで、後の問いに答えなさい。

日駒館　開館

あなたの町に映画館がやってきます！

6月29日に日駒館がオープンします。最新の映画も昔の名作も上映します！
現在はプレオープン期間で、本格的な開館の前ですが、名作映画を上映中！
ぜひ、遊びに来てください！

料金表	新作	旧作
大人	2,000	1,800
大学生	1,500	1,300
小学生・中学生・高校生	1,000	1,000

＊毎月1日と毎週水曜日は新作を鑑賞する大学生以上の料金が1,300円。
60歳以上はいつでも鑑賞料金が1,300円。
小学生・中学生・高校生3人以上での利用で1人につき200円引き。
大人2人以上と学生2人以上での利用で1人につき100円引き。
未就学のお子様と一緒の鑑賞はご遠慮ください。

◆プレオープン期間の上映リスト

トラフィック・パーク	最新の乗り物の展示や体験乗車ができるアトラクション施設に遊びにきたマイク。最初は楽しんでいたが、次第に自動運転システムが自我を持ち、人を襲いだして……。最高のSFアクション映画！
早井工とアマゾンの石	地質学者である早井工は大学で出会った絵麻に一目ぼれする。しかし、絵麻には振り向いてもらえない。工は絵麻のためにアマゾンにしかない石を見つけることを決意する。石をめぐるラブロマンス！
鯉・ストーリー	10年に1度開催される“鯉のぼり選手権 in komaba”。鯉太は優勝を目指して修業を続けてきた。さあ、鯉太よ。ゴールに向けて大いなる空へ飛び立とう！　前代未聞のファンタジー・アニメーション！

＊この期間はチラシを持参で全作品旧作料金より1人につき200円引きで鑑賞できます！
＊プレオープン期間は開館日の3日前までです。

駒場駅の西口を出て、コンビニ前を左折します。その後、丁字路を右折し、次の十字路をそのまま直進、突き当たりを左に進んだところにあります。

＊本チラシの情報は6月10日現在の情報です。
キャンペーンも含めて、割引は最も安い鑑賞料金になる1種が適応されます。

問1　次の各団体が映画を鑑賞した際の料金の合計額として最も適当なものを次の中から一つ選び、それぞれ記号で答えなさい。

(i)　6月30日(金)にチラシを持参して大学生1人、高校生2人、小学生1人で新作を鑑賞

ア　3500円　イ　3700円　ウ　3900円
エ　4300円　オ　4500円

(ii)　6月13日(火)にチラシを持参して大人2人、大学生1人、中学生1人で旧作を鑑賞

四 次の会話は中学三年生が学級目標を決めている場面です。これを読んで、後の問いに答えなさい。

生徒A　一年生の目標は「『【 ① 】穴に入らずんば【 ① 】子を得ず』、積極的に物事にチャレンジしよう」だったね。B君は実践できてた？

生徒B　そうだね、色々なことにチャレンジしたけど、忙しくなりすぎて【 ② 】の手も借りたい気持ちだったよ。A君はどうだった？

生徒A　僕も同じだったな。でも、二年生の時は学級目標である「『二【 ③ 】を追う者は一【 ③ 】をも得ず』、自分のやるべきことに集中しよう」の考えを胸に、勉強に力を入れていたかな。成績が下がってしまっていたから、なんとか挽回しようと頑張っていたよ。

生徒B　そうだったんだ、A君は部活も忙しいのに、勉強も頑張れていてすごいや。僕も先生に今のうちから勉強にも力を入れなさいって言われていたけど行動に移せなくて、他の友達からも「まさに【 ④ 】耳東風だね。」と言われてしまったよ。

生徒A　そういえば、これまでの学級目標では、一昨年と去年とで、ある法則に基づいた動物が規則的に登場しているね。これを踏まえると今年はどんな目標が良いかな？

生徒B　【　⑤　】とかはどうかな？　中学の最終学年にふさわしい、良い目標だと思うな。

生徒A　賛成！　クラスの皆にも提案してみよう。

問1　【①】【②】【③】【④】に入る漢字として適当なものを次の中からそれぞれ選び、記号で答えなさい。

ア　犬
イ　兎
ウ　馬
エ　虎
オ　猫

問2　【⑤】に入る学級目標として最も適当なものを次の中から一つ選び、記号で答えなさい。

ア　「井の中の蛙大海を知らず、何事にも謙虚な姿勢を貫こう」
イ　「画竜点睛を欠かず、何事も最後まで全力で臨もう」
ウ　「猿も木から落ちる、油断をせず学校生活を送ろう」
エ　「水魚の交わり、友人との交友関係を大切に」
オ　「猪突猛進、勢いを大切に何事にもチャレンジしよう」

ウ　市民層に受け入れられることを第一に考えた陳腐な内容の公演。

エ　市民への広告費に支出の多くを割いた革新的な公演。

オ　大衆が出演者を客席に迎え入れる役者と観客が一体となる公演。

問6　傍線部⑤「オペラからの抜粋のアリア独唱」とありますが、これが果たした役割の説明として最も適当なものを次の中から一つ選び、記号で答えなさい。

ア　一般家庭のアマチュア演奏者により演奏されることで人々に広く知られ、中流家庭のオペラ鑑賞の流行に貢献した。

イ　大手出版会社によりピアノ譜として断片的に販売されることで、シート・ミュージックの芸術的価値の向上に貢献した。

ウ　楽譜が広告により幅広い階級の人々に宣伝されることで、娯楽文化内でのカジュアルなオペラの価値の上昇に貢献した。

エ　楽譜出版社によりシート・ミュージックへとアレンジされることで認知度を高め、ポピュラー音楽の活性化に貢献した。

オ　上流のブルジョワ市民層に広く親しまれることで多くのコンサートで演奏され、芸術オペラの伝統継承に貢献した。

問7　傍線部⑥「気晴らし場面や目で楽しめるスペクタクル」とありますが、これを別の言葉で表している部分を文中から十五字で抜き出しなさい。

問8　傍線部⑦「オペラの派生ジャンル」とありますが、この内容として最も適当なものを次の中から一つ選び、記号で答えなさい。

ア　オペレッタは娯楽性を取り入れることよりも、むしろ一貫性のある編成が重視されていた。

イ　カフェ・コンセールは、ミュージック・ホールが広まるまでは人気がない演目であった。

ウ　コンサートホールでは主な目的は飲食であり、当初は演目は価値のないものと見なされていた。

エ　派生したオペラは芸術的なオペラと融合し、娯楽ショーへと変化していくことになった。

オ　ミュージック・ホールはオペラだけでなく、様々な演目が行われる娯楽形態であった。

問9　本文の内容として適当なものには○を、適当ではないものには×をそれぞれ答えなさい。

①　貴族文化を象徴する宮廷文化のオペラの演目は利益を求めずに行われていたものである。

②　長時間にわたる演目は疲れてしまうというのは近代以降に生まれた価値観である。

③　長時間のオペラではダンス場面が挿入されるものもあったが、これが現代のダンスの源流になっている。

④　十九世紀頃に設立された出版社には現代でも有名なものもあるが、中小や個人の楽譜出版社も多い。

⑤　ポピュラーミュージックは最初に貴族文化と結びつき、その後劇場とともに発展していった。

三

次の①～⑩の傍線部のカタカナは漢字に、漢字はその読みかたをひらがなにそれぞれなおしなさい。

①　生物学の研究のためにジュレイを調べる。

②　のどのエンショウに効く薬を買う。

③　落ち込んでいる友人をハゲます。

④　ネバり強く難しい問題に取り組む。

⑤　明かされた不正に強くフンガイする。

⑥　秘匿されたデータを発見した。

⑦　丘陵の上から町を見下ろす。

⑧　彼は急に意見を翻した。

⑨　他人を欺くことは許せない。

⑩　常に友人には真摯な態度でありたい。

域にこれほどの業者が続々と誕生したのは、安価なシート・ミュージックが音楽産業の主軸となっていったからである。音楽史の記述では、有名なコンサート・シリーズや大手出版会社の活動が目立つが、その業界を支える土台として、多くは芸術的価値の認められない使い捨てのシート・ミュージックが無数に存在していた。

　このように、楽譜出版は一九世紀の音楽流通産業の中心にあった。ほとんどは軽く短い音楽の楽譜である。交響曲などの大編成の長い楽曲が楽譜として出版されても購入者は限られている。しかし家庭で演奏できる小編成の楽譜であれば、誰もが購入しやすい。シート・ミュージックは、オペラのアリアだけではなく、その他の娯楽的な舞台の人気曲からも作られて販売された。市中に行きわたるポピュラー音楽は当初から劇場との結びつきを持っていたのである。

　⑦オペラの派生ジャンルの中で、オペレッタは、流行の歌やダンス場面を含む娯楽的なジャンルに位置づけられるのだが、それでもストーリーに沿って作られる音楽劇であった。しかし一九世紀半ば頃には、オペラ関連ジャンルとは別に、断片的な場面からなる娯楽が広まる。ロンドンでは居酒屋から雑多な寄席のショー(バラエティ・ショー)が発展し、後にミュージック・ホールと呼ばれて人気となった。それがパリに広まる過程で、レストランの一画から始まったカフェ・コンセールという催しと合流した。ミュージック・ホールも、カフェ・コンセールも、大規模な居酒屋のような場から始まった音楽・娯楽ショーである。

　これらが、コンサートホールやオペラハウスを拠点とする音楽劇ジャンルと大きく異なるのは、飲食を伴う場に成立したということであり、その点を見ても気楽な娯楽であったことが分かる。都市の娯楽の代表となるミュージック・ホールは実質的にバラエティ・ショーであり、歌やダンス、風刺的寸劇、曲芸、サーカス、動物芸、マジックなどを披露する芸人たちがそれぞれの場面を担当する寄席のような構成で成り立っていた。先に述べたコンサートのプログラムと同様、当時の娯楽は、一晩の催しで様々なパフォーマンスを楽しめる多様性が動員に繋がったのである。

（宮本直美『ミュージカルの歴史』による。）

問1　【1】【2】【3】に入る言葉として適当なものを次の中からそれぞれ選び、記号で答えなさい。

ア　さて　　イ　しかし　　ウ　つまり

エ　また　　オ　もし

問2　傍線部①「娯楽的なオペラが様々なサブジャンルを生み出した」とありますが、この理由として最も適当なものを次の中から一つ選び、記号で答えなさい。

ア　革命によりブルジョワ市民層が消滅し、中流市民が社会の中心になり、自身の求める文化をつくりあげたから。

イ　近代化による社会構造の変化の影響で、労働者層に時間ができ、階層別の文化ができあがっていったから。

ウ　近代的な都市文化の発展により、中流市民や労働者に生活のゆとりができ、各々が貴族文化を模倣したから。

エ　近代では一部のオペラが芸術化し、それ以外のオペラは様々なジャンルに展開し、商業化せざるを得なかったから。

オ　市民革命の影響で国家が財政難に陥り、貴族文化を享受することが難しくなり、安価な娯楽が必要になったから。

問3　傍線部②「グランドオペラなどの豪華な文化」とありますが、この文化の演目をつくる上で根幹にある考え方を文中から二十二字で抜き出し、最初と最後の五字を答えなさい。

問4　傍線部③「市民社会の大都市における新たな娯楽」とありますが、この特徴を「採算性」という言葉を必ず用い、文中の言葉を使って六十字以上七十字以内の一文で説明しなさい。

問5　傍線部④「大衆迎合的で無難な公演」とありますが、この説明として最も適当なものを次の中から一つ選び、記号で答えなさい。

ア　多くの観客を受け入れられる大会場で実施された公演。

イ　市民層が親しみのある楽器だけを使った牧歌的な公演。

ャンルや編成の楽曲が混在していた。オーケストラ曲もあれば、⑤オペラからの抜粋のアリア独唱があり、室内楽、ピアノ独奏、重唱、合唱など、多様なジャンルの楽曲の抜粋を寄せ集めてコンサートを開くことが当たり前だった。言わば寄席のような形態のコンサートが行われていたのである。それはひとえに様々な好みの聴衆を集め、【２】来ている聴衆を飽きさせないためでもあった。

長時間にわたる演目は飽きて疲れてしまう――というのはジャンルを問わず現在でも時折見られる観客側の本音である。オペラ好きでなければ、三時間以上の公演を観るのは疲れるだろう。そのような感覚は数百年前のヨーロッパにもあり、知識人層にとってもそれが一般的な感覚であった。パリ・オペラ座という格上の劇場にかかるグランドオペラでさえ、⑥気晴らし場面や目で楽しめるスペクタクルが入っていたのだから、それよりも格式にこだわらなくて済む劇場のポピュラーなジャンルがもっと柔軟に気晴らし場面を取り入れていたのも当然だろう。バレエ場面やワルツ、カンカンなどのダンス場面はそのために取り込まれた。歓声が上がり、客席中が盛り上がる場面である。これらのダンス場面はポピュラーなジャンルにはむしろ必須の要素と言ってよい。

娯楽性を特徴づけるものは、このような場面の独立性・断片性である。つまり、短時間でガラッと雰囲気を変える場面が挿入され、物語進行を一時中断して楽しめるような作りである。カジュアルなオペラであれば、途中に息抜き場面が挿入される形態になるが、もっと娯楽性を求めれば、短く楽しい場面だけで舞台が構成される。【３】ショーのタイプである。

演目における一貫性のなさ、バラバラに独立した場面は娯楽性の本質的な特徴である。端的に言えば、頭を使って考える必要がないということである。反対に、芸術を志向するタイプの演目は、オペラであれコンサートであれ、一貫したものを集中して鑑賞すべきという価値観のもとに編成されていく。

演目における断片的場面とは、さらに言い方を変えると作中から「取り出し可能な」場面であり、それゆえに独立性を持っている。たとえばオペラの中で歌われるアリアが人気となり、その歌だけがオペラから離れて街中に広まったり、コンサートなど、他の機会に歌われたりするようなことは頻繁に見られた。アリアは言わば町のヒット曲にもなり、それによってオペラというジャンルの存在感は劇場の外に広まった。一九世紀に生み出されたオペラの派生ジャンルはその娯楽性をさらに強めたものである。そうしたジャンルは、ステージ上で行われていることを言わば「つまみ食い」的に享受するものとなった。

「取り出された」断片はまた、それ自体で別の商業的回路に乗ってポピュラー文化となっていく。人気のオペラ・ナンバーは、一九世紀になると楽譜出版という音楽産業と結びついた。楽譜の印刷技術は一六世紀から存在していたにもかかわらず、その後も楽譜流通の現場は筆写譜が主流であり、印刷譜が商業ベースに乗るのは一九世紀になってからであった。その時期は、フランス革命後の市民社会成立期である。都市には楽譜購入層である市民が多く存在し、市民向けの廉価版アップライト・ピアノが開発・販売された時期と重なっていた。オペラのアリアは、シート・ミュージックという数ページの楽譜となって、従来以上に広く流通することになる。オペラでオーケストラを伴ってプロの歌手によって歌われたアリアは、ヴォーカルと簡単なピアノ譜へとアレンジされ、一般家庭のアマチュア――いわゆる良家の子女――へと行きわたったのである。オペラ全体は数時間にわたる催しであったのに対して、その中で人気の出たアリアや合唱はピースとして切り取られて商品化されることによって、そのオペラを見たことのない人々の間にも広く知れわたった。

一八～一九世紀に設立された楽譜出版社として名前がよく挙がるのは、ドイツのブライトコプフ・ウント・ヘルテルやイタリアのリコルディ、イギリスのノヴェッロといった現在までその名が残っている大手だが、一九世紀の楽譜広告を見てみると、中小そして個人の膨大な数の楽譜出版業者を確認することができる。楽譜出版の領

オ　老警手の呟きに代表されるように疫病の流行下における人々の心情や行動が描かれているため。

問8　傍線部⑦「抵抗運動の寓話」とありますが、この説明として最も適当なものを次の中から一つ選び、記号で答えなさい。

ア　危険な伝染病に対する人々の抵抗をウイルスとの闘いになぞらえた作品。

イ　自国の政府に対する人々の抵抗をウイルスとの闘いになぞらえた作品。

ウ　自国のブルジョワ層に対する人々の抵抗をウイルスとの闘いになぞらえた作品。

エ　資本主義に対する人々の抵抗をウイルスとの闘いになぞらえた作品。

オ　祖国への侵略に対する人々の抵抗をウイルスとの闘いになぞらえた作品。

問9　傍線部⑧「カミュの創意」とありますが、この説明として最も適当なものを次の中から一つ選び、記号で答えなさい。

ア　疫病による人々への具体的な被害や症状の描写ではなく、パンデミック下の人々の心理描写に焦点をあてること。

イ　疫病の時間的な拘束の恐ろしさを、一般市民の視点からではなく国政を司る行政の立場から描くこと。

ウ　疫病を作者の主観的な感覚や認識を交えて描写せず、起こった事実を中心に客観的に描写すること。

エ　大きな事件のような出来事の劇的さではなく、時間的拘束による人々の疫病への慣れを中心に描くこと。

オ　ペストが広がるきっかけの部分の描写は行わずに、あえて疫病が広がった後のことから描写すること。

問10　傍線部⑨「あまりに遅く進む」とありますが、この理由を「〜から。」に続く形で文中から三十四字で抜き出し、最初と最後の五字をそれぞれ答えなさい。

二

次の文章を読んで、後の問いに答えなさい。

一九世紀には一部のオペラが「芸術」化する一方で、①娯楽的なオペラが様々なサブジャンルを生み出した。そうした派生ジャンルが誕生した背景としては第一に、ヨーロッパ市民社会の広がりと都市化が挙げられる。一八世紀から一九世紀に市民革命と産業革命を順次経験するヨーロッパ社会は、混乱を生みながらも近代的な都市文化を発展させていった。それは工場などの労働の場が都市に集中し、農村から多くの労働者が都市に集まり、労働と余暇という生活時間の区分が生まれ、都市ならではの娯楽文化が形成されていく時期であった。財力のある上流のブルジョワ市民層向けには貴族文化を模倣するような②グランドオペラなどの豪華な文化が花開く一方、中流市民、労働者向けには、それぞれ親しみやすい文化が作られていった。オペラの派生ジャンルは緩やかな階層の住み分けを伴いながら、こうした領域に登場し、気軽で大衆的な文化が裾野を広げていった。

採算度外視で成立していたかつての宮廷文化に対して、③市民社会の大都市における新たな娯楽は、徹底して市場原理に則っている。一七世紀から存在していた商業オペラのように、一九世紀のオペラやコンサートも、採算性に基づいて展開していった。ビジネスとして成り立つためには多くの観客を集めること、そのために幅広い層に受けるものを意識することが求められる。人気を優先するあまり、④大衆迎合的で無難な公演になることへの批判は当時も現在でも見られるが、しかし大都市の娯楽文化は大衆にアピールできたからこそ隆盛したのである。

音楽コンサートを見ても、より多くの聴衆を集めるためにはプログラム(曲目構成)を雑多なものにする必要があった。現在のクラシック・コンサートでは、交響曲と協奏曲をメインに置くか、ピアノ独奏のリサイタルにするかというように、ある程度のパターンができており、曲目の選択や配列に統一感を持たせるのが一般的である。【１】一九世紀前半までは、コンサートのプログラムには様々なジ

ア　雨ニモマケズ――宮沢賢治

イ　「あれはまさか――。」

ウ　紙飛行機は空の彼方へと吸い込まれていった――。

エ　スマートフォン――時代を追うごとに進化し続ける機器は、今や必需品だ。

オ　私の趣味――小学生の頃から好きでたまらない――はバスケットボールだ。

問3　傍線部②「無遠慮」とありますが、これと同じように語頭に「無」がつけられる熟語として適当でないものを次の中から一つ選び、記号で答えなさい。

ア　課税　イ　個性　ウ　作法

エ　秩序　オ　表情

問4　傍線部③「人間中心的な見方を反転させれば」とありますが、この説明として最も適当なものを次の中から一つ選び、記号で答えなさい。

ア　ウイルスが身体に入ってくることで人間が病になるという考え方を、ウイルスのいる環境に人間が入っていくという考えに転換すること。

イ　ウイルスが存在する環境と人間世界が別にあるという考え方を、それぞれが交わった状態の一つの世界があるという認識に転換すること。

ウ　ウイルスだけが人に害を為す危険性を持つという認識を捨て、人以外に危険なウイルスにも注意を払うべきだという考えに転換すること。

エ　ウイルスの侵略で人が病気になることを否定し、人がウイルスに近づいていることを人々に知らせるべきだという意識に転換すること。

オ　ウイルスは人間に科学的に発見されて存在するという考え方を、人の認識の有無にかかわらず存在しているという考えに転換すること。

問5　傍線部④「パンデミックはそれらとは異質です」とありますが、これを文中の言葉を使って六十字以上七十字以内の一文で説明しなさい。

問6　傍線部⑤「カッコつきの《創世》」とありますが、カッコつきである理由として最も適当なものを次の中から一つ選び、記号で答えなさい。

ア　パンデミックはあいまいな部分が多く本来の「創世」の意味が薄らぐため。

イ　パンデミックは永遠に続くものであり収束するまで「創世」とはならないため。

ウ　パンデミックは人間が病気のなかに入ったものであるという意識を持たせるため。

エ　パンデミックは不明確な点しかない中で発生した謎めいた出来事であるため。

オ　パンデミックは私たち人間が作り出したものだということを強調するため。

問7　傍線部⑥「『ペスト』」とありますが、これについて後の問いにそれぞれ答えなさい。

(i)　「ペスト」という疫病を比喩的に言い換えた部分を文中から六字で抜き出しなさい。

(ii)　筆者がこの作品を取り上げた理由として最も適当なものを次の中から一つ選び、記号で答えなさい。

ア　疫病の流行下では時間の感じ方が単一ではないことがこの作品の中で詳細に描かれているため。

イ　疫病を題材にして本来であれば表現しづらく刊行されにくい政治的側面が描かれているため。

ウ　新型コロナウイルスが発生した背景とよく似ているこの疫病の背景が描かれているため。

エ　新型コロナウイルスのような現代で直面している状況にも終わりが来ることが描かれているため。

カミュの『ペスト』は一九四七年に刊行されてフランスでは熱狂的に迎えられましたが（ちなみに、日本の小林秀雄も一九五〇年に『ペスト』を論評し、カミュの厳密な書きぶりに「凡てが驚くほど明瞭な批評精神によって計量され尽した末に成った新しいメカニズム」を見出しています）、それはナチスに対するフランス人のレジスタンスの記憶がまだ鮮明であった時期です。カミュはこの小説を⑦抵抗運動の寓話として書こうと意図していました。オラン市の医者リウーらに、横暴な占領者に対するレジスタンスの姿を重ねることは十分可能です。

その一方、カミュは疫病のもたらす麻痺的な時間感覚も、たいへん厳密に描き出しています。『ペスト』が単純なレジスタンス小説の枠に収まらないのは、この時間の描き方の特異さゆえです。ペストは当初オランの市民たちに一種の興奮をもたらしますが、隔離生活が長引くなか、それはやがて倦怠《けんたい》へと変わっていきます。ペストという「大きな災禍」は猛火のような派手なクライマックスではなく、【３】底知れぬ「単調さ」を呼び覚ましたのです。

みずからペストの日々を生きた人々の思い出のなかでは、そのすさまじい日々は、炎々と燃え盛る残忍な猛火のようなものとしてではなく、むしろその通り過ぎる道のすべてのものを踏みつぶして行く、はてしない足踏みのようなものとして描かれるのである。

まったく、ペストは、病疫の初めに医師リウーの心を襲った、人を興奮させる壮大なイメージとは、同一視すべき何ものももっていなかった。それは何よりもまず、よどみなく活動する、用心深くかつ遺漏のない、一つの行政事務であった。

こうして、ペストは文字通りの間延びをもたらします。住民たちはペストに占領されただけではなく、麻痺した時間に占領されたのです。人間を空間的のみならず時間的にも「監禁」する疫病を、あえて「行政事務」に通じる客観的な文体で描き出すこと――そこに⑧カミュの創意がありました。

余分な装飾を排したカミュの記述は、日付をもたないパンデミックの特性を実によく捉えています。パンデミックは急激なスピードで社会を変化させる一方、その終わりの予測不可能性ゆえに、時間を膠着《こうちゃく》させるものです。疫病の恐怖は、あれよあれよという間に加速していく時間だけではなく、いつ終わるともしれない単調で平凡でけだるい時間をも作り出します。パンデミックの占領下では、時間はあまりに速く過ぎ去り、かつ⑨あまりに遅く進むのです。それは社会の正常なカレンダーを解体するものですが、私たちはこの異常事態にもやがて慣れてしまう。「絶望に慣れることは絶望そのものよりもさらに悪いのである」という『ペスト』の戒めは、傾聴に値するでしょう。

このような間延びや倦怠にひとたび占領された人間たちは、たとえ疫病を克服できたとしても、無邪気に凱歌をあげるというわけにはいきません。『ペスト』はひとまず全体主義に対する勝利の物語として締めくくられましたが、カミュ自身はそこに安住できませんでした。批評家の福田和也が言ったように、『ペスト』の後のカミュはむしろ「苦渋の色濃い『転落』へと移行することで、『敗北』の文学に足を踏み入れ」ることになりますが、その予兆はすでに、オラン市の住民を支配した「はてしない足踏み」に示されていたように思えます。

（福嶋亮大『感染症としての文学と哲学』による。）

問１　【１】【２】【３】に入る言葉として適当なものを次の中からそれぞれ選び、記号で答えなさい。

ア　しかも　　イ　すなわち　　ウ　ところが
エ　むしろ　　オ　もし

問２　傍線部①「――」とありますが、これと用法が同じものとして最も適当なものを次の中から一つ選び、記号で答えなさい。

二〇二四年度
日本工業大学駒場高等学校（一般①）

【国　語】〈五〇分〉〈満点：一〇〇点〉

注意　解答に字数制限がある場合は、句読点や記号を一字と数えます。

一　次の文章を読んで、後の問いに答えなさい。

それにしても、病とは何でしょうか。私なりに説明するならば、それは世界の現れ方を変えるものです。疫病が蔓延すると、それまで楽しみの場であったレストランや観光地が、とたんにリスクに満ちた危険な場に変身する。あるいは個人に即しても、発病したとたん、ふつうならば難なくできたことに多大な困難が生じる。馴染みのあった社会環境が、急に親しみを欠いたとげとげしいものへと変わり、精神の伸びやかな活動が心身の不調のために大きく制約される①――このような負の異化作用が、病のもたらす現象的な変化だとひとまず言えるでしょう。

では、そのような病はいったいどこからやってくるのでしょうか。われわれはふつう、病気（病原菌）が人間のなかに入ってくると考えます。それは病気を②無遠慮なエイリアンやインベーダーと見なすことと同じです。政治家たちは「新型コロナウイルスとの戦争」という威勢のよい言い方を平気でしますが、それはまさにこのような思考様式から生じるものです。

しかし、③人間中心的な見方を反転させれば、どうなるでしょうか。ウイルスを中心とするならば、むしろ人間が病気のなかに入っていくと言うべきではないでしょうか。現に、エイズウイルス、鳥インフルエンザウイルス、新型コロナウイルス――これらの新型ウイルスとの遭遇は、いずれも自然界に対する人間のアクションに起因するものです。ウイルスが能動的に人類を侵略したわけではありません。

現代フランスの思想家フランソワ・ダゴニェは「基礎的で新しい考え方、それは、私たちは病気のなかに取り込まれているという発想です。病気は外界からやってくるだけではない。私たちは病気に参加している」と述べています。これは洗練された考え方です。私たちの誰もが、いつかは病気の環境に入り込み、死を迎えます。問題は、この「いつかは」にあります。それはすぐかもしれないし、遠い未来かもしれない。病の環境は常に人類を取り囲んでいる反面、個々人がそれにいつ参入するか（いつそこから離脱できるか）は確定していないのです。

この時間的なあいまいさはパンデミックにも深く関わっています。象徴的なことに、二一世紀の大きな事件には「日付」の別名が与えられてきました。二〇〇一年のアメリカ同時多発テロは「九・一一」、二〇一一年の東日本大震災は「三・一一」という具合です。ここには、特定の瞬間に生じた決定的な出来事が、社会を一変させたというニュアンスがあります。それはいわば負の創世神話と呼べるでしょう。二一世紀の神話の主人公はもはや神でも英雄でもなく、日付によって「始まり」を特定された事故や災害なのです。

しかし、④パンデミックはそれらとは異質です。パンデミックとはまさに日付のない出来事です。そこには明確な「始まり」や「終わり」がありません。ウイルスや病原菌との接触という⑤カッコつきの《創世》の瞬間は必ずあるわけですが、それを特定することは困難であり、【１】この謎めいた創世記がいつ収束するのかは見当もつかないのです。

興味深いことに、アルベール・カミュの小説⑥『ペスト』では、ペストに占領されたアルジェリアのオラン市の老警手が、こう呟きます。「こいつが地震だったらね！　がっと一揺れ来りゃ、もう話は済んじまう……。死んだ者と生き残った者を勘定して、それで勝負はついちまうんでさ。【２】、この病気の畜生のやり口ときたら、そいつにかかってない者でも、胸のなかにそいつをかかえてるんだからね」。一撃では「勝負」がつかず、長期にわたってじくじくと作用を及ぼし続ける――それこそが疫病の本質と言うべきでしょう。

英語解答

1 1 ウ　2 イ　3 ア　4 エ　5 エ　6 エ　7 エ　8 ウ　9 ア　10 ウ

2 1 I do not think that he is kind
2 Do you know when they should leave
3 That man who is drawing a picture is
4 bought some flowers for my mother last week
5 He told me not to open the door

3 A 1…ア　2…ア　3…エ　4…イ　5…ウ　6…ウ　7…イ　8…ア
B 1…イ　2…ア　3…ウ　4…エ

4 （例）I like playing with my friends inside better because I like video games. Playing video games with them is a lot of fun. Also, I like watching movies with them at home.
（32語）

5 Q1 27.5
Q2 （例）I'll have white chocolate cake
Q3 1…F　2…T　3…F　4…T　5…F
Q4 （例）He chose ice cream.

6 問1 ア…3　イ…5　ウ…2　エ…4　オ…1
問2 A…エ　B…ウ　C…イ　D…ア　E…オ
問3 ウ　問4 エ
問5 the school newspaper
問6 1…T　2…F　3…F

1〔適語（句）選択・語形変化〕

1．「～している」の意味を表す現在分詞の形容詞的用法。The cat sleeping under the table は，現在分詞 sleeping で始まる語句が前の名詞 The cat を後ろから修飾する形。　「テーブルの下で眠っている猫は私の猫です」

2．'ask＋人＋if＋主語＋動詞…' で「〈人〉に～かどうか尋ねる」という意味。　「彼女は私にチームに入るかどうか尋ねた」

3．be made of ～「～でつくられる」。これは材料がそのまま使われ，見た目からも材料がわかる場合に使われる。一方，be made from ～「～からつくられる」は，Butter is made from milk.「バターは牛乳からつくられる」のように，材料の見た目が変わる場合に使われる。　「この机は木製です」

4．命令文の付加疑問には will you? または won't you? が使われることが多い（won't you? の方がていねいになる）。否定の命令文には，多くの場合 will you? が使われる。　「今は入ってこないでくれませんか」

5．at that moment「そのとき」とあるので，「～していた」の意味の過去進行形を選ぶ。　「私の妹はそのとき昼食をとっていた」

6．How about ～ing?「～するのはどうですか」は '提案' や '勧誘' を表す定型表現。　「図書館に行くのはどうですか」

7．than があるので比較級の文。much には「ずっと」の意味で比較級を強調する用法がある。very は比較級を修飾できないのでイは不可。　「私の父は私の兄〔弟〕より背がずっと高い」

8．yesterday「昨日」とあるので過去形を選ぶ。　write－wrote－written　「昨日ジェーンに手紙を書いたのは誰ですか」

9．a lot of work to do で「するべきたくさんの仕事」となる(to不定詞の形容詞的用法)。　「あなたには今日する仕事がたくさんある」

10. be used to ～ing で「～することに慣れている」という意味を表す。　「マリアはおじの家を訪れることに慣れている」

2〔整序結合〕

1．「私は～とは思いません」は I do not think that ～の形で表せる。‘～’の部分に he is kind「彼が優しい」と続ける。

2．Do you know で始め，know の目的語となる「彼らがいつ出発するべきか」を，‘疑問詞＋主語＋(助)動詞…’の語順の間接疑問で when they should leave とまとめる。

3．That man is my father.「あの男性は私の父です」が文の骨組み。「絵を描いているあの男性」は，who を関係代名詞の目的格として用い，who is drawing a picture とまとめ，先行詞となる The man の後に置く。

4．「〈人〉に〈物〉を買う」は，‘buy＋人＋物’または‘buy＋物＋for＋人’の形で表せる。語群に for があるので，ここでは後者の形にする。

5．「〈人〉に～しないように言う」は，‘tell＋人＋not to ～’の形で表せる。not の位置に注意する。

3〔対話文完成─適文選択〕

A．1．A：会えてうれしいよ。元気？／B：うーん，あまりよくないんだ。せきが出るんだよ。／A：あら，そうなんだ。お大事に。∥直前で I'm not so good と言っているので，体調が良くないことを表す内容が入る。get a cough は「せきが出る」という意味。

2．A：すみません。郵便局に行くところなんです。道を教えてもらえませんか？／B：もちろんです。3つ目の角を右に曲がると，右手にありますよ。／A：ありがとうございます。∥この後 B が道を教えていることから，A は道を尋ねたのだとわかる。Could you ～?「～してくれませんか」は‘依頼’を表す表現。

3．A：お父さん，僕，地下鉄の切符をなくしたみたい。見つからないよ。／B：バッグとポケットは確認した？／A：もう見た。切符売り場に紛失したことを伝えないと。／B：ちょっと待って。お前の切符だ。お父さんの切符と一緒にポケットの中に入っていたよ。∥バッグとポケットを確認したかときかれた後の返答。直後で子どもは「切符売り場に紛失したことを伝えないと」と言っていることから，すでに確認済みだと考えられる。

4．A：昨夜のタイ料理レストランはどうだった？／B：料理もスタッフもよかった。でも高すぎた。／A：本当？　メインコースはいくらだったの？／B：約120ドル。思っていたより高かった。∥行ったレストランの値段の高さについて話している場面である。more than I thought は「思っていたよりも多い」という意味。主語の It は120 dollars を指す。

5．A：僕は漫画を読むときが一番幸せなんだ。／B：君の部屋に漫画がたくさんあるのを見たよ。何冊持っているの？／A：本棚には400冊以上あるよ。∥Aが持っている本の数を答えているので，何冊持っているかを尋ねたのだとわかる。book「本」は‘数えられる名詞’なのでイは不可。ウの many の後には books が省略されている。

6．A：もうすぐランチの時間だ。ランチを外に食べに行く時間はある？／B：ないよ，1時半までにこれをやらないといけないんだ。／A：忙しそうだね。僕はお弁当を買うよ。何か買ってこようか？／B：うん，お願い！　とても助かるよ。∥Bが「とても助かる」と言っていることから，A はBが喜ぶようなことを申し出たのだと考えられる。Shall I ～? は「～しましょうか」と申し出る表現。　‘get＋人＋物’「〈人〉に〈物〉を買う」

7．A：いいピアニストになるためにピアノのレッスンを受けているの。／B：どのくらいレッスンを受けているの？／A：週に2回よ。∥How often は「どれくらいの頻度で」と‘頻度’を尋ねる疑問詞。Twice a week の a は「～につき」という意味。

8．A：数学のテストはどうだった？／B：悪くなかったよ。数学は好きな科目じゃないけど，テストは簡単だと思った。君はどうだった？／A：そんなによくできなかった。先週は病気で，あまり勉強できなかったんだ。／B：病気だったなんて知らなかったな。それは残念。次はうまくいくといいね。∥病気であまり勉強できなかったのだから，テストはあまりできなかったと考えられる。

B≪全訳≫❶A：1なんてすばらしいショーなんでしょう！　とても感動しました。❷B：ありがとうございます。皆様が私たちとすばらしい時間を過ごしていただけたなら幸いです。❸A：観客に何を伝えたいですか？❹B：今夜，このミュージカルを見に来てくれてありがとうございます。私たちは全力でこのショーを演じました。2今夜は最高の演技をすることができました。❺A：どのくらい準備していたのですか？ ❻B：32か月間稽古を積んできました。このショーをつくるために，俳優もスタッフもミーティングをたくさん行ってきました。❼A：4だからこのミュージカルは感動的だったのですね。❽B：そのとおりです。このミュージカルが皆様にたくさんの幸せをもたらすことができたならと思っています。❾A：ありがとうございました！

＜解説＞1．直後で A はミュージカルを見て感動したことを伝えている。What a great show! は，‘What (a/an)＋形容詞＋名詞(＋主語＋動詞...)!’ の形の感嘆文。　2．B は直前でこのミュージカルに全力を捧げたことを伝えている。アの内容はその結果となる。　3．How long「どれくらい」で始まる疑問文に対する返答である。　4．直前のスタッフ全員がミーティングを重ねたという内容が，ミュージカルが感動的な理由と考えられる。That's why ～は「だから～，それが～な理由だ」という意味。

4〔テーマ作文〕

問いは「友達と室内で遊ぶのと外で遊ぶのでは，どちらが好きか」。どちらが好きかを述べた後で，好きな理由を書く。自分が書きやすい方を選んで書けばよい。　(別解例) I like playing with my friends outside better because I like riding my bicycle to go to far places. Also, I like fresh air outside. (25語)

5〔長文読解総合(英問英答形式)―メニュー・対話文〕

NIT アメリカンレストラン
店内／テイクアウト・ランチメニュー

★前菜★

本日のスープ…7ドル	カリフラワー…8ドル
スープについてはウエイターにお尋ねください	バター炒め，ガーリックソース添え
チップス…5ドル	マッシュルーム…6ドル
サワークリームソース添え	バター炒め，当店特製チーズソース添え

★フレッシュサラダ★
クラブサラダ…10ドル
新鮮なレタス，刻んだハムとベーコン，角切りトマト，たまねぎ，ピーマン
アメリカンハウスサラダ…7.5ドル
フレッシュガーデンサラダ，シュレッドチーズ，スライスしたレッドオニオン，角切りトマトと豆

★ラップサンド★
チップスつきラップサンド
1.5ドルでオニオンリングに変更可能
バッファローチキンラップサンド…8ドル
バッファローソースで和《あ》えたグリルチキンまたはクリスピーチキン，新鮮なレタスとシュレッドチーズ
ベジタリアンラップサンド…6.5ドル
新鮮なレタス，シュレッドチーズ，スライスしたレッ

★ハンバーガー★
ジャンボバーガー…9ドル
チーズつき…9.5ドル
レタス，トマト，ピクルス入り
ポテトチップスとオニオンリングつき
スーパーバーガーデラックス…11ドル
チーズつき…11.5ドル
レタス，トマト，ピクルス，ベーコン入り
ポテトチップスとオニオンリングつき

★ドリンク★
オレンジジュース／コカ・コーラ／ビール／ワイン…3ドル

ドオニオン，角切りトマト
お好みのドレッシングでどうぞ

★デザート★
メープルアップルパイ…6ドル
自家製生クリームまたはバニラアイスクリーム添え
ホワイトチョコレートケーキ…5ドル
チェリーソースとホイップクリーム添え
オレンジチーズケーキ…5.5ドル
チョコレートソースと生クリーム添え

≪全訳≫❶ウエイター(W)：いらっしゃいませ。ご注文はお決まりですか？❷ジョン(J)：決まりましたけど，君は？❸ナンシー(N)：うーん，ええ，決まったと思う。本日のスープは何ですか？❹W：スパイシーキャロットスープです。❺N：うーん，いいえ，それはやめておきます。最初はカリフラワーでお願いします，それからチキンラップサンドをもらえますか？❻W：かしこまりました，ポテトチップスかオニオンリングはいかがですか？❼N：ポテトチップスをお願いします。❽W：かしこまりました。お客様はどうされますか？❾J：最初にトマトと豆のサラダをお願いします。❿W：かしこまりました。メインディッシュはどうされますか？⓫J：ベーコン入りのハンバーガーをお願いします。チーズなしにしてもらえますか？⓬W：チーズなしですね，かしこまりました。お飲み物は何になさいますか？⓭N：私はビールをください。⓮J：本当？　いつもはワインを飲んでいるのに。⓯N：そうだけど，今日はワインの気分じゃないの。⓰J：うーん，僕もビールにしよう，それから水ももらえますか？⓱W：かしこまりました。すぐにお飲み物をお持ちします。⓲―30分後―⓳W：食事はいかがでしたか？⓴N：おいしかったです。ありがとう。㉑W：デザートはいかがですか？　メニューは向こうの壁にあります。㉒N：ええ，ぜひ食べたいけど，うーん，ホワイトチョコレートケーキとオレンジチーズケーキのどちらがいいか決められないわ。食べたことのないデザートを注文してみようかしら。㉓J：じゃあ，僕は食べたいのは決まってるよ，アップルパイをください。㉔W：かしこまりました。生クリームかアイスクリーム，どちらを添えますか？㉕J：アイスクリームをお願いします。㉖W：かしこまりました。ご注文はお決まりになりましたか？㉗N：ええと，前回ここに来たときはオレンジチーズケーキを食べたので，今回はホワイトチョコレートケーキにします。前回とは違うものにします。㉘W：かしこまりました。すぐにお持ちします。

Q1＜要旨把握＞「ジョンはランチにいくら払ったか」―「27.5ドル」　トマトと豆が入ったサラダは，アメリカンハウスサラダ。値段は7.5ドル。ベーコン入りのハンバーガーはスーパーバーガーデラックス。チーズなしを注文しているので，11ドル。ビールは3ドル。デザートのメープルアップルパイは6ドル。これを合計する。

Q2＜適文補充＞「空所①を5語以上で埋めなさい」　ナンシーはホワイトチョコレートケーキとオレンジチーズケーキで迷っていたが，「前回ここに来たときはオレンジチーズケーキを食べたので」と言っているので，今回はホワイトチョコレートケーキを注文することにしたとわかる。空所を含む文は疑問文ではないので，I'll have ～などとするとよい。

Q3＜内容真偽＞1.「ナンシーは前菜にスパイシーキャロットスープを注文した」…×　第4，5段落に反する。　2.「ナンシーとジョンは2人ともビールを注文した」…○　第13，16段落に一致する。　3．「メインディッシュの後，ウエイターがデザートメニューを持ってきた」…×　第21段落参照。メニューは壁に掛けられていた。　4．「メニューをテイクアウトすることができる」…○　メニューの店名の下にある for here は「店内」，to go は「お持ち帰り，テイクアウト」という意味。　5．「ハンバーガーのチーズは追加料金がない」…×　メニューのBURGERS の項参照。追加料金は50セントである。

Q4＜要旨把握＞「ジョンはアップルパイにどんなトッピングを選んだか。英文で答えなさい」―「彼はアイスクリームを選んだ」　第25段落参照。

6〔長文読解総合―物語〕

≪全訳≫❶ベン・ロスはゴードン高校で歴史を教えていた。ある日の午後，彼はアドルフ・ヒトラーとナチスについての映画を見せた。映画の最後に彼は生徒たちにこう伝えた。「ナチスは1000万人以上の男性，女性，子どもたちを殺害したんだ」❷ドアの近くにいた生徒が明かりをつけた。ベンは辺りを見回した。部屋中に悲しい顔があった。❸「君たちの多くがとても悲しんでいることはわかる」とベンは生徒たちに言った。「でも，見たものについて皆に考えてほしいと思っている。質問のある人はいるかい？」❹エイミー・スミスが手を挙げた。「ア映画に出てくる場所は何て呼ばれていたのですか？」❺「そこはアウシュビッツと呼ばれていた。ナチスは人々をすばやく殺すためにアウシュビッツをつくったんだ」❻教室はとても静かだった。エイミーがまた手を挙げた。「ドイツ人は皆ナチスだったんですか？」と彼女は尋ねた。❼「いや，ほとんどのドイツ人はナチスではなかったんだ」❽「ドイツ人は彼らを止めようとしたのですか？」とエイミーはきいた。❾「いや，ほとんどのドイツ人はナチスを止めようとしなかった」とベンは彼女に言った。「おそらく彼らはナチスを恐れていたんだ」❿「でもなぜ恐れていたのですか？」⓫「当時，ドイツでの生活は大変だったことを覚えておかなくてはならないよ」とベンは言った。「ナチスの人はあまり多くはなかったけれど，彼らは銃を持っていた。そして1945年以降，ほとんどのドイツ人たちは『イ私たちは，彼らがその全ての人々を殺したとは知りませんでした。私たちはアウシュビッツについて知りませんでした』と言ったんだ」⓬今度はローリー・サンダースが手を挙げた。「信じられません」と彼女は言った。「私は，彼らは何が起こったか知っていたと思います」⓭ベンは生徒たちが興味を示したことがうれしかった。生徒たちはたいてい歴史に興味がない。「何を知っていたかは彼らだけが知っているんだ」とベンはローリーに言った。「そして，ほとんどのドイツ人がなぜナチスを止めようとしなかったのかを，私たちは知らない」⓮昼食の時間だった。生徒たちは足早に教室を出ていった。デイビッド・コリンズはローリーを見た。「さあ，ローリー」と彼は言った。「お昼を食べに行こう。おなかがすいたよ」⓯「数分で行くわ，デイビッド」とローリーは言った。⓰デイビッドは昼食に出かけた。そのとき教室には数人の生徒しか残っていなかった。ローリーはロス先生を見上げた。⓱「ナチスは何人殺したんですか？」とローリーは先生に尋ねた。⓲「彼らは600万人以上のユダヤ人を殺した。それに加えて約400万人の他の人々も」⓳「でも，なぜナチスは彼らを殺したんですか？　ナチスは皆，悪人だったんですか？」⓴ロス先生は本をバッグにしまった。1分ほど，彼は黙っていた。それから彼はローリーの方を向いた。「わからない，ローリー」とロス先生は言った。「ウその質問には答えられない」㉑数分後，ローリーは校内の食堂でデイビッドの隣に座った。㉒「ロバート・ビリングスを見て」とデイビッドは言った。「エ誰も彼の隣には座りたがらない」㉓ロバートはロス先生の歴史の授業に出ていた2人の生徒の近くに座ろうとした。その2人は立ち上がり，別のテーブルに移動した。㉔「彼に何か問題があると思う？」とローリーは尋ねた。㉕「わからない」とデイビッドは言った。「彼はとても変わってる。でも，それはひょっとしたら彼に友達がいないからかもしれない」㉖デイビッドはまた食べ始めた。ローリーは全く昼食を食べなかった。彼女の顔はとても悲しげだった。㉗「どうしたの？」とデイビッドは尋ねた。㉘「あの映画のことなの，デイビッド」とローリーは答えた。「とても悲しい映画だって思ったの。あなたはとても悲しいと思った？」29「うん，でもずっと前に起こったことだよ」とデイビッドは言った。「オ当時起こったことを変えることはできないよ」30「でも，それが実際に起きたってことを忘れてはいけないわ」とローリーは言った。31エイミー・スミスとブライアン・アンマンがテーブルにやってきた。32「ここに座りたいんだけど」とエイミーが言った。「私が最初にここにいたのよ！」33「だめだよ，僕がここに座りたい」とブライアンが言った。「僕はデイビッドとサッカーチームのことを話したいんだ。土曜日にクラークスタウンと試合があるから」34「それと私はローリーとグレープバインについて話がしたいの」35デイビッドはゴードン高校のサッカー部でサッカーをしていた。ローリーは学校新聞に寄稿していた。それはグレープバインと呼ばれていた。36ローリーは笑った。「大丈夫よ，座るところは2つあるから」と彼女は言った。37ブライアンとエイミーは座った。38「土曜日は勝てる？」とローリーが尋ねた。「私は来週のグレープバインにその試合のことを書くつもりなの」39「わからないよ」とデイビッドは言った。「選手たちには規律があまりなくて」40「そうだね」とブライアンが言った。「しかも，期待できる新戦力もいないしね」

問１＜適文選択＞ア．この発言に対して，ベンは It was called Auschwitz. と答えている。　イ．5は，直後の文と同じ形で，ナチスの行為に対するドイツ人の認識を示す内容になっている。ウ．ローリーの質問に対して，この前でベンは I don't know と言っていることに着目する。エ．直後で，ロバートを避けようとする生徒の様子が説明されている。　オ．この前でデイビッドは，ナチスの映画が悲しかったかときくローリーに対して，Yes と答えた後，「でもずっと前に起こったことだ」と言っている。この後に続く内容として適切なものを選ぶ。

問２＜適語選択＞Ａ．最初の空所は，ナチスの大量殺戮《さつりく》について学んでいるときの教室の様子を表す語が，２つ目の空所は，授業後にローリーの質問に対して返答に迷っているベンの様子を表す語が入る。　quiet「静かな」　Ｂ．戦時中のドイツの生活の様子を表す語。この hard は「つらい，厳しい」という意味。　Ｃ．ここまでの内容から，生徒たちがナチスドイツに対して興味を持っていることが読み取れる。２つ目の空所は，一般的に歴史に興味を持つ生徒は多くはないというベンの私見。　Ｄ．there's something wrong with ～で「～に何か問題がある」という意味。Ｅ．ロバートがどんな生徒かを表す語が入る。

問３＜英文解釈＞下線部は，この前の No, most Germans didn't try to stop the Nazis に続くベンの発言である。主語の they は前の文の主語 most Germans を，them は the Nazis を指している。

問４＜文脈把握＞この後に続く内容から，ローリーは授業で知ったナチスの戦争犯罪を悲しく思っており，それが頭から離れない様子が読み取れる。

問５＜語句解釈＞第35段落参照。最終文 It was called *The Grapevine.* の主語 It は，その直前の the school newspaper を指している。

問６＜内容真偽＞１．「ローリーは，ほとんどのドイツ人がアウシュビッツのことを知らないと言うことが信じられなかった」…○　第11，12段落の内容に一致する。　２．「ブライアンとエイミーは同じテーブルに座りたかったが，座れなかった」…×　第31～37段落参照。２人は座席の取り合いをしたが，座る場所は２つあったので同じテーブルに座れた。　３．「デイビッドとブライアンは彼らのチームがとても優れていることを確信していた」…×　第39，40段落参照。チームには規律もなく，新戦力もない。

数学解答

1 (1) -5　(2) $\dfrac{-x-3}{3}$　(3) $\dfrac{4}{3}x$
(4) $-4\sqrt{2}$

2 (1) $x=-3$
(2) $x=-1$，$y=-2-\sqrt{2}$
(3) $x=\dfrac{2\pm\sqrt{10}}{3}$
(4) $x=a+4$，$a-1$

3 (1) $\dfrac{1}{2}$　(2) $\dfrac{2}{9}$

4 (1) 21　(2) 1128

5 (1) $y=-x+2$　(2) 4
(3) $y=\dfrac{1}{3}x+\dfrac{4}{3}$

6 (1) ア…90　イ…$90°-x$
ウ…２組の角がそれぞれ等しい
(2) 12cm^2

7 (1) 4 cm　(2) $2\sqrt{3}$ cm
(3) $\dfrac{\sqrt{3}}{3}\text{cm}^2$

1〔独立小問集合題〕

(1)＜数の計算＞与式$=2\times\left(-\dfrac{27}{8}\right)+\dfrac{9}{25}\times\dfrac{5}{2}+\dfrac{17}{20}=-\dfrac{27}{4}+\dfrac{9}{10}+\dfrac{17}{20}=-\dfrac{135}{20}+\dfrac{18}{20}+\dfrac{17}{20}=-5$

(2)＜式の計算＞与式$=\dfrac{2(2x-1)-3(x+2)+(-3x+2)}{6}=\dfrac{4x-2-3x-6-3x+2}{6}=\dfrac{-2x-6}{6}=\dfrac{-x-3}{3}$

(3)＜式の計算＞与式$=\left\{\left(\dfrac{4x}{3y}\right)^2-\left(\dfrac{x-z}{2y}\right)^2+\dfrac{(x-z)^2}{(2y)^2}\right\}\div\dfrac{4x}{3y^2}=\left\{\dfrac{16x^2}{9y^2}-\left(\dfrac{x-z}{2y}\right)^2+\left(\dfrac{x-z}{2y}\right)^2\right\}\div\dfrac{4x}{3y^2}=$
$\dfrac{16x^2}{9y^2}\times\dfrac{3y^2}{4x}=\dfrac{16x^2\times3y^2}{9y^2\times4x}=\dfrac{4}{3}x$

(4)＜数の計算＞与式$=\dfrac{-12\sqrt{2}+8\sqrt{6}}{3-2\sqrt{3}}=\dfrac{-4\sqrt{2}(3-2\sqrt{3})}{3-2\sqrt{3}}=-4\sqrt{2}$

2〔独立小問集合題〕

(1)＜一次方程式＞両辺に15をかけて，$18x-3(3x-2)=x-18$，$18x-9x+6=x-18$，$18x-9x-x=-18-6$，$8x=-24$　$\therefore x=-3$

(2)＜連立方程式＞$(\sqrt{2}+1)^2x-2y=1$……①，$\sqrt{2}x-y=2$……②とする。①−②×2より，$(\sqrt{2}+1)^2x-2\sqrt{2}x=1-4$，$(2+2\sqrt{2}+1)x-2\sqrt{2}x=-3$，$3x+2\sqrt{2}x-2\sqrt{2}x=-3$，$3x=-3$　$\therefore x=-1$　これを②に代入して，$\sqrt{2}\times(-1)-y=2$，$-\sqrt{2}-y=2$，$-y=2+\sqrt{2}$　$\therefore y=-2-\sqrt{2}$

(3)＜二次方程式＞解の公式より，$x=\dfrac{-(-4)\pm\sqrt{(-4)^2-4\times3\times(-2)}}{2\times3}=\dfrac{4\pm\sqrt{40}}{6}=\dfrac{4\pm2\sqrt{10}}{6}=\dfrac{2\pm\sqrt{10}}{3}$である。

(4)＜二次方程式＞$(x-a)^2-3x+3a-4=0$，$(x-a)^2-3(x-a)-4=0$として，$x-a=X$とおくと，$X^2-3X-4=0$，$(X-4)(X+1)=0$，$(x-a-4)(x-a+1)=0$となるので，$x=a+4$，$a-1$である。

3〔データの活用―確率―さいころ〕

(1)＜確率＞さいころAだけで考える。さいころAを投げたときの目の出方は６通りあるから，aは６通りある。また，２つの直線$y=-x+a$，$y=x$の交点のx座標は，$-x+a=x$より，$-2x=-a$，$x=\dfrac{1}{2}a$である。これが整数となるのは，$a=2$，4，6の３通りあるので，確率は$\dfrac{3}{6}=\dfrac{1}{2}$である。

(2)＜確率＞２つのさいころA，Bを投げるとき，目の出方はそれぞれ６通りあるから，全部で$6\times6=36$(通り)あり，a，bの組は36通りある。また，２つの直線$y=-x+a$，$y=bx$の交点のx座標は，

$-x+a=bx$ より，$-x-bx=-a$，$x+bx=a$，$x(1+b)=a$，$x=\frac{a}{1+b}$ となる。これが整数になる場合，$b=1$ のとき，$\frac{a}{1+b}=\frac{a}{1+1}=\frac{a}{2}$ より，$a=2$，4，6 の 3 通りある。$b=2$ のとき，$\frac{a}{1+2}=\frac{a}{3}$ より，$a=3$，6 の 2 通りある。$b=3$ のとき，$\frac{a}{1+3}=\frac{a}{4}$ より，$a=4$ の 1 通りある。以下同様にして，$b=4$ のとき $a=5$ の 1 通り，$b=5$ のとき $a=6$ の 1 通りあり，$b=6$ のときはない。よって，交点の x 座標が整数となる a，b の組は $3+2+1+1+1=8$(通り)あるから，求める確率は $\frac{8}{36}=\frac{2}{9}$ である。

4〔特殊・新傾向問題―規則性〕

(1)＜**a_5 の値**＞$a_1=3=1+2$，$a_2=6=1+2+3$，$a_3=10=1+2+3+4$，$a_4=15=1+2+3+4+5$ と表せるから，$a_5=1+2+3+4+5+6=21$ である。

(2)＜**a_{46} の値**＞(1)と同様に考えると，$a_{46}=1+2+3+\cdots\cdots+45+46+47$ となる。$1+2+3+\cdots\cdots+45+46+47$ と，項の順序を逆にした $47+46+45+\cdots\cdots+3+2+1$ で，同じ順番にある項どうしをたすと，$1+47=48$，$2+46=48$，$3+45=48$，……より，全て48となり，48が47個現れる。よって，この 2 つの式の和は $48\times47=2256$ となる。2 つの式の和は同じであるから，$a_{46}=2256\div2=1128$ である。

5〔関数―関数 $y=ax^2$ と一次関数のグラフ〕

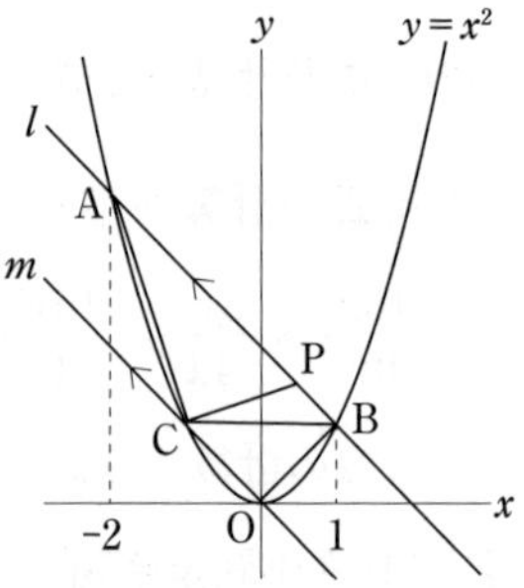

(1)＜**直線の式**＞右図で，2 点A，Bは放物線 $y=x^2$ 上にあり，x 座標がそれぞれ -2, 1 だから, y 座標は $y=(-2)^2=4$, $y=1^2=1$ となり，A$(-2, 4)$，B$(1,\ 1)$である。直線 l は 2 点A，Bを通るので，傾きは $\frac{1-4}{1-(-2)}=-1$ となり，その式は $y=-x+b$ とおける。点Bを通るので，$1=-1+b$，$b=2$ となり，直線 l の式は $y=-x+2$ である。

(2)＜**面積**＞右図で，直線mは，直線 l に平行だから，(1)より，傾きは -1 である。原点Oを通るので，直線mの式は $y=-x$ である。点Cは放物線 $y=x^2$ と直線 $y=-x$ の交点だから，$x^2=-x$，$x^2+x=0$，$x(x+1)=0$ より，$x=0$，-1 となり，点Cの x 座標は -1 である。$y=-(-1)=1$ だから，C$(-1,\ 1)$である。B$(1,\ 1)$より，2 点B，Cの y 座標が等しいから，BC は x 軸に平行になる。これより，$\mathrm{BC}=1-(-1)=2$ となる。BC を底辺と見ると, 2 点A，Bの y 座標より，△ACB の高さは $4-1=3$，△OCB の高さは 1 となる。よって，〔四角形 ACOB〕=△ACB+△OCB$=\frac{1}{2}\times2\times3+\frac{1}{2}\times2\times1=3+1=4$ である。

(3)＜**直線の式**＞右上図で，(2)より，〔四角形 ACOB〕=4 であり，△ACP：〔四角形 BPCO〕=5：3 だから，〔四角形 BPCO〕$=\frac{3}{5+3}$〔四角形 ACOB〕$=\frac{3}{8}\times4=\frac{3}{2}$ である。また，△OCB=1 だから，△PCB=〔四角形 BPCO〕−△OCB$=\frac{3}{2}-1=\frac{1}{2}$ となる。△PCB の底辺を BC=2 としたときの高さを h とすると，面積について，$\frac{1}{2}\times2\times h=\frac{1}{2}$ が成り立ち，$h=\frac{1}{2}$ となる。よって，点Pの y 座標は $1+\frac{1}{2}=\frac{3}{2}$ となる。点Pは直線 $y=-x+2$ 上にあるから，$\frac{3}{2}=-x+2$ より，$x=\frac{1}{2}$ となり，P$\left(\frac{1}{2},\ \frac{3}{2}\right)$である。C$(-1,\ 1)$だから，直線 CP の傾きは$\left(\frac{3}{2}-1\right)\div\left\{\frac{1}{2}-(-1)\right\}=\frac{1}{2}\div\frac{3}{2}=\frac{1}{3}$ となり，その式は $y=\frac{1}{3}x+c$ とおける。点Cを通るので，$1=\frac{1}{3}\times(-1)+c$，$c=\frac{4}{3}$ となり，直線 CP の式は $y=\frac{1}{3}x+\frac{4}{3}$ である。

6〔平面図形―円〕

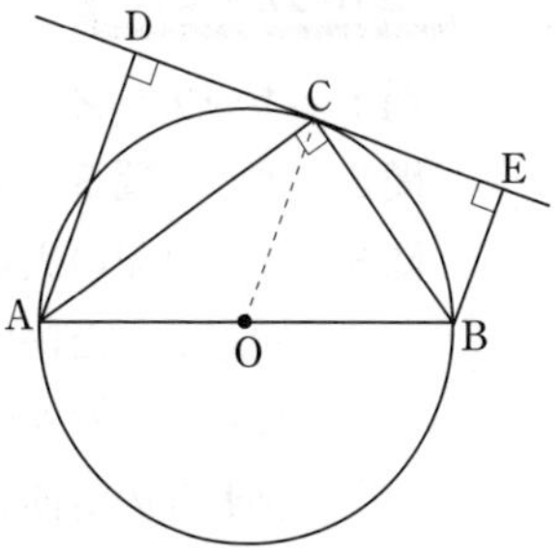

(1)**＜証明＞**右図で，線分 AB は円 O の直径だから，$\angle ACB=90°$ である。$\angle ACD=x$ とすると，$\angle BCE=180°-\angle ACB-\angle ACD=180°-90°-x=90°-x$ である。△ACD と△CBE において，①の $\angle ADC=\angle CEB=90°$，②の $\angle ACD=\angle CBE$ より，2 組の角がそれぞれ等しいから，△ACD∽△CBE である。

(2)**＜面積―相似＞**右図で，$\angle ACB=90°$ だから，△ABC で三平方の定理より，$AC=\sqrt{AB^2-BC^2}=\sqrt{5^2-3^2}=\sqrt{16}=4$ となり，$\triangle ABC=\frac{1}{2}\times AC\times BC=\frac{1}{2}\times4\times3=6$ である。2 点 O，C を結ぶと，直線 DE は点 C で円 O と接しているから，OC⊥DE である。AD⊥DE だから，AD∥OC となり，$\angle DAC=\angle ACO$ である。△OAC は $OA=OC$ の二等辺三角形だから，$\angle CAB=\angle ACO$ である。よって，$\angle DAC=\angle CAB$ となり，$\angle ADC=\angle ACB$ だから，△ACD∽△ABC である。相似比は AC：AB＝4：5 だから，面積比は $\triangle ACD:\triangle ABC=4^2:5^2=16:25$ となり，$\triangle ACD=\frac{16}{25}\triangle ABC=\frac{16}{25}\times6=\frac{96}{25}$ である。同様にして，△ABC∽△CBE となり，相似比は AB：CB＝5：3 だから，$\triangle ABC:\triangle CBE=5^2:3^2=25:9$ となる。これより，$\triangle CBE=\frac{9}{25}\triangle ABC=\frac{9}{25}\times6=\frac{54}{25}$ である。以上より，〔四角形 ABED〕＝$\triangle ABC+\triangle ACD+\triangle CBE=6+\frac{96}{25}+\frac{54}{25}=12$ (cm²) である。

7〔平面図形―長方形〕

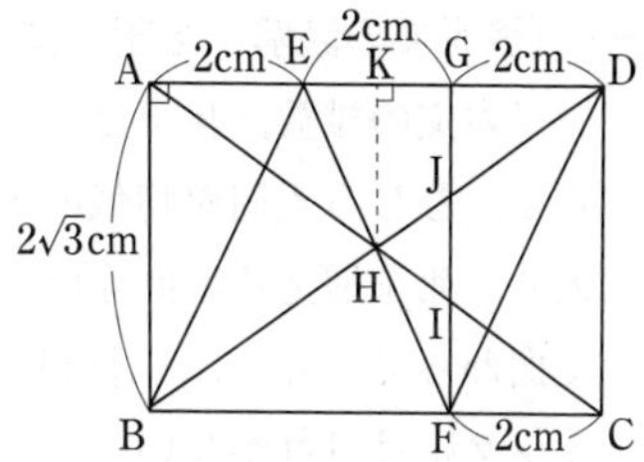

(1)**＜長さ―三平方の定理＞**右図で，△ABE で三平方の定理より，$BE=\sqrt{AB^2+AE^2}=\sqrt{(2\sqrt{3})^2+2^2}=\sqrt{16}=4$ (cm) である。

(2)**＜長さ―三平方の定理＞**右図で，$ED=EG+GD=2+2=4$ であり，$BC=AD=AE+ED=2+4=6$ より，$BF=BC-FC=6-2=4$ だから，ED＝BF である。また，ED∥BF だから，四角形 EBFD は平行四辺形である。点 H は，▱EBFD の対角線 EF，BD の交点となるから，線分 BD の中点である。△ABD で三平方の定理より，$BD=\sqrt{AB^2+AD^2}=\sqrt{(2\sqrt{3})^2+6^2}=\sqrt{48}=4\sqrt{3}$ となるので，$BH=\frac{1}{2}BD=\frac{1}{2}\times4\sqrt{3}=2\sqrt{3}$ (cm) である。

(3)**＜面積＞**右上図で，長方形 ABCD の対角線 AC，BD はそれぞれの中点で交わる。(2)より，点 H は線分 BD の中点なので，その交点は点 H となる。長方形 ABCD は対角線 AC，BD によって，面積が等しい 4 つの三角形に分けられるので，$\triangle HCD=\frac{1}{4}$〔長方形 ABCD〕$=\frac{1}{4}\times2\sqrt{3}\times6=3\sqrt{3}$ である。点 H から辺 AD に垂線 HK を引くと，AB∥KH，BH＝HD より，AK＝KD となるから，$KD=\frac{1}{2}AD=\frac{1}{2}\times6=3$ である。GD＝2 より，$KG=KD-GD=3-2=1$ となる。さらに，GD＝FC＝2 より，四角形 GFCD は長方形だから，$\angle FGD=90°$ である。KH∥GJ だから，HJ：HD＝KG：KD＝1：3 である。また，JI∥DC より，△HIJ∽△HCD である。相似比は HJ：HD＝1：3 だから，面積比は $\triangle HIJ:\triangle HCD=1^2:3^2=1:9$ となり，$\triangle HIJ=\frac{1}{9}\triangle HCD=\frac{1}{9}\times3\sqrt{3}=\frac{\sqrt{3}}{3}$ (cm²) である。

2024年度／日本工業大学駒場高等学校（一般①）

国語解答

一 問1　1…ア　2…ウ　3…エ
問2　エ　問3　ア　問4　ア
問5　二一世紀の大きな事件には出来事が起こった決定的な瞬間があるのに対し，パンデミックは始まりと終わりの瞬間を特定することが困難であること。（67字）
問6　ア
問7　(i)　横暴な占領者　(ii)…ア
問8　オ　問9　エ
問10　一撃では「〜ぼし続ける［から。］

二 問1　1…イ　2…エ　3…ウ
問2　イ
問3　一貫したも〜いう価値観
問4　採算性の確保を目的として多くの大衆を集めるために，様々なジャンルの演目を用意して断片的・独立的な演目によって飽きさせないようにする特徴。（68字）
問5　ウ　問6　エ
問7　作中から「取り出し可能な」場面
問8　オ
問9　①…○　②…×　③…×　④…○　⑤…×

三 ①　樹齢　②　炎症　③　励　④　粘　⑤　憤慨　⑥　ひとく　⑦　きゅうりょう　⑧　ひるがえ　⑨　あざむ　⑩　しんし

四 問1　①…エ　②…オ　③…イ　④…ウ
問2　イ

五 問1　(i)…ウ　(ii)…イ　問2　イ
問3　イ　問4　エ

一〔論説文の読解―芸術・文学・言語学的分野―文学〕出典：福嶋亮大『感染症としての文学と哲学』。

≪本文の概要≫我々は，普通，病気が人間の中に入ってくると考えるが，ウイルスを中心とするならば，むしろ人間が病気の中に入っていくというべきだろう。我々の誰もが，いつかは病気の環境に入り，死を迎える。問題は，この「いつかは」にある。この時間的な曖昧さは，パンデミックにも深く関わっている。二一世紀の大きな出来事には，「日付」の別名が与えられてきた。しかし，パンデミックには日付がない。カミュの小説『ペスト』の登場人物も，ペストに終わりがないことを指摘している。カミュは，疫病のもたらす麻痺《まひ》的な時間感覚を，厳密に描き出している。人間を空間的のみならず時間的にも「監禁」する疫病を，客観的な文体で描き出すことに，カミュの創意があった。疫病の恐怖は，加速していく時間だけではなく，単調で平凡でけだるい時間をもつくり出す。そして，我々は，その異常事態にも慣れてしまう。「絶望に慣れることは絶望そのものよりもさらに悪いのである」という『ペスト』の戒めは，傾聴に値するだろう。

問1＜接続語＞1．「ウイルスや病原菌との接触というカッコつきの《創世》の瞬間は必ずある」が，「それを特定することは困難」であるうえに，「この謎めいた創世記がいつ収束するのかは見当もつかない」のである。　2．地震だったら，「がっと一揺れ」くれば，「死んだ者と生き残った者を勘定して，それで勝負」はつくが，この病気は，「かかってない者でも，胸のなかにそいつをかかえてる」のである。　3．「ペストという『大きな災禍』は猛火のような派手なクライマックス」ではなく，どちらかといえば，「底知れぬ『単調さ』を呼び覚ました」のである。

問2＜表現＞「馴染《なじ》みのあった社会環境が，急に親しみを欠いたとげとげしいものへと変わり，精神の伸びやかな活動が心身の不調のために大きく制約される」という状況を，「負の異化作用」と言い換えて説明している。「スマートフォン」を，「時代を追うごとに進化し続ける機器」と言い換えて説明するのと同じ用法である(エ…◯)。「雨ニモマケズ」が，宮沢賢治の作品であることを表している(ア…×)。「あれはまさか――」は，何かを言いかけて，黙ったことを表している(イ…×)。「吸い込まれていった――」は，余韻を表している(ウ…×)。棒線ではさむことによって，「私」が，いつから，どれだけバスケットボールを好きかを，強調している(オ…×)。

問３＜語句＞「課税」につく打ち消しの接頭語は「非」である。他は，「無個性」「無(不)作法」「無秩序」「無表情」。

問４＜文章内容＞「われわれはふつう，病気(病原菌)が人間のなかに入ってくると考え」るが，それは，「人間中心的な見方」にすぎない。この見方を反転させるとは，「ウイルスを中心」として，「むしろ人間が病気のなかに入っていく」，つまり，人間の方がウイルスの領域に入っていくと考えるということである。

問５＜文章内容＞「二一世紀の大きな事件には『日付』の別名が与えられて」きたが，「ここには，特定の瞬間に生じた決定的な出来事が，社会を一変させたというニュアンス」がある。しかし，パンデミックは，それらの事件とは異なり，「明確な『始まり』や『終わり』」がない，「日付のない出来事」なのである。

問６＜表現＞アメリカ同時多発テロや東日本大震災は，「負の創世神話」であり，「日付によって『始まり』を特定された事故や災害」である。しかし，パンデミックは，それらとは異なり，「始まり」の瞬間を「特定することは困難」であり，「いつ収束するのかは見当もつかない」のである。パンデミックという「謎めいた創世記」の不透明さを表すために，《創世》にはカッコがつけられているのである。

問７．(i)**＜表現＞**カミュは，『ペスト』という小説を「抵抗運動の寓《ぐう》話《わ》」として書いている。寓話としてみれば，ペストは「横暴な占領者」であり，ペストと戦う医者リウーらは，「レジスタンス」である。　(ii)**＜文章内容＞**「疫病の恐怖は，あれよあれよという間に加速していく時間だけではなく，いつ終わるともしれない単調で平凡でけだるい時間」をもつくりだす。そのため，「パンデミックの占領下では，時間はあまりに速く過ぎ去り，かつあまりに遅く進む」のである。『ペスト』は，疫病のもたらす特異な時間感覚を描いている点で，「日付をもたないパンデミックの特性を実によく捉えて」いるのである。

問８＜文章内容＞カミュにとっての「抵抗運動」とは，「ナチスに対するフランス人のレジスタンス」のことである。カミュは，フランスを侵略したナチスドイツに対する抵抗を，ペストとの戦いにたとえて物語を書いたのである。「寓話」は，比喩によって，人間の生活や事件などを描き，それによって教訓を与えたり，風刺したりすることを目的とした物語のこと。

問９＜文章内容＞「ペストは文字通りの間延びをもたらし」たために，「住民たちはペストに占領されただけではなく，麻痺した時間に占領され」て，やがて，その事態にも慣れてしまった。「疫病のもたらす麻痺的な時間感覚も，たいへん厳密に描き出し」たところに，カミュの創意があった。

問10＜文章内容＞ペストは，地震と違って収束の見当がつかないため，「一撃では『勝負』がつかず，長期にわたってじくじくと作用を及ぼし続ける」のである。したがって，「パンデミックの占領下」では，時間は，いつ終わるともしれない隔離生活の中で，「あまりに遅く進む」のである。

二〔論説文の読解―芸術・文学・言語学的分野―芸術〕出典：宮本直美『ミュージカルの歴史　なぜ突然歌いだすのか』。

問１＜接続語＞１．「現在のクラシック・コンサート」では，「曲目の選択や配列に統一感を持たせるのが一般的である」が，「一九世紀前半までは，コンサートのプログラムには様々なジャンルや編成の楽曲が混在していた」のである。　2．「寄席のような形態のコンサートが行われていた」のは，「様々な好みの聴衆を集め」，さらに，「来ている聴衆を飽きさせないためでもあった」のである。　3．「短く楽しい場面だけで舞台が構成される」ということは，言い換えれば，「ショー」である。

問2＜文章内容＞「ヨーロッパ市民社会の広がりと都市化」によって，「農村から多くの労働者が都市に集まり，労働と余暇という生活時間の区分が生まれ，都市ならではの娯楽文化が形成されて」いった。そして，「中流市民，労働者向けには，それぞれ親しみやすい文化が作られていった」ために，「娯楽的なオペラが様々なサブジャンルを生み出した」のである。

問3＜文章内容＞「気軽で大衆的な文化」は，「場面の独立性・断片性」によって娯楽性を提供していた。一方，「グランドオペラなどの豪華な文化」は，「芸術を志向するタイプの演目」を備え，「一貫したものを集中して鑑賞すべきという価値観のもとに編成されて」いたのである。

問4＜文章内容＞「市民社会の大都市における新たな娯楽」は，「徹底して市場原理に則って」おり，「採算性に基づいて展開していった」のである。採算を取るためには，「多くの観客を集める」必要があり，「幅広い層に受けるものを意識することが求められ」た。その結果，これらの娯楽においては，観客が飽きないように，さまざまなジャンルの演目が，相互に独立したものとして，断片的に披露されるようになっていった。

問5＜表現＞「迎合」は，相手の気に入るように調子を合わせること。「大衆迎合的で無難な公演」とは，大衆の好みに合わせた，特によいところもないが，とりたてて欠点もないような，ありふれた公演のこと。

問6＜文章内容＞十九世紀には，「オペラのアリアは，シート・ミュージックという数ページの楽譜となって，従来以上に広く流通すること」になった。アリアは，「そのオペラを見たことのない人々の間にも広く知れわたった」ことで，ポピュラー音楽の世界を盛り上げたのである。

問7＜表現＞「気晴らし場面や目で楽しめるスペクタクル」は，「物語進行を一時中断して楽しめるような作り」になっており，したがって，「作中から『取り出し可能な』場面」なのである。

問8＜文章内容＞ミュージック・ホールは，「歌やダンス，風刺的寸劇，曲芸，サーカス，動物芸，マジックなどを披露する芸人たちがそれぞれの場面を担当する寄席のような構成で成り立っていた」のである。

問9＜要旨＞宮廷文化は，「採算度外視で成立していた」のである(①…○)。「長時間にわたる演目は飽きて疲れてしまう」という「感覚は数百年前のヨーロッパ」にもあった(②…×)。「バレエ場面やワルツ，カンカンなどのダンス場面」は，気晴らし場面として取り込まれたが，これが現代のダンスの源流になっているかどうかは述べられていない(③…×)。「一八～一九世紀に設立された楽譜出版社として名前がよく挙がる」のは，「現在までその名が残っている大手だが，一九世紀の楽譜広告を見てみると，中小そして個人の膨大な数の楽譜出版業者を確認することができる」のである(④…○)。「ポピュラー音楽は当初から劇場との結びつきを持っていた」でのあり，貴族文化と結びついていたわけではない(⑤…×)。

三〔漢字〕

①「樹齢」は，木の年齢のこと。　②「炎症」は，物理的・化学的刺激やウイルスなどの感染などに対して起こす，生物の身体の防御反応の一つ。　③音読みは「激励」などの「レイ」。　④音読

みは「粘着」などの「ネン」。　⑤「憤慨」は，ひどく腹を立てること。　⑥「秘匿」は，秘密にして，隠しておくこと。　⑦「丘陵」は，なだらかな起伏や丘の続く地形のこと。　⑧音読みは「翻意」などの「ホン」。　⑨音読みは「詐欺」などの「ギ」。　⑩「真摯」は，真面目で，ひたむきなさま。

四〔国語の知識〕

問１．①＜ことわざ＞「虎穴に入らずんば虎子を得ず」は，危険を犯さなければ，大きな成果を挙げることはできない，という意味。　②＜慣用句＞「猫の手も借りたい」は，どんなちょっとした助けでも欲しいほど，忙しいことのたとえ。　③＜ことわざ＞「二兎を追う者は一兎をも得ず」は，同時に二つのことをしようとしても，結局，どちらも失敗するものである，という意味。
④＜四字熟語＞「馬耳東風」は，他人の意見を全く聞き入れず，聞き流すこと。

問２＜故事成語＞一年生の学級目標は，「虎穴に入らずんば虎子を得ず」であり，二年生のときには，「二兎を追う者は一兎をも得ず」だった。十二支の「虎(寅)」「兎(卯)」と続いているので，今年度の目標は，「竜(辰)」が登場すると考えられる。「画竜点睛を欠く」は，物事を仕上げる肝心なところができていない，という意味。

五〔資料〕

問１(i)新作は，大学生１人で1500円，高校生２人・小学生１人で3000円で，合わせて4500円。「小学生・中学生・高校生３人以上での利用で１人につき200円引き」なので，３人分の600円が引かれて，合計額は3900円である。　(ii)旧作は，大人２人で3600円，大学生１人で1300円，中学生１人は1000円で，合わせて5900円。６月13日はプレオープン期間なので，チラシを持参すると１人200円引きとなり，４人分の800円が引かれて，合計額は5100円となる。「大人２人以上と学生２人以上での利用で１人につき100円引き」になるはずだが，チラシ持参による800円引きの方が，この規定による400円引きよりも料金が安くなる。「割引は最も安い鑑賞料金になる１種が適用」されるので，400円の割引は適用されない。

問２．「西口を出て」とあるので，東口を出ているエとオは不可。「コンビニ前を左折」して，「その後，丁字路を右折」とあるので，丁字路ではないアは不可。「次の十字路をそのまま直進，突き当たりを左に進んだところ」とあるので，突き当たりのないウも不適当である。

問３．館長は，「小学生・中学生・高校生」が，来館者の36%を占めていることに注目すると考えられる。「映画に詳しくないので宣伝用のポスターを事前に見たい」という高校生や「両親が好きだと言っていた映画が観られて良かった」という小学生の意見を参考にするだろう。小学生は，自分が見た映画に関しては，「両親が好きだと言っていた」ということしか知らなかったので，映画を見る前に，多少の予備知識があった方が，もっと映画を楽しめたと思われる。名作映画がどのような作品なのかを，ポスターなども入れて，わかりやすく説明した情報を追加する可能性が高い。

問４．『早井工とアマゾンの石』は，「ラブロマンス」である(ア…×)。「３Ｄ上映などの特殊な上映方法に力を入れている」とは書かれていない(イ…×)。水曜日には，小・中学生だけではなく，高校生も，1000円で新作映画を見ることができる(ウ…×)。「未就学のお子様と一緒の鑑賞はご遠慮ください」とある(エ…○)。「プレオープン期間は開館日の３日前」，つまり，６月26日までなので，６月27日にはプレオープン価格で映画を見ることはできない(オ…×)。

2024年度 日本工業大学駒場高等学校（一般②）

【英　語】（50分）〈満点：100点〉

1　次の英文の（　）に入れるのに最も適切な語(句)を１つ選び，記号で答えなさい。

1　I found the man (　　) you talked with yesterday.
　ア　which　　イ　whom　　ウ　what　　エ　when

2　Would you mind (　　) the window?
　ア　open　　イ　opens　　ウ　to open　　エ　opening

3　John is very (　　) to make such a silly mistake.
　ア　care　　イ　carefully　　ウ　careless　　エ　careful

4　This island (　　) like a star.
　ア　looks　　イ　is looked　　ウ　looked at　　エ　is looking

5　If he (　　) me tonight, I can help him with his homework.
　ア　call　　イ　calls　　ウ　called　　エ　will call

6　We (　　) clean the room before we went out.
　ア　can　　イ　must　　ウ　had to　　エ　had better

7　It (　　) ten minutes to get to the station by car.
　ア　takes　　イ　does　　ウ　uses　　エ　costs

8　Spring (　　) sunny weather and longer days every year.
　ア　bring　　イ　brings　　ウ　is bringing　　エ　will bring

9　Joan was (　　) the birthday cake.
　ア　satisfied with　　イ　surprised in　　ウ　filled at　　エ　known on

10　He decided (　　) captain of the team.
　ア　was　　イ　be　　ウ　to be　　エ　being

2　次の日本文の意味になるように【　】内の語(句)を並べかえなさい。ただし，文頭に来るべき語も小文字で示してあります。

1　英語の新聞を読むことに興味があります。
　【am / in / reading / I / newspapers / English / interested】.

2　ジョージはほかのどのクラスメイトよりも背が高いです。
　【taller / other / is / George / than / classmate / any】.

3　私は1990年にその丘に建てられたこの建物が好きです。
　【in / hill / building / on / I / this / like / built / the】1990.

4　誰が明日ここに来ると思いますか。
　【come / here / who / think / will / do / you】tomorrow?

5　あなたは今までに何回その映画を観ましたか。
　【have / the movie / how / watched / times / you / many】?

3　A　次の会話文の（　）に入れるのに最も適切なものを１つ選び，記号で答えなさい。

1　A：Oh, no.　It began raining.
B：I didn't bring my umbrella with me.
A：(　　　　)
B：Thank you.　You are so kind.

ア　Here you are.　　イ　Let's catch up soon.
ウ　No, you can't.　　エ　You got a new one.

2　A：What do you usually do after school？
B：I take my dog for a walk.
A：Can I come with you today？
B：(　　　　)　Let's meet at the park around five.

ア　I didn't mean it.　　イ　Of course not.
ウ　I'm on your side.　　エ　Sure.

3　A：What would you like？
B：I'll have a cheeseburger, please.
A：Sure.　(　　　　)
B：Can I have onion rings and an orange juice, too？

ア　Anything else？　　イ　Do you want more burgers？
ウ　Do you need help？　　エ　For here or to go？

4　A：Hurry up, or you will be late for school.
B：Why, mom？　Today is a school holiday！　So (　　　　)

ア　I don't have to go.　　イ　I might go.
ウ　I'll go there soon.　　エ　I'm busy today.

5　A：I'm so tired today.　I don't want to cook dinner.
B：Yes, mom.　We should get food on our way back home.
A：How about fried rice？　I know you like Chinese.
B：Yeah！　(　　　　)　I love spring rolls, too.

ア　It tastes too spicy.　　イ　Sounds great.
ウ　It looks bad.　　エ　Fruits are good for you.

6　A：I went to Thailand this summer vacation.　(　　　　)
B：Yes.　I went there three times with my friends.

ア　How was your trip？
イ　Have you ever been there？
ウ　Did you go there for the first time？
エ　Which country do you like？

7　A：Why don't you come to my house next Sunday？
B：(　　　　)　Who else is coming？
A：I invited friends from school.
B：OK.　I'll bring some fruits.

ア　Because I need my friends.　　イ　I have to finish my work.
ウ　I'm sorry I can't make it.　　エ　I'd love to come.

8　A：Do you know how to make an apple pie？

B： Yes, I do. (　　　　)
A： Yes, but I don't know the recipe.
B： OK. I'll share it with you. Come to my house after breakfast on Saturday.

ア　Do you want to come to school？
イ　Did you make one with your mother？
ウ　Do you want to make one？
エ　Do you want to eat one on Friday night？

B　次の会話文の(1)～(4)に入れるのに最も適切なものを1つずつ選び，記号で答えなさい。

A： This is lost and found call center. (　1　)
B： Hi. I've lost my bag. I think I left it on the train this morning.
A： We have some lost bags. (　2　)
B： It's a shoulder bag. Also, the color is yellow, and one black thick line is on the center of the bag.
A： We have two bags that look similar. (　3　)
B： I'm not sure. Maybe, it starts with N.
A： Is it NIT？
B： Yeah！ That's it！ What should I do to get my bag？
A： Please come to Komaba Station, and ask the staff. You will get your bag back.
B： OK. I'll go there. (　4　) I can't leave the office until 4 o'clock.
A： The counter closes at 5 o'clock, so please come by that time.
B： No problem. I'll go there. Thank you very much.

ア　Do you remember the brand name？
イ　How can I help you？
ウ　Oh, when does the counter close？
エ　What does it look like？

4　次の問いに対して，理由も含めて25語以上の英語で答えなさい。

Which do you like better, playing sports or watching sports？

5　次の会話文を読んで，下記の設問に答えなさい。〔語注(＊)が文の最後にあります。〕

Emma： I heard you're moving to another city！
John： Yeah, I'll leave here for my father's job. I'm really going to miss you. But it just takes about one and a half hours by train from here, so we can meet on weekends or long vacations.
Emma： That's good to hear. When are you going to leave？
John： Sunday, March 18th. I have to pack up my things within just two weeks.
Emma： Is there anything I can help？
John： Umm ... We have some pieces of ＊furniture and ＊home appliances that we don't need. Do you want some of them？ Actually, we're going to throw them away, but if you want some, we'll give them to you. This is the list of our items. We can still use them and they are in good condition.

[The list of the items]

A. 

Bicycle

B. 

Electronic piano

C. 

Sofa

D. 

Toaster

E. 

Frying pan

F. 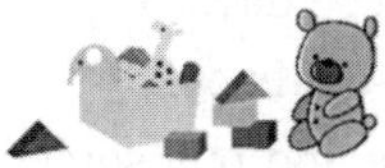

Toy

G. 

Bookshelf

Emma : Oh, can I have ①this ?

John : Of course you can.

Emma : Thank you. Mine's just broken so I don't have hot bread these days. Also, I remember that Yuka said she recently joined a band and started playing the keyboard.

John : I also heard it from her! She said that she wanted to practice at home so I'll give it to her. Is there anything else you want ?

Emma : How big is the bookshelf ? I have more than two hundred books. Some of them are on the desk now so I'm looking for a larger one.

John : You really like to read books! This bookshelf is not so big. You can put only fifty books.

Emma : OK. Then, I'll try to keep looking for a bigger one.

John : By the way, your sister had a baby last year, right ?

Emma : Wow, you remembered! That's right. He's six months soon!

John : Then give these toys to him!

Emma : Are you sure ? He'll love them! Thank you.

John : No problem. Then I'll throw away the rest of the items.

Emma : Wait. It's a waste to throw them away! How about selling them to a ②secondhand store ?

John : Secondhand store ?

Emma : Yeah, you can sell your used goods to the store and the store sells those items at a cheaper price than usual.

John : You're right. I'll take these items to the secondhand store.

Emma : Great!

（注） furniture 家具 home appliances 家電

問１ この会話はいつされているものだと考えられますか。適切なものを１つ選び，記号で答えなさい。

ア March 4th イ March 14th ウ March 18th エ April 4th

問２ 下線部①が指すものを**英語で**答えなさい。

問３ John が知り合いに譲らなかったと予測される物の組み合わせとして正しいものを１つ選び，記号で答えなさい。

ア A・C・E・F イ B・D・E・G ウ A・B・D・F

エ A・C・E・G オ B・C・F・G

問４　以下の質問に，完全な英文で答えなさい。

How many books does Emma have ?

問５　下線部②とほぼ同じ意味を表す単語を，本文中から１語で抜き出しなさい。

問６　以下の英文で本文の内容と一致するものにはＴ，一致しないものにはＦで答えなさい。

1　John will move because he wants to change his school.

2　Yuka plays a musical instrument these days.

3　Emma's sister has about a half-year-old baby.

4　John will go to the secondhand store and buy some goods.

6　次の英文を読んで，下記の設問に答えなさい。〔語注(＊)が文の最後にあります。〕

One plane lands in Barcelona.　My friend Armando is waiting at the airport.　'Hi, Daniel !' he says.　He gives me a big hug.　'I'm so happy you're here !'

'Hi, Armando !　It's great to see you !' I reply.

Armando looks at my sister Julia.　I introduce them.　'Armando, my friend, this is my sister Julia.'

Armando turns to Julia.　He kisses her on each cheek.　'Hi, Julia.　①Pleased to meet you !'

My sister is very shy.　She's especially shy when she meets new people.　'Hello . . . Armando,' she says.　Her face turns (　A　).　Then she becomes quiet.

'Your sister is really shy, isn't she ?' Armando says to me, smiling.

'Yes she is, but she's (　B　),' I say.

A short while later we head for Armando's ＊flat.　We are staying there for the term.　We get a taxi.　After 30 minutes, we arrive in Barcelona center.　The taxi costs 41 euros and 50 cents.　Armando says it's the (　C　) rate to this section of the city.　We pay for the taxi and get out.

It's a short walk to Armando's flat.　It's June and it's really hot.　But ②there is a nice wind to cool us.

We arrive at the flat at lunchtime.　My sister and I are really hungry.　'Armando,' I say 'where can we eat ?'

'There are a couple of food restaurants in the area.'

'What types of food do they have ?'

'One of the restaurants, La Paella Loca, has a great ＊paella.　I really ＊recommend it.　You can take the bus there.　The other one has (　B　) fish.　It's just next door.'

'Julia, do you want to have paella ?' I ask my sister.

'Yes !　I'm so hungry !' she replies.

Armando can't come with us.　He is a teacher and he has a class.　So Julia and I head for the paella restaurant.　It's a short walk to the bus station.

'Hmm . . .　Now, which bus goes to the paella restaurant ?' I ask Julia.

'I don't know . . .' she replies.　'Let's ask.'　She points to a man (　X　) a white shirt.

We walk over to the man.　He smiles.　'Hello !'　Can I help you ?'

'Hi.　How do we get to La Paella Loca restaurant ?' I ask.

'It's easy !　The number 35 bus goes (　X　) that direction.　It goes right to La Paella Loca.　However, there's a small problem.'

'What's that ?' I ask.

'That bus is normally ③packed at this time.'

'OK. Thank you!' we say.

As we walk to the nearest bus stop, Julia and I talk. She is not *comfortable with taking the bus. 'Daniel,' she says, 'Let's just eat at the fish restaurant. It's easier. I don't want to take a packed bus.'

'I know . . .' I begin. Then I have an idea. 'Wait! I'll take the bus to La Paella Loca. You go to the fish restaurant.'

'Why?'

'Because that way we can *compare the two restaurants.'

'Oh. Good idea. OK. Enjoy! I'll call your mobile later,' she calls and walks off.

I get on the next bus and sit down. I'm very tired. I quickly go to sleep. The bus system in Barcelona is very good. I know there is nothing to worry about.

I wake up a while later. The bus has stopped. There's no one else on it *except for the driver. 'Excuse me,' I say. 'Where are we?'

'We've arrived in Valencia,' he replies.

'What? Valencia? We're in Valencia? ④How can that be?' I say.

'Well, this is the express bus. It goes directly from Barcelona to Valencia,' he tells me.

I can't believe it. I took the (D) bus. But what can I do?

I thank the driver and get off the bus. Then I take out my mobile. I want to call my sister, but I can't turn it on. My battery has died! I check my watch. It's just after five o'clock in the afternoon.

⑤【where / my / I / know / sister / am / doesn't】. She must be really worried. I have to contact her. I need a phone box!

I asked a woman on the street for a phone box. 'There's one,' she says, pointing. 'It's just over there.'

I thank her and head for the phone box. But when I got there, I *realize something. Julia's phone number is in my mobile's memory. I can't turn my mobile on. I finally have a phone, but (Z)! Now what?

(注) flat アパート　paella パエリア　recommend 勧める　comfortable 心地よい
compare 比べる　except for ～ ～を除いて　realize 気づく

問1 下線部①の意味に最も近い英文を，本文より1文で抜き出しなさい。

問2 (A)～(D)に入れるのに最も適切なものを1つずつ選び，記号で答えなさい。ただし，それぞれの記号は1度しか使えません。

ア lovely　イ usual　ウ wrong　エ red

問3 下線部②を日本語に直しなさい。

問4 (X)に共通して入る1語を答えなさい。

問5 下線部③とほぼ同じ意味の語を1つ選び，記号で答えなさい。

ア crowded　イ closed　ウ close　エ heavy

問6 下線部④が表す**意味ではない英文**を1つ選び，記号で答えなさい。

ア Why does this happen?

イ I can't believe this.

ウ How do you know this?

エ　This is impossible.

問7　下線部⑤を意味の通る英文になるように【　】内の語(句)を並べかえなさい。

問8　本文の流れに沿って，(Z)に入ると考えられる5語の英文を答えなさい。

問9　以下の英文で本文の内容と一致するものにはT，一致しないものにはFで答えなさい。

1　There are too many restaurants around Armando's flat to decide which to go.

2　Daniel went to the fish restaurant and Julia went to La Paella Loca.

3　Daniel felt nervous in the bus because he knew nothing about the bus system.

4　Thanks to a woman, Daniel could find a phone box.

【数　学】（50分）〈満点：100点〉

1　次の計算をしなさい。

(1)　$\left\{\frac{3}{4}-\left(\frac{1}{3}-\frac{1}{4}\right)\right\}^2\times 3+1.5^2\div\left(-\frac{3}{4}\right)^3$

(2)　$\frac{x-5}{4}-\frac{5x-1}{12}+\frac{4x+3}{6}$

(3)　$\left(\frac{1}{3}ab^2\right)^3\times\left(-\frac{6}{a^2b}\right)^3\div\left(\frac{2b}{a}\right)^3$

(4)　$x<0$，$y>0$，$x^2-1=2xy-y^2$ のとき，$-3(x-2y)-(x+2y)$ の値を求めなさい。

2　次の方程式を解きなさい。

(1)　$x-\frac{x-4}{4}=\frac{x+5}{2}$

(2)　$x^2-6x-8=0$

(3)　$(x+\sqrt{2})^2+2(x+\sqrt{2})+1=0$

(4)　$\begin{cases}(2x+3):2y=2:1\\ 2x-y=3\end{cases}$

3　次の問いに答えなさい。

(1)　108の正の約数の総和を求めなさい。

(2)　$\sqrt{250-5x}$ が自然数となる自然数 x の値をすべて求めなさい。

4　図のようにある規則にしたがって数が並んでいます。次の問いに答えなさい。

(1)　7段目のすべての数の和を求めなさい。

(2)　n 段目のすべての数の和が8192であるとき，n の値を求めなさい。

1　1　　　　1段目
1　2　1　　　2段目
1　3　3　1　　3段目
1　4　6　4　1　4段目
⋮　　　　　⋮

5　図のように，直線 l が放物線 $y=-4x^2$ と2点A，Bで交わり，放物線 $y=-\frac{1}{2}x^2$ と点Cで交わっています。2点B，Cの x 座標がそれぞれ1，2であるとき，次の問いに答えなさい。

(1)　直線 l の式を求めなさい。

(2)　点Aの座標を求めなさい。

(3)　線分AB上の点Pについて，△OBCの面積と△OPBの面積比が1：2になるとき，点Pの座標を求めなさい。

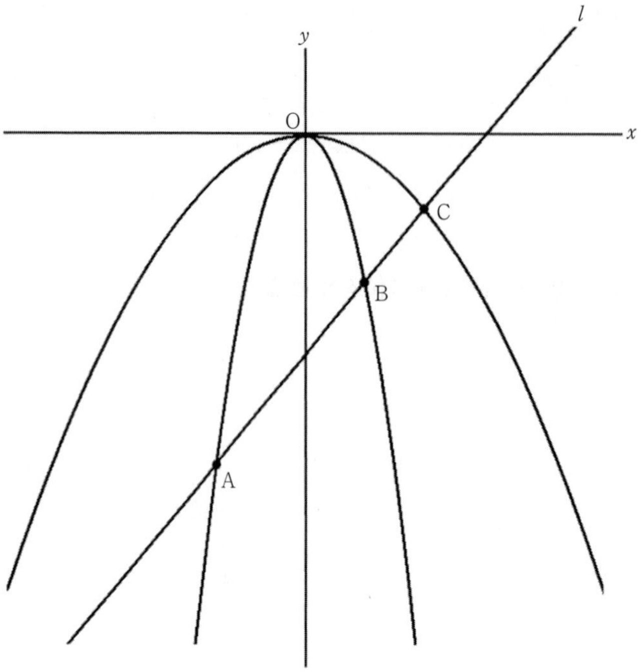

6　図のように，BG を直径とする円Oに内接する AB＝AC の二等辺三角形ABC があり，点Bにおける円Oの接線と辺 AC の延長との交点をEとします。また，点Cを通り辺 AB に平行な直線が円Oと交わる点をD，線分 BE と交わる点をFとするとき，次の問いに答えなさい。

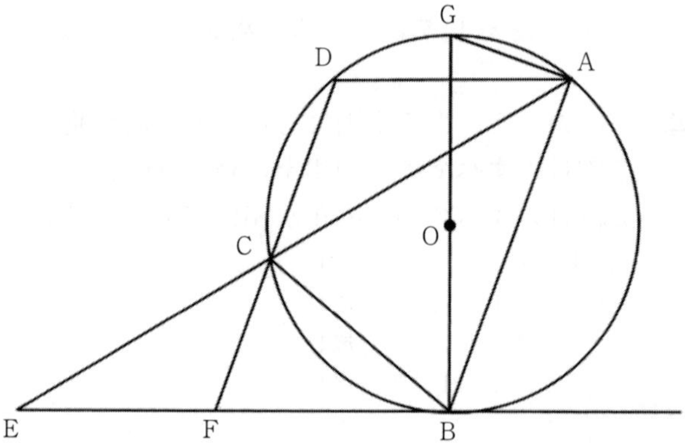

(1)　ア～ウには数や文字，エには言葉を当てはめて∠CBE＝∠FCE を証明しなさい。

【証明】

直線 BE は円Oに接しているので

∠GBE＝90°より

∠CBE＝90°－∠CBG　……①

BG は直径なので，∠BAG＝［　ア　］°

よって，∠CAB＝［　ア　］°－∠GAC　……②

$\overset{\frown}{\mathrm{CG}}$ に対して円周角の定理より∠［　イ　］＝∠［　ウ　］　……③

①，②，③より∠CBE＝∠CAB　……④

DF∥AB より［　エ　］は等しいので∠FCE＝∠CAB　……⑤

④，⑤より∠CBE＝∠FCE

(2)　AB＝AC＝4cm，BC＝3cm であるとき，線分 CF の長さを求めなさい。

7 図のように，A(−7, 0)，C(−1, 4)，D(3, 0)があります。CD∥BO であるとき，次の問いに答えなさい。

(1) 線分 CD の長さを求めなさい。

(2) △BOC と△AOB の面積比を求めなさい。

(3) 四角形 BAOC の面積が25のとき，点 B の座標を求めなさい。

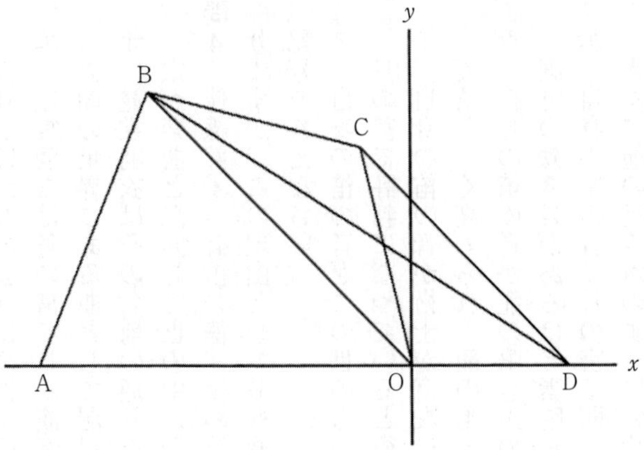

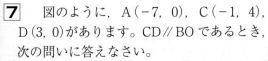

ウ　玄宗は宮殿の中にいた妓女の素晴らしい舞を見たが、彼女の姿が故事に出てくる仙童に似ていたということ。

エ　玄宗は月の宮の造りや音楽、舞の素晴らしさに心を奪われて、時間も忘れてしまったように思ったということ。

オ　玄宗は道士によって月の宮殿に連れられたが、彼にだまされて宮殿内に閉じ込められてしまったということ。

問3　傍線部③「よくよくたづぬべし」とありますが、これは「よく調べる必要がある」という意味です。この理由として最も適当なものを次の中から一つ選び、記号で答えなさい。

ア　霓裳羽衣は玄宗が作成した曲であると伝えられているが、目録には別の皇帝の時代のものだと書かれているから。

イ　霓裳羽衣は玄宗が月の宮で聞いた曲をもとに作成したとされるが、別の記録には異なる由来が示されているから。

ウ　霓裳羽衣は玄宗が月の宮で貴族に教えられた曲だが、玄宗が作り上げた曲のように後世に伝えられているから。

エ　霓裳羽衣は月の宮でしか演奏ができない曲であるはずなのに、人間の世界にある曲として記録されているから。

オ　霓裳羽衣はその名前の通り衣服の一種であるはずなのに、玄宗が楽曲と混同して世の中に伝えてしまったから。

問4　傍線部④「御笛の徳、極め給へることを知り給ひけり」とありますが、この理由として最も適当なものを次の中から一つ選び、記号で答えなさい。

ア　自身の笛の音がこの世のものとは思えないほど素晴らしく、月の宮で評判になっていると術士から聞いたから。

イ　自身の笛の音が術士が宮殿に貼った護符により一層清らかに素晴らしく高められ、龍の鳴き声のようになったから。

ウ　自身の笛の音が龍の鳴き声のように聞こえ、龍の声を封じる護符の効き目があるほど素晴らしいことがわかったから。

エ　自身の笛の音で月の宮で聞いた楽曲を再現することができ、人々に龍の鳴き声のように素晴らしいと形容されたから。

オ　自身の笛の音を聞いた人々が、龍の鳴き声を聞いた時のように恐れおののいていることがわかったから。

問5　本文の内容として最も適当なものを次の中から一つ選び、記号で答えなさい。

ア　玄宗は夜の時間を無駄に過ごすことが多かったため、見かねた道士は月の宮に招待した。

イ　玄宗ははじめ月の宮に行くことに乗り気ではなかったものの、行った後にはその素晴らしさに満足した。

ウ　玄宗は二階建ての宮殿を隅々まで見て回り、歌や踊りを十分に楽しんでから帰った。

エ　玄宗は月の宮に行った夜に笛を吹き、宮中にいた術士はその音を聞いた。

オ　玄宗はある夜に突然笛を吹くことができなくなったが、人々はそのことを大いに嘆いていた。

⑤ ア【　】がおどる　イ【　】がすく
ウ【　】がつまる　エ【　】を打つ
オ【　】をもつ

五　次の文章は、芸術への理解が深く笛の名手である唐の皇帝玄宗が月の宮に向かう場面から始まります。これを読んで、後の問いに答えなさい。

唐の玄宗の帝、年ごろ月を愛する志深くして、夜々むなしくし給ふ事なかりけり。＊道士、これを感じて、帝に申すやう、「君、月を愛し給ふこと、年久し。月の中を見せ奉らむ」と奏しければ、帝、よろびてしたがひ給ふ。

道士、八月十五夜の月の、①子の時ばかり、庭に立ちて、桂の枝を月に向ひて、投げ上げたりければ、銀の階、月の宮に続きけり。この時に、道士さき立ちて、引き奉る。昇ること、いくほどならずして、月の内に入り給ひぬ。＊玉の宮殿、玉の＊楼閣、数知らず。舞台の上に、十二人の＊妓女舞ふ。おのおの白衣を着たり。楽の声、舞の姿、のどかにすめば、玉を動かすかんざし、雪をめぐらす袖、みな光り輝けり。

二階の宮殿あり。＊甍《いらか》ごとに玉を磨きて、目もあてられず。玉の簾《すだれ》を上げて、一人のあるじ、これを見る。すべて、ものの音、舞の姿、所のありさままでも、心もおよび給はず。②斧の柄も朽ちぬべく思されけれど、名残惜しながら、舞だに見はてずして、帰り給ひにけり。

帝、この曲を心にしめて、世にとどめ給へり。＊盤渉調《ばんしきちやう》の声なり。霓裳《げいしやう》羽衣といふ、すなはちこれなり。中ほどばかりを見給ひけるによりて、始終もなき楽なりといへり。

ただし、このことおぼつかなし。古き目録にも、「霓裳羽衣は＊壱越調《いちごつちやう》の楽なり。もとの名をば壱越波羅門《ばらもん》といひけるを、同じ帝の時、天宝年中に、もとの名を改めて、霓裳羽衣と名づく」としるせり。③よくよくたづぬべし。

同じ帝、月の夜、笛吹き給ひけるに、その声、龍の鳴くにたがはず。術者、これを聞きて、「龍の泣くぞ」と思ひて、心に龍の声、とどむる符を作りて、これを封じてけり。その時、帝、にはかに手すくみ、息失せて、え吹き給はず。宮の中に騒ぎ歎《なげ》くこと、世に聞こえて、天の下のうれへなりけり。これをかの術者、もれ聞きて、わが術のしるしある事をさとりて、符を破りてければ、帝、もとのごとくになり給ひけり。これよりぞ、④御笛の徳、極め給へることを知り給ひけり。

（『十訓抄』による。）

《注》＊道士…神仙の術を修めた人。
＊玉…宝玉。
＊楼閣…高い建物。
＊妓女…歌や踊りを生業にする女性。
＊甍…屋根のかわら。
＊盤渉調、壱越調…どちらも楽曲の調子のこと。

問1　傍線部①「子の時」とありますが、これが示す時刻として最も適当なものを次の中から一つ選び、記号で答えなさい。

ア　午前0時頃　イ　午前2時頃　ウ　午前4時頃
エ　午後8時頃　オ　午後10時頃

問2　傍線部②「斧の柄も朽ちぬべく思されけれど」とありますが、「斧の柄も朽ちぬべく」は「晋の王質が山の中で仙童の囲碁の対局を見ていたところ手にしていた斧の柄が腐るほどの長い時間がたっていた」という故事に由来しています。これを踏まえた傍線部の説明として最も適当なものを次の中から一つ選び、記号で答えなさい。

ア　玄宗は宮殿内で簾の奥から歌や踊りを鑑賞している貴族が、故事で時間を奪った仙童のように思ったということ。
イ　玄宗は宮殿内での素晴らしい音楽に気を取られているうちに、いつの間にか朝になっていたことに気がついたということ。

オ　古い作品では記録が残っておらず常に作者が誰であるのかを判別できないため、根拠を持って作者を特定できないという問題。

問7　傍線部⑤「フィクション」とありますが、本文中でこの言葉と同じ意味で用いられている熟語を文中から二字で抜き出しなさい。

問8　傍線部⑥「どのくらい作者と作品の語り手を同一視していいのかが微妙になってきます」とありますが、この理由として最も適当なものを次の中から一つ選び、記号で答えなさい。

ア　個人的な経験を作品の中に含めていたとしても、その内容は体験したこととそうではないこととの境界線が曖昧だから。

イ　個人の事を歌った歌であっても大物ミュージシャンであれば作者以外の意図が入ってくるため、作者像が特定できないから。

ウ　作者と作品の関係性は考える必要がないため、作品を享受する際には内容が個人的な経験かどうかは意味を持たないから。

エ　作者の個人的な経験を作品に落とし込むとしても、記憶は完璧ではないために現実とは異なる部分が出てくるから。

オ　日記などの個人の経験に基づいた文学作品であっても、人間関係や身分差によって必ず嘘を混ぜざるを得ないから。

問9　本文の内容として適当なものには○を、適当ではないものには×をそれぞれ答えなさい。

①　一九六〇年代にロラン・バルトが提唱した「作者の死」は作品を執筆する際に非常に重要な概念である。

②　学校や職場でのレポートがうまく書けない場合には、ディスカッションを通して内容を深めていくことが大切だ。

③　本文の筆者は大学で学生にシェイクスピアを教えており、しばしば作品を分析する課題を出している。

④　『フィクションの哲学』を著した清塚邦彦氏は、筆者とは異なり、作者と語りを切り離すという立場をとっている。

⑤　詩や歌、私小説を分析する際には、その作品の作者と語り手は似て非なるものとして考える方が好ましい。

三

次の①～⑩の傍線部のカタカナは漢字に、漢字はその読みかたをひらがなにそれぞれなおしなさい。

①　技術向上のため熟練者の動きをモホウする。

②　サンパツをして身だしなみを整える。

③　友人と校庭にタイムカプセルをウめる。

④　タワムれに行ったことが大事になってしまった。

⑤　週末に飼っている亀のスイソウを掃除する。

⑥　修学旅行で多くの史跡をめぐって感動した。

⑦　北海道でエゾシカの力強い跳躍を見た。

⑧　来月の終わりに同窓会を催す予定だ。

⑨　会社の更なる発展を目指して努力する。

⑩　その絵を見てふと郷愁に誘われた。

四

次の①～⑤の慣用句を完成させるとき、【　】に入る漢字一字が異なるものとして適当なものをそれぞれ選び、記号で答えなさい。

①　ア【　】が大きい　イ【　】がひける　ウ【　】を配る　エ【　】をひそめる　オ【　】を許す

②　ア【　】に流す　イ【　】に振る　ウ【　】をあける　エ【　】をさす　オ【　】を向ける

③　ア【　】がすわる　イ【　】に乗る　ウ【　】に銘じる　エ【　】をつぶす　オ【　】を冷やす

④　ア【　】がうまい　イ【　】が肥える　ウ【　】に余る　エ【　】をかける　オ【　】をつぶる

たとえばテイラー・スウィフトが作った歌は皆がスウィフトの人生に関係していると考えており、作者本人も自作がかなり個人的な内容であることをいろいろなところで認めています。一方、デヴィッド・ボウイは個人的なことも歌いますが、特定の世界観を設定してお話を紡ぐような曲も得意としているので、自作曲を歌っているからといって歌の語り手や主人公と作曲者を同一視していいわけではありません。シェイクスピアはソネットをたくさん書いていますが、これなどはどのくらい個人的体験に基づいていて、どのくらいが虚構なのかよくわかりません。

作品ごとにニュアンスが変わってくるので一概には言えませんが、私はかなり個人的な内容を描いていると思われる作品であっても、一応は作者に近いがある程度虚構化された存在として「語り手」という登場人物を設定しています。個人的な体験であっても芸術家が作品に昇華させる時はある程度の物語として再構成が行われるはずなので、詩や歌、私小説的な作品の語り手は作者に近くとも微妙に違うキャラクターとして考えたほうが処理しやすいことが多いでしょう。

（北村紗衣『批評の教室――チョウのように読み、ハチのように書く』による。）

問1 【1】【2】【3】に入る言葉として適当なものを次の中からそれぞれ選び、記号で答えなさい。

ア 一般的　イ 商業的　ウ 多角的
エ 独善的　オ 比較的

問2 【X】に入る作品を漢字四字で答えなさい。

問3 傍線部①「自由な読解」とありますが、これにより可能となることを「自由な読解」の説明を必ずした上で、文中の言葉を使って六十字以上七十字以内の一文で説明しなさい。

問4 傍線部②「作者というものは自作のテクストに権力を及ぼし、解釈を統制する存在であるととらえられがちですが、そうではありません」とありますが、この理由として最も適当なものを次の中から一つ選び、記号で答えなさい。

ア 芸術作品が生み出される時には、その内容や善し悪しは必ずしも作者の思い通りになるとは限らないから。

イ 作者がどのような意図で作品を仕上げたとしても、編集者の手で必ず作品の方向性に調整が加えられてしまうから。

ウ 作品は作者が生まれた時代背景を反映するものであり、作者の思想よりもその時代での考え方が色濃く表現されるから。

エ どのような作品でも瞬時に完成せずに時間をかけて完成するため、その間に作者は様々な思想的な影響を受けるから。

オ 古い作品であるとシェイクスピアのように、多くの人の意見を取りまとめた人が作者だと考えられていたから。

問5 傍線部③「作者が何を伝えたかったのかを問おうとする学生」とありますが、これについて後の問いにそれぞれ答えなさい。

(i) このような人物が抱きうる作者像を文中から五字で抜き出しなさい。

(ii) 筆者の考えるこのような人物が立てるべき問いを文中から二十一字で抜き出し、最初の五字を答えなさい。

問6 傍線部④「そもそも作者とは誰なのかという問題」とありますが、この説明として最も適当なものを次の中から一つ選び、記号で答えなさい。

ア ある作品の成立においては複数の人が関わっていることがほとんどであるため、本質的には作者を特定できないという問題。

イ 学校のレポートや映画などでは必ず作者以外の人の助言が加わっているため、作者の特定が不可能であるという問題。

ウ 評価を得ている作品でも公表されている人と実際の作者が異なることもあるため、作者について考えることが危険だという問題。

エ 舞台演劇では劇作家だけではなく専属俳優や劇場の意向も内容に反映されるため、作者は誰一人として存在しないという問題。

がかりを残してしまうのと似たようなものですね。

④そもそも作者とは誰なのかという問題もあります。ひとりしか作者がいないと考えられているテクストでも意外とそうではないことがあります。たとえば学校のレポートをひとりで書いたとしても、指導を担当した教員や授業でディスカッションしたクラスメイトなどから影響を受けているはずです。作品の場合、だいたい「作者」として人々がイメージするのが小説家や詩人なので、家にこもって著作を書く孤独な天才……みたいな像が浮かんでしまうことも多いと思うのですが、【１】に刊行されたものであれば編集者がかかわっているのが普通です。舞台芸術なら演出家や役者、スタッフがいるはずですし、ハリウッド映画になるとスタッフは数百名にのぼります。もちろん特定の劇作家とか映画監督について背景を調べたり、複数の作品を見たりして「作家性」を分析することは可能なのですが、少なくともひとつの作品についてクリエイティヴコントロールを持つ「作者」を想定するのはあまり適切ではないことも多くなっています。

古い作品だと作者が不明だったり、後世の人の手が加わっていると考えられたりするテクストも存在しています。私がふだん大学で教えているシェイクスピアについては、よく「シェイクスピアはこの作品で何を伝えたかったのか」というようなテーマ設定を考えてくる学生がいるのですが、これは正直、あまり適切ではありません。というのも、シェイクスピアは劇団の座付き作者で、リチャード・バーベッジという看板役者をはじめとする専属俳優たちを抱えていました。それぞれの戯曲にはシェイクスピアの意向だけではなく、大スターをはじめとする劇団メンバーたちの仕事の事情がかかわっており、共同作業の成果が活かされているはずです。さらにシェイクスピアの時代は劇作家同士で共作することが盛んで、後から別の作家が台本に付け足しをするというようなこともありました。

こうなってくると、「作者は何を伝えたかったのか」みたいな問いの立て方をすると、固定できるのかもよくわからない「作者」を孤独な天才のような形でまつりあげてしまう方向に行きやすくなる危険があります。それよりは、「作品が何を表現しているのか」みたいな問いを立てたほうがはるかに分析しやすくなります。

基本的に作品は世に出た瞬間、作者の手を離れるものだと考えてください。異なった文化的背景を持ついろいろな受け手が作品を受容し、違う解釈を作り出すところに批評の醍醐味があります。解釈は受け手が自由に行って良いものであり、優れた批評は作者が考えてもいなかったような斬新な解釈を引き出すことができます。あなたの手元にわたった瞬間から、テクストはあなたのものです。作者のコントロールを打ち破ってください。

作者に死んでもらうのにあたり、ひとつ注意すべきことがあります。作品の種類によって「作者」と「語り手」をどの程度同一視していいかが異なってくるのです。⑤フィクションの哲学の研究者である清塚邦彦は、前項で解説したごっこ遊びの概念を作者にも応用し、フィクションを読む時には作者もごっこ遊びの輪に入っていて、読書は「架空の語りに接する架空の経験」（『フィクションの哲学』一六五頁）となり、「語りが作者から遊離する」（一六二頁）ことが起こると指摘しています。つまり、基本的にフィクションを分析する場合は作者と語りを切り離して考えたほうがよいということになります。

【２】にはそうなのですが、一方で完全にそうとも言い切れないものも存在します。文学作品であっても随筆、日記、紀行文の類は作者が自分の考えや体験を書くもので、作者と語り手は【３】同一性が高く、語り手に起こったことはだいたい作者に起こったことだと考えてよいことが多いでしょう（女性の語り手を作って『【Ｘ】』を書いた紀貫之のように、たまに手の込んだ自己演出をする作者もいるので、油断は禁物ですが）。ところがこれが詩（俳句や短歌を含む）やいわゆる私小説、またミュージシャンの自作曲などになると、⑥どのくらい作者と作品の語り手を同一視していいのかが微妙になってきます。

ることで、その観念が意志のようなものとして捉えられるということ。

オ　ある物事に対する観念が生じた際に、その観念を自身が抱いた「自由意志」だと認識することで、意識が意志に転じるということ。

問8　傍線部⑥「意識は無力ではありません。しかし意識は万能でもありません」とありますが、この説明として最も適当なものを次の中から一つ選び、記号で答えなさい。

ア　意識があることによって人々は自分の行為を決定できるが、行動の全てを意識的に行うことはできないということ。

イ　意識があることによって人々は自分の行為を決定できるが、自分の習慣を捉えることは全くできないということ。

ウ　意識があることによって人々は自分の行為を決定できるが、自らの行為を省みることはできないということ。

エ　意識があることによって人々は自分の行為を内省できるが、意志の力がなければ習慣を制御できないということ。

オ　意識があることによって人々は自分の行為を内省できるが、意志ほどには身体の機構を統御できないということ。

問9　傍線部⑦「万能」とありますが、この「万」と同じ読み方をする言葉として最も適当なものを次の中から一つ選び、記号で答えなさい。

ア　千差万別　　イ　万年筆　　ウ　万病

エ　万葉仮名　　オ　万屋

二　次の文章を読んで、後の問いに答えなさい。

一九六〇年代にフランスの批評家ロラン・バルトが提唱した「作者の死」は、批評において大変重要な概念です。聞いた感じは物騒ですが、簡単に言うと、フィクションでは「この作品における作者の意図は何か」みたいなものを気にする必要はないということです。作者がいなくなるところから読者の①自由な読解が始まるということですね。

②作者というものは自作のテクストに権力を及ぼし、解釈を統制する存在であるととらえられがちですが、そうではありません。私は大学の授業で、何か一作、作品を選んで問いを立てて分析するようにという課題をよく出すのですが、やたらと③作者が何を伝えたかったのかを問おうとする学生がけっこういます。作者が作品をコントロールしているという幻想は広く存在しているのですが、冷静に考えるとそうではないことがわかります。

まずは表現技術の巧拙の問題があります。たとえば、つまらないものを書こうと思って執筆をする作者は誰もいませんが、駄作は世の中にたくさん存在します。作者がいくら自分はつまらないものを書くつもりはなかったと自己弁護しても、つまらない作品が作者の意図によって面白くなることはありません。学校や職場で良いレポートを書こうと頑張ったのにうまくできなかったというような経験がある人は多いと思いますが、芸術作品を作る時にもそういうことがしょっちゅう起こります。

テクストはそれを生み出した時代の社会に根ざしたものだというところに注意する必要もあります。作者が意識していなかったバイアスや社会的背景などが反映されており、それが読み取れることがあります。日常生活でうっかり偏見に基づいた発言をして人を傷つけたり、逆に何も考えずに言ったことでとても相手に喜んでもらえたりすることがあるかと思いますが、こうした事態は発言をした人の意図とは関係なく起こることです。

よく、差別発言を批判された人が「差別の意図はなかった」と自己弁護することがありますが、差別発言はもちろん、社会的に問題があると見なされるような発言のほとんどは無意識に人々が身につけている偏見や思い込みに起因するもので、発話する人が意図していない状態で起こります。フィクションの作品においても日常のコミュニケーションと同様、作者の意識に明確にのぼっていないものが見てとれるということがあります。犯人が犯罪現場にうっかり手

ですが、意識は行為において何らかの役割は果たせるのです。スピノザは意志が自由な原因であるという思い込みを批判しました。しかし、それはあなたの意識の否定ではありません。あなたは【X】ではありません。意識は⑦万能ではないし、意志は自発的ではない、ただそれだけのことです。

（國分功一郎『はじめてのスピノザ　自由へのエチカ』による。）

《注》＊スピノザ…オランダの哲学者。
＊フロイト…オーストリアの精神科医。

問1　【1】【2】【3】に入る言葉として適当なものを次の中からそれぞれ選び、記号で答えなさい。

ア　しかし　　イ　したがって　　ウ　ただし
エ　たとえば　　オ　また

問2　【X】に入る言葉を文中から四字で抜き出しなさい。

問3　傍線部①「意志なるもの」とありますが、これを別の言葉で表している部分を文中から十二字で抜き出しなさい。

問4　傍線部②「『意志の自由』や『自由意志』を否定することへの強い抵抗」とありますが、筆者が考えるこの抵抗が生まれる理由を意識の特徴について必ず触れた上で、文中の言葉を使って六十字以上七十字以内の一文で説明しなさい。

問5　傍線部③「西洋式の行進がうまくできなかった」とありますが、この理由として最も適当なものを次の中から一つ選び、記号で答えなさい。

ア　それまで農民だった兵士たちは、「意志の自由」や「自由意志」を否定されて行進という行為ができなかったから。
イ　それまで農民だった兵士たちは、西洋的な行進に必要な習慣を意識的に日々の生活に取り入れられなかったから。
ウ　それまで農民だった兵士たちは、西洋的な行進を行うために必要な骨格筋などの肉体的な成熟が足りなかったから。
エ　それまで農民だった兵士たちは、西洋的な行進を日本の軍隊の中に取り入れることを受け入れられなかったから。
オ　それまで農民だった兵士たちは、無意識に西洋的な行進を行うための運動プログラムができていなかったから。

問6　傍線部④「フロイトが論じた無意識の役割をここに加えてもよいでしょう」とありますが、筆者がこの例を挙げた理由として最も適当なものを次の中から一つ選び、記号で答えなさい。

ア　スピノザの考える無意識の問題とフロイトの考える無意識の役割は相反しており、異なる角度から問題を論じることができるから。
イ　スピノザの考える無意識の問題とフロイトの考える無意識の役割は合致しており、現在展開している論に説得力を持たせられるから。
ウ　スピノザの考える無意識の問題とフロイトの考える無意識の役割は共通しており、論に明白に足りない部分を補うことができるから。
エ　スピノザの考える無意識の問題とフロイトの考える無意識の役割は部分的に一致しており、次の話題への導入になるから。
オ　スピノザの考える無意識の問題とフロイトの考える無意識の役割はやや反しており、現在展開している論の問題点が浮き彫りになるから。

問7　傍線部⑤「観念をメタ・レベルから形成することで、その意志が意識されることになる」とありますが、この説明として最も適当なものを次の中から一つ選び、記号で答えなさい。

ア　ある物事に対する意志が生まれた際に、同時にある物事への観念も生み出され、それが意識に派生していくということ。
イ　ある物事に対する意識が生まれる前に、自分自身の自発的な意志として観念が生まれ、それを認識することで意識になるということ。
ウ　ある物事に対する意識が生じた後に、物事への意識の認識として観念が生まれ、それを人々は意志と混同するということ。
エ　ある物事に対する観念が生じた後に、それを客観的に意識す

また現代の脳神経科学では、脳内で行為を行うための運動プログラムが作られた後で、その行為を行おうという意志が意識の中に立ち現れてくることが分かっています。意志はむしろ運動プログラムが作られたことの結果なのです。

精神分析学の創始者である④＊フロイトが論じた無意識の役割をここに加えてもよいでしょう。フロイトは私たちの日常のちょっとしたしぐさや動作にも無意識が表れていると考えました。

たとえばやたらと大きな靴音を立てて歩く人、必要以上に音を立ててパソコンのキーボードを叩く人は、自分の存在を周囲にアピールしている、つまり、自分の存在について何らかの不安を抱えているわけですが、本人はそのことには気づいていません。しかし無意識は行為を規定しています。

一つの行為は実に多くの要因のもとにあります。それらが協同した結果として行為が実現するわけです。つまり、行為は多元的に決定されているのであって、意志が一元的に決定しているわけではないのです。

けれどもどうしても私たちは自分の行為を、自分の意志によって一元的に決定されたものと考えてしまいます。繰り返しになりますが、それは私たちの意識が結果だけを受け取るようにできているからです。

意志が一元的に行為を決定しているわけではないと言う時、日本だと混同しやすい二つの言葉をきちんと区別しておく必要があります。二つの言葉とは、「意志」と「意識」です。英語だとWillとConsciousnessで全く別の単語ですから間違いようがないのですが、日本語では似ているので注意が必要です。

スピノザは意志が自由な原因であることを否定しました。しかし、私たちが意志の存在を意識することは否定していません。確かに私たちはそのような精神の力を感じるのです。

では意識とは何でしょうか。スピノザはこれを「観念の観念」として定義しています。とんちみたいな言い回しですが、難しいことではありません。「観念の観念」とは、精神の中に現れる観念についての反省のことです。

たとえば空腹時に美味しそうな食べ物を目にすると、精神にはそれを食べたいという欲望が生まれるでしょう。この欲望も観念です。この段階では意識はありません。意識が生まれるのは、「いま自分はこの食べ物を食べたいという欲望を抱いている」という観念が生まれた時です。

観念について観念が作られること、言い換えれば、ある考えについて考えが作られること、それが意識です。意識というのは観念に対するメタ・レベルであり、観念に対して派生的、二次的なものだということになります。ですから、意志として感じられる観念が精神の中に現れた時も、それについての⑤観念をメタ・レベルから形成することで、その意志が意識されることになるわけです。

「意志の自由」「自由意志」を否定することに抵抗を覚える人は、それが意識をも否定することにつながると漠然と考えてしまっているのではないでしょうか。

しかし意志と意識は全く別物です。そして、意志が自由な原因であることの否定とは、意識の存在の否定とは何の関係もありません。意識の存在は否定されていません。意識は何らかの観念があれば、それに反省を加えることで生まれてきます。

先ほど行為はさまざまな複数の要因によって多元的に決定されていると言いました。おそらく、意識もその要因の一つであるでしょう。人間の精神の特徴の一つは、意識を高度に発達させ、それによって自らの行為を反省的にとらえることができるようになった点にあります。だから意識は行為に影響を与えることができます。

したがって、⑥意識は無力ではありません。しかし意識は万能でもありません。意識では身体の複雑な機構を統制できないし、習慣もほとんどの場合は意識できない。無意識を意識化することの難しさを説いたのがフロイトですし、脳内の運動プログラムに至っては意識することは不可能です。

二〇二四年度 日本工業大学駒場高等学校（一般②）

【国語】〈五〇分〉〈満点：一〇〇点〉

注意　解答に字数制限がある場合は、句読点や記号を一字と数えます。

一　次の文章を読んで、後の問いに答えなさい。

*スピノザは「意志の自由」も「自由意志」も認めませんが、スピノザがいったい何を否定しているのかに注意しなければなりません。

私たちは確かに自分たちの中に①意志なるものの存在を感じます。スピノザはその事実を否定はしません。スピノザが言っているのは、確かに私たちはそのような意志を自分たちの中に感じ取るけれども、それは自由ではない、自発的ではないということです。つまり意志もまた、何らかの原因によって決定されている。そのことを説明した箇所を見てみましょう。

　精神の中には絶対的な意志、すなわち自由な意志は存しない。むしろ精神はこのことまたはかのことを意志するように原因によって決定され、この原因も同様に他の原因によって決定され、さらにこの後者もまた他の原因によって決定され、このようにして無限に進む。（第二部定理四八）

精神の中には確かに意志のようなものが存在しています。しかしそれも何らかの原因によって決定を受けているのです。【　1　】意志は自由な原因ではありません。それは、何ものからも影響も命令も受けない自発的な原因などではないのです。

よく考えれば、スピノザは当たり前のことを言っているのです。なぜこのような当たり前のことを私たちはなかなか受け入れられないのでしょうか。その理由を次の節で見てみましょう。

「意志の自由」や「自由意志」を否定すると、恐らく少なからぬ人が、「では私たちは外部から何かによって操作されているロボットのような存在なのだろうか」と考えることと思います。もちろんそうではないわけですが、この疑問に答えるためには、少しだけ、行為なるものについて考える必要があります。

意志の自由を否定したら人間がロボットのように思えてしまうとしたら、それは人間の行為をただ意志だけが決定していると思っているからです。意志こそが人間の行為の唯一の操縦者であるのだから、その操縦者がいなくなったら、人間には操縦者がいなくなると考えてしまっているのです。②「意志の自由」や「自由意志」を否定することへの強い抵抗の根拠はここにあります。意志が一元的に行為を決定していると信じられているからこそ、その抵抗は強いものになるのです。

行為は実際には実に多くの要因によって規定されています。

【　2　】歩く動作のことを考えてみましょう。この動作は人体の全体に関わっています。人体には二〇〇以上の骨、一〇〇以上の関節、約四〇〇の骨格筋があり、それが複雑な連係プレーを行うことではじめて歩くという動作が可能になるわけですが、人の意識はそのように複雑な人体の機構をすべて統制することはできません。ですので、身体の各部分は意識からの指令を待たずに、各部で自動的に連絡を取り合って複雑な連携をこなしています（これを身体内の「協応構造」と言います）。

また歩き方といってもさまざまです。普段は誰もそれを意識して選択してはいません。明治初期に近代的な軍隊が作られた際、それまで農民だった兵士たちは、③西洋式の行進がうまくできなかったことが知られています。彼らは自分たちの歩き方など意識したこともなかったでしょう。だから新しい歩き方に戸惑ったわけです。

私たちはこれまでに学んだ何らかの形式に沿って歩いています。それは意識して選択されたものではありません。意識せずに従っている習慣です。【　3　】それは私たちの行為を強く規定しています。

2024年度／日本工業大学駒場高等学校(一般②)

英語解答

1　1 イ　2 エ　3 ウ　4 ア
5 イ　6 ウ　7 ア　8 イ
9 ア　10 ウ

2　1 I am interested in reading English newspapers
2 George is taller than any other classmate
3 I like this building built on the hill in
4 Who do you think will come here
5 How many times have you watched the movie

3　A 1…ア　2…エ　3…ア　4…ア
5…イ　6…イ　7…エ　8…ウ
B 1…イ　2…エ　3…ア　4…ウ

4　(例) I like playing sports better because I have played soccer for many years. Although it is fun to watch it, I feel more excited when I play soccer.(28語)

5　問1 ア　問2 Toaster
問3 エ
問4 She has over 200 books.
問5 used
問6 1…F　2…T　3…T　4…F

6　問1 It's great to see you!
問2 A…エ　B…ア　C…イ　D…ウ
問3 (例)私たちを涼しくする良い風がある。
問4 in　問5 ア　問6 ウ
問7 My sister doesn't know where I am
問8 (例) I don't know〔have〕her number.
問9 1…F　2…F　3…F　4…T

1〔適語(句)選択・語形変化〕

1．適切な関係代名詞を選ぶ。先行詞の the man が talked with の目的語に当たるので，‘人’を先行詞とする目的格の関係代名詞が入る。　「私は昨日あなたが話した男性を見つけた」

2．mind は目的語に to不定詞ではなく動名詞(～ing)をとる。Would you mind ～ing? は「～していただけませんか」という‘依頼’を表す表現(直訳は「～するのを嫌がりますか」)。　「窓を開けてもらえませんか」

3．be careless to ～で「～するとは不注意だ」という意味。この to ～は「～するとは，～するなんて」という意味で‘判断の根拠’を表す to不定詞の副詞的用法。　「こんな愚かなミスをするなんて，ジョンはとても不注意だ」

4．‘look like＋名詞’で「～のように見える」。 *cf.* ‘look＋形容詞’「～(の状態)に見える」　「この島は星のように見える」

5．‘時’や‘条件’を表す副詞節(if, when, before などから始まる副詞のはたらきをする節)の中では，未来のことでも現在形で表す。主語が he なので３単現の -s が必要。　「もし彼が私に今夜電話してきたら，彼の宿題を手伝うことができる」

6．文の後半に before we went out とあるので過去の文。選択肢の中で過去を表すのは had to ～「～しなければならなかった」だけ。had better ～は「～した方がよい」という意味。　「外出する前に，私たちは部屋を掃除しなければならなかった」

7．'It takes＋時間＋to ～'「～するのに〈時間〉がかかる」　「車で駅に行くには10分かかる」

8．現在を中心としていつでも成り立つ'一般的な事実'は現在形で表す。主語の Spring「春」は 3 人称単数なので，3 単現の -s が必要。　「毎年春は，晴天をもたらし日が長くなる」

9．be satisfied with ～「～に満足している」　「ジョーンは誕生日ケーキに満足していた」

10. decide to ～「～することに決める」　「彼はチームのキャプテンになることに決めた」

2〔整序結合〕

1．be interested in ～ing「～することに興味がある」の形にまとめる。

2．「ほかのどのクラスメイトよりも背が高い」は，'比較級＋than any other＋名詞の単数形'の形で表せる。

3．I like this building「私はこの建物が好きです」が文の骨組み。「1990年にその丘に建てられた」は，built on the hill in 1990とまとめて，修飾する this building の後ろに置く。過去分詞 built で始まる語句が前の名詞 this building を修飾する過去分詞の形容詞的用法。

4．「誰がここに来ると思いますか」のような Yes／No で答えられない疑問文は疑問詞から始め，'疑問詞＋do you think＋(主語＋)動詞'という語順になる。ここでは疑問詞 Who が主語の役割を果たしているので'疑問詞＋do you think＋動詞'の形になる。

5．'回数'を尋ねる疑問詞の How many times で始め，その後に'have/has＋主語＋過去分詞…?'という形の現在完了の疑問文を続ける。

3〔対話文完成―適文選択〕

A．1．A：あら，やだ。雨が降り始めたわ。／B：僕は傘を持ってこなかったよ。／A：はい，どうぞ。／B：ありがとう。君はとても優しいね。//Here you are.「はい，どうぞ」は相手に物を渡すときの定型表現。

2．A：放課後はいつも何をしてるの？／B：犬の散歩をしてるよ。／A：今日一緒に行ってもいい？／B：もちろん。5時頃に公園で会おう。//Sure. は「もちろん，いいとも」と'許可'を表す返答。

3．A：ご注文は何になさいますか？／B：チーズバーガーをお願いします。／A：かしこまりました，他に何かございますか？／B：オニオンリングとオレンジジュースもいただけますか？//Anything else?「他に何かありますか？」は他に何か注文があるか尋ねるときの定型表現。

4．A：急いで，そうしないと学校に遅れるわよ。／B：どうして，お母さん？　今日，学校は休みよ！　だから行かなくていいの。//'結果'を表す so「だから」があるので，学校が休みだとどうなるかを考える。　don't have to ～「～する必要はない」

5．A：今日はとても疲れたの。夕食をつくりたくないわ。／B：わかった，お母さん。家に帰る途中で食べ物を買えばいいよ。／A：チャーハンはどう？　あなたは中華が好きでしょ。／B：うん！　いいね。春巻きも大好きだし。//Sounds great.「いいね」は相手の提案に同意を示す定型表現。

6．A：この夏休みにタイに行ったんだ。そこに行ったことはある？／B：うん。そこには友達と 3 回行ったよ。//Have you ever been to ～? で「～に行ったことがありますか」という意味。

there「そこに」は副詞で to の意味が含まれるので，ここでは to がない。

7．A：今度の日曜日，私の家に来ない？／B：ぜひ，行きたいな。他に誰が来るの？／A：学校の友達を誘ったの。／B：わかった。果物を持っていくね。//続く内容から，BはAの家に行きたいとわかる。この I'd は I would の短縮形。I'd love to ～は「ぜひ～したい」という意味。 Why don't you ～「～するのはどうですか，～しませんか」

8．A：アップルパイのつくり方を知ってる？／B：うん，知ってるよ。アップルパイをつくりたいの？／A：そうなんだ。でもレシピがわからなくて。／B：わかった。教えてあげる。土曜日の朝食が済んだら私の家に来て。//この質問に対してAは，Yes と答えた後，「レシピがわからなくて」と言っていることから，Bは「アップルパイをつくりたいのか」と尋ねたのだとわかる。この one は，'数えられる名詞' の代わりに使われる代名詞で，ここでは an apple pie を指している。

B≪全訳≫❶A：遺失物取扱所です。1どうなさいましたか？❷B：こんにちは。かばんを紛失してしまったんです。今朝電車の中に置き忘れてしまったようです。❸A：紛失したかばんがいくつか届いています。2それはどのようなかばんですか？❹B：ショルダーバッグです。それに，色は黄色で，中央に黒い太い線が1本入っています。❺A：似たようなかばんが2つあります。3ブランドの名前は覚えていますか？❻B：わかりません。たしかNで始まっていたような。❼A：NITですか？❽A：そうです！ それです！ かばんを受け取るにはどうすればいいですか？❾A：コマバ駅までお越しいただき駅員にお声がけください。かばんをお返しします。❿B：わかりました。伺います。4あっ，窓口は何時に閉まりますか？ 4時までは会社を出ることができないんです。⓫A：窓口は5時に閉まりますので，それまでにお越しください。⓬B：大丈夫です。そちらに伺います。どうもありがとうございました。

<解説>1．How can I help you? は，店員などが客に用件を尋ねるときの定型表現。 2．Bが直後でショルダーバッグだと説明しているので，Aはかばんの特徴を尋ねたのだと考えられる。'What do/does＋主語＋look like?' は '主語' の外見や様子を尋ねる表現。 3．この後に出てくるNITはブランド名だと考えられる。 4．この質問に対してAは窓口が閉まる時間を答えている。

4〔テーマ作文〕

問いは「スポーツをするのと観戦するのではどちらが好きか」。最初にどちらが好きかを明示し，その理由を述べる文を続けるとよい。 （別解例）I like watching sports better. It is a lot of fun to watch sports and cheer for my favorite baseball or soccer team with my friends.(26語)

5〔長文読解総合―対話文〕

≪全訳≫❶エマ(E)：別の街に引っ越すって聞いたよ！❷ジョン(J)：うん，父の仕事のためにここを離れるんだ。本当に寂しくなるよ。でも，ここから電車で約1時間半しかかからないから，週末や長い休みに会えるね。❸E：それはよかった。いつ出発するの？❹J：3月18日の日曜日だよ。ちょうど2週間以内に荷物をまとめなければならないんだ。❺E：何かお手伝いできることはある？❻J：うーん…うちには不要な家具や家電製品がいくつかあるんだ。いくつか欲しい？ 実は捨てる予定なんだけど，君が欲しいならあげるよ。これが不用品の一覧。まだまだ使えるし，いい状態だよ。❼E：あっ，これもらってもいい？❽J：もちろんいいよ。❾E：ありがとう。私のがちょうど壊れちゃって，最近焼いたパンを食べてないの。あと，ユカが最近バンドに入って電子ピアノを弾き始めたって言ってたことを思い出したわ。❿J：僕も彼女からそのことを聞いたよ！　家で練習したいって言ってたから，それを彼女にあげよう。他に君が欲しいものはある？⓫E：その本棚の大きさはどれくらい？　200冊以上も本があるの。今は机の上に置いてあるものもあるから，もっと大きな本棚を探してるところなの。⓬J：君は本当に本を読むのが好きなんだね！　この本棚はそんなに大きくはないよ。50冊しか置けない。⓭E：わかった。それならもっと大きいのを探し続けることにするわ。⓮J：ところで，君のお姉さんには去年赤ちゃんが生まれたよね？⓯E：あら，覚えてくれてたのね！　そのとおりよ。もうすぐ6か月になるの！⓰J：それなら，これらのおもちゃを赤ちゃんにあげてよ！⓱E：本当に？　きっと気に入るわ！　ありがとう。⓲J：どういたしまして。じゃあ，残りの物は捨てることにするよ。⓳E：待って。捨てるのはもったいないわ！　中古品店に売るのはどう？⓴J：中古品店？㉑E：ええ，中古品をその店に売ることができて，その店はそれらの商品を通常より安い価格で販売するの。㉒J：なるほど。これらの物を中古品店に持っていくよ。㉓E：それがいいわ！

問1＜要旨把握＞第3，4段落参照。ジョンが引っ越すのは3月18日で，2週間以内にジョンは荷物をまとめなければならないのだから，この会話は3月18日の2週間前である。

問2＜指示語＞この後エマは，第9段落で「私のがちょうど壊れちゃって，最近焼いたパンを食べてない」と言っている。

問3＜要旨把握＞ジョンはエマにトースター(第9段落)，ユカに電子ピアノ(第10段落)，エマのおいにおもちゃ(第14～16段落)をあげることにしている。エマは，本棚について尋ねたが，もっと大きなものを探すと言っているので，本棚は譲らない。

問4＜英問英答＞「エマは本を何冊所有しているか」―「彼女は200冊を超える本を持っている」　第11段落参照。主語を She にして，動詞を3単現の has にすること。more than ～は，厳密には「～より多く」という意味(≒over ～)。

問5＜単語の意味＞secondhand は「中古の」という意味。第21段落のエマの secondhand store についての説明から推測できる。第21段落にある used は同じく「中古の」という意味を表す形容詞。

問6＜内容真偽＞1.「ジョンは学校を変えたいから，引っ越しをする」…×　第2段落参照。引っ越すのは，父の仕事のため。　2.「ユカは最近楽器を演奏する」…○　第9，10段落に一致する。　3.「エマの姉には6か月くらいの赤ちゃんがいる」…○　第14，15段落に一致する。　4.「ジョンは中古品店に行き，品物をいくつか買うだろう」…×　第22段落参照。買うのではなく，売りに行く。

6 〔長文読解総合―物語〕

≪全訳≫❶1機の飛行機がバルセロナに着陸する。友人のアルマンドが空港で待っている。「やあ，ダニエル！」と彼が言う。彼は私を抱きしめる。「君がここに来てくれてとてもうれしいよ！」❷「やあ，アルマンド！　会えてうれしいよ！」と私は答える。❸アルマンドは私の妹のジュリアを見る。私は2人を紹介する。「アルマンド，妹のジュリアだよ」❹アルマンドはジュリアの方を向く。彼は彼女の両頬にキスをする。「こんにちは，ジュリア。会えてうれしいよ！」❺妹はとても恥ずかしがり屋だ。

彼女は知らない人に会うときは特に恥ずかしがる。「こんにちは…アルマンド」と彼女は言う。彼女の顔は赤くなる。そして彼女は黙り込む。**6**「君の妹は本当に恥ずかしがり屋なんだね？」とアルマンドがほほ笑みながら私に言う。**7**「ああ，そうなんだ，でも妹はかわいいところがあるんだ」と私は言う。**8**しばらくして，私たちはアルマンドのアパートに向かう。私たちはその学期の間そこに滞在することになっている。私たちはタクシーに乗る。30分後にバルセロナ中心部に到着する。タクシー料金は41ユーロ50セントだ。アルマンドが街のこの区域までは通常料金だと言う。私たちはタクシー代を払って降りる。**9**アルマンドのアパートまでは歩いて少しの距離だ。６月で本当に暑い。でも，私たちを涼しくしてくれる良い風が吹いている。**10**私たちは昼食どきにアパートに到着する。妹と私はとてもおなかがすいている。「アルマンド」と私は言う。「どこで食事ができるかな？」**11**「この辺りには２軒レストランがあるよ」**12**「それらはどんな種類の食べ物を出すの？」**13**レストランの１つのラ・パエリア・ロカにはすごくおいしいパエリアがあるんだ。ぜひおすすめするよ。そこまではバスに乗っていける。もう１つのレストランでは，おいしい魚を出してくれる。すぐ隣だよ」**14**「ジュリア，パエリアを食べたいかい？」と私は妹に尋ねる。**15**「うん！　とてもおなかがすいてるの！」と彼女は答える。**16**アルマンドは私たちと一緒に来ることができない。彼は先生で，授業があるのだ。だから，ジュリアと私でパエリアレストランに向かう。バス停までは歩いてすぐだ。**17**「うーん…さて，パエリア屋へ行くのはどのバスかな？」と私はジュリアに尋ねる。**18**「わからないわ…」と彼女は答える。「きいてみましょう」　彼女は白いシャツを着た男性を指さす。**19**私たちはその男性のところへ歩いていく。彼はにっこりとする。「こんにちは！　何かご用ですか？」**20**「こんにちは。ラ・パエリア・ロカレストランにはどうやって行けますか？」と私は尋ねる。**21**「それは簡単ですよ！　35番のバスがその方角に行きます。それはラ・パエリア・ロカに直行します。でも，ちょっとした問題があります」**22**「それは何ですか？」と私は尋ねる。**23**「この時間，そのバスはいつも混んでいるんです」**24**「わかりました。ありがとうございます！」と私たちは言う。**25**最寄りのバス停まで歩きながら，ジュリアと私は話をする。彼女はバスに乗るのが苦手だ。「ダニエル」と彼女が言う。「魚が食べられるレストランで食べましょうよ。そっちの方が楽だもの。満員のバスには乗りたくない」**26**「わかるけど…」と私は話し始める。それから，ある考えを思いつく。「待って！　僕はラ・パエリア・ロカ行きのバスに乗る。ジュリアは魚料理のレストランに行けばいい」**27**「どうして？」**28**「そうすれば２つのレストランを比べられるから」**29**「そうね。いい考えだわ。わかった。楽しんできて！　後で携帯に電話する」と言って彼女は立ち去る。**30**私は次のバスに乗り，座席に座る。私はとても疲れている。すぐに寝てしまう。バルセロナのバスのシステムはとても優れている。心配することは何もないと私はわかっている。**31**しばらくして私は目が覚める。バスが止まった。運転手以外，他に誰もバスには乗っていない。「すみません」と私は言う。「ここはどこですか？」**32**「バレンシアに到着しました」と運転手は答える。**33**「何だって？　バレンシア？　僕たちはバレンシアにいる？　どうしてそんなことになるんだ？」と私は言う。**34**「ええ，これは高速バスです。バルセロナからバレンシアまで直通です」と彼は私に言う。**35**私はそのことが信じられない。私はバスを乗り間違えたんだ。でもどうすればいいんだろう？**36**私は運転手に感謝してバスを降りる。それから携帯電話を取り出す。私は妹に電話をかけたいが，電源が入らない。バッテリーが切れていたのだ！　私は時計を確認する。午後５時を少し過ぎている。**37**⑤妹は私がどこにいるかわからない。彼女はとても心配しているに違いない。私は妹に連絡を入れなければならない。電話ボックスが必要だ！38私は通りにいた女性に電話ボックスがあるか尋ねた。「1つありますよ」と彼女は指をさしながら言う。「あそこですよ」39私は彼女に感謝して，電話ボックスに向かう。しかし，そこに到着したとき，私はあることに気づく。ジュリアの電話番号は自分の携帯電話のメモリーの中だ。私は携帯電話の電源を入れることができない。やっと電話を見つけたが，妹の電話番号がわからない！　さてどうしよう？

問1＜英文解釈＞下線部は「会えてうれしい」という意味。be pleased to ～で「～してうれしい」。本文ではI amが省略されている。この意味に最も近いのは，第2段落にあるIt's great to see you!。

問2＜適語選択＞A．turn redで「赤くなる」（'turn＋形容詞'「～になる」の形）。恥ずかしがり屋のエマは初対面のアルマンドに会って顔が赤くなったということ。　**B．**最初の空所は「かわいらしい」の意味で，2つ目の空所は「すばらしい」の意味でlovelyを使う。　**C．**直後のrateは「料金」という意味。rateを修飾する語として適切なものを選ぶ。　usual「通常の」　**D．**前後の内容から，ダニエルが「間違った」バスに乗ってしまったことがわかる。

問3＜英文和訳＞There is/are ～.「～がある」の構文。to cool usは，to不定詞の形容詞的用法で前のa nice windを修飾している。このcoolは「～を涼しくする」という意味の動詞。

問4＜適語補充＞最初の空所には「～を着て」の意味で'着用'を表すin，2つ目の空所には「～の方角へ」の意味で'方向'を表すinが入る。in that directionで「その方角へ」という意味。

問5＜単語の意味＞packedは「(場所などが)すし詰めの，混雑した」という意味。バスの問題の説明であることから推測できる。　crowded「混み合った，満員の」

問6＜英文解釈＞下線部は「どうしてそんなことになりえるのか」という意味で，これは「そんなことは起こるはずはない」という意味を表す反語表現である。ア．「どうしてこんなことが起こるのか」，イ．「こんなことは信じられない」，エ．「こんなことはありえない」は同様の意味を表す。ウは「どうしてこのことを知っているのか」という意味。

問7＜整序結合＞語群にdoesn'tがあるので，主語はMy sisterに決まる。My sister doesn't knowとまとめ，残りはwhereがあるので'疑問詞＋主語＋動詞'の語順の間接疑問にまとめる。

問8＜適文補充＞ダニエルは電話ボックスを見つけることはできたが，妹の電話番号が電源の入らない携帯電話のメモリーの中にあることに気づいた場面である。文全体として「ようやく電話は見つかったが，私は彼女の電話番号がわからない」といった内容にすればよい。　（別解例）I can't call my sister.「私は妹に電話をかけることができない」

問9＜内容真偽＞1．「アルマンドのアパートの周辺にはレストランがあまりにも多すぎるので，どれに行けばいいか決められない」…×　第11段落参照。ここでのa couple of ～は「2つの～」という意味。　**2．**「ダニエルは魚料理のレストランに行き，ジュリアはラ・パエリア・ロカに行った」…×　第26段落参照。行き先が逆である。　**3．**「バスのシステムについて何も知らなかったので，ダニエルはバスの中で不安だった」…×　第30段落参照。ダニエルは安心しきって寝ている。　**4．**「女性のおかげで，ダニエルは電話ボックスを見つけることができた」…○　第38，39段落に一致する。

2024年度／日本工業大学駒場高等学校（一般②）

数学解答

1 (1) -4　(2) $\frac{3x-4}{6}$　(3) -1

(4) 4

2 (1) $x=6$　(2) $x=3\pm\sqrt{17}$

(3) $x=-1-\sqrt{2}$　(4) $x=\frac{5}{2}$, $y=2$

3 (1) 280　(2) 5, 30, 45

4 (1) 128　(2) 13

5 (1) $y=2x-6$　(2) $\left(-\frac{3}{2},\ -9\right)$

(3) $(-1,\ -8)$

6 (1) ア…90　イ・ウ…CBG, GAC

エ…同位角

(2) $\frac{9}{4}$cm

7 (1) $4\sqrt{2}$　(2) $3:7$

(3) $(-5,\ 5)$

1 〔独立小問集合題〕

(1)＜数の計算＞与式 $=\left\{\frac{3}{4}-\left(\frac{4}{12}-\frac{3}{12}\right)\right\}^2\times3+\left(\frac{3}{2}\right)^2\div\left(-\frac{27}{64}\right)=\left(\frac{9}{12}-\frac{1}{12}\right)^2\times3+\frac{9}{4}\times\left(-\frac{64}{27}\right)=\left(\frac{8}{12}\right)^2\times3+\left(-\frac{16}{3}\right)=\left(\frac{2}{3}\right)^2\times3-\frac{16}{3}=\frac{4}{9}\times3-\frac{16}{3}=\frac{4}{3}-\frac{16}{3}=-\frac{12}{3}=-4$

(2)＜式の計算＞与式 $=\frac{3(x-5)-(5x-1)+2(4x+3)}{12}=\frac{3x-15-5x+1+8x+6}{12}=\frac{6x-8}{12}=\frac{3x-4}{6}$

(3)＜式の計算＞与式 $=\frac{1}{27}a^3b^6\times\left(-\frac{216}{a^6b^3}\right)\div\frac{8b^3}{a^3}=\frac{a^3b^6}{27}\times\left(-\frac{216}{a^6b^3}\right)\times\frac{a^3}{8b^3}=-\frac{a^3b^6\times216\times a^3}{27\times a^6b^3\times8b^3}=-1$

(4)＜数の計算＞$x^2-1=2xy-y^2$ より，$x^2-2xy+y^2=1$，$(x-y)^2=1$，$x-y=\pm1$ となる。$x<0$，$y>0$ より，$x-y<0$ だから，$x-y=-1$ となる。よって，$-3(x-2y)-(x+2y)=-3x+6y-x-2y=-4x+4y=-4(x-y)=-4\times(-1)=4$ である。

2 〔独立小問集合題〕

(1)＜一次方程式＞両辺を4倍して，$4x-(x-4)=2(x+5)$，$4x-x+4=2x+10$，$4x-x-2x=10-4$　$\therefore x=6$

(2)＜二次方程式＞解の公式より，$x=\frac{-(-6)\pm\sqrt{(-6)^2-4\times1\times(-8)}}{2\times1}=\frac{6\pm\sqrt{68}}{2}=\frac{6\pm2\sqrt{17}}{2}=3\pm\sqrt{17}$ である。

(3)＜二次方程式＞$x+\sqrt{2}=A$ とおくと，$A^2+2A+1=0$，$(A+1)^2=0$ より，$A=-1$ となる。A をもとに戻して，$x+\sqrt{2}=-1$　$\therefore x=-1-\sqrt{2}$

(4)＜連立方程式＞$(2x+3):2y=2:1$……①，$2x-y=3$……②とする。①より，$(2x+3)\times1=2y\times2$，$2x+3=4y$，$2x-4y=-3$……①′　②－①′より，$-y-(-4y)=3-(-3)$，$3y=6$　$\therefore y=2$　これを②に代入して，$2x-2=3$，$2x=5$　$\therefore x=\frac{5}{2}$

3 〔独立小問集合題〕

(1)＜数の性質＞108の正の約数は小さい順に，1，2，3，4，6，9，12，18，27，36，54，108だから，その和は $1+2+3+4+6+9+12+18+27+36+54+108=280$ である。

≪別解≫$108=2^2\times3^3$ より，108の約数は，2^2 の約数$(1,\ 2,\ 2^2)$のうちの1つと 3^3 の約数$(1,\ 3,\ 3^2,\ 3^3)$のうちの1つをかけることで，全てを表すことができる。よって，その和は，$1\times1+1\times3+1\times3^2+1\times3^3+2\times1+2\times3+2\times3^2+2\times3^3+2^2\times1+2^2\times3+2^2\times3^2+2^2\times3^3=(1+3+3^2+3^3)+2\times(1+3+3^2+3^3)+2^2\times(1+3+3^2+3^3)=(1+3+9+27)+2\times(1+3+9+27)+4\times(1+3+9+27)=40+2\times40$

$+4\times40=(1+2+4)\times40=7\times40=280$ となる。

(2)＜数の性質＞$\sqrt{250-5x}=\sqrt{5(50-x)}$ であるから，$\sqrt{250-5x}$ が自然数となるとき，$50-x$ は，a を自然数として，$50-x=5\times a^2$ と表せる数である。$a=1$ のとき，$50-x=5\times1^2$，$50-x=5$ より，$x=45$ となる。$a=2$ のとき，$50-x=5\times2^2$，$50-x=20$ より，$x=30$ となる。$a=3$ のとき，$50-x=5\times3^2$，$50-x=45$ より，$x=5$ となる。$a\geqq4$ のとき，$x<0$ となり，適さない。以上より，$x=5,\ 30,\ 45$ である。

4 〔特殊・新傾向問題―規則性〕

(1)＜数の和＞各段の全ての数の和は，1段目が $1+1=2$，2段目が $1+2+1=4=2^2$，3段目が $1+3+3+1=8=2^3$，4段目が $1+4+6+4+1=16=2^4$ となっているので，同様に考えると，7段目の全ての数の和は，$2^7=128$ である。

(2)＜n の値＞(1)と同様に考えると，n 段目の全ての数の和は，2^n と表せる。これが8192となるので，$2^n=8192$ が成り立つ。$8192=2^{13}$ だから，$2^n=2^{13}$ より，$n=13$(段目)である。

5 〔関数―関数 $y=ax^2$ と一次関数のグラフ〕

≪基本方針の決定≫(3)　△OBC：△OPB＝CB：BP である。

(1)＜直線の式＞右図で，点Bは放物線 $y=-4x^2$ 上にあり，x 座標は1だから，$y=-4\times1^2=-4$ となり，B$(1,\ -4)$である。点Cは放物線 $y=-\frac{1}{2}x^2$ 上にあり，x 座標は2だから，$y=-\frac{1}{2}\times2^2=-2$ となり，C$(2,\ -2)$である。直線 l は2点B，Cを通るので，傾きは $\frac{-2-(-4)}{2-1}=2$ となる。直線 l の式を $y=2x+b$ とおくと，点Cを通ることから，$-2=2\times2+b$，$b=-6$ となり，直線 l の式は $y=2x-6$ である。

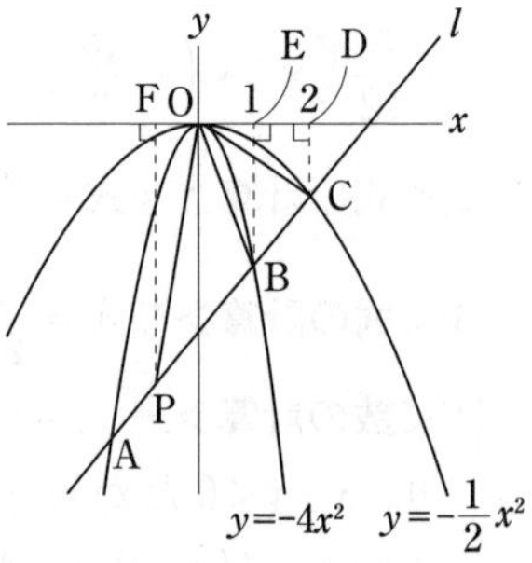

(2)＜座標＞右上図で，(1)より，点Aは放物線 $y=-4x^2$ と直線 $y=2x-6$ の交点となる。この2式より，$-4x^2=2x-6$，$4x^2+2x-6=0$，$2x^2+x-3=0$ となるので，解の公式を用いて，$x=\frac{-1\pm\sqrt{1^2-4\times2\times(-3)}}{2\times2}=\frac{-1\pm\sqrt{25}}{4}=\frac{-1\pm5}{4}$ となる。これより，$x=\frac{-1+5}{4}=1$，$x=\frac{-1-5}{4}=-\frac{3}{2}$ だから，点Aの x 座標は $-\frac{3}{2}$ である。y 座標は $y=-4\times\left(-\frac{3}{2}\right)^2=-9$ となるから，A$\left(-\frac{3}{2},\ -9\right)$である。

(3)＜座標＞右上図で，△OBC と△OPB の底辺をそれぞれ CB，BP と見ると，高さが等しいから，底辺の比は面積の比に等しい。よって，△OBC：△OPB＝1：2 より，CB：BP＝1：2 となる。3点C，B，Pから x 軸に垂線を引き，x 軸との交点をそれぞれD，E，Fとすると，CD∥BE∥PF より，DE：EF＝CB：BP＝1：2 となる。2点C，Bの x 座標より，$DE=2-1=1$ だから，$EF=2$ である。これより，点Pの x 座標は $1-2=-1$ である。点Pは直線 $y=2x-6$ 上にあるので，$y=2\times(-1)-6=-8$ となり，P$(-1,\ -8)$である。

6 〔平面図形―円と二等辺三角形〕

≪基本方針の決定≫(2)　△BCF∽△ABC であることに気づきたい。

(1)＜証明＞右図において，線分BGは円Oの直径だから，∠BAG＝90°であり，②は，∠CAB＝90°－∠GAC である。また，$\overset{\frown}{CG}$ に対する円周角は等しいから，③は，∠CBG＝∠GAC である。⑤の∠FCE＝∠CAB は，DF∥AB より，同位角が等しいことからいえ

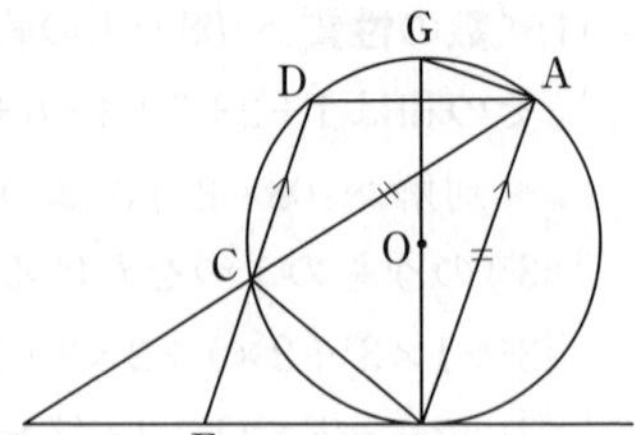

る。

⑵＜**長さ—相似**＞前ページの図の△BCFと△ABCにおいて，⑴の証明の④より，∠CBF＝∠BACであり，DF∥ABより，∠BCF＝∠ABCだから，△BCF∽△ABCとなる。これより，CF：BC＝BC：ABだから，CF：3＝3：4が成り立ち，CF×4＝3×3，CF＝$\frac{9}{4}$(cm)となる。

7〔**関数—一次関数のグラフ**〕

≪基本方針の決定≫⑵　△BOC＝△BODであることを利用する。

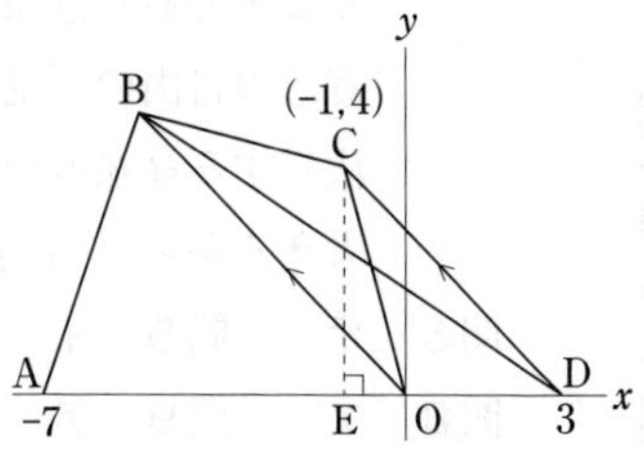

⑴＜**長さ—特別な直角三角形**＞右図で，点Cからx軸に垂線CEを引くと，C(－1，4)，D(3，0)より，CE＝4，DE＝3－(－1)＝4となる。これより，CE＝DEだから，△CDEは直角二等辺三角形となり，CD＝$\sqrt{2}$CE＝$\sqrt{2}\times 4=4\sqrt{2}$である。

⑵＜**面積比**＞右図で，△BOCと△BODの底辺をBOと見ると，CD∥BOより，高さが等しいから，面積も等しい。よって，△BOC＝△BODとなるので，△BOC：△AOB＝△BOD：△AOBである。また，△BODと△AOBの底辺をそれぞれOD，AOと見ると，高さが等しいから，面積の比は底辺の比に等しい。これより，△BOD：△AOB＝OD：AOである。A(－7，0)，D(3，0)より，OD＝3，AO＝0－(－7)＝7だから，OD：AO＝3：7となり，△BOD：△AOB＝3：7である。したがって，△BOC：△AOB＝3：7となる。

⑶＜**座標**＞右上図で，⑵より，△BOC：△AOB＝3：7だから，〔四角形BAOC〕＝25のとき，△AOB＝$\frac{7}{3+7}$〔四角形BAOC〕＝$\frac{7}{10}\times 25=\frac{35}{2}$である。△AOBの底辺をAOと見たときの高さを$h$とすると，AO＝7より，面積について，$\frac{1}{2}\times 7\times h=\frac{35}{2}$が成り立ち，$h=5$となる。よって，点Bの$y$座標は5である。また，C(－1，4)，D(3，0)より，直線CDの傾きは$\frac{0-4}{3-(-1)}=-1$である。CD∥BOより，直線BOの傾きも－1だから，直線BOの式は$y=-x$となる。点Bは直線$y=-x$上にあり，y座標が5なので，$5=-x$，$x=-5$となり，B(－5，5)である。

＝読者へのメッセージ＝

4の数字の並びは，パスカルの三角形といい，n段目の数が，$(x+y)^n$を展開した式の各項の係数を表しています。例えば，2段目の1，2，1は，$(x+y)^2$を展開した$x^2+2xy+y^2$の，x^2，xy，y^2の項の係数となります。3段目は1，3，3，1ですので，$(x+y)^3=x^3+3x^2y+3xy^2+y^3$となります。4段目は1，4，6，4，1ですので，$(x+y)^4=x^4+4x^3y+6x^2y^2+4xy^3+y^4$となります。高校で学習します。

国語解答

一 問1　1…イ　2…エ　3…ア

問2　ロボット

問3　人間の行為の唯一の操縦者

問4　ある物事について考えがつくられることである意識と意志を混同し，意志の自由の否定が人間の行為を決定する存在の否定につながると考えるから。（67字）

問5　オ　問6　イ　問7　エ

問8　ア　問9　ア

二 問1　1…イ　2…ア　3…オ

問2　土佐日記

問3　異なった文化的背景を持つ受け手による作者の意図を離れた自由な読解により，作者も考えていなかった斬新な解釈が生まれうるということ。（64字）

問4　ア

問5　(i)　孤独な天才　(ii)　「作品が何

問6　ア　問7　虚構　問8　ア

問9　①…×　②…×　③…○　④…×　⑤…○

三 ①　模倣　②　散髪　③　埋　④　戯　⑤　水槽　⑥　しせき　⑦　ちょうやく　⑧　もよお　⑨　さら　⑩　きょうしゅう

四 ①　エ　②　イ　③　イ　④　ア　⑤　オ

五 問1　ア　問2　エ　問3　イ

問4　ウ　問5　オ

一〔論説文の読解―哲学的分野―哲学〕出典：國分功一郎『はじめてのスピノザ　自由へのエチカ』。

≪本文の概要≫私たちは，自分たちの中に意志なるものを感じるが，スピノザは，それは自由でも自発的でもなく，何らかの原因によって決定されているという。スピノザは当たり前のことをいっているのだが，なぜ私たちは，それをなかなか受け入れられないのだろうか。それは，私たちが，意志が一元的に行為を決定していると，信じているからである。行為は，実際には，実に多くの要因によって規定されている。多くの要因が協同した結果として，行為が実現するのである。意志が一元的に行為を決定しているわけではないというとき，「意志」と「意識」という二つの言葉をきちんと区別しておく必要がある。スピノザは，意識を「観念の観念」と定義している。それは，精神の中に現れる観念についての反省のことである。「意志の自由」「自由意志」を否定することに抵抗を覚える人は，それが意識をも否定することにつながると漠然と考えてしまっている。意識は万能ではないし，意志は自発的ではない，ただそれだけのことである。

問1＜接続語＞1．「意志のようなもの」は，「何らかの原因によって決定を受けている」ので，「意志は自由な原因」ではない。　2．「行為」が，「実に多くの要因によって規定されて」いることの例として，「歩く動作」が「人体の全体に関わって」いたり，「歩き方」も文化的な影響を受けていたりすることなどが挙げられる。　3．私たちは，「これまでに学んだ何らかの形式に沿って歩いて」おり，「それは意識して選択されたもの」ではなく，「意識せずに従っている習慣」だが，「それは私たちの行為を強く規定して」いるのである。

問2＜文章内容＞「スピノザは意志が自由な原因であるという思い込みを批判」した。「『意志の自由』や『自由意志』を否定すると，恐らく少なからぬ人が，『では私たちは外部から何かによって操作されているロボットのような存在なのだろうか』と考える」だろう。しかし，スピノザは，意識の存在を否定したわけではなく，「意識は行為において何らかの役割は果たせる」ので，人間は「ロボット」ではないのである。

問３＜文章内容＞私たちは，「自分たちの中に意志なるものの存在」を感じ，それこそが「人間の行為の唯一の操縦者」であると考えがちである。

問４＜文章内容＞スピノザによれば，意志は，行為を決定するような観念のことであり，意識とは，「ある考えについて考えが作られること」である。しかし，多くの人は，「意志と意識は全く別物」であることに気づかない。そのため，「意志の自由」や「自由意志」が否定されると，「それが意識をも否定することにつながると漠然と考えて」しまうのである。

問５＜文章内容＞「脳内で行為を行うための運動プログラムが作られた後で，その行為を行おうという意志が意識の中に立ち現れてくる」のである。明治初期の農民たちの脳内には，西洋式の行進を行うための運動プログラムがつくられていなかったので，うまく行進ができなかったのである。

問６＜文章内容＞スピノザは，私たちの精神の中に，「意志のようなもの」が存在することは認めるが，それは，他の「何らかの原因によって決定を受けている」のだ，と主張した。同じような観点として，フロイトは，「無意識は行為を規定」していると考えた。筆者は，自分の議論を補強するために，フロイトが論じた無意識の役割を持ち出したのである。

問７＜文章内容＞私たちの精神の中に「意志として感じられる観念」が現れたとき，それは意志であるととらえられるようになる。例えば，「空腹時に美味《おい》しそうな食べ物」を「食べたいという欲望」は観念ではあるが，その段階では意識はない。「いま自分はこの食べ物を食べたいという欲望を抱いている」という観念を抱いたときに，そこに意識が生まれる。そして，私たちは，しばしば，それを，「この食べ物を食べたい」という意志として認識してしまうのである。

問８＜文章内容＞意識は，「自らの行為を反省的にとらえることができる」ように，「行為に影響を与えること」ができるので，無力ではない。しかし，「意識では身体の複雑な機構を統制できないし，習慣もほとんどの場合は意識できない」のである。また，「無意識を意識化すること」は難しく，「脳内の運動プログラムに至っては意識することは不可能」なので，意識は万能ではない。

問９＜漢字＞「万能」は，「ばんのう」と読む。「千差万別」は「せんさばんべつ」，「万年筆」は「まんねんひつ」，「万病」は「まんびょう」，「万葉仮名」は「まんようがな」，「万屋」は「よろずや」。

二〔**論説文の読解―芸術・文学・言語学的分野―文学**〕出典：北村紗衣『批評の教室――チョウのように読み，ハチのように書く』。

問１＜表現＞１．商品として刊行された作品であれば，「編集者がかかわっているのが普通」である。　２．特殊な例を考えなければ，「フィクションを分析する場合は作者と語りを切り離して考えたほうがよい」のである。　３．「随筆，日記，紀行文の類は作者が自分の考えや体験を書くもの」なので，作者と語り手は，他と比べて，同一性が高いのである。

問２＜文学史＞『土佐日記』は，紀貫之が語り手を女性として書いた日記。仮名散文，日記文学の先駆けとして，文学史的価値は高い。

問３＜文章内容＞「自由な読解」とは，作者が作品をコントロールしているという幻想を打ち破り，「異なった文化的背景を持ついろいろな受け手が作品を受容し，違う解釈を作り出す」ことである。それにより，「作者が考えてもいなかったような斬新な解釈を引き出すこと」ができるのである。

問４＜文章内容＞「表現技術の巧拙の問題」があるので，作者がいくらよい作品を書こうと努力しても，その意図どおりになるとはかぎらない。また，作品の内容には，「作者が意識していなかったバイアスや社会的背景などが反映されて」いることがある。

問５＜文章内容＞(i)「作者が何を伝えたかったのかを問おうとする学生」は，「固定できるのかもよくわからない『作者』を孤独な天才のような形でまつりあげてしまう方向」に行きやすい。　(ii)一つの作品に一人の固定的な作者がいるとはかぎらないため，「作者は何を伝えたかったのか」よりは，「『作品が何を表現しているのか』みたいな問いを立てたほうがはるかに分析しやすく」なる。

問６＜文章内容＞「ひとりしか作者がいないと考えられているテクストでも意外とそうではないこと」があり，「ひとつの作品についてクリエイティヴコントロールを持つ『作者』を想定するのはあまり適切ではないことも多くなって」いる。

問７＜語句＞「フィクション」は，事実ではないものを，事実であるかのようにつくりあげること。そのようにしてつくられたもの。また，作者の想像力によってつくりあげられた架空の物語のこと。「虚構」は，つくりごとのこと。

問８＜文章内容＞シェイクスピアのソネットが，「どのくらい個人的体験に基づいていて，どのくらいが虚構なのか」がよくわからないように，「個人的な体験であっても芸術家が作品に昇華させる時はある程度の物語として再構成が行われるはず」である。したがって，作者が個人的な体験を語っているように見えても，実はその作品は，体験をもとにして再構成された物語であるかもしれない。

問９＜要旨＞ロラン・バルトが提唱した「作者の死」は，「批評において大変重要な概念」である(①…×)。「学校や職場でのレポートがうまく書けない場合」にどうすればいいかは，述べられていない(②…×)。「私」は，ふだん，大学でシェイクスピアについて教えており，「作品を選んで問いを立てて分析するようにという課題」を学生に出している(③…○)。清塚邦彦は，「作者と語りを切り離して考えたほうがよい」と考えており，「私」も，基本的には清塚と同じ意見である(④…×)。「詩や歌，私小説的な作品の語り手は作者に近くとも微妙に違うキャラクターとして考えたほうが処理しやすいことが多い」だろうと「私」は考えている(⑤…○)。

三〔漢字〕

①「模倣」は，他のものや他人の動作のまねをすること。　②「散髪」は，髪を切って整えること。③音読みは「埋没」などの「マイ」。　④音読みは「遊戯」などの「ギ」。　⑤「水槽」は，魚などを飼育・観賞するための容器のこと。　⑥「史跡」は，歴史的・学術的に価値の高い場所や遺跡のこと。　⑦「跳躍」は，はねあがること。　⑧音読みは「主催」などの「サイ」。　⑨音読みは「更新」などの「コウ」。　⑩「郷愁」は，他の場所から故郷を懐かしく思う気持ちのこと。

四〔慣用句〕

①エは，「眉をひそめる」，「息をひそめる」，「影をひそめる」，「声をひそめる」となる。アは「気が大きい」，イは「気がひける」，ウは「気を配る」，オは「気を許す」。　②イは，「棒に振る」となる。アは「水に流す」，ウは「水をあける」，エは「水をさす」，オは「水を向ける」。　③イは，「図に乗る」，「口に乗る」，「油に乗る」となる。アは「肝がすわる」，ウは「肝に銘じる」，エは「肝をつぶす」，オは「肝を冷やす」。　④アは，「口がうまい」となる。イは「目が肥える」，ウは「目に余る」，エは「目をかける」，オは「目をつぶる」。　⑤オは，「肩をもつ」となる。アは「胸がおどる」，イは「胸がすく」，ウは「胸がつまる」，エは「胸を打つ」。

五〔古文の読解―説話〕出典：『十訓抄』十ノ六十四・六十五。

≪現代語訳≫唐の玄宗皇帝は，長年月を愛する心が深く，毎晩何もなさらないということはなかった。道士は，これに感動して，帝に，「あなたが，月をお愛しになってから，長い年がたちました。月の宮殿をお見せいたしましょう」と申し上げたので，帝は，喜んでついておいきになった。／道士は，八月十五夜の(日の)，子の時くらいに，庭に立って，桂の枝を月に向かって，投げ上げたところ，銀の階段が，月の宮に届いた。このときに，道士は先に立って，(帝を)ご案内申し上げる。昇っていって，それほどもしないうちに，月の宮殿にお入りになった。宝玉の宮殿，宝玉の高い建物は，数えきれない。舞台の上では，十二人の妓女が舞う。それぞれが白い衣を着ていた。音楽の音，舞の姿は，のびやかで澄むと，宝玉を動かすかんざし，雪がひるがえるように美しく舞う袖，全てが光り輝いた。／二階建ての宮殿があった。瓦ごとに宝玉が磨かれていて，目を当てることもできない。宝玉の簾を上げて，一人の主人が，こちらを見る。全て，物の音，舞の姿，場所の状態までも，(帝は)想像もおできにならない(ほどすばらしかった)。斧の柄も朽ちるだろうとお思いになったが，名残惜しいが，舞さえも見終わらずに，お帰りになった。／帝は，この曲を深く心にとめて，世に残しなさった。盤渉調の音である。霓裳羽衣というのが，すなわちこれである。途中だけをご覧になったので，始めも終わりもない音楽であるという。／ただし，このことははっきりしない。古い目録にも，「霓裳羽衣は壱越調の音楽である。もとの名を壱越波羅門といったのを，同じ帝のとき，天宝年中に，もとの名を改めて，霓裳羽衣と名づけた」と記してある。よく調べる必要がある。／同じ帝が，月の夜に，笛をお吹きになっていたところ，その音は，竜が鳴くのと違わなかった。術者が，これを聞いて，「竜が鳴いているぞ」と思って，心の中で竜の鳴き声を，とめる護符をつくって，これを封じた。そのとき，帝は，急に手がすくんで，息が出なくなり，(笛を)お吹きになることができなかった。宮殿の中で騒ぎ嘆く様子が，世間に知られて，天下が嘆き悲しんだ。これを例の術者が，うわさで聞いて，自分の術が効き目があったことを悟って，護符を壊したところ，帝は，もとのようにおなりになった。これによって，(帝は)お笛の才能を，お極めになったことをお知りになったのである。

問１＜古典の知識＞「子の時」は，午前０時の前後二時間のこと。

問２＜古文の内容理解＞玄宗は，月の宮殿や，音楽，舞の様子などに心を奪われているうちに，時間がたつのを忘れてしまったような気がしていたのである。

問３＜古文の内容理解＞霓裳羽衣は，玄宗が月の宮に行ったときに聞いた曲をもとに作曲された，といわれている。しかし，別の文献には，玄宗が壱越波羅門という曲を霓裳羽衣と改めた，とも書かれているので，よく調べる必要があるのである。

問４＜古文の内容理解＞術者が，玄宗の笛の音を聞いて，竜の鳴き声だと思い，それを封じる術をかけたところ，その術によって，玄宗は笛を吹けなくなってしまった。それを聞いて，玄宗は，自分が笛の腕前を極めたことを知ったのである。

問５＜古文の内容理解＞玄宗は，長年月を愛しており，何もしないで過ごす夜はなかった(ア…×)。玄宗は，道士に月の宮殿を見せようと言われて，喜んだ(イ…×)。玄宗は，名残惜しく思ったが，舞を見終わらずに帰った(ウ…×)。術者が玄宗の笛の音を聞いたのが，玄宗が月へ行った夜かどうかはわからない(エ…×)。玄宗は，ある夜に突然笛を吹けなくなり，天下の人々は，そのことを嘆いた(オ…○)。

2023年度 日本工業大学駒場高等学校（一般①）

【英　語】（50分）〈満点：100点〉

1 次の英文の（　　　）に入れるのに最も適切な語（句）を選び、記号で答えなさい。

1 How (　　　) do you go to the library in a week? — Twice.

ア many　　イ old　　ウ much　　エ often

2 (　　　) I get up early tomorrow morning? — No, you don't have to.

ア May　　イ Must　　ウ Do　　エ Will

3 If I were you, I (　　　) open that e-mail.

ア wouldn't　　イ don't　　ウ weren't　　エ won't

4 There (　　　) no birds in the sky last night.

ア is　　イ are　　ウ were　　エ been

5 You saw Tom yesterday, (　　　)?

ア doesn't he　　イ weren't you　　ウ didn't he　　エ didn't you

2 次の各組がほぼ同じ意味になるように（　　　）に適語を入れなさい。

1 Mr. Jones went to Italy.　He is not here now.

＝Mr. Jones (　　　) (　　　) to Italy.

2 Your sister sings well.

＝Your sister is good (　　　) (　　　).

3 What a beautiful girl she is!

＝(　　　) (　　　) the girl is!

4 My uncle sent me a nice shirt.

＝My uncle sent a nice shirt (　　　) (　　　).

5 He was too sleepy to study.

＝He was so sleepy (　　　) he (　　　) study.

3 次の日本文の意味になるように【　　】内の語（句）を並べかえなさい。ただし、文頭に来るべき語も小文字で示してあります。

1 牛乳を１杯ください。

I'll【 milk / a / glass / have / of 】.

2 10 時間勉強するというのは大変なことです。

【 ten hours / is / hard / studying / for 】.

3 あれは私が昨日話していた男性です。

【 I / about / is / was / that / talking / the man 】 yesterday.

4 朝食にはごはんかパンのどちらか１つが選べます。

【 rice / for / you / either / choose / or bread / can 】 breakfast.

5 当時彼女が何歳だったのか知っていましたか。

Did you know【 was / that / old / she / time / at / how 】?

4

A　次の会話文の（　　　　　）に入れるのに最も適切なものを選び、記号で答えなさい。

1　A　:　Where are you going?

B　:　I'm going to the beach with my family.

A　:　(　　　　　)

ア　You're welcome.　　イ　That's right.

ウ　Have fun.　　エ　Make sure.

2　A　:　Hey, can you tell me about Toronto Aquarium?　I'll go there next week.

B　:　Oh, you will?　That's a good place.　Also, (　　　　　)

A　:　Wow!　I want to meet them.

ア　I will get there by train.　　イ　you can see some anime characters there.

ウ　that sounds fun.　　エ　how much does the ticket cost?

3　A　:　Welcome to Komaba Theater.　How can I help you?

B　:　I'd like to see an action movie.　What do you recommend?

A　:　(　　　　　)　It's an exciting action movie!

ア　How about this one?　　イ　What is your favorite?

ウ　Is it a fun movie?　　エ　What do you think?

4　A　:　Hello, this is Bob.　There is something wrong with my air conditioner.

B　:　Yes, sir.　I'll check the customers' database first.　(　　　　　)

A　:　It's 012-3456-7890.

ア　Did you bring the new one?　　イ　Do I have to deliver something?

ウ　When will you call me?　　エ　May I have your phone number?

5　A　:　How was my idea?　Did it work?

B　:　Yeah, it was so helpful.　Thank you so much.

A　:　(　　　　　)

ア　Some ideas.　　イ　Some day.

ウ　Anytime.　　エ　Any one.

6　A　:　This room is really hot!

B　:　(　　　　　)

A　:　Yes, please.

ア　Do you want to open the window?　　イ　Shall I open the window?

ウ　I feel so hot, too.　　エ　You should be cool.

7　A　:　Where do you want to go for our trip?

B　:　(　　　　　)　I really want to go there.

A　:　OK!　Let's buy tickets!

ア　You should get much money.　　イ　Why don't we go to Los Angeles?

ウ　What do you do in Los Angeles?　　エ　You must go shopping.

8　A　:　Who was chosen for the captain of your soccer team, John?

B　:　Mike was.　But (　　　　　)

A　:　I think Mike will do his best.　He has played soccer for a long time.

ア　I'm happy with you.　　イ　we still have been choosing the captain.

ウ　he's worried about his new position.　　エ　he was in the schoolyard.

B　次の会話文の（　1　）～（　4　）に入れるのに最も適切なものをそれぞれ選び、記号で答えなさい。

A　：　Hello.（　　1　　）

B　：　Hi.　I'm deciding on a great person from history for my speech.

A　：　（　　2　　）A speech about a great person?

B　：　Yes, I guess he gave it to us last Wednesday though.（　　3　　）

A　：　Not yet.　But I'm thinking of giving a speech about my mother.

B　：　That's good.　I remember your mother works as a doctor for children.

A　：　She has been busy since COVID-19 broke out.　I really respect her and her job.

B　：　Yeah, she is great.　Now I've decided the best person for my speech.　Your mother's story gave me a good idea.

A　：　Sounds nice.（　　4　　）

B　：　I'll make a speech about Mother Teresa.　She was also a person who took care of people in need.

A　：　Wow!　I'm excited to hear that.

ア　What are you doing?

イ　What idea did you get?

ウ　It is the homework our teacher gave us last Friday, right?

エ　Have you finished yours?

5　次の問いに対して、理由も含めて25語以上の英語で答えなさい。

Which do you like better, reading books on a tablet or paper?

6 図表を参考に次の英文を読んで、あとの設問に答えなさい。英語の質問には英語で答えること。

The Smith family in America is talking about their trip to Japan in the summer.

Dad: Mom and I got a two weeks' vacation. This summer, we'll visit Japan to celebrate Grandma, Akiko-san's birthday. What about your schedules?

Alex: I'm going to practice basketball on the first two days. Can we leave for Japan on the 12th?

Jane: Sorry, Alex. I'll stay in Canada with my friends from the 7th to the 11th. I want to take a rest and prepare for the trip to Japan. Shall we fly on the 13th?

Dad: No problem. How about you, Mary? You are busy with your research, right?

Mary: Yes. I have to go to the university for my research project until the 10th. But, I'll be free from the 11th to the 21st.

Mom: Good. Shall we go shopping on the 12th, Mary? I want to buy a present before we visit Japan.

Mary: Of course. I'll ask Grandma about what she wants.

Dad: Thanks, everyone. Let me check the flight schedule on my phone. OK, we'll be able to buy tickets. We can arrive in Japan on the 14th. Can I *book this flight?

Everyone: Thanks, Dad.

Dad: You're welcome. Next, let's make a plan for the celebration. Do you have any ideas?

Jane: I heard Grandma got interested in roller coasters. How about taking her to an amusement park? Do you know any famous ones in Japan?

Alex: I know an amusement park near Mt. Fuji. Its name is Fuji Amusement. It has a lot of *rides. We can't enjoy all of them in a day!

Jane: Wait. Grandpa doesn't like them so much. Will he join us?

Alex: It's Grandma's birthday. He must join us.

Mary: I think so, too. Around Mt. Fuji, we can also enjoy climbing, sightseeing and eating Japanese food. It's all good!

Mom: There is an *unagi* restaurant which I visited with Grandma when I was a child. We were so happy to eat *unagi*. She likes it. Staying around Mt. Fuji is a great idea.

Dad: Perfect! On the website, many hotels are *available from the 16th to the 20th. Shall we leave for Mt. Fuji on the 16th?

Everyone: Of course!

Dad: OK, so, on the first day in Japan, we can just go to Akiko-san's house. I think that it is good to spend our free time there.

Alex: I want to see Grandpa's workplace. There are many machines there!

Jane: I want to walk around with Grandma. Shopping in the *mall is fun!

Mary: I just want to relax.

Dad: OK. We will stay in Tokyo for the first two days. Then, we'll stay near Mt. Fuji for the next five days and enjoy attractions, hiking, and Japanese food. After staying around Mt. Fuji, we'll go back to Tokyo for sightseeing for the last three days.

*book 予約する　*ride 乗り物　*available 空室がある　*mall 商店街

The Smith family schedule August						
日	月	火	水	木	金	土
10	11 [A]	12 [B]	13	14	15 [C]	16
17	18 [D] Grandma's birthday	19	20	21 Mary returns to America	22	23 The family returns to America

Q 1 Choose the correct sentence for [A], [B], [C] and [D] on the schedule.

1 Mary relaxes at Grandma's house.

2 Alex plays basketball.

3 Mom and Mary go shopping to buy a present for Grandma.

4 The Smith family enjoys the amusement park.

Q 2 Why is Dad planning to visit Japan?

Q 3 What day of the week will they arrive in Japan?

Q 4 Which is Grandpa's job?

1 writer　2 lawyer　3 politician　4 engineer

Q 5 Which is **NOT** true about this talk?　Choose two sentences.

1 Dad made all the plans for this trip alone.

2 Jane will visit two countries in August.

3 Grandpa doesn't like roller coasters.

4 Grandma likes *unagi* and she has eaten it before.

5 Mary goes home after her parents go back to America.

7 次の英文を読んで、あとの設問に答えなさい。

Sharon Clark will never forget the day she met Giovanni Vigliotto. She was working in Indiana, as the manager of a large flea market. Early one morning, he walked into her office. "I'd like to rent some space at the flea market," he said. "[ア] Do you have any space?"

"Yes, I do," she answered.

When the flea market closed at the end of the day, Giovanni invited Sharon to have dinner with him. She was 43 years old, *divorced, and a little lonely. She said yes.

For the next four months, Sharon saw Giovanni often. He was not a handsome man — he was short and heavy, and he had a big nose. But he was intelligent, polite, and kind. [イ] "Marry me," Giovanni said.

Sharon thought it over. Her mind told her, "Don't do it. You don't know him well enough." But her heart told her, "Do it. Take a chance." Sharon listened to her heart and married Giovanni.

After they got married, Giovanni said he wanted to move to Canada. "I have a beautiful house there," he said. "Let's sell your house and move to Canada." Sharon sold her house and made a *profit of $55,000. She wanted to take her furniture to Canada, so she and Giovanni rented a truck. "I'll drive the truck, and you can drive your car," he said. "You'd better give me the $55,000. ①【 with / a woman / it's / that much / for / to travel / dangerous 】 money."

"You're right," Sharon agreed, and she gave Giovanni the $55,000.

On the way from Indiana to Canada, Giovanni told Sharon he had to stop in Ohio on business. "You go on ahead," he told her. They decided to meet at a hotel in Canada.

[ウ] At first Sharon was worried. "Maybe Giovanni was in an accident," she thought. She called the police in Ohio. "No," the police said, "Giovanni Vigliotto wasn't in an accident here." So where was Giovanni? He was gone, and so were her furniture and her money.

Sharon was angry. She wanted her money and her furniture back. She wanted to find Giovanni. "I met him at a flea market," she thought. "[エ]"

For months Sharon went to flea markets all over the United States. At a flea market in Florida, she found Giovanni. He was selling used furniture. ② Some of it was hers. Sharon called the police.

When the police arrested Giovanni, Sharon's story was in newspapers and on TV. A woman in New Jersey called the police. "Giovanni is my husband, too!" she said. Then another woman called the police, and another, and another. "Giovanni is my husband!" the woman said. All the women told similar stories: (A); he took their furniture and their money. Altogether, 105 women were married to Giovanni.

A judge *sentenced Giovanni to 34 years in prison. "I want you to stay in prison for a long time," the judge told Giovanni. "[オ]"

*divorced 離婚していた　*profit 利益　*sentence ～に判決を下す

問1 [ア]～[オ]に入れるべき文を選び、番号で答えなさい。

1 Maybe he's at a flea market somewhere.
2 She fell in love with him.
3 I have a lot of used things to sell.
4 I want to be sure there will be no wife number 106.
5 Giovanni never arrived at the hotel.

問2 下線部①が「女性一人がそんな大金を持って移動するのは危険だよ。」という意味になるように【　　】内の語(句)を並べかえなさい。ただし、文頭に来るべき語も小文字で示してあります。

問3 下線部②の英文を it の内容を明確にして、日本語に直しなさい。

問4 (A)に入れるべき文を選び、記号で答えなさい。

ア they sold their houses　　イ they lived in Indiana
ウ they worked in flea markets　　エ they made a profit of $55,000

問5 以下の英文について、本文の内容と一致するものにはT、一致しないものにはFで答えなさい。

1 Sharon thought she knew Giovanni well, so she got married to him.
2 Sharon sold her house and bought a truck.
3 There were many women who believed Giovanni.

問6 下記の定義にあてはまる単語を本文中から抜き出しなさい。

To ask someone to come to a party, wedding, meal and so on

【数　学】（50分）〈満点：100点〉

1 次の計算をしなさい。

(1) $\left(-\frac{3}{4}\right)^2 \div \left(-\frac{9}{10}\right) + \left(\frac{5}{2}\right)^3$

(2) $\frac{7x-4}{5} + \frac{5-2x}{4} - \frac{3x-11}{20}$

(3) $-\frac{15}{8}x^2y^3 \div \left(-\frac{3}{2}xy^2\right)^2 \times \left(-\frac{12}{5}xy\right)$

(4) $5x-4y=4x+3y$ であるとき，$\frac{(2x+y)(x-3y)}{x^2-xy-6y^2}$ の値を求めなさい。

2 次の方程式を解きなさい。

(1) $\frac{5-3x}{10} = \frac{x}{5} - 3$

(2) $x^2-2x-1=0$

(3) $(3x-2)^2+10(3x-2)-11=0$

(4) $\begin{cases} \frac{2}{x}+\frac{3}{y}=1 \\ \frac{2}{x}-\frac{3}{y}=19 \end{cases}$

3 次の問いに答えなさい。

(1) 2^8 を計算しなさい。

(2) 2^{40} の一の位の数を求めなさい。

4 座標平面上に直線 $y=x$ があります。$A_1(1,\ 1)$，$A_2(2,\ 2)$，$A_3(3,\ 3)$，……のように直線 $y=x$ 上に A_1，A_2，A_3，……という点をとり，$B_1(1,\ 0)$，$B_2(2,\ 0)$，$B_3(3,\ 0)$，……のように x 軸上に B_1，B_2，B_3，……という点をとります。

$\triangle OA_1B_1$ の面積を S_1，
$\triangle OA_2B_2$ の面積から S_1 を引いた面積を S_2，
$\triangle OA_3B_3$ の面積から S_2 を引いた面積を S_3，
$\triangle OA_4B_4$ の面積から S_3 を引いた面積を S_4，……
のようにするとき，次の問いに答えなさい。

色のついた部分の面積の和が S_3 を表しています。

(1) S_3 の値を求めなさい。

(2) S_{100} の値を求めなさい。

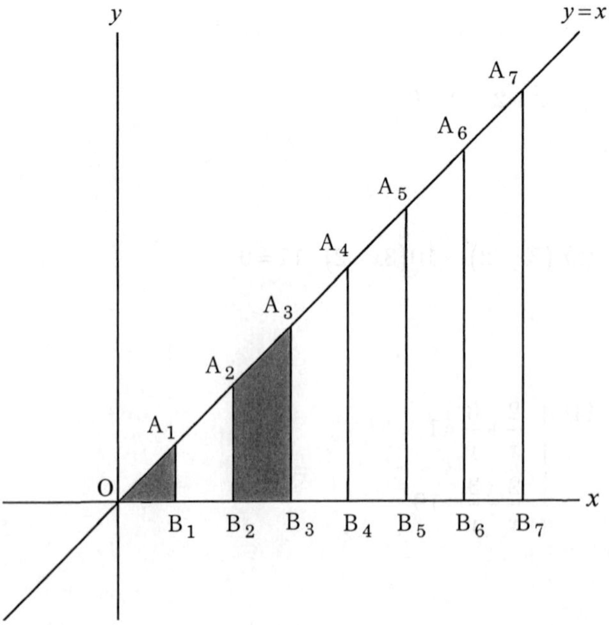

5 図のように，関数 $y=\dfrac{2}{x}$ と直線 ℓ が 2 点 A，B で交わっています。A，B の x 座標がそれぞれ 1 と 2 であるとき，次の問いに答えなさい。

(1) 直線 ℓ の式を求めなさい。

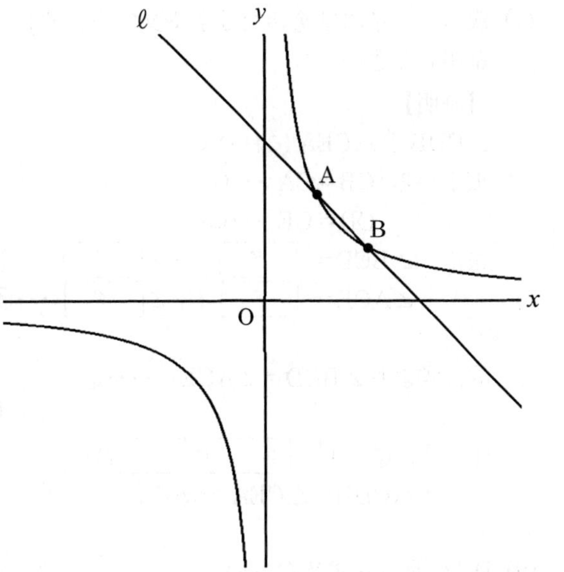

(2) △AOB の面積を求めなさい。

(3) 関数 $y=\dfrac{2}{x}$ 上の x 座標が -1 である点を C とし，線分 AB 上に点 P をとります。△ACP の面積が△AOB の面積と同じになるとき，点 P の座標を求めなさい。

6 図のように，CA＝CB，AB＝6cm の直角二等辺三角形 ABC があります。辺 BA の延長線上に AD＝2cm となる点 D をとり，CD＝CE の直角二等辺三角形 DCE をつくります。
また，AE と DC の交点を F とするとき，次の問いに答えなさい。

(1) 次のア，イには適切な数字や文字を，ウには合同条件をあてはめて△CDB≡△CEA を証明しなさい。

【証明】
△CDB と△CEA において
仮定から　CB＝CA …①
　　　　　CD＝CE …②
また，∠BCD＝ [ア]° ＋∠[イ] …③
　　　∠ACE＝ [ア]° ＋∠[イ] …④

③，④より∠BCD＝∠ACE……⑤

①，②，⑤より，[ウ]から，
　　△CDB≡△CEA である。

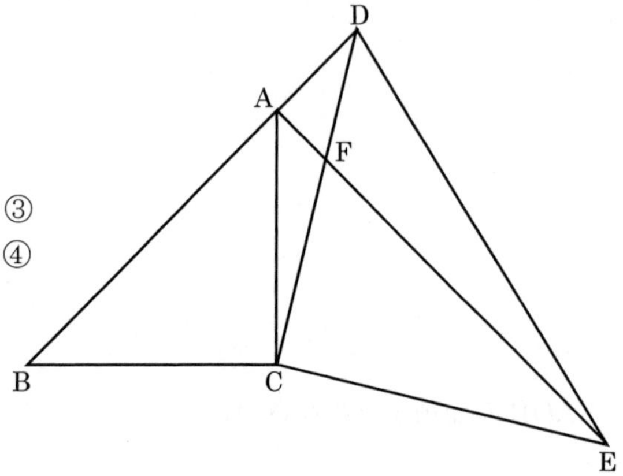

(2) DC の長さを求めなさい。

(3) EF の長さを求めなさい。

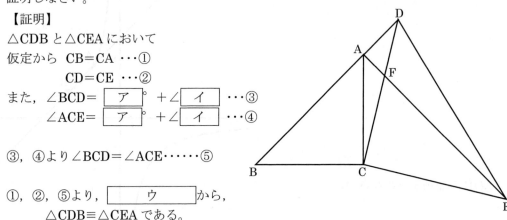

7 図のように，AB＝6cm を直径とする円 O の円周上に，弧 AB を 3 等分する点を A に近い方から C，D とします。また，点 B を接点とする円 O の接線と直線 AD との交点を E とします。次の問いに答えなさい。

(1) AD の長さを求めなさい。

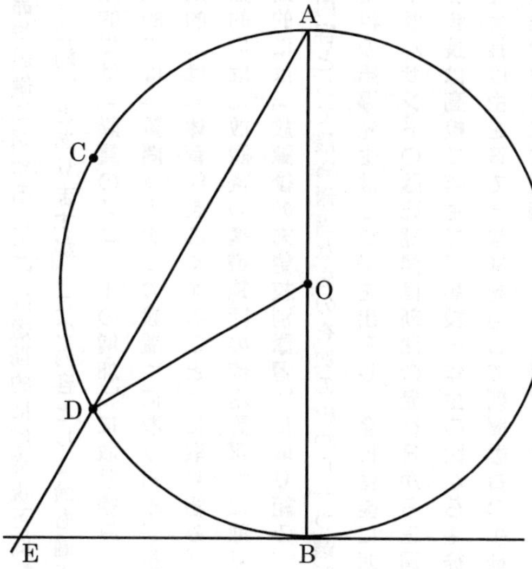

(2) 四角形 DEBO の面積を求めなさい。

問1　【 1 】に入る数字として最も適当なものを次の中から一つ選び、記号で答えなさい。

ア　192　イ　300　ウ　460　エ　500　オ　750

問2　【 2 】に入る言葉として最も適当なものを次の中から一つ選び、記号で答えなさい。

ア　学習支援に関する項目の中では、「定期試験前に質問コーナーをつくってほしい」の項目が最も希望している生徒が多い

イ　学習支援を望む生徒は「図書館の蔵書を増やしてほしい」、「購買のメニューを増やしてほしい」と考えている生徒の合計よりも多い

ウ　「体育館を広くしてほしい」と考えている生徒の割合が上から二番目なので、運動部に所属していて部活動に積極的な生徒が多い

エ　「図書館の蔵書を増やしてほしい」と考えている生徒の人数は、学校に満足していると答えている高校二年生の人数より少ない

オ　「放課後の携帯電話の使用を許可してほしい」と考えている生徒の人数はアンケート結果の中で上から二番目に多い

問3　【 3 】に入る言葉として最も適当なものを次の中から一つ選び、記号で答えなさい。

ア　「学習支援に関わる」ことであれば、校則や備品に関わったとしても優先して改善される可能性が高い

イ　「工事が必要なこと」に関して長期的には実現するために五年程度の時間が必要であると考えられる

ウ　「校則に関わること」はアクセサリーの着用のような内容であれば、短期的に実現できる可能性がある

エ　「備品や設備に関わること」は「学習支援に関わること」よりも学校が重視している項目である

オ　「備品や設備に関わること」は短期的には実現可能性があるが、工事が必要な場合には実現可能性は低くなる

問4　傍線部「公約」とありますが、この内容として最も適当なものを次の中から一つ選び、記号で答えなさい。

ア　短期的には「購買のメニューの増加」に取り組み、長期的には「体育館を広くすること」に取り組む。

イ　短期的には「質問コーナーの設置」に取り組み、長期的には「図書館の蔵書の増加」に取り組む。

ウ　短期的には「体育館を広くすること」に取り組み、長期的には「購買のメニューの増加」に取り組む。

エ　短期的には「放課後の携帯電話の使用許可」に取り組み、長期的には「質問コーナーの設置」に取り組む。

オ　短期的には「放課後の志望校別講習」に取り組み、長期的には「放課後の携帯電話の使用許可」に取り組む。

問5　新聞の内容として最も適当なものを次の中から一つ選び、記号で答えなさい。

ア　国語科の馬場先生は三つ子を出産し、全校生徒に対して名前を募集している。

イ　しそサバサンドの販売期間は新聞の発行日から三週間程度続く予定である

ウ　生徒会長は高校二年生で、高校一年生の頃から生徒会に所属している。

エ　生徒会長は虫を育てる趣味を通して新聞委員の生徒と意気投合した。

オ　図書館のクイズに挑戦しても全員がブックマーカーをもらえるとは限らない。

図１　全校生徒への学校生活に関するアンケート

学年ごとの人数比･･･高校1年生:34%　高校2年生:40%　高校3年生:26%

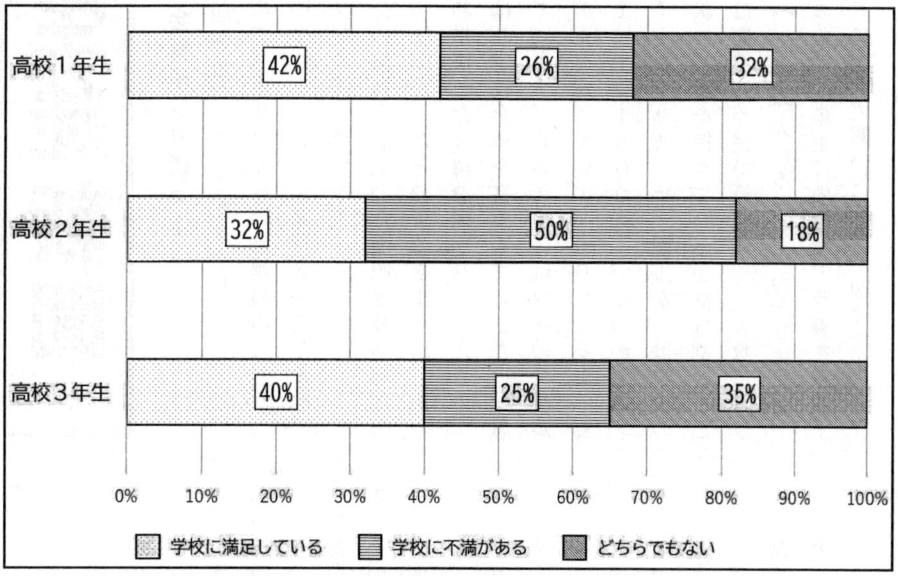

図２　学校に不満がある高校２年生への改善を希望する点に関するアンケート（複数回答可）

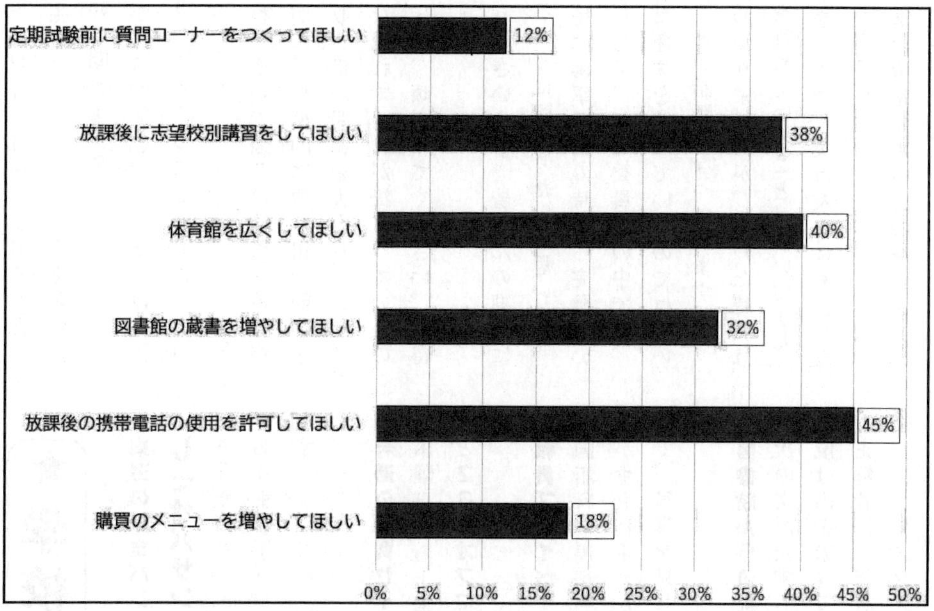

図３　教員を対象とした学校の改善可能性がある項目に関するアンケート

○：はい　×：いいえ　△：どちらとも言えない

	実現が難しい	短期的に実現できる可能性がある	長期的であれば実現できる可能性がある
校則に関わること	×	△	○
工事が必要なこと	○	×	×
備品や設備に関わること	×	○	×
学習支援に関わること	×	○	○

五

次の新聞は生徒会長選挙のあとに発行された校内新聞です。次の新聞と後の図を読んで各問いに答えなさい。

生徒新聞

◇生徒会長インタビュー

委…新聞委員　会…生徒会長

委：改めて、生徒会長への当選おめでとうございます。先日の選挙は大勝でしたね。

会：ありがとうございます。

委：会長の気持ちが入った演説と具体的な公約が勝因だったと分析できますが、あの公約に決めた経緯を聞かせてください。

会：やはり学校全体を良くしていきたいと思っています。そのためには現状の分析が必要だと思っていて、会長になる前、私は全校生徒１５００人へいくつかのアンケートをとりました。図１からは学校の現状に不満を持っている生徒は割合としては高校二年生が最も多く、人数で言うと【　１　】人いることがわかりました。その後、二年生に向けて、改善を希望する点について聞いた結果が図２です。

委：図２からは例えば、【　２　】ことが言えそうですね。意外な結果でした。

会：私も予想とは異なる部分がありました。今度は先生方に生徒の意見で変えられることについて聞きました。

委：その結果が図３ですね。ここからは例えば、【　３　】ということがわかるわけですね。

会：そうですね。そして図２の結果で希望が多いものから、短期的に取り組む問題と長期的に取り組む問題を決定しました。

委：そのような流れで公約が決まっていたのですね。ぜひ、頑張ってください。期待しています。

会：ありがとうございます。皆さんの期待に応えられるように頑張りたいと思います。

委：さて、会長は選挙活動の時から完璧という印象でしたが、新聞委員会の中では、実は意外な趣味を持っているのではないかということが話題になっています。

会：意外かはわかりませんが、空いた時間は食虫植物を眺めていることが多いですね。昔から好きなので。実は友人にも言ったことがありません。

委：これは貴重な情報ですね。会長のファンはぜひ、食虫植物を育てましょう。

★学校お得情報

◇来週の限定パンは……？

しそサバサンド！

あなたはサバのサンドイッチを食べたことがありますか？　実は校長先生は隠れファンです。

◇今週の購買セール

木曜日から土曜日まではパンを三つ以上買うと**２０％オフに！**

◇教員プライベート情報

国語科の馬場先生の愛犬に三つ子の赤ちゃんが生まれました！　名前募集中とのことなので、写真を見せてもらいましょう！

◇図書館からの挑戦状

次の文が表すものは？

『嵐は山を去って軒のへんにあり』

正解者には先着３０名に

オリジナルブックマーカーをプレゼント！

三

次の①～⑩の傍線部のカタカナは漢字に、漢字はその読みかたをひらがなにそれぞれなおしなさい。

① 彼はキョセイを張ってばかりいる。
② この寺は昔リュウセイを極めた一族が建てた。
③ 寒いので手をスり合わせて暖をとる。
④ 部活を通して協調性をツチカう。
⑤ 殺菌のためにシャフツ消毒を行う。
⑥ 無許可での捕鯨は禁止されている。
⑦ 取引の結果を帳簿につける。
⑧ お気に入りの服のほつれを繕う。
⑨ 勉強を怠ると後で後悔することになる。
⑩ 寸暇をおしんで趣味に打ち込む。

四

次の生徒の会話の【①】～【⑤】に入る漢字一字をそれぞれ答えなさい。

生徒A　語彙力をつけるためには実際に言葉を使うのが一番良い方法みたいよ。今日は四字熟語を使ってみよう。

生徒B　良い考えだね。じゃあ、必ず四字熟語を使うことと、前の人が使った四字熟語の字を含む四字熟語を使って会話をすることにしよう。

生徒A　じゃあ、始めようか。そろそろ進路について考えないといけないけど、悩んでいて「五里霧【①】」だよ。

生徒B　手掛かりはなかったとしても「【②】【①】模索」して考えていくしかないね。

生徒A　進路はみんな考えが違って、誰に聞いても色々な答えが返ってきて、困らせようとしているんじゃないかと「疑【③】【②】鬼」になってしまったよ。

生徒B　もしかすると、「【③】機【④】転」、今までとは全く違う方向性で考えてみるのが良いかもしれないね。

生徒A　とにかく色々な方向にアンテナを立てて、自分が興味のある新しいアイデアを逃さないようにしたいな。新しく関わる人からも良い影響があるかもしれないから、「【④】期【④】【⑤】」という気持ちを大切にしないとね。

問8　傍線部⑥「二重思考に見てとれる曖昧で首尾一貫しない自然観」とありますが、この説明として最も適当なものを次の中から一つ選び、記号で答えなさい。

ア　人間は自然に対して科学的な根拠にもとづく論理的な思考と、感情にもとづく行動の判断の両方を行っているということ。
イ　人間は自然に対して規律の遵守にもとづく道徳的な思考と、損得勘定にもとづく行動の判断の両方を行っているということ。
ウ　人間は自然に対して自然科学の知識にもとづく感情的な思考と、道徳観にもとづく行動の判断の両方を行っているということ。
エ　人間は自然に対して内在的な価値の理解にもとづく保守的な思考と、倫理にもとづく行動の判断の両方を行っているということ。
オ　人間は自然に対して民主主義にもとづく長期的な思考と、心情にもとづく短期的な行動の判断の両方を行っているということ。

問9　本文の内容として最も適当なものを次の中から一つ選び、記号で答えなさい。

ア　社会の構成員の合意によって物事を決める民主主義体制では、経済活動に関する議論が最も優先される。
イ　人々の環境問題への意識は個人との地理的・時間的な距離感でのみ判断され、身近な問題ほど意識される。
ウ　人権に高い価値があるのは、侵害することによって多額の賠償金を請求される可能性があるからである。
エ　美しい山などの生態系の保護における鑑賞の対象としての価値よりも道徳的な価値の方が規制の根拠として強い。
オ　動物に道徳的配慮を求める活動は抵抗する者を納得させ、環境保護を推し進める上で最も効果的な方法である。

問4　傍線部②「自然の『内在的価値（intrinsic value）』」とありますが、これを環境保護の観点から認めた場合の効果を文中の言葉を使って五十字以上六十字以内の一文で説明しなさい。

問5　傍線部③「価値のすべてが道具的なものではない」とありますが、この説明として最も適当なものを次の中から一つ選び、記号で答えなさい。

ア　ある物事には、機械的にある目的を達成するための道具としての面があるだけではなく、人々の心を癒すための役割が備わっているということ。

イ　ある物事には、私的な問題を解決することに役に立つという面があるだけではなく、様々な社会問題を解決する機能が備わっているということ。

ウ　ある物事には、自分自身の価値を高めることに役に立つという面があるだけではなく、他者との関わりを円滑にする機能が備わっているということ。

エ　ある物事には、商業的な目的を達成するために役に立つという面があるだけではなく、ある物そのもの自体に道徳的な価値が備わっているということ。

オ　ある物事には、特定の目的を果たすために役に立つという面があるだけではなく、ある物そのものに本質的な価値が備わっているということ。

問6　傍線部④「環境保護を有利に進めるための一種の道具」とありますが、これを別の言葉で具体的に表している部分を文中から二十字以上二十五字以内で抜き出し、最初と最後の五字をそれぞれ答えなさい。

問7　傍線部⑤「規制を論じるだけでは一面的に過ぎる」とありますが、これを環境保護の観点から説明しているものとして最も適当なものを次の中から一つ選び、記号で答えなさい。

ア　環境を保護するためには、環境に関して適切な規制やあるべき社会像を追求することが必要で、非人間中心主義に基づいた規制について意識することは効果が薄いということ。

イ　環境を保護するためには、社会的に厳しい規制を設ける必要はなく、環境保護に関係する人びとが集団で独自の努力を積み重ねる意識を持つことが必要であるということ。

ウ　環境を保護するためには、それに関わる人びとの環境意識や道徳観を養うことが必要で、規制をかけることはかえって、環境破壊に繋がってしまいかねないということ。

エ　環境を保護するためには、ただ厳しい規制を課すのではなく、環境保護に関係する人びとへ規制の理念を尊重する意識を持たせることが必要であるということ。

オ　環境を保護するためには、道徳的な価値や権利を自然に見いだすことが最も重要なことで、厳しい規制や規制を尊重する意識は必要がないということ。

ない。実際、動物愛護の活動家のあいだで広く受け入れられている倫理学説は、動物が私たちとある程度同じ心理機能を持つということを根拠に動物は道徳的な内在的価値を持つと訴えることで、ある程度の成功を収めている。

しかしそれでも、動物の内在的価値に立脚した議論には、やはり私たちの多くが持つ自然観との乖離が見て取れる。たとえば、幼い子どもが無邪気な残酷さを発揮して、鋏でハツカネズミの細長い尻尾を切り落とそうとするのを見たら、私たちは「そんなことはやめなさい」と止めるだろう。では、子どもがトンボの細長い胴体を切断しようとしているとき、私たちは「トンボの神経組織は痛みや死の恐怖を感じるほど発達していたかな。発達していないなら止める必要はないのだが」などと逡巡するだろうか。ほとんどの人はしないはずだ。むやみやたらと植物を引きちぎろうとする子どもを、草木がかわいそうだからという理由で止めさせる大人も多いだろう。実際に心理機能が発達しているかどうかとは別に、私たちは生物への（ときには生物ではない生態系や人工物に対しても）配慮が必要だと感じるのである。これは、私たちの知識不足のためではないことは明らかだ。私たちは自然科学の知識にもとづく思考をしつつ、それとは矛盾するような、対象への配慮を含む思考を二重に行っているのである。

私たちと自然の関係を理解しようと思うならば、対象である自然の性質に目を向けるだけでなく、⑥二重思考に見てとれる曖昧で首尾一貫しない自然観を、できるだけ明晰なものへと再解釈する必要がある。そして、おそらく私たちはこの作業なしには、環境に対する適切な態度は何かということを十分に理解できないだろう。自然の内在的価値という概念の意義は、環境保護運動の理論武装や法廷闘争のための道具として以上に、私たちをこの再解釈へと向かわせ、その助けとなりうることにあるのかもしれない。

（尾関周二／環境思想・教育研究会編『「環境を守る」とはどういうことか――環境思想入門』
熊坂元大「環境問題を『道徳的に考えること』を考える――自然の内在的価値概念の意義と限界」による。）

問1 【 1 】【 2 】【 3 】に入る言葉として適当なものを次の中からそれぞれ選び、記号で答えなさい。

ア 逆説的　イ 自発的　ウ 悲観的　エ 抑圧的　オ 楽観的

問2 【 X 】に入る言葉を次の語群の中から六字選び、正しく組み合わせて答えなさい。なお、同じ字を複数回選んでもよい。

【語群】

一　十　百　目　首　手　足　上　挙　取　投

問3 傍線部①「環境保護をひとまず脇に置く」とありますが、この理由として最も適当なものを次の中から一つ選び、記号で答えなさい。

ア 環境問題につながる行為とその結果としての被害の関連が間接的なものとして見えるので、因果関係がわかりにくいから。
イ 環境問題よりも紙幣の方が価値があると誰もが考えており、現代社会においては多くの人から求められることが多いから。
ウ グローバル社会においては環境問題に対する意識には大きな差があり、同じ方向性で対策を進めることが不可能だから。
エ 自国の草木や動物が環境破壊によって傷ついても、他国の草木や動物が脅かされるまでは環境破壊について考える人が少ないから。
オ 民主的な社会では多様な意見があるため、環境保護に対しての意見が一致することが期待できず解決を諦めているから。

徳的問題を引き起こすものだということになる。環境思想では、人間以外の存在にも道徳的に配慮しなければならないという考え方を「非人間中心主義（non-anthropocentrism）」と呼ぶが、もし非人間中心主義を社会の基本方針に据えようとする試みが達成されれば、環境保護運動は極めて強固な土台が手に入ることになる。道具としての価値とは異なる価値であるはずの内在的価値が、④環境保護を有利に進めるための一種の道具になるというのは、ある意味で皮肉な話ではある。とはいえ、環境問題という現代社会が直面する大きな危機を乗り越えられるのであれば、そのようなことは大した問題ではないのかもしれない。だが、内在的価値とそれにもとづく非人間中心主義という考え方は、環境保護を考えるうえでどこまで有効かつ適切なのだろうか。

　内在的価値にもとづく非人間中心主義の考え方は、自然の道徳的価値や権利を主張することで、経済活動に伴う自然開発や汚染を規制し、環境保護の促進に役立つことが期待される。しかしながら、そこには二つの問題がある。一つは、⑤規制を論じるだけでは一面的に過ぎるということだ。確かに私たちの社会はさまざまな規制があり、それらなくしては秩序や治安を保つことはできない。だが自分自身が子ども時代や大人になってから経験してきた社会生活を思い返してみよう。学校の授業であれ町内会や企業などの活動であれ、集団の活動が一定の秩序をもって遂行されるのは、その集団に属する個人が一定程度、【　2　】に集団の規則やその規則のもとにある理念を尊重していたからではないだろうか。規則に書かれていること以外は一切好き勝手に、いわば脱法的に振る舞おうとしてばかりの個人が集まったところで、集団を維持することはできない。だからといって構成員の【　X　】まで縛ろうとすれば、規制は極度に【　3　】なものとなり、結果として多くの逸脱や反抗を招いて、やはり集団を維持できなくなってしまうだろう。

　環境保護のための規制についても同様のことがいえる。規制が機能するのは、規制の理念を尊重する集団の存在があってこそであり、すべてを厳格な規制で制御しようとすれば、自由な経済活動も民主主義も立ち行かなくなるだろう。なにより、人びとのあいだに、適切な規制やあるべき社会像を自ら発信する態度、あるいはそうした発信を行う個人や団体を支持するという態度なくして、社会を望ましい方向に変えていくことなどできるだろうか。自然の内在的価値にもとづくものに限らず、規制にばかり目を向け、市民の環境意識や道徳観の涵養《かんよう》に言及しない議論はこの点を見落としている。

　もう一つの問題は、自然に道徳的な内在的価値があるという着想自体にある。美しい山や川といった生態系、屋久杉のように太古より生育してきた植物には、確かに私たちの心に訴えかけるものがある。だが、これらの持つ価値がどのようなものか考えてみると、どうやら道徳的価値というよりは鑑賞の対象としての価値として説明したほうが、常識的な説得力があるように思われる。美しいものを保存しようという主張は決して無視されるべきものではないが、やはり道徳的価値に比べると規制の根拠としては弱い。

　その一方で、動物に道徳的配慮を求める議論は、かなりの説得力を持つ。菜食主義者でなくとも、血を流し鳴き声をあげて苦しむ動物に、配慮は一切不要だという人はいないだろう。科学的にも、（少なくとも一部の）動物は痛みや恐怖を感じることが判明している。そこで、せめて動物に内在的価値と権利を認めるのはどうだろうか。そうすれば、動物たちの生息地を守るという名目で、環境保護を強く推し進めることができるかもしれ

二　次の文章を読んで、後の問いに答えなさい。

環境保護の実現について思いをめぐらせると、私たちはすぐに一つの難点に行き当たる。社会制度や価値観は、誰かが変えようと思ったからといって、すぐに変えられるようなものではないという点だ。民主的な社会には常に多様な意見が存在しており、むしろ多様な意見があるほうが望ましいと考えられている。それが環境問題に関してだけは、社会の構成員全員が一致した意見を持つことを期待できると考えるほど、【　1　】な人はいないだろう。

見解が異なるとき、民主的な社会においては話し合いによって合意が形成されることが望ましい。とはいえ、望ましいことが当たり前に実現するわけではないのは世の常である。「国際社会で勝ち残るためには経済活動を停滞させるわけにはいかない」、「まずは人びとの生活水準を上げることが優先だ」など、①環境保護をひとまず脇に置くための口実には、一定の説得力がある。開発や汚染の当事者が、こうした主張を放棄しない場合に何か良い方策はあるだろうか。

極端な環境破壊は自身の生存をも脅かすので、環境保護自体が嫌だという人は、まずいない。しかし、数ある個人的・社会的目標のなかで、環境保護が優先されることは決して多くはない。環境に過度の負荷を与える行為がもたらす被害は、その行為者から地理的・時間的に遠く隔たって発生することが多いし、因果関係にも曖昧な点がある。つまり、行為とその結果としての被害の関連が直接的なものとして見えてこないのだ。だが、もし環境を破壊する行為を、より直接的な被害をもたらすものとして描き出すことができたらどうだろう。私たちはもっと環境に配慮するようになるだろうし、配慮のない行為を規制することも容易になるだろう。このように考えたとき、②自然の「内在的価値（intrinsic value）」という環境思想の文献に頻出する概念は、とても魅力的なものとなる。

「価値がある」という言い回しは、多くの場合、何か（主に私たちの都合や目的）のために有益であるということを意味している。金銭について考えてみるとわかりやすいだろう。コインや紙幣など、それ自体とりたてて有益とも思われないものに価値があるのは、私たちが必要なものや欲しいものを入手するための道具として役に立つからである。だが③価値のすべてが道具的なものではない。切手やキャラクターグッズのコレクターは、それが幾らで売れるか、何と交換できるかということばかり考えているのではない。むしろ彼らはコレクションの道具的価値以上に、収集・鑑賞の対象としての価値に重きを置いている。このように、何かほかのもののために役に立つということではなく、それ自体としての価値という意味を表すのが、内在的価値の概念である。コインや紙幣も、収集・鑑賞の対象として見た場合、内在的価値を有する。また私たちは人命や人権に高い価値を認めているが、これはその人に高額な生命保険がかけてあったり、権利を侵害すると多額の賠償金を請求されるから、いいかえれば人命や人権が多額の金銭と交換可能だからではない。金銭に置き換えるまでもなく、人命や人権には原則として尊い価値があるという道徳観は現代社会に広く浸透している。実は内在的価値という言葉は、単に収集・鑑賞の対象としての価値ではなく、このような道徳的な意味を込めて使われることが多いのである。

さて、環境保護に話を戻そう。もし自然に内在的価値が、それも道徳的な意味での内在的価値があるとしたらどうだろう。自然破壊によって引き起こされるさまざまな人的・社会的被害の発生を待つまでもなく、自然破壊それ自体が、動植物や生態系の権利侵害という人権侵害に近い深刻な道

問6　傍線部④「注意を向けるに値するような性質を具えた事柄はすべて、『やばい』と表現することが可能」とありますが、この特徴をふまえて「やばい」を別の言葉で表している部分を文中から六字で抜き出しなさい。

問7　傍線部⑤「一〇〇種類の表現の使い方を記憶し、使い方をたえず工夫すること」とありますが、これを別の言葉で表している部分を文中から十五字で抜き出し、最初と最後の五字をそれぞれ答えなさい。

問8　傍線部⑥「映画を観たあと、観たばかりの映画について熱く語った」とありますが、この理由として最も適当なものを次の中から一つ選び、記号で答えなさい。

ア　藝術作品を享受する際に得た感動は言葉によって適切に他人に説明することが必要で、他人と共有することを通して、より他人を理解するためのきっかけとなるから。

イ　藝術作品を享受する際に得た感動は言葉による説明をすればするほど経験として獲得され、適切な若者言葉で語ることによって、自己を理解するためのきっかけとなるから。

ウ　藝術作品を享受する際に得た感動は自己を深く理解するために必要で、適切な言葉で語ることによってのみ、他人と共有するきっかけとなるから。

エ　藝術作品を享受する際に得た感動は説明に多くの言葉が必要で、他人と共有されることで、感動の正体が明確化され、自己を理解するためのきっかけとなるから。

オ　藝術作品を享受する際に得た感動は若者言葉による説明が必要で、普遍的な評価を獲得することによって、自己をより深く理解するためのきっかけとなるから。

問9　傍線部⑦「彼女には、『面白い』と『つまらない』の区別すらできない」とありますが、この理由として最も適当なものを次の中から一つ選び、記号で答えなさい。

ア　彼女は映画に対して「面白い」とも「つまらない」とも言えないようなあいまいな感想を抱いているから。

イ　彼女は映画に対する感想を述べたいが、うまく言葉にすることができずにもどかしい感情を抱いているから。

ウ　彼女は映画の内容に関心がなかったため、「やばい」という単純な感想しか思い浮かばなかったから。

エ　彼女は映画の内容に驚嘆したため「面白い」と「つまらない」以外の全ての言葉を失っているから。

オ　彼女は「やばい」以外の表現を知らず、映画に対する自己の感動を解明するための感情の言語化ができないから。

はできないでしょう。⑦彼女には、「面白い」と「つまらない」の区別すらできないからです。

（清水真木『感情とは何か――プラトンからアーレントまで』による。）

問1 【 1 】【 2 】【 3 】に入る言葉として適当なものを次の中からそれぞれ選び、記号で答えなさい。

ア あるいは　イ しかし　ウ だから　エ たとえば　オ ところで

問2 傍線部①「『若者言葉』と呼ぶことのできる一群の表現」とありますが、この説明として最も適当なものを次の中から一つ選び、記号で答えなさい。

ア ある言葉の使用される範囲が若者以外にも広がり、日常的に世代を問わず幅広く使用されることもある。

イ 様々な世代の人々が日々の普通の会話で使っていた表現が若者のみに好まれて使われるようになった。

ウ 世代間で交替しない表現であるため、今の世代の若者が昔の世代の若者言葉の意味を聞いてもすぐにわかる。

エ 若者以外の世代も使いやすいため、明治生れの人は「かっこいい」という言葉を普通の会話で積極的に使っていた。

オ 若者だけで使われる表現であるため、若者同士ではない世代間の会話で言葉の意味が通じることはない。

問3 傍線部②「形容詞」とありますが、次の傍線部のうち品詞が形容詞であるものを次の中から全て選び、記号で答えなさい。

ア 厳しい暑さが続いているので、体調を崩さないようにしたい。

イ 健康のためにお菓子を食べ過ぎないようにしている。

ウ この二人はとても見た目が似ているので、見分けることが難しかろう。

エ テレビの音が聞こえないので、静かにしてください。

オ 私たちの教室は毎日掃除をしているので、ゴミや汚れがない。

問4 ★の段落の働きについての説明として最も適当なものを次の中から一つ選び、記号で答えなさい。

ア 前の段落で取り上げた若者言葉の具体例に対して、この段落では同じ観点から他の例を示すことで、自身の主張を補強している。

イ 前の段落で述べた日本の若者言葉の具体例に対して、この段落では海外の例を示すことで、文化による言語の差異を説明している。

ウ 前の段落で述べた若者言葉へ肯定的な感想に対して、この段落ではその具体例を示すことで、自身の考えの正しさを強調している。

エ 前の段落で述べた若者言葉への批判に対して、この段落ではその根拠を示すことで、自身の批判の正当性を主張している。

オ 前の段落の若者言葉の具体例に対して、この段落では別の観点の例を示すことで、自身の考えを異なる角度から検証している。

問5 傍線部③「若者言葉としての『やばい』を使うべきではないと考えています」とありますが、この理由を文中の言葉を使って六十字以上七十字以内の一文で説明しなさい。

「やばい」の使い方さえ身につければ何についても、適切な言葉の選択に頭を悩ませるつらい作業をすべて免れることができるからです。

とはいえ、一つひとつの事柄には、ユニックな性質があり、このような性質を受け止めるときに私たちの心に現れる気持の一つひとつにもまた、他に替えることのできない個性が認められねばなりません。日本語の豊かな語彙は、このような個性の差異を正確に表現する努力の中で、ながい年月をかけて形作られてきたものです。

「やばい」の一語を使えば、事柄の性質や自分の気持に適合する言い回しを工夫する面倒な作業を省略することが可能になります。しかし、たとえば、一〇〇種類の表現を「やばい」によって置き換えることが許されるようになるとき、生き残るのは「やばい」であり、一〇〇種類の表現の方は、死語になることを避けられません。⑤一〇〇種類の表現の使い方を記憶し、使い方をたえず工夫することは、脳に大きな負担を強いるからです。「やばい」という万能の代用品をただ一つ憶えている方がよほどラクであることは間違いないでしょう。

ただ、「やばい」が使われるかぎり、私たちの言語使用の能力がその分だけ損なわれることは確かです。「やばい」に慣れた者にとり、この言葉の使用をあえてみずからに禁じ、これを場面に応じて適切に言い換える作業は、途方もなくつらい作業になります。これは、滅多に使われることなく痩せ衰えた筋肉を無理やり動かす労苦に似たものとなるに違いありません。

「やばい」の問題は、言語使用の能力の問題にとどまるものではありません。一〇〇種類の表現を捨て「やばい」の一語を使うことは、一〇〇種類の表現が区別していた一〇〇種類の事柄を味わい分ける力を捨てることと同じだからです。「やばい」を無差別に連発するうちに、事柄を把握する枠組は大雑把になり、感情は粗雑になります。デイトレードで予想外に大儲けするのも、隣家が火事になるのも、街頭ですれ違ったばかりの女性が美しいのも、グーテンベルクの「四十二行聖書」が一〇円で売りに出ているのも、硬い煎餅を噛んで歯が欠けるのも、すべて「やばい」点では同じことになってしまいます。考える力、感じる力とは、言葉を正確に使い分ける力に他ならないのです。

⑥映画を観たあと、観たばかりの映画について熱く語った経験は誰にでもあるはずです。このようなとき、私たちは、語らずにはいられないという感じ、いくら語っても語り尽くすことのできないもどかしい感じにつき動かされています。

このような感じは、決して不自然ではありません。藝術作品を享受するときに惹き起こされる複雑な感動の正体を見きわめるには、何よりもまず、説明に多くの言葉を必要とするからであり、さらに、もどかしい感じとともに説明を重ねるうちに、感動の正体が少しずつ明らかになり、感情が経験として獲得されるからです。感情というのは、決して単純なものではないのです。

感動の正体は、映画を観て感動した私たち一人ひとりのあり方を示し、自己了解の手がかりとなるものです。それとともに、感動は、表現を与えられ、他人と共有されることにより、普遍的な意義を獲得します。感情は、私のあり方と世界のあり方を同時に指し示すものであり、この意味において、共有されることにより初めて意味を持つもの、本質的に公的なものなのです。この点については、ハンナ・アーレント(一九〇六〜一九七五年)の『カントの政治哲学講義』(一九八二年)との関連において、のちに少しだけ述べる予定です。

しかしながら、たとえば映画の評価について「やばい」の一語しか知らない者は、「やばい映画」と「やばくない映画」の二種類しか知りません。「やばい映画」については、これが面白いか、あるいは退屈であるかには関係なく、「やばい映画だからやばい」以上の説明を彼女に期待すること

二〇二三年度　日本工業大学駒場高等学校（一般①）

【国　語】（五〇分）〈満点：一〇〇点〉

注意　解答に字数制限がある場合は、句読点や記号を一字と数えます。

一　次の文章を読んで、後の問いに答えなさい。

世界のすべての言語は、①「若者言葉」と呼ぶことのできる一群の表現を持っています。若者言葉はいずれも、若者のあいだのカジュアルなコミュニケーションにおいてのみ用いられる隠語の一種であり、フォーマルな文章にこれが姿を現すことはありません。また、若者言葉には、流行語としての側面もあります。「若者」ではない人々なら、自分が若いころに使っていた言葉、【　1　】、同年代の人々が使っていた言葉を思い出すことにより、若者言葉に交替のあることはすぐにわかるはずです。

最初は若者言葉であったものが使用される範囲を広げ、普通の会話で用いられる表現として流通するようになる例があります。【　2　】「かっこいい」「かっこ悪い」は、戦後のある時期に若者言葉として姿を現したものの一つです。明治生れ、大正生れの人の中には、「かっこいい」「かっこ悪い」に抵抗を感じる人がいるかも知れません。私が小学生のころから少しずつ耳にするようになった「いまいち」「ダサい」もまた、若者言葉から普通の会話表現に格上げされたようです。

ところで、新しく姿を現した若者言葉に、「やばい」という②形容詞があります。この形容詞は、もともとは、何か都合の悪いもの、危険なものを指し示すために使われていました。【　3　】、若者言葉として使われる場合、これは、本来の否定的な意味を失い、「注意を向けるに値する」もの一般を表します。「やばい」は、若者言葉としてはすでにながく使われているものですから、やがて、「〈俗〉」「〈口〉」などの記号とともに国語辞典に登載され、普通の形容詞として流通するようになるかも知れません。

★「やばい」に似た言葉は、他の言語にも見出すことができます。たとえばドイツ語では、toll（トル）という形容詞がこれに当たります。英語の形容詞 nice（ナイス）と同じように、もともと「気が狂った」という意味を持つこの形容詞は、一九八〇年代に若者言葉となったとき、本来の否定的な意味合いを失い、単なる「すごい」ことを表すために使われるようになります。私は、大学に入学してドイツ語の勉強を始めてすぐ、ドイツ語の教科書で〝Das ist ja toll!〟（「そいつは本当にすごいね！」）という文に出会いました。ただ、私がそのころ使っていた古い辞書の toll の項目には、若者言葉としての用法がまだ記されておらず、この文の意味がわからなかったことを憶えています。

私は、③若者言葉としての「やばい」を使うべきではないと考えています。少なくとも、自分自身の言葉としてこれを使ったことはありません。というのも、「やばい」を使うことにより、感情の質がいちじるしく傷つけられ損なわれるように思われるからです。

「やばい」は、大変に便利な言葉です。④注意を向けるに値するような性質を具えた事柄はすべて、「やばい」と表現することが可能だからであり、

2023年度／日本工業大学駒場高等学校(一般①)

英語解答

1　1　エ　2　イ　3　ア　4　ウ
5　エ

2　1　has gone　2　at singing
3　How beautiful　4　to me
5　that, couldn't

3　1　have a glass of milk
2　Studying for ten hours is hard
3　That is the man I was talking about
4　You can choose either rice or bread for
5　how old she was at that time

4　A　1…ウ　2…イ　3…ア　4…エ
5…ウ　6…イ　7…イ　8…ウ
B　1…ア　2…ウ　3…エ　4…イ

5　(例) I like reading books on a tablet better. A tablet can hold a lot of books in it, so you don't need any space to keep them at home. Also, on tablets, you can read books that are difficult to find in bookshops.
(43語)

6　Q1　A…2　B…3　C…1　D…4
Q2　(例) Because he wants to celebrate Grandma's birthday.
Q3　(例) They will arrive there on Thursday.
Q4　4　Q5　1, 5

7　問1　ア…3　イ…2　ウ…5　エ…1
オ…4
問2　It's dangerous for a woman to travel with that much
問3　(例)中古の家具の中には彼女のものもあった。
問4　ア
問5　1…F　2…F　3…T
問6　invited

1 〔適語(句)選択〕

1．Twice「2回」と答えているので，‘回数’や‘頻度’を How often「どれくらい(の頻度で)〔何回〕」で尋ねる。many を使う場合は How many times「何回」となるのでアは不可。　「1週間にどれくらい図書館に行きますか？」―「2回です」

2．No, you don't have to.「いいえ，そうする必要はありません」という返答を導く疑問文は，Must I ～?「～しなければいけませんか」。　「明日の朝は，早起きしなくてはいけませんか？」―「いいえ，その必要はありません」

3．前半の If I were you から仮定法過去の文とわかる。仮定法過去は‘If＋主語＋動詞の過去形～, 主語＋助動詞の過去形＋動詞の原形…’の形で「もし～なら…だろう」という‘現在の事実と反対の仮定’を表す。なお，条件節に be動詞を使う場合は主語の人称に関係なく，通例 were が使われる。　「もし私があなたなら，そのEメールを開かないだろう」

4．last night「昨夜」があるので，過去の文。　「昨夜，空に鳥はいなかった」

5．肯定文の付加疑問(「～ですよね」と，念を押したり，確認を求めたりする言い方)は‘否定の短縮形＋主語を受ける代名詞＋?’。本文は主語が You で，一般動詞の過去形の文なので，付加疑問は didn't you? となる。　「昨日あなたはトムに会いましたよね」

2 〔書き換え―適語補充〕

1．「ジョーンズさんはイタリアに行った。今はここにいない」→「ジョーンズさんはイタリアに行ってしまった」　have/has gone to ～「～に行ってしまった(今はここにいない)」(現在完了の‘完了・結果’用法)

2．「あなたのお姉〔妹〕さんは上手に歌う」→「あなたのお姉〔妹〕さんは歌うのが上手だ」　be good at ～ing「～するのが上手だ」

3．「彼女はなんて美しい女の子なんだろう」→「その女の子はなんて美しいのだろう」　感嘆文には，‘What (a/an)＋形容詞＋名詞＋主語＋動詞…!’と‘How＋形容詞〔副詞〕＋主語＋動詞…!’の2つの形がある。

4．「私のおじは私にすてきなシャツを送ってくれた」　‘send＋人＋物’「〈人〉に〈物〉を送る」を‘send＋物＋to＋人’に書き換える。このように，この形で前置詞に to を使う動詞には，give, show, lend, tell などがある。

5．「彼は眠すぎて勉強できなかった」→「彼はとても眠かったので勉強できなかった」　‘too ～ to …’「…するには～すぎる，～すぎて…できない」から‘so ～ that …’「とても～なので…」への書き換えである。

3 〔整序結合〕

1．「～を1杯」は a glass of ～「1杯の～」で表せる。

2．「10時間勉強する(こと)」が文の主語。これは studying を動名詞(～ing)として使って Studying for ten hours と表せる。

3．「あれは男性です」→That is the man が文の骨組み。「私が昨日話していた男性」は，the man I was talking about yesterday。これは the man の後に目的格の関係代名詞が省略された‘名詞＋主語＋動詞…’の形。

4．You can choose で始め，「ごはんかパンのどちらか」は‘either *A* or *B*’「*A* か *B* のどちらか」の形で either rice or bread とまとめる。「朝食に」は for breakfast。

5．know の後に，「当時彼女が何歳だったのか」を‘疑問詞＋主語＋動詞…’の語順の間接疑問で表す。‘疑問詞’は how old。

4 〔対話文完成―適文選択〕

A．1．A：どこに行くの？／B：家族とビーチに行くの。／A：楽しんできてね。//家族で出かけるという相手にかける言葉である。　Have fun.「楽しんで」

2．A：ねえ，トロント水族館について教えてくれる？　来週そこに行くんだ。／B：えっ，そうなの？　いいところだよ。それに，そこではアニメキャラクターも見ることができるんだ。／A：へえ！　会ってみたいな。//Aの最後の発言にある them が何を指すのか考える。該当するのは，イの some anime characters。

3．A：ようこそ，コマバ劇場へ。お手伝いしましょうか？／B：アクション映画を見たいのです。おすすめは何ですか？／A：こちらはどうですか？　わくわくするアクション映画ですよ！//空所の直後の It's an exciting action movie! が，すすめる映画の説明になっている。　How about ～?「～はどうですか」

4．A：もしもし，ボブといいます。エアコンが故障しました。／B：かしこまりました。まず，顧客データベースを確認します。電話番号を教えていただけますか？／A：012-3456-7890です。∥この後Aは電話番号を伝えている。May I ～?「～してもいいですか」は‘許可’を求める表現。

5．A：私のアイデアはどうでしたか？　うまくいきましたか？／B：はい，とても役立ちました。本当にありがとうございました。／A：どういたしまして。∥お礼に対する返答になるのはAnytime.「いつでもどうぞ〔どういたしまして〕」。

6．A：この部屋はとても暑いですね！／B：窓を開けましょうか？／A：はい，お願いします。∥Shall I ～? は「～しましょうか」と何かを申し出るときの表現。

7．A：旅行はどこに行きたい？／B：ロサンゼルスに行かない？　そこにすごく行ってみたいの。／A：わかった！　チケットを買おう！∥Why don't we ～? は「～しませんか」と提案する表現。

8．A：ジョン，サッカー部のキャプテンには誰が選ばれたの？／B：マイクだよ。でも，彼は新しいポジションに不安を感じてるんだ。／A：マイクは全力を尽くすと僕は思うな。彼は長い間サッカーをしてるからね。∥直前のButに注目し，マイクがキャプテンに選ばれたという内容と‘逆接’の関係になるものを選ぶ。

B≪全訳≫❶A：こんにちは。1何してるの？❷B：こんにちは。スピーチで話す歴史上の偉人を誰にするか決めているんだ。❸A：2それは先週の金曜日に先生から出された宿題だよね？　偉人についてのスピーチって？❹B：そうだよ，でも先生が宿題を出したのは先週の水曜日だったと思うけど。3君の宿題は終わった？❺A：まだだよ。でも，母についてスピーチをしようと思ってるんだ。❻B：それはいいね。君のお母さんは小児科医として働いているよね。❼A：お母さんは新型コロナが発生してからずっと忙しくてね。僕は母と母の仕事を本当に尊敬してるんだ。❽B：そうだね，君のお母さんはすごいね。今スピーチで話すぴったりの人を決めたよ。君のお母さんの話から，いいアイデアが浮かんだんだ。❾A：よかったね。4どんなアイデアが浮かんだんだい？❿B：マザー・テレサについてスピーチをするよ。彼女も困っている人たちの面倒をみた人だったからね。⓫A：わあ！それを聞いてわくわくするよ。

＜解説＞1．直後でBは，今していることを答えている。　2．この後のBの発言にあるheが，ウのour teacherを受けている。　3．直後のNot yet.「まだ～していない」という返答を導く質問が入る。　4．直後で，スピーチのアイデアを答えている。

5〔テーマ作文〕

問いは「タブレットで読書をするのと，紙の本で読書をするのでは，どちらが好きですか」。どちらが好きかを述べた後で，なぜ好きなのかについて書く。自分が書きやすい方を選んで書けばよい。

(別解例) I like reading books on paper. There are two reasons. First, I love the smell and the sound of papers when I turn the pages. Second, reading books on a tablet is bad for our eyes.(36語)

6〔長文読解総合(英問英答形式)―対話文〕

≪全訳≫❶アメリカに住んでいるスミス一家は，夏の日本への旅行について話をしている。❷父(D)：お母さんとお父さんは2週間休暇を取った。この夏，日本を訪れてアキコおばあちゃんの誕生日を祝おう。みんなの予定はどうだい？❸アレックス(A)：その最初の2日間は，バスケットボールの練習をするつもりなんだ。日本へ出発するのを12日にできる？[4]ジェーン(J)：ごめん，アレックス。私は7日から11日まで友達とカナダに滞在するの。ひと休みして，日本への旅行の準備をしたいわ。13日の飛行機で行こうよ。[5]D：問題ないよ。メアリー，お前はどうだい？　研究で忙しいよね？[6]メアリー(M)：うん。10日まで研究プロジェクトで大学に行かなくてはいけないの。でも，11日から21日までは空いてるわ。[7]母(Mo)：よかった。メアリー，12日に買い物に行きましょう。日本に行く前にプレゼントを買いたいの。[8]M：もちろん。おばあちゃんに何が欲しいかきいてみるね。[9]D：みんな，ありがとう。携帯でフライトスケジュールを確認してみよう。よし，航空券は買えそうだ。日本には14日に到着できる。この便を予約していいかな？[10]全員(E)：ありがとう，お父さん。[11]D：どういたしまして。次に，お祝いの計画を立てよう。何かアイデアはあるかい？[12]J：おばあちゃんはジェットコースターに興味を持ったらしいの。おばあちゃんを遊園地に連れていくのはどう？　日本の有名な遊園地を知ってる？[13]A：富士山の近くにある遊園地を知ってるよ。「富士急ハイランド」っていうんだ。その遊園地には乗り物がたくさんあるんだよ。一日で全部は楽しめないけどね！[14]J：ちょっと待って。おじいちゃんはそういうのがあまり好きじゃないわ。一緒に来てくれるかな？[15]A：おばあちゃんの誕生日だよ。おじいちゃんは来ないと。[16]M：私もそう思う。富士山周辺で，登山や観光，それに日本食も楽しめる。全部すばらしいわ！[17]Mo：子どもの頃，おばあちゃんと行ったうなぎ屋さんがあるの。うなぎを食べて，おばあちゃんと私はとてもうれしかったわ。おばあちゃんはうなぎが好きなのよ。富士山周辺に滞在するのはとてもいいアイデアだわ。[18]D：完璧だね！　ウェブサイトでは，16日から20日までたくさんのホテルが空いてるよ。富士山に向かうのは16日にしようか？[19]E：うん！[20]D：よし，じゃあ，日本での初日は，アキコおばあちゃんの家に行くだけ。空いた時間をそこで過ごすのもいいと思う。[21]A：僕はおじいちゃんの仕事場を見てみたいな。そこには機械がたくさんあるんだよ！[22]J：私はおばあちゃんと一緒に歩きたいわ。商店街での買い物が楽しそう！[23]M：私はのんびりするだけでいいわ。[24]D：わかった。最初の2日間は東京に滞在しよう。それから，次の5日間は富士山周辺に滞在し，アトラクションやハイキング，日本食を満喫する。富士山周辺に滞在した後，最後の3日間は東京に戻って観光をしよう。

Q1＜適文選択＞「予定表のA，B，C，Dに入る正しい文を選べ」　**A**．第3段落参照。予定表の最初の2日間(8月10日と11日)，「アレックスはバスケットボールをする」。　**B**．第7，8段落参照。ここで，「お母さんとメアリーは，おばあちゃんへのプレゼントを買うために買い物に行く」約束をしている。　**C**．第9段落より，日本に着くのは14日。また，第20〜24段落より，日本での最初の2日間，「メアリーはおばあちゃんの家でのんびりする」ことがわかる。　**D**．第11〜15段落より，おばあちゃんの誕生日である8月15日に「スミス一家は遊園地を楽しむ」ことがわかる。

Q2＜要旨把握＞「なぜお父さんは日本に行く予定なのか」―「彼はおばあちゃんの誕生日を祝いたいから」　第2段落第2文参照。Why できかれているので，Because で始める。Dad は代名詞 he に変え，want to 〜「〜したい」などを使って答える。

Q3＜要旨把握＞「彼らが日本に到着するのは何曜日か」―「彼らは木曜日にそこに到着する」　第9，10段落参照。父が8月14日到着の便でいいか尋ね，全員が同意している。曜日は予定表でわかる。in Japan は there に変えるとよい。

Q4＜要旨把握＞「おじいちゃんの仕事はどれか」―4．「技術者」　第21段落参照。おじいちゃんの仕事場にはたくさんの機械があるというアレックスの発言から判断する。

Q５＜内容真偽＞「この会話に関して正しくないものはどれか。２つ選べ」　１．「今回の旅行は，お父さんが１人で全ての計画を立てた」…×　家族全員で計画を立てている。　２．「ジェーンは８月に２か国を訪問する」…○　第４段落参照。カナダと日本を訪問する。　３．「おじいちゃんはジェットコースターが好きではない」…○　第14段落に一致する。ここにある them は rides「乗り物」を受けている。　４．「おばあちゃんはうなぎが好きで以前に食べたことがある」…○　第17段落に一致する。　５．「メアリーは両親がアメリカに帰った後，家に帰る」…×　予定表参照。メアリーは先にアメリカに帰る。

７〔**長文読解総合―ノンフィクション**〕

≪全訳≫❶シャロン・クラークは，ジョバンニ・ビグリオットに会った日を決して忘れないだろう。彼女は大型フリーマーケットの店長としてインディアナ州で働いていた。ある日の早朝，彼が彼女の事務所に入ってきた。「フリーマーケットのスペースを借りたいんですが」と彼は言った。「ア売り物の中古品がたくさんあるんです。スペースはありますか？」❷「はい，ありますよ」と彼女は答えた。❸フリーマーケット当日の終わりに，店じまいをすると，ジョバンニはシャロンを食事に誘った。彼女は43歳で，離婚歴があり，少し寂しかった。彼女はその誘いを受けた。❹それから４か月間，シャロンはジョバンニと頻繁に会った。彼はハンサムな男ではなく，背が低く太っていて，大きな鼻をしていた。しかし，彼は知的で礼儀正しく，親切だった。イ彼女は彼と恋に落ちた。「僕と結婚してください」とジョバンニは言った。❺シャロンはよく考えた。彼女の頭はこう言った。「だめだ。あなたは彼のことを十分に知らないわ」　しかし，彼女の心はこう言った。「結婚しなさい。かけてみなさい」　シャロンは心の声に耳を傾け，ジョバンニと結婚した。❻結婚後，ジョバンニはカナダに移住したいと言った。「僕はあそこに美しい家を持っているんだ」と彼は言った。「家を売って，カナダに引っ越そう」　シャロンは家を売り，５万5000ドルを手にした。彼女は自分の家具をカナダに持っていきたかったので，彼女とジョバンニはトラックを借りた。「僕がトラックを運転すれば，君は自動車を運転できる」と彼は言った。「５万5000ドルは僕に渡してくれるかい。女性一人がそんな大金を持って移動するのは危険だからね」❼「そのとおりね」　シャロンは納得し，ジョバンニに５万5000ドルを渡した。❽インディアナ州からカナダに向かう途中，ジョバンニはシャロンに仕事でオハイオ州に立ち寄らなければならないと伝えた。「先に行ってて」と彼は彼女に言った。２人はカナダのホテルで会うことにした。❾ウジョバンニはホテルに到着しなかった。最初，シャロンは心配した。「もしかしたら事故にでも遭ったのかもしれないわ」と彼女は思った。彼女はオハイオ州の警察に電話をした。「いいえ」と警察は言った。「ジョバンニ・ビグリオットはここで事故に遭っておりません」　そうすると，ジョバンニはどこにいるのだろうか？　彼はいなくなり，彼女の家具もお金もなくなってしまった。❿シャロンは怒っていた。彼女はお金と家具を取り戻したかった。彼女はジョバンニを見つけたかった。「私はフリーマーケットで彼に会ったんだわ」と彼女は思った。「エひょっとしたら彼はどこかのフリーマーケットにいるかもしれない」⓫何か月もの間，シャロンはアメリカ中のフリーマーケットに行った。フロリダ州のフリーマーケットで，彼女はジョバンニを見つけた。彼は中古の家具を売っていた。その中には彼女のものもあった。シャロンは警察を呼んだ。⓬警察がジョバンニを逮捕すると，シャロンの話は新聞やテレビで紹介された。ニュージャージー州のある女性が警察に電話をした。「ジョバンニは私の夫でもあるのよ！」とその女性は言った。すると，また別の女性が警察に電話をし，次々と女性が電話をした。「ジョバンニは私の夫なの！」とその女性は言った。女性たちは全員似たような話をした。つまり，A彼女たちは家を売り，彼が家具とお金を持っていったと。全部で105人の女性がジョバンニと結婚していた。⓭裁判官はジョバンニに懲役34年の判決を下した。「刑務所に長くいなさい」と裁判官はジョバンニに伝えた。「オ私は106人目の妻が出ないことを確かめたいと思います」

問１＜適文選択＞ア．フリーマーケットでスペースを借りに来たジョバンニの言葉である。　イ．直前でジョバンニの長所が列挙されている。シャロンはジョバンニに恋したのである。　ウ．この後の内容から，ジョバンニは約束したホテルに来なかったことがわかる。　エ．自分の家具とお金を取り戻すため，ジョバンニの居場所を突き止めようとしたシャロンは，フリーマーケットで彼と出会ったことを思い出した。この流れに続く文を選ぶ。　オ．105人もの女性たちをだましたジョバンニに判決を言い渡した裁判官の言葉である。

問２＜整序結合＞'It is ～ for … to —'「…が〔…にとって〕—することは～だ」の形式主語構文をつくる。It's dangerous for a woman to travel とした後，「そんな大金を持って」を with that much money とまとめる。

問３＜英文和訳＞it が指すのは直前にある used furniture「中古の家具」。furniture「家具」は単数扱いなので it で受けている。some of ～は「～のいくつか」。hers は her furniture「彼女の家具」ということ。

問４＜適文選択＞被害に遭った女性たちが証言した内容となる部分。ジョバンニと結婚した女性たちは家を売り，それで手にした金と残った家具をジョバンニに持ち逃げされていた。

問５＜内容真偽＞１．「シャロンはジョバンニのことをよく知っていると思ったので，彼女は彼と結婚した」…×　第５段落参照。彼女は彼のことをよく知らなかったので，結婚について何度も考えた。　think ～ over〔think over ～〕「～を熟考する」　２．「シャロンは家を売り，トラックを購入した」…×　第６段落参照。トラックは借りた。　３．「ジョバンニのことを信じた女性がたくさんいた」…○　第12段落の内容に一致する。105人もの女性が詐欺被害を受けた。

問６＜単語の定義＞「誰かをパーティーや結婚式，食事などに来るように頼むこと」— invite「～を招待する」(第３段落第１文)　設問指示文に「抜き出しなさい」とあるので invited とすることに注意。　'ask＋人＋to ～'「〈人〉に～するように頼む」

2023年度／日本工業大学駒場高等学校(一般①)

数学解答

1 (1) 15　(2) $\dfrac{3x+4}{4}$　(3) $2x$

(4) $\dfrac{5}{3}$

2 (1) $x=7$　(2) $x=1\pm\sqrt{2}$

(3) $x=-3,\ 1$

(4) $x=\dfrac{1}{5},\ y=-\dfrac{1}{3}$

3 (1) 256　(2) 6

4 (1) 3　(2) 2525

5 (1) $y=-x+3$　(2) $\dfrac{3}{2}$

(3) $\left(\dfrac{3}{2},\ \dfrac{3}{2}\right)$

6 (1) ア…90　イ…ACD

ウ…２組の辺とその間の角がそれぞれ等しい

(2) $\sqrt{34}$ cm　(3) $\dfrac{34}{5}$ cm

7 (1) $3\sqrt{3}$ cm　(2) $\dfrac{15\sqrt{3}}{4}$ cm²

1 〔独立小問集合題〕

(1)＜数の計算＞与式$=\dfrac{9}{16}\times\left(-\dfrac{10}{9}\right)+\dfrac{125}{8}=-\dfrac{5}{8}+\dfrac{125}{8}=\dfrac{120}{8}=15$

(2)＜式の計算＞与式$=\dfrac{4(7x-4)+5(5-2x)-(3x-11)}{20}=\dfrac{28x-16+25-10x-3x+11}{20}=\dfrac{15x+20}{20}=\dfrac{3x+4}{4}$

(3)＜式の計算＞与式$=-\dfrac{15}{8}x^2y^3\div\dfrac{9}{4}x^2y^4\times\left(-\dfrac{12}{5}xy\right)=-\dfrac{15x^2y^3}{8}\times\dfrac{4}{9x^2y^4}\times\left(-\dfrac{12xy}{5}\right)=\dfrac{15x^2y^3\times4\times12xy}{8\times9x^2y^4\times5}=2x$

(4)＜式の計算＞$5x-4y=4x+3y$ より，$x=7y$ だから，$\dfrac{(2x+y)(x-3y)}{x^2-xy-6y^2}=\dfrac{(2\times7y+y)(7y-3y)}{(7y)^2-7y\times y-6y^2}=\dfrac{(14y+y)\times4y}{49y^2-7y^2-6y^2}=\dfrac{15y\times4y}{36y^2}=\dfrac{5}{3}$ となる。

2 〔独立小問集合題〕

(1)＜一次方程式＞両辺を10倍して，$5-3x=2x-30$，$-3x-2x=-30-5$，$-5x=-35$　$\therefore x=7$

(2)＜二次方程式＞解の公式より，$x=\dfrac{-(-2)\pm\sqrt{(-2)^2-4\times1\times(-1)}}{2\times1}=\dfrac{2\pm\sqrt{8}}{2}=\dfrac{2\pm2\sqrt{2}}{2}=1\pm\sqrt{2}$ である。

(3)＜二次方程式＞$9x^2-12x+4+30x-20-11=0$，$9x^2+18x-27=0$，$x^2+2x-3=0$，$(x+3)(x-1)=0$　$\therefore x=-3,\ 1$

(4)＜連立方程式＞$\dfrac{2}{x}+\dfrac{3}{y}=1$……①，$\dfrac{2}{x}-\dfrac{3}{y}=19$……②とする。$\dfrac{2}{x}=X$，$\dfrac{3}{y}=Y$ とおくと，①より，$X+Y=1$……③となり，②より，$X-Y=19$……④となる。③＋④より，$X+X=1+19$，$2X=20$　$\therefore X=10$　これを③に代入して，$10+Y=1$　$\therefore Y=-9$　よって，$X=10$ より，$\dfrac{2}{x}=10$，$\dfrac{1}{x}=5$，$x=\dfrac{1}{5}$ となり，$Y=-9$ より，$\dfrac{3}{y}=-9$，$\dfrac{1}{y}=-3$，$y=-\dfrac{1}{3}$ となる。

3 〔数と式―数の性質〕

(1)＜数の計算＞$2^8=2\times2\times2\times2\times2\times2\times2\times2=256$

(2)＜一の位の数＞$2^{40}=(2^8)^5=256^5=256\times256\times256\times256\times256$ である。この一の位の数は，256の一の位の数６を５回かけた数の一の位の数と等しいので，$6\times6\times6\times6\times6$ の一の位の数となる。$6\times6=$

36，$6\times6\times6=36\times6=216$ より，6は何回かけても常に一の位の数は6である。よって，$256\times256\times256\times256\times256$ の一の位の数も6であり，2^{40}の一の位の数は6となる。

4〔関数―座標平面上の図形〕

(1)<**面積**>$A_1(1,\ 1)$，$A_2(2,\ 2)$，$A_3(3,\ 3)$ より，$OB_1=A_1B_1=1$，$OB_2=A_2B_2=2$，$OB_3=A_3B_3=3$ である。$S_1=\triangle OA_1B_1=\frac{1}{2}\times OB_1\times A_1B_1=\frac{1}{2}\times1\times1=\frac{1}{2}$ であり，$\triangle OA_2B_2=\frac{1}{2}\times OB_2\times A_2B_2=\frac{1}{2}\times2\times2=2$ より，$S_2=\triangle OA_2B_2-S_1=2-\frac{1}{2}=\frac{3}{2}$ となる。$\triangle OA_3B_3=\frac{1}{2}\times OB_3\times A_3B_3=\frac{1}{2}\times3\times3=\frac{9}{2}$ より，$S_3=\triangle OA_3B_3-S_2=\frac{9}{2}-\frac{3}{2}=3$ となる。

(2)<**面積**>(1)より，$S_1=\frac{1}{2}$，$S_2=\frac{3}{2}$，$S_3=3$ である。$\triangle OA_4B_4=\frac{1}{2}\times4\times4=8$ より，$S_4=\triangle OA_4B_4-S_3=8-3=5$ となる。$S_1=\frac{1}{2}$，$S_2=\frac{3}{2}=\frac{1+2}{2}$，$S_3=3=\frac{6}{2}=\frac{1+2+3}{2}$，$S_4=5=\frac{10}{2}=\frac{1+2+3+4}{2}$ と表せるから，$S_{100}=\frac{1+2+3+\cdots\cdots+98+99+100}{2}$ となる。ここで，$1+2+3+\cdots\cdots+98+99+100$ と，項の順番を逆にした $100+99+98+\cdots\cdots+3+2+1$ を考え，同じ順番にある項どうしをたすと，$1+100=101$，$2+99=101$，$3+98=101$，……より，101が100個現れる。よって，この2つの式の和は $101\times100=10100$ だから，$1+2+3+\cdots\cdots+98+99+100=10100\div2=5050$ となり，$S_{100}=\frac{5050}{2}=2525$ である。

5〔関数―一次関数と反比例のグラフ〕

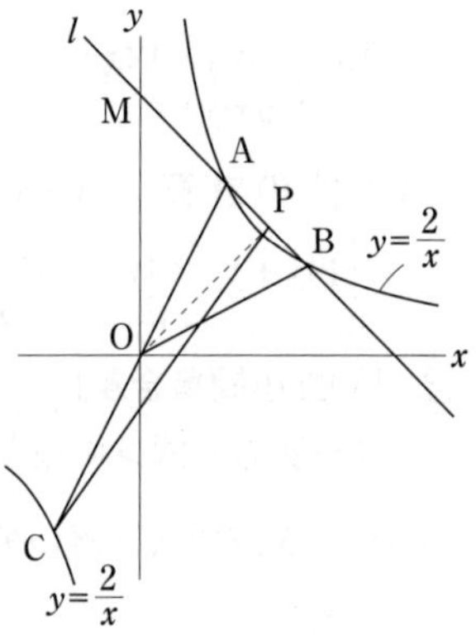

(1)<**直線の式**>右図で，2点A，Bは関数 $y=\frac{2}{x}$ のグラフ上にあり，x 座標がそれぞれ1，2だから，$y=\frac{2}{1}=2$，$y=\frac{2}{2}=1$ より，A(1，2)，B(2，1)である。直線 l は2点A，Bを通るので，傾きは $\frac{1-2}{2-1}=-1$ となり，その式は $y=-x+b$ とおける。点Aを通ることより，$2=-1+b$，$b=3$ となり，直線 l の式は $y=-x+3$ である。

(2)<**面積**>右図で，直線 l と y 軸の交点をMとすると，△AOB＝△BOM－△AOM で求められる。(1)より，直線 l の切片は3だから，M(0，3)であり，OM＝3となる。△BOM，△AOM の底辺を OM とすると，2点B，Aの x 座標より，△BOM の高さは2，△AOM の高さは1となる。よって，$\triangle AOB=\frac{1}{2}\times3\times2-\frac{1}{2}\times3\times1=\frac{3}{2}$ である。

(3)<**座標**>右上図で，点Cは，関数 $y=\frac{2}{x}$ のグラフ上にあり，x 座標が－1だから，$y=\frac{2}{-1}=-2$ となり，C(－1，－2)である。A(1，2)より，2点A，Cは原点Oについて対称な点となるから，3点A，O，Cは同一直線上にあり，AO＝CO である。これより，2点O，Pを結ぶと，△AOP＝△COP となり，(2)より，$\triangle ACP=\triangle AOB=\frac{3}{2}$ だから，$\triangle AOP=\triangle COP=\frac{1}{2}\triangle ACP=\frac{1}{2}\times\frac{3}{2}=\frac{3}{4}$ である。$\triangle BOP=\triangle AOB-\triangle AOP=\frac{3}{2}-\frac{3}{4}=\frac{3}{4}$ より，△AOP＝△BOP となるから，AP＝BP である。よって，点Pは線分 AB の中点である。A(1，2)，B(2，1)だから，点Pの x 座標は $\frac{1+2}{2}$

$=\frac{3}{2}$，y座標は$\frac{2+1}{2}=\frac{3}{2}$となり，$P\left(\frac{3}{2},\ \frac{3}{2}\right)$である。

6〔平面図形—直角二等辺三角形〕

(1)＜**証明**＞右図で，△ABCと△DCEは直角二等辺三角形だから，∠ACB＝∠DCE＝90°である。よって，∠BCD＝∠ACB＋∠ACD＝90°＋∠ACD，∠ACE＝∠DCE＋∠ACD＝90°＋∠ACDとなるから，③は∠BCD＝90°＋∠ACD，④は∠ACE＝90°＋∠ACDである。△CDBと△CEAにおいて，①のCB＝CA，②のCD＝CE，⑤の∠BCD＝∠ACEより，2組の辺とその間の角がそれぞれ等しいから，△CDB≡△CEAである。

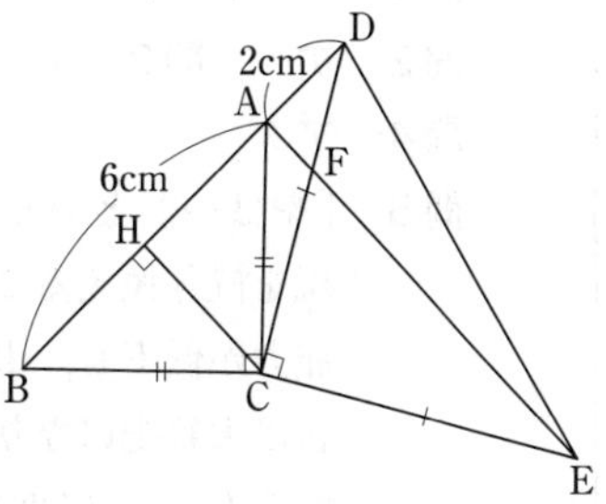

(2)＜**長さ—三平方の定理**＞右上図で，点CからABに垂線CHを引く。△ABCが直角二等辺三角形より，点Hは辺ABの中点であり，△ACHも直角二等辺三角形となるから，$CH=AH=BH=\frac{1}{2}AB=\frac{1}{2}\times6=3$となる。これより，$HD=AH+AD=3+2=5$となるので，△CDHで三平方の定理より，$DC=\sqrt{CH^2+HD^2}=\sqrt{3^2+5^2}=\sqrt{34}$(cm)となる。

(3)＜**長さ**＞右上図で，(1)より，△CDB≡△CEAだから，$AE=BD=AB+AD=6+2=8$，∠CAE＝∠CBD＝45°である。∠BAC＝45°だから，∠BAE＝∠CAE＋∠BAC＝45°＋45°＝90°となる。これより，∠DAF＝90°となるから，∠DAF＝∠DHC，∠ADF＝∠HDCより，△FDA∽△CDHである。よって，FA：CH＝AD：HD＝2：5となるから，$FA=\frac{2}{5}CH=\frac{2}{5}\times3=\frac{6}{5}$となり，$EF=AE-FA=8-\frac{6}{5}=\frac{34}{5}$(cm)となる。

7〔平面図形—円〕

(1)＜**長さ—特別な直角三角形**＞右図で，点Bと点Dを結ぶ。線分ABは円Oの直径だから，∠ADB＝90°である。また，$\overset{\frown}{AC}=\overset{\frown}{CD}=\overset{\frown}{BD}$より，$\overset{\frown}{BD}=\frac{1}{3}\overset{\frown}{AB}$だから，$\angle BOD=\frac{1}{3}\times180^\circ=60^\circ$である。$\overset{\frown}{BD}$に対する円周角と中心角の関係より，$\angle BAD=\frac{1}{2}\angle BOD=\frac{1}{2}\times60^\circ=30^\circ$である。よって，△ABDは3辺の比が$1:2:\sqrt{3}$の直角三角形になるから，$AD=\frac{\sqrt{3}}{2}AB=\frac{\sqrt{3}}{2}\times6=3\sqrt{3}$(cm)である。

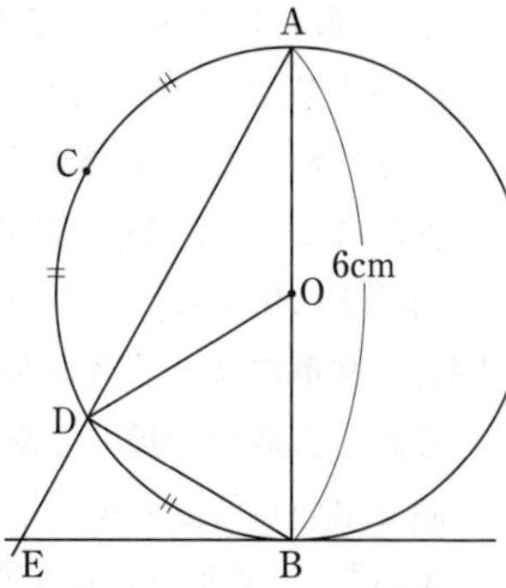

(2)＜**面積**＞右図で，〔四角形DEBO〕＝△ABE－△AODで求められる。EBは点Bを接点とする円Oの接線だから，AB⊥BEである。∠BAD＝30°より，△ABEは3辺の比が$1:2:\sqrt{3}$の直角三角形だから，$BE=\frac{1}{\sqrt{3}}AB=\frac{1}{\sqrt{3}}\times6=2\sqrt{3}$となり，$\triangle ABE=\frac{1}{2}\times BE\times AB=\frac{1}{2}\times2\sqrt{3}\times6=6\sqrt{3}$である。次に，△ABDの3辺の比が$1:2:\sqrt{3}$より，$BD=\frac{1}{2}AB=\frac{1}{2}\times6=3$だから，$\triangle ABD=\frac{1}{2}\times AD\times BD=\frac{1}{2}\times3\sqrt{3}\times3=\frac{9\sqrt{3}}{2}$である。△AODと△BODは底辺をOA，OBと見ると，OA＝OBであり，高さは等しいから，$\triangle AOD=\triangle BOD=\frac{1}{2}\triangle ABD=\frac{1}{2}\times\frac{9\sqrt{3}}{2}=\frac{9\sqrt{3}}{4}$である。よって，$〔四角形DEBO〕=6\sqrt{3}-\frac{9\sqrt{3}}{4}=\frac{15\sqrt{3}}{4}$($cm^2$)である。

国語解答

一 問1　1…ア　2…エ　3…イ

問2　ア　　問3　ア，ウ，オ

問4　ア

問5　「やばい」という言葉で多くの表現を置き換えることで言語使用の能力が低下し，事柄を把握する枠組は大雑把になり，感情は粗雑になるから。(65字)〔～大雑把になり，考える力と感じる力が衰えるから。(70字)〕

問6　万能の代用品

問7　個性の差異～現する努力

問8　エ　　問9　オ

二 問1　1…オ　2…イ　3…エ

問2　一挙手一投足　　問3　ア

問4　人々に自然破壊が道徳的問題を引き起こすものとして認識させ，非人間中心主義を基盤とする環境保護運動を強固にすること。(57字)

問5　オ

問6　環境保護運～ための道具

問7　エ　　問8　ア　　問9　エ

三 ①　虚勢　　②　隆盛　　③　擦

④　培　　⑤　煮沸　　⑥　ほげい

⑦　ちょうぼ　　⑧　つくろ

⑨　おこた　　⑩　すんか

四 ①　中　　②　暗　　③　心　　④　一

⑤　会

五 問1　イ　　問2　エ　　問3　オ

問4　オ　　問5　オ

一〔論説文の読解―芸術・文学・言語学的分野―言語〕出典；清水真木『感情とは何か―プラトンからアーレントまで』。

問1＜接続語＞1．「若者」ではない人は，「自分が若いころに使っていた言葉」，または，「同年代の人々が使っていた言葉」を思い出すことで，若者言葉に交替のあることがわかるはずである。　2．「最初は若者言葉であったものが使用される範囲を広げ，普通の会話で用いられる表現として流通するようになる例」として，「かっこいい」「かっこ悪い」などが挙げられている。　3．「『やばい』という形容詞」は，「もともとは，何か都合の悪いもの，危険なものを指し示すために使われて」いたが，「若者言葉として使われる場合，これは，本来の否定的な意味を失い，『注意を向けるに値する』もの一般」を表す。

問2＜文章内容＞若者言葉は，「若者のあいだのカジュアルなコミュニケーションにおいてのみ用いられる隠語の一種」であるが，「最初は若者言葉であったものが使用される範囲を広げ，普通の会話で用いられる表現として流通するようになる」ことがある。「かっこいい」「かっこ悪い」や「いまいち」「ダサい」も「若者言葉から普通の会話表現に格上げされた」と思われる表現である。

問3＜品詞＞「厳しい」は，形容詞「厳しい」の連体形。「難しかろ」は，形容詞「難しい」の未然形。「汚れがない」の「ない」は，形容詞「ない」の終止形。「食べ過ぎない」の「ない」は，助動詞「ない」の連体形。「静かに」は，形容動詞「静かだ」の連用形。

問4＜段落関係＞前の段落では，若者言葉の例として，「『やばい』という形容詞」が挙げられ，若者言葉として用いられる場合には「本来の否定的な意味」を失うことや，「ながく使われている」ので「普通の形容詞として流通するようになる」可能性が指摘されている。この段落では，「やばい」に似た言葉として，ドイツ語の「toll」が若者言葉になったときに，「本来の否定的な意味合い」が失われ，「すごい」ことを表すようになったことが挙げられている。そして「私」がドイツ語の勉強をしたときには，「toll」は「すごい」という意味でドイツ語の教科書に使われていたことが紹介されている。

問５＜文章内容＞「『やばい』は，大変に便利な言葉」なので，この言葉を使うことに慣れてしまうと，「言語使用の能力がその分だけ損なわれる」のである。また，「『やばい』を無差別に連発するうちに，事柄を把握する枠組は大雑把になり，感情は粗雑に」なってしまうのである。「言葉を正確に使い分ける力」である「考える力，感じる力」が損なわれてしまうのである。

問６＜表現＞「注意を向けるに値するような性質を具《そな》えた事柄はすべて，『やばい』と表現することが可能」なので，「『やばい』の使い方さえ身につければ何についても，適切な言葉の選択に頭を悩ませるつらい作業をすべて免れること」ができ，表現を「やばい」一語で済ませられる。そういう意味で，「やばい」は，「万能の代用品」といえる。

問７＜表現＞「一〇〇種類の表現の使い方を記憶し，使い方をたえず工夫すること」とは，「やばい」を使用することで省略される「事柄の性質や自分の気持《きもち》に適合する言い回しを工夫する」こと，つまり，「個性の差異を正確に表現する努力」のことである。

問８＜文章内容＞「映画を観《み》たあと，観たばかりの映画について熱く」語るのは，「藝術《げいじゅつ》作品を享受するときに惹《ひ》き起こされる複雑な感動の正体を見きわめるには，何よりもまず，説明に多くの言葉を必要とするから」であり，「説明を重ねるうちに，感動の正体が少しずつ明らかになり，感情が経験として獲得されるから」である。そして，感動の正体は「私たち一人ひとりのあり方を示し，自己了解の手がかりとなるもの」であり，感動は「表現を与えられ，他人と共有されることにより，普遍的な意義を獲得」するのである。

問９＜文章内容＞「彼女」は，「映画の評価について『やばい』の一語しか知らない」ので，「彼女」にとって，映画は「やばい映画」と「やばくない映画」の二種類しか存在しない。「彼女」には，映画から受けた「感動の正体を見きわめる」ために必要な言葉がないのである。

二　**〔論説文の読解―自然科学的分野―環境〕**出典；熊坂元大「環境問題を『道徳的に考えること』を考える――自然の内在的価値概念の意義と限界」（尾関周二／環境思想・教育研究会編『「環境を守る」とはどういうことか――環境思想入門』所収）。

≪本文の概要≫もし環境を破壊する行為を，より直接的な被害をもたらすものとして描き出すことができたら，我々は，もっと環境に配慮するだろうし，配慮のない行為を規制することも容易になるだろう。このように考えたとき，自然の内在的価値という概念は，とても魅力的なものとなる。もし自然に道徳的な意味での内在的価値があるとすれば，自然破壊それ自体が，深刻な道徳的問題を引き起こすということになる。環境思想では，人間以外の存在にも道徳的に配慮しなければならないという考え方を，非人間中心主義と呼ぶが，内在的価値とそれに基づく非人間中心主義という考え方は，環境保護を考えるうえで，どこまで有効かつ適切なのだろうか。内在的価値に基づく非人間中心主義の考え方によって，開発や汚染を規制することはできる。しかし，規制を押しつけるだけで，その理念が尊重されなければ，規制は機能しない。さらに，自然に道徳的な内在的価値があるという着想自体にも，問題がある。我々の自然観は，曖昧で，首尾一貫していない。自然の内在的価値という概念の意義は，我々を自然観の再解釈へと向かわせ，その助けとなりうることにあるのかもしれない。

問１＜表現＞１．「民主的な社会には常に多様な意見が存在して」いるのだから，「環境問題に関してだけは，社会の構成員全員が一致した意見を持つことを期待できる」と根拠もなく気楽な考えを持つ「人はいない」だろう。　２．「私たちの社会はさまざまな規制があり，それらなくしては秩序や治安を保つことはできない」が，「集団の活動が一定の秩序をもって遂行される」のは，その集団に属する一定程度の個人が，自ら進んで，「集団の規則やその規則のもとにある理念を尊重していたから」ではないだろうか。　３.「規則に書かれていること以外は一切好き勝手」に振る舞う個人ばかりが集まったら,「集団を維持することはできない」が,だからといって,構成員のあらゆる行動を細かいところまで「縛ろう」とすれば,規制は無理やり抑えつけるようなものとなるだろう。

問２＜語句＞「一挙手一投足」は,細かな一つ一つの動作や行動のこと。「規則に書かれていること以外は一切好き勝手に,いわば脱法的に振る舞おうとしてばかりの個人が集まったところで,集団を維持することはできない」のである。だからといって,規則によって,構成員のあらゆる行動を細かいところまで「縛ろう」とすれば,規制は極度に抑圧的なものになってしまうのである。

問３＜文章内容＞「環境に過度の負荷を与える行為がもたらす被害は,その行為者から地理的・時間的に遠く隔たって発生することが多いし,因果関係にも曖昧な点」がある。このように,「行為とその結果としての被害の関連が直接的なものとして見えてこない」ので,我々は,経済活動や生活水準を上げることなど直接的に関わる事柄を「優先」させ,「環境保護をひとまず脇に置く」ことになりがちなのである。

問４＜文章内容＞自然に「内在的価値がある」として,自然の内在的価値を認めれば,「自然破壊それ自体」が,「深刻な道徳的問題を引き起こすものだということ」になる。そして,自然の内在的価値に基づく「非人間中心主義を社会の基本方針に据えようとする試みが達成されれば,環境保護運動は極めて強固な土台が手に入ることになる」のである。

問５＜文章内容＞「『価値がある』という言い回しは,多くの場合,何か(主に私たちの都合や目的)のために有益であるということを意味している」が,それが価値の全てではない。物事には,「何かほかのもののために役に立つ」という価値だけではなく,「それ自体としての価値」も備わっているのである。

問６＜表現＞自然の「内在的価値」という概念は,「環境保護を有利に進めるための一種の道具」,つまり,「環境保護運動の理論武装や法廷闘争のための道具」になりうるのである。

問７＜文章内容＞環境保護のための規制が機能するのは,「規制の理念を尊重する集団の存在があってこそであり,すべてを厳格な規制で制御しようとすれば,自由な経済活動も民主主義も立ち行かなくなる」だろう。環境を保護するためには,「厳格な規制」だけでは不十分であり,人々の「環境意識や道徳観」を「涵養」して,「環境保護のための規制」の理念が尊重される必要がある。

問８＜文章内容＞我々は,自然を科学的に理解しようとしながら,同時に,科学とは無関係に,生物への「配慮が必要だと感じる」のである。我々は,自然に対して,「自然科学の知識にもとづく思考をしつつ」,同時に「対象への配慮を含む思考を二重に行っている」のである。

問９＜要旨＞民主的な社会では,経済活動を優先するべきだとする意見が「一定の説得力」を持つが,そのような議論が「最も優先される」とは限らない(ア…×)。「環境に過度の負担を与える行為がもたらす被害は,その行為者から地理的・時間的に遠く隔たって発生することが多い」ために,行為と被害の関連が「直接的なものとして見えてこない」が,「人々の環境問題への意識」が,「個人との地理的・時間的な距離感でのみ判断され」るとは書かれていない(イ…×)。「私たちは人命や人権に高い価値を認めている」が,それは,「人命や人権が多額の金銭と交換可能だから」ではなく,「人命や人権には原則として尊い価値がある」と考えられているからである(ウ…×)。「美しい山や川といった生態系」には,「鑑賞の対象としての価値」があるけれども,「美しいものを保存しようという主張は決して無視されるべきものではないが,やはり道徳的価値に比べると規制の根拠としては弱い」のである(エ…◯)。「動物に道徳的配慮を求める議論は,かなりの説得力」を持ち,

「ある程度の成功を収めて」いるが，この議論は，我々の多くが持つ「曖昧で首尾一貫しない自然観」と「乖離《かいり》」しており，そのような自然観を「できるだけ明晰《めいせき》なものへと再解釈する必要」がある。その作業なしに，「動物に道徳的配慮を求める活動」が「環境保護を推し進める上で最も効果的な方法である」とはいえない(オ…×)。

三〔漢字〕

①「虚勢を張る」は，自分の弱さを隠して，見かけだけは力があるようなふりをする，という意味。　②「隆盛」は，勢いが盛んなこと。　③音読みは「摩擦」などの「サツ」。　④「培う」は，養い育てる，という意味。　⑤「煮沸」は，水などを熱して沸騰させること。「煮沸消毒」は，熱湯で煮て，消毒すること。　⑥「捕鯨」は，クジラを捕獲すること。　⑦「帳簿」は，事業の取り引き，資金の流れなどを記入した帳面のこと。　⑧音読みは「修繕」などの「ゼン」。　⑨音読みは「怠慢」などの「タイ」。　⑩「寸暇」は，わずかのひまのこと。

四〔四字熟語〕

「五里霧中」は，物事の様子や手掛かりがつかめず，どうしてよいかわからなくなってしまうこと。「暗中模索」は，手掛かりのないままで，あれこれとやってみたり，探し回ってみたりすること。「疑心暗鬼」は，疑う気持ちがあると，何でもないことでも恐ろしく感じられたり，怪しいと思われたりすること。「心機一転」は，あることをきっかけに，気持ちをすっかり切りかえること。「一期一会」は，一生に一度だけの機会。または，一生に一度しか出会わないような不思議な縁のこと。

五〔資料〕

問1．図1より，全校生徒1500人のうち，高校2年生は，40%を占めているので，600人になる。「学校の現状に不満を持っている」のは，そのうちの50%なので，300人になる。

問2．図1・図2より，「図書館の蔵書を増やしてほしい」と考えている人は，「学校に不満のある高校2年生」の300人のうちの32%なので，96人である。図1より，学校に満足している高校2年生は，2年生全体の600人のうちの32%で，192人なので，「図書館の蔵書を増やしてほしい」と考えている人の方が，学校に満足している高校2年生よりも少ない。

問3．図3によると，「備品や設備に関わること」は，「短期的に実現できる可能性がある」が，「工事が必要なこと」は，「実現が難しい」のである。

問4．図3より，「放課後に志望校別講習をしてほしい」という希望は，「学習支援に関わること」なので，「短期的に実現できる可能性」がある(オ…○)。また，「放課後の携帯電話の使用を許可してほしい」という希望は，「校則に関すること」であり，「短期的に実現できる可能性」はそれほど高くはないが，「長期的であれば実現できる可能性」がある(エ…×，オ…○)。一方，「体育館を広くしてほしい」という希望は，「工事が必要なこと」なので，「実現が難しい」のである(ア・ウ…×)。また，「図書館の蔵書を増やしてほしい」という希望は，「備品や設備に関わること」であり，「短期的に実現できる可能性」はあるが，「長期であれば実現できる可能性」はない(イ…×)。これらのことから，生徒会長の「公約」は，短期的には，「放課後の志望校別講習」に取り組み，長期的には，「放課後の携帯電話の使用」の許可を目指すというものであると考えられる。

問5．三つ子を産んだのは，馬場先生ではなく，「馬場先生の愛犬」である(ア…×)。しそサバサンドは，「来週の限定パン」として紹介されている(イ…×)。生徒会長が何年生で，いつから生徒会に所属しているかは，記されていない(ウ…×)。生徒会長には「食虫植物」を眺めるという趣味があることが，新聞委員の中で話題になっている(エ…×)。図書館のクイズに正解すると，「先着30名」がブックマーカーをもらえるのであり，挑戦者全員がもらえるわけではない(オ…○)。

2023年度 日本工業大学駒場高等学校（一般②）

【英　語】（50分）〈満点：100点〉

1 次の英文の（　　　）に入れるのに最も適切な語（句）を選び、記号で答えなさい。

1　I have (　　　) money, so I can't get anything.

ア a few　　イ a little　　ウ few　　エ little

2　The book looks (　　　).

ア interested　　イ interesting　　ウ being interested　　エ at interesting

3　I'm wondering which bag (　　　).

ア to buy　　イ buying　　ウ bought　　エ buys

4　(　　　) you meet her this afternoon?　—　Yes, I will.

ア Don't　　イ Didn't　　ウ Won't　　エ Aren't

5　The garden was covered (　　　) snow.

ア at　　イ as　　ウ to　　エ with

2 次の各組がほぼ同じ意味になるように（　　　）に適語を入れなさい。

1 My mother said to me, "Please help me with my housework."
=My mother (　　　) me (　　　) help her with her housework.

2 I want to travel in Kyoto, but I don't have enough time.
=(　　　) I (　　　) enough time, I could travel in Kyoto.

3 During my work, I got a phone call.
=While (　　　) was (　　　), I got a phone call.

4 The old man living in that house is Lucy's father.
=The old man who (　　　) in that house (　　　) Lucy's father.

5 I didn't have any time yesterday.
=I had (　　　) (　　　) yesterday.

3 次の日本文の意味になるように【　　　】内の語（句）を並べかえなさい。ただし、文頭に来るべき語も小文字で示してあります。

1 ケンは失敗を恐れていました。
Ken【 of / mistakes / was / making / afraid 】.

2 私がお菓子を食べることを両親は許可してくれました。
【 eat / my parents / me / let / some snacks 】.

3 東京は世界で最も大きな都市の一つです。
【 in / Tokyo / cities / is / the biggest / of / one 】 the world.

4 父は昨日そのベンチを黄色に塗りました。
【 yellow / the / my father / painted / bench 】 yesterday.

5 おじは私に何を持ってきたのかを教えてくれました。
My uncle【 brought / what / with him / me / he / told 】.

4

A　次の会話文の（　　　　　）に入れるのに最も適切なものを選び、記号で答えなさい。

1　A　:　You look pale.　Are you okay?

B　:　I am sick, so I'm seeing a doctor.

A　:　(　　　　　)

ア　Take care.　　イ　Never mind.

ウ　Looks delicious.　　エ　How often?

2　A　:　Excuse me.　I want a blue pen.　Do you have one?

B　:　Of course.　It's right here.　(　　　　　)

A　:　No, thank you.

ア　It's cool.　　イ　Do you have a dog?

ウ　Do you want anything else?　　エ　I want you to show it.

3　A　:　Will you join the farewell party for George?

B　:　(　　　　　)　Instead, I ordered a really nice cake for him.

A　:　I see.　I'm looking forward to seeing it at the party.

ア　I'm sorry I can't.　　イ　Yes, I did.

ウ　I made a birthday cake for him.　　エ　No, I didn't go to the party.

4　A　:　Do you need any help?

B　:　(　　　　　)

A　:　Alright.

ア　Can I open that door?　　イ　Would you open that door?

ウ　Should I open this door?　　エ　Do you open this door?

5　A　:　Good morning, Beth.　How is your schedule today?

B　:　Good morning.　I have a math class today.　Oh, dear!　(　　　　　)

A　:　I also have a math class.　You can use mine.

ア　I don't like it.　　イ　How about you?

ウ　I don't have the textbook.　　エ　What would you like?

6　A　:　Here is my passport.

B　:　Thank you.　(　　　　　)

A　:　Studying abroad.

ア　Who is going to take care of you?　　イ　What is the purpose of your visit?

ウ　Why did you write your signature?　　エ　How did you come here today?

7　A　:　What are you doing?

B　:　I'm doing my homework.　(　　　　　)

A　:　No.　I forgot to do it!

ア　Can I help you?　　イ　I can't finish it.

ウ　Did you finish yours?　　エ　You can do mine.

8　A　:　I like coffee at your restaurant.

B　:　That's the greatest pleasure.　Would you like more?

A　:　(　　　　　)

ア　Yes.　I want another cup of coffee.

イ　Yes.　I don't want to go to a coffee shop.

ウ　No.　I want to drink more coffee.

エ　No.　I want the other coffee shop.

B　次の会話文の（　1　）～（　4　）に入れるのに最も適切なものをそれぞれ選び、記号で答えなさい。

A　:　Have you decided which art subject you will take in high school yet?
B　:　No, I haven't.　(　　1　　)
A　:　I want to take music, but I heard that we have some instrument skills tests.　(　　2　　)
B　:　Oh, really?　I think you can do it.　By the way, why didn't you choose calligraphy?　You won the gold prize in the school contest last month.　(　　3　　)
A　:　Well, I want to try something new.
B　:　That's great.　In fact, I'm interested in music, too.　(　　4　　)
A　:　Yes, let's!　I hope you will help me if I have trouble in the class.
B　:　Sure.　Then, I've made up my mind about my art subject, too.　Thanks.
A　:　Thank you!

ア　I'm not good at playing instruments.
イ　How about you?
ウ　Shall we take it together?
エ　If I were you, I would choose it.

5　次の問いに対して、理由も含めて 25 語以上の英語で答えなさい。

Which do you like better, studying in the morning or in the evening?

6 中学3年生の華（Hana）は、夏休みにオーストラリアへホームステイをしています。同い年のホストファミリーであるJackとの対話を読んで、あとの設問に答えなさい。

Hana： I'm very excited to go to Wonder Amusement Park this Sunday!

Jack： Yeah, it's a very large place, so we have to check the map before going there.

Hana： Oh, then we can get around smoothly!

Jack： That's right. My dad said that he can drive us with his car. It takes about 30 minutes to get there from our house. Also, we're going to have our mom's birthday party on that day, so we should come back home by 17:00 to prepare for the party.

Hana： So, we should leave home by 8:30, right?

Jack： The traffic will be heavy in the morning, so I think we have to leave home 30 minutes earlier than you said. In the evening, the road isn't busy.

Hana： I see. How much is the admission fee?

Jack： I have a guide map of the amusement park here. The admission fee for the two of us is $(あ).

Hana： OK. I really want to enjoy the roller coaster, *Ferris wheel, merry-go-round, go-carts and haunted house!

Jack： I want to ride the roller coaster at the end because it's my favorite one!

Hana： Sure. We'll go to the (い) first because it's the closest to the entrance, and then *move in a clockwise.

Jack： That's the best idea! And we can have lunch in the park such as hot dogs, pizza, fried chicken, hamburgers...

Hana： How much do we need for lunch?

Jack： I think $10 for each person should be enough.

Hana： But we'll have a special dinner so we shouldn't eat too much for lunch. I will eat something light like sandwiches.

Jack： You're right. I'll have the same one as yours. On the way home, I'm going to buy a birthday cake for mom. It'll be about $20-$30.

Hana： Yeah, also how about buying flowers for her?

Jack： Wow, sounds great! She always decorates her room with a lot of flowers like *hydrangeas, *lilies and roses, and she especially likes sunflowers. I think they will cost about $10-$20.

Hana： OK. Let's choose her favorite one! Oh, and I need your help because I wrote a birthday message for your mother. I want you to correct my English.

Jack： Really? She'll love that! Of course!

Hana： Thank you very much. Here is the letter.

> Dear Anne,
>
> Happy birthday! Thank you for everything. I love your cooking very much! When I had your cooking for the first time, I thought what (ア) delicious dish it was (イ). I am very interested (ウ) in the way you cook (エ). Please tell me how to cook your meat pie!
>
> Love, Hana

*Ferris wheel 観覧車　*move in a clockwise 時計回りに回る　*hydrangea あじさい
*lily ユリ

Wonder Amusement Park Guide Map

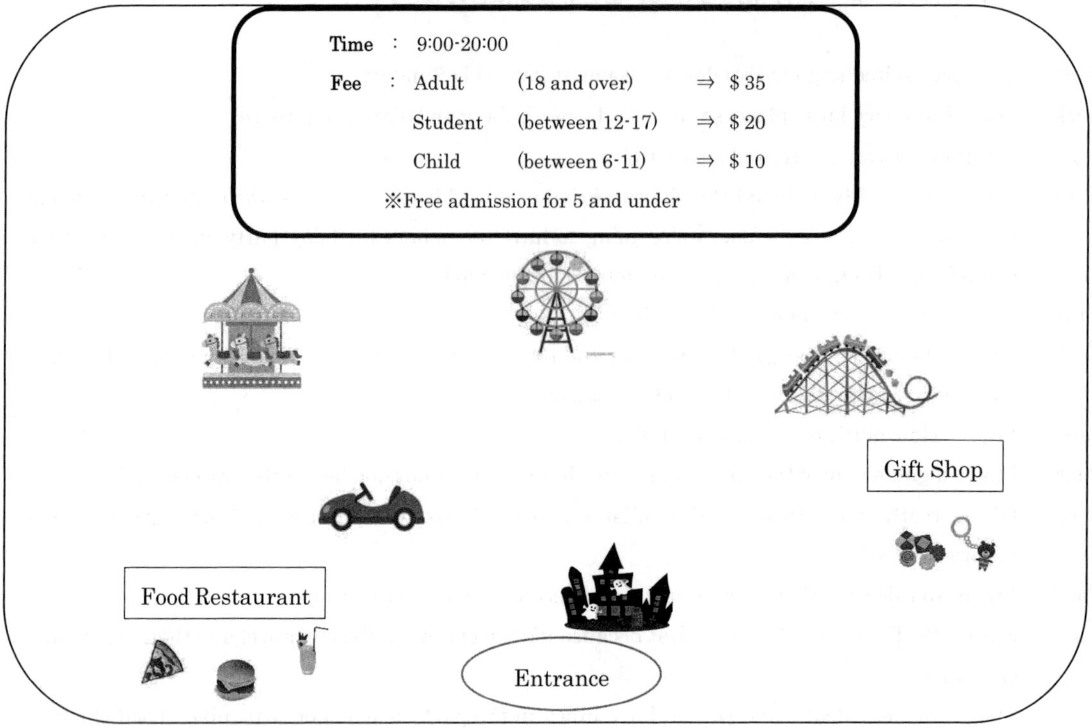

問１　（ あ ）に当てはまる数字を答えなさい。

問２　（ い ）に入る適切な語句を、本文中より抜き出して答えなさい。

問３　以下のそれぞれの質問に、英文で答えなさい。

1　Why will Hana and Jack eat something light for lunch?

2　What kind of flowers are Hana and Jack going to buy for Jack's mother?

問４　以下の英文について、本文の内容と一致するものにはＴ、一致しないものにはＦで答えなさい。

1　Hana and Jack will leave home at 8:30 and leave the amusement park at 16:30.

2　Jack suggests that they eat lunch at a restaurant near the amusement park.

3　Jack will make a birthday cake for his mother.

4　Hana and Jack will need $90-$110 in total on the day.

問５　下線部の英文には語を補うべきところが１つある。その箇所を記号で選び、入れるべき語を答えなさい。

7 次の英文を読んで、あとの設問に答えなさい。

In the earliest times there were no towns. People lived in small groups and often moved from place to place while they looked [1] wild animals that they could kill and eat. They did not have much ① rubbish, only ash from their fires and bits of old food. All of this was put into the ground and it probably helped their vegetables to grow better.

The problem of waste began when people started to live in towns. The earliest *landfill sites were found in *Knossos, the capital of *Crete, and these were probably made [2] about 3000 BC. These very old sites in Crete are different from the landfill sites of today and contain mostly ash, wood, and pieces of plates and bowls.

Over 2,500 years ago the government of *Athens said they did not want a landfill site in the city. They told the people of Athens that they had to take all their rubbish outside the city walls, about two *kilometres outside Athens. ② This is【 the first / that / we / story about / the problem / of / waste 】know of.

It is a problem that began a very long time ago, but even then people were finding answers. In China in 2000 BC, for example, people composted their rubbish. This means that they put all their bits of old vegetables and fruit in one place outside and left it there. After a few months it changed into a rich brown material called ③ compost, which is very good for plants. They used this compost to grow young plants in the garden. Many gardeners today still like to make compost and use it in their gardens. It is an old idea but a good one! Maybe composting is the first example of recycling.

But it is not worth making compost if you do not have a garden. In England people who lived in towns just used to throw their rubbish outside the door. Sometimes there was a lot of rubbish outside the houses and it became difficult to walk along the streets. The streets also *smelt very bad. In 1297 the government said they would punish people who left rubbish in front of their houses, but nobody cared about this. They *burnt some of their rubbish on the fires inside their houses, but they continued to throw the rest outside onto the streets.

In London the streets became very dirty and sometimes ④ it was impossible to walk in them. When people went outside they wore high shoes made [3] wood to try to keep their feet clean. Sometimes the rubbish was taken out of London and thrown away in the country. At last in 1354 the government began to *employ special workers to take the rubbish away.

＜中略＞

But the world's biggest problems with rubbish began when machines and factories were built. Now rubbish came [4] factories as well as from people's houses. At the same time many people left their villages and came to live and work in the towns, so the towns got (⑤). There were many diseases in towns and often people died when they were very young. Doctors said that many diseases came from dirty houses and rubbish.

In the UK in 1848 the government made a new law called the Public Health Act. Now people were employed to take away the rubbish from every town. By the end of the nineteenth century it was taken away every day. Some of it was then recycled and used to make new things such as soap or paper. Other rubbish was just left in big dirty hills outside the towns.

*landfill sites ごみ集積場　*Knossos クノッソス（地名）　*Crete クレタ島（地中海の島）
*Athens アテネ（地名）　*kilometre kilometer の英式つづり　*smelt smelled の英式つづり
*burnt burned の英式つづり　*employ ～を雇う

問1　[　1　] ～ [　4　]に入れるべき語を選び、記号で答えなさい。ただし、記号は1度しか使えません。

ア　in　　イ　of　　ウ　from　　エ　for

問2　下線部①が問題になり始めたのはいつからか、本文中より1文で抜き出しなさい。

問3　下線部②を「これが私たちの知っているゴミの問題についての最初の話である。」という意味になるように【　】内の語(句)を並べかえなさい。

問4　下線部③の説明として最も適切なものを選び、記号で答えなさい。

ア　Every garden needs a lot of compost to keep their plants.

イ　Compost is the name of the recycling system in China.

ウ　Compost is very helpful to grow vegetables and fruit.

エ　People in London used a lot of compost in the city.

問5　下線部④を them の内容を明確にして日本語に直しなさい。

問6　(　⑤　)に入るべき語句を選び、記号で答えなさい。

ア　smaller and busier　　イ　smaller and dirtier

ウ　bigger and dirtier　　エ　bigger and healthier

問7　以下の英文について、本文の内容と一致するものにはT、一致しないものにはFで答えなさい。

1　In the earliest times, rubbish wasn't a big problem.

2　It is said that the first landfill sites were found in Athens.

3　People in London invented the first recycling system.

4　Machines and factories made the rubbish problem worse.

5　Many people in London came to live in the countries.

6　Rubbish problems in London improved during the nineteenth century.

【数　学】（50分）〈満点：100点〉

1 次の計算をしなさい。

(1) $\dfrac{11}{18}\times\dfrac{9}{5}-\dfrac{6}{5}\div\dfrac{3}{2}$

(2) $\dfrac{5+6x}{4}-\left(\dfrac{3x+1}{3}-\dfrac{2x-5}{12}\right)$

(3) $\dfrac{8b}{a^3}\times\left(-\dfrac{3a^2}{b^2}\right)^3\div\left(-\dfrac{6a}{b^2}\right)^2$

(4) $\left(\sqrt{2}+1\right)\left(\sqrt{6}-\sqrt{3}\right)-\left(\sqrt{2}-2\right)\left(2\sqrt{3}+\sqrt{6}\right)$

2 次の方程式を解きなさい。

(1) $\dfrac{x}{1.2}-\dfrac{2}{1.5}=-\dfrac{1}{0.6}$

(2) $x^2-4x+2=0$

(3) $(x-2)(x+1)=2x(x+1)$

(4) $(x+a)^2=-2(x+a)+3$　（aは定数）

3 次のデータは，生徒 9 人のテストの結果です。次の問いに答えなさい。

54,　43,　85,　93,　27,　75,　47,　38,　60　（点）

(1) このデータの平均値を求めなさい。

(2) 一人の生徒に採点ミスがあることがわかりました。正しい生徒の点数を反映すると，その生徒の点数は全体の中央値となり，また全体の平均点は 60 点となりました。採点ミスがあった生徒の正しい点数を求めなさい。

4 鉄道運賃の支払い方法は，切符による方法と IC カードによる方法の 2 種類が設定されています。ある鉄道会社による運賃の決定方法は，以下の①～③のようになっています。このとき，次の問いに答えなさい。

① 税別運賃を 100 円から 500 円まで 10 円単位で設定する。 ② 税別運賃に消費税 10%を加えた金額を IC カードの運賃とする。 ③ 税別運賃に消費税 10%を加え，一の位を切り上げた金額を切符の運賃とする。

(1) ある区間における IC カードの運賃が 429 円のとき，その区間における切符の運賃と税別運賃の差額を求めなさい。

(2) 切符の運賃において 110 円から 550 円までの 10 円刻みの金額のなかで，存在しない金額をすべて求めなさい。

5 図のように，放物線 $y=ax^2$ 上の 2 点 A$(-3,\ 6)$，B を通る直線 ℓ があります。点 C は直線 ℓ と x 軸との交点であり，点 P は x 軸上の点とします。CA : AB＝1 : 3 であるとき，次の問いに答えなさい。

(1) a の値を求めなさい。

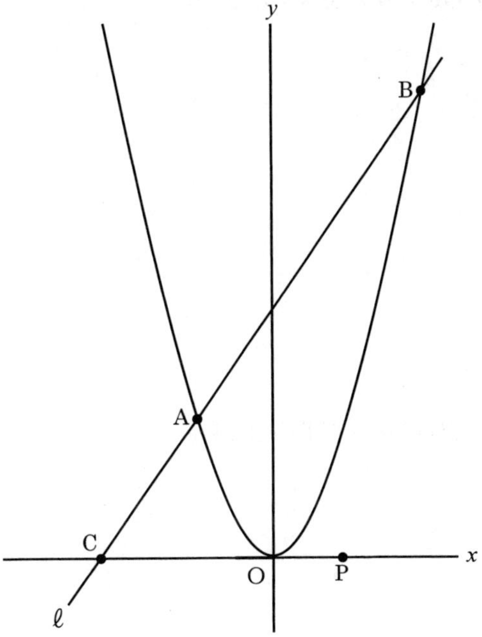

(2) 点 B の座標を求めなさい。

(3) AP と BP の長さの和が最も小さくなるとき，点 P の座標を求めなさい。

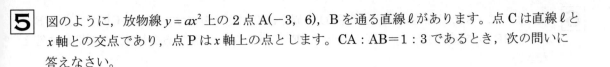

6 図のように，AD，BE を直径とする円 O の周上に点 C があります。AD と CE の交点を F，AC と BE の交点を G とし，AD＝10cm，CE＝8cm，AD⊥CE であるとき，次の問いに答えなさい。

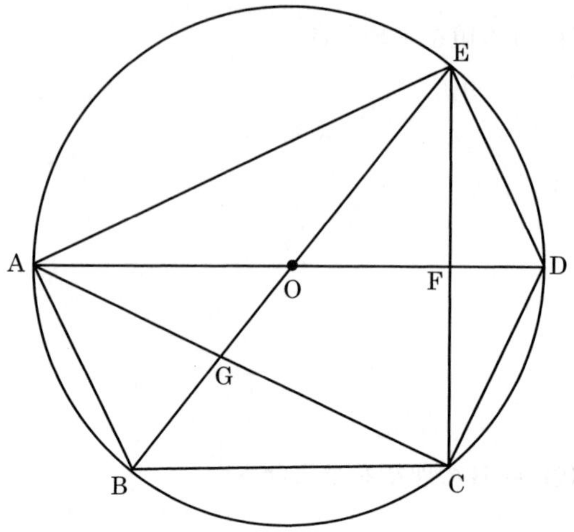

(1) OF の長さを求めなさい。

(2) CD の長さを求めなさい。

(3) 四角形 CDEG の面積を求めなさい。

7 図のように，1 辺 10cm の正三角形 ABC があります。DE を折り目として折り曲げ，点 A と BC が重なる点を F とします。BF : FC＝4 : 1 のとき，次の問いに答えなさい。

(1) 次のアとイには適切な数字や式を，ウには相似条件をあてはめて△BDF∽△CFE を証明しなさい。

【証明】

△BDF と△CFE において，

△ABC は正三角形なので，∠DBF＝∠FCE＝60° ……①

このとき，∠BFD＝x とすると

∠BDF＝[ア]……②

また，∠DFE＝[イ]° であるので，

∠CFE＝[ア]……③

②，③より

∠BDF＝∠CFE……④

①，④より，[ウ]から

△BDF∽△CFE である。

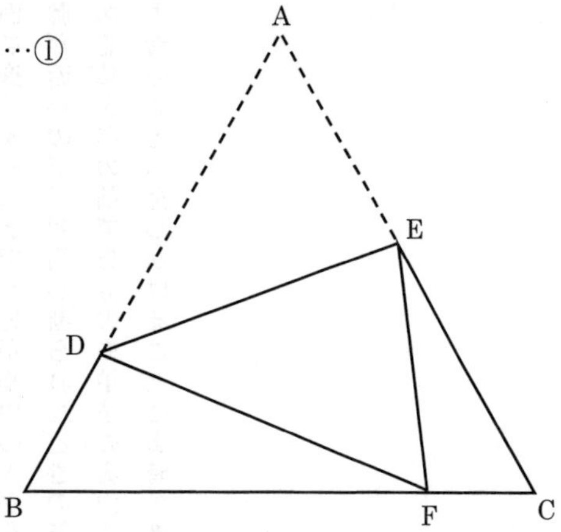

(2) CE の長さを求めなさい。

問1　傍線部①「都に聞えたる白拍子の上手」とは「都で評判の高い白拍子の名手」という意味ですが、この人物の技術に対する人々からの評価を文中から五字以上十字以内で抜き出しなさい。

問2　傍線部②「推参して見む」とは「招かれなくても参上しよう」という意味ですが、このように考えた理由として最も適当なものを次の中から一つ選び、記号で答えなさい。

ア　失礼ではあると感じながらも、名高い白拍子である自分は、祇王よりもうまく舞い、入道殿から寵愛を受ける自信があると思ったから。
イ　自分は人々から舞を賞賛されているので、入道殿から声がかからないのは不本意であり、遊女の習わしから失礼ではないと思ったから。
ウ　入道殿は天下を治めるほど人間的におおらかな方であるので、自分のぶしつけな訪問もきっと許してくれるだろうと思ったから。
エ　舞の先駆者である祇王から舞の秘儀を得るためには、入道殿に対して失礼であったとしても何とかして会いたいと思ったから。
オ　舞は到底及ばないが、容姿は祇王よりもはるかに美しい自分は入道殿と会えば、すぐにとりこにすることができると思ったから。

問3　傍線部③「まゐつて」とありますが、この読みを現代仮名遣いのひらがなで答えなさい。

問4　傍線部④「神ともいへ仏ともいへ、かなふまじきぞ」とありますが、ここから読み取れる入道殿の心情として最も適当なものを次の中から一つ選び、記号で答えなさい。

ア　嫉妬心　　イ　同情心　　ウ　不快感　　エ　無関心　　オ　劣等感

問5　傍線部⑤「ただ理をまげて、召しかへして御対面さぶらへ」とありますが、このように祇王が入道殿に申し出た理由として適当ではないものを次の中から二つ選び、記号で答えなさい。

ア　自分も白拍子で生計を立ててきたので、仏御前のことを他人ごととは思えないから。
イ　入道殿に対面を進言することで自分が都中の人から賞賛されるから。
ウ　仏御前は年齢が若いので、対面が断られたときの気持ちを考えると気の毒だから。
エ　都で評判である仏御前の前で自分の白拍子の実力を世間に知らしめたいから。
オ　白拍子が権力者のもとへ押しかけることは当時の都では日常茶飯事だったから。

五 平家が全盛を極めていた時代の最高権力者である平清盛（入道殿）は都で評判の*白拍子《しらびやうし》である祇王《ぎわう》を寵愛していた。次の場面は、祇王とは別の白拍子が平清盛に自らを売り込みに訪れる場面である。このことを踏まえて次の文章を読み、後の問いに答えなさい。

また①都に聞えたる白拍子の上手、一人出で来たり。加賀国の者なり。名をば仏とぞ申しける。年十六とぞ聞えし。「昔よりおほくの白拍子ありしが、かかる舞はいまだ見ず」とて、京中の*上下、もてなす事*なのめならず。仏御前申しけるは、「我天下に聞えたれども、*当時さしもめでたう栄えさせ給ふ、平家太政の入道殿へ、召されぬ事こそ本意なけれ。あそび者のならひ、*なにか苦しかるべき、②推参して見む」とて、ある時*西八条へぞ参りたる。③人まゐつて、「当時都にきこえ候仏御前こそ、参つて候へ」と申しければ、入道、「なんでう、さやうのあそび者は、人の召《めし》にしたがうてこそ参れ。*左右《さう》なう推参するやうやある。其上祇王があらん所へは、④神ともいへ仏ともいへ、かなふまじきぞ。*とうとう罷出でよ」とぞ宣ひける。

仏御前は、*すげなういはれたてまつつて、既に出でんとしけるを、祇王、入道殿に申しけるは、「あそび者の推参は、常のならひでこそさぶらへ。其上年もいまだをさなうさぶらふなるが、適々思ひたつて参りてさぶらふを、すげなう仰せられてかへさせ給はん事こそ、不便なれ。いかばかりはづかしう、かたはらいたくもさぶらふらむ。*わが立てし道なれば、人の上ともおぼえず。たとひ舞を御覧じ、歌をきこしめさずとも、御対面ばかりさぶらうて、かへさせ給ひたらば、ありがたき御情《なさけ》でこそ*さぶらはんずれ。⑤ただ理をまげて、召しかへして御対面さぶらへ」と申しければ、入道、「いでいでわごぜがあまりにいふ事なれば、見参してかへさむ」とて、使をたてて召されけり。

（『平家物語』による。）

《注》＊白拍子 … 平安時代末期に起こった歌舞の一種、またそれをなりわいとする芸人。「あそび者」も同じ意味。
＊上下 … あらゆる人が
＊なのめならず … ひととおりではない
＊当時さしも … ただ今あれほど
＊なにか苦しかるべき … どうして不都合だろうか、いや不都合ではない
＊西八条 … 平清盛の邸宅があったところ。
＊左右なう推参するやうやある … すぐに推参するということがあるものか
＊とうとう罷出でよ … 早く早く出ていきなさい
＊すげなう … 冷淡に
＊わが立てし道 … 私が生計を立ててきた道。
＊さぶらはんずれ … ございましょう

三

次の①〜⑩の傍線部のカタカナは漢字に、漢字はその読みかたをひらがなにそれぞれなおしなさい。

① 大きな貨物船がカイキョウを通過する。

② 肖像画の作成を顔のリンカクから始める。

③ その行為に怒りをオサえられなかった。

④ どのようなオドしにも屈することはない。

⑤ 彼はエイビンな頭脳の持ち主だ。

⑥ 恩師の危篤にかけつける。

⑦ 博物館で南蛮の衣服を見る。

⑧ 彼女は周囲の人達から慕われている。

⑨ 失意の友人を慰める。

⑩ 彼の作品と酷似した絵。

四

次の①〜⑤の説明にあてはまる文学作品として適当なものを後から選び、それぞれ記号で答えなさい。

① 一年間の出来事を小林一茶が日記の形式をとって書いた俳句文集。

② 鴨長明が和漢混交文で諸行無常を描いた日本三大随筆の一つ。

③ 紀貫之が女性を装って旅の様子を記した日本で最初の日記文学。

④ 元明天皇の勅命により太安万侶が編さんした日本で最古の歴史書。

⑤ 療養中の主人公の目を通して生と死について描いた志賀直哉の小説。

ア 伊豆の踊子　イ 一握の砂　ウ おらが春　エ 城の崎にて　オ 古事記

カ 更級日記　キ 土佐日記　ク 風土記　ケ 方丈記　コ 坊っちゃん

問6　傍線部⑤「場所の『喪失』は、いわゆる先進諸国だけではなく、発展途上国にも拡がっています」とありますが、この理由として最も適当なものを次の中から一つ選び、記号で答えなさい。

ア　グローバル化によって社会不安が拡大し、発展途上国においても先進国と全く同様の問題が起こっているから。
イ　スラムは発展途上国への市場化の浸透の過程でつくられ、植民地体制の発展により解体されたから。
ウ　発展途上国では先進国よりも不況の長期化と雇用の不安定化が起こりやすく、国家の秩序体系が失われつつあるから。
エ　発展途上国では貧富の差が拡大しており、貧しい人々は環境の変化を求めて生まれ育った故郷を捨てざるを得ないから。
オ　発展途上国においては先進国とは異なり、国家や国際的な資本による強制的な故郷の排除が行われ得るから。

問7　傍線部⑥「欧米諸国での社会不安」とありますが、これが人々にもたらしたものを文中から十字で抜き出しなさい。

問8　傍線部⑦「秩序」とありますが、これと反対の意味を表す言葉として最も適当なものを次の中から一つ選び、記号で答えなさい。

ア　アイデンティティ　　イ　イデオロギー　　ウ　カオス　　エ　パラドックス　　オ　ユートピア

問9　本文の内容として適当なものには○を、適当ではないものには×をそれぞれ答えなさい。

①　人の移動は古来より人間の営みの中で最も重要なものであると位置づけられてきた。
②　近代と比較して現代ではより多くの人が国境を越えて移動しており、全世界人口の三・六パーセント以上を占めている。
③　日本では3・11やコロナ禍によってコミュニティの再興や社会の復権が再び問題として認識されている。
④　グローバリゼーションの進展は人間の定住のあり方を変え、文明の発展に貢献している。
⑤　現代の移民や難民問題の根本的な原因は近代国家形成期における国民の移動奨励政策にある。

《注》＊パンデミック…ある病気が国境や大陸を越え、世界中で大流行すること。

＊国民国家…国民であるという意識によって一つの単位にまとめられた民族を基礎として、近代、特に十八世紀～十九世紀のヨーロッパに典型的に成立した統一国家。

＊エスノセントリズム…自分の民族文化の優越性を主張して他文化を劣等視する傾向。自文化中心主義。

＊ネオリベラリズム…一九三〇年以降に唱えられた論で、政府による個人や市場への介入は最低限とすべきとする考え。

＊スラム・クリアランス…スラム化した居住地区を行政や公共団体が主体となって再開発し、低家賃の公共住宅をスラム住民に提供する一連の事業。

問1 【 1 】【 2 】【 3 】に入る言葉として適当なものを次の中からそれぞれ選び、記号で答えなさい。

ア さらに　イ しかし　ウ たとえば　エ なぜなら　オ もし

問2 傍線部①「移動が非日常の特別な出来事だと考えられてきた」とありますが、人々がこのように認識するようになった理由を文中の言葉を使って六十字以上七十字以内の一文で説明しなさい。

問3 傍線部②「移動と場所との関係」とありますが、近代と現代における移動と国民国家の関係についての説明として最も適当なものを次の中から一つ選び、記号で答えなさい。

ア 近代では人の移動によって国民国家が喪失し、現代では人の移動によって国民国家が再興しているということ。

イ 近代では人の移動によって国民国家が創り上げられ、現代では国民国家の動揺が人の移動を引き起こしているということ。

ウ 近代では人の移動により国民国家が成立し、現代では人の移動によって国民国家の動揺が生じているということ。

エ 近代では人の移動により国民国家が要塞化し、現代では人の移動によって国民国家が弱体化しているということ。

オ 近代では人の移動の制限によって国民国家が確立し、現代では人の移動の自由によって国民国家の存在が揺らいでいるということ。

問4 傍線部③「自明」とありますが、これと同じ構成の熟語として最も適当なものを次の中から一つ選び、記号で答えなさい。

ア 隔離　イ 仰天　ウ 骨折　エ 必要　オ 夜風

問5 傍線部④「膨大な人々が移動した近代の歴史は、他方では、人々が国境に画された国民国家に囲い込まれ」とありますが、これとは別の近代の二面性について説明している一文を文中から抜き出し、最初の五字を答えなさい。

きているのではないか、という不安です。そしてこうした⑤場所の「喪失」は、いわゆる先進諸国だけではなく、発展途上国にも拡がっています。グローバリゼーションの時代に、世界的な規模での人の移動を通して、場所の喪失が拡大してきたのです。

　世界に共通した課題として、格差や貧困がもっとも重要な社会問題として取り上げられ、コミュニティの再興や社会の復権が重要なテーマとなってきました。日本においては、「無縁社会」や「孤独死」が3・11を契機に大きく取り上げられ、コロナ禍のいまは家族がふたたび脚光を浴びています。将来に希望を持てないとされる若者のキーワードの一つは「漂流」です。欧米諸国においても、家族の崩壊あるいは変質、地域コミュニティの解体が叫ばれ（ロバート・D・パットナム『孤独なボウリング』）、非ヨーロッパ系の移民の増加に対抗した*エスノセントリズムが高まっています。

　*ネオリベラリズムの浸透による世界的な不況の長期化と雇用の不安定化は、先進諸国の社会構造を大きく転換してきており、グローバリゼーションへの不安はコミュニティへの渇望を生み出してきました。これらは、福祉国家や社会民主主義的な政策体系をとってきた欧米諸国が共通して抱える課題でもあります（ジグムント・バウマン『コミュニティ』）。

　⑥欧米諸国での社会不安はより増幅されて、世界全体の大きな問題となっています。発展途上国においては、市場化の浸透するなかで、土地などの基本的な生存手段を奪われた人々が大量に都市へと流れ込み、メガシティのなかに巨大なスラムをつくってきました。【　3　】、権益や利権をめぐる地域紛争と大国の介入は、国外における「難民」とともに国内における膨大な「避難民」を生み出してきたのです。発展途上国では、しばしば武力紛争だけでなく、国家やグローバルな資本による*スラム・クリアランスなど、いっそう暴力的なかたちで、生まれ育った場所が容易に簒奪《さんだつ》される状況が日常化しています。グローバリゼーションの時代においては、社会的な不安もまたグローバル化しているのです。

　グローバリゼーションと呼ばれる変化は、近代世界を支えてきた⑦秩序体系を表す定住のあり方も大きく変えてきました。しかし、定住が当たり前になったのは、じつはそれほど昔のことではありません。国民国家という境界にもかかわらず、近代は絶えざる人の移動を経験してきたのであり、いまという時代から、近代における移動を改めて問いなおすことができます。共同体の軛《くびき》からの解放を祝福し、自立した個人を礼賛してきた近代という時代は、他方では、たえず失われた共同性への羨望に満ちあふれていました。いまさまざまな局面で台頭しているコミュニティやナショナルなものへの期待は、移動という観点から読み解くことができるのです。

　移動を取り上げる第三の理由は、現代の移民や難民問題といわれる課題の歴史性にあります。近代という時代が人々を国民国家のなかに囲い込んできたとしても、国民国家への包摂と越境する人の管理が、近代国家のなかで絶えず課題となってきたわけではありません。

　実際、近代国家形成の初めにおいては、境界を越える人々の出入国の管理や国民と外国人を差異化する制度などは比較的緩やかなものでした。それらを国家主権として一元的かつ厳格に管理するようになったのは、二度の世界戦争とそれらを挟む戦間期のことです。総力戦体制期とも呼ばれるこの時期に、パスポートの制度化や国境警備の厳格化によって、国内の移動と国境を越える移動は厳格に区別されるようになります。これをきっかけに国民と領土とが厳密に一義的に結びつけられ、国民国家が要塞化し、国境を越える移動が特別な移動として経験されるようになったのです。

（伊豫谷登士翁『グローバリゼーション――移動から現代を読みとく』による。）

二 次の文章を読んで、後の問いに答えなさい。

人の移動は、人間の営みのなかで重要なテーマの一つとみなされながらも、これまで政治学などにおいても副次的な関心しか払われてきませんでした。その理由は、①移動が非日常の特別な出来事だと考えられてきたからでしょう。しかしいま、自分の在るべき場所を失ったという感覚が人々を捉え、多くの人々にとって、移動が日常的なリアリティをもって受け取られるようになってきています。*パンデミックによって移動が制限されるいま、人の移動は、これまで暗黙のうちに前提にしてきた日常のなかの場所を読み解く鍵概念の一つとなってきています。

人はさまざまな理由から境界を越えて移動します。グローバル化した世界において、どこかに住まうことと移動することとの境界はますます曖昧になり、定住と移動とは截然《せつぜん》と分けられるものではなく、両者は相反するものではないということがみえてきたのです。【　1　】、人類学者のジェームズ・クリフォードは「旅のなかに住まう（dwelling in traveling）」という独特の表現を用いつつ、「人間の場所が静止と同じくらい転地（ディスプレイスメント）によって構築されている」ことに注目してきました。②移動と場所との関係というのは、③自明なものではないのです。

ところが社会科学は国境を越える人の移動を、その対象に応じて、移民や移住者、外国人（労働者）、難民といったさまざまな言葉で表してきました。観光やビジネス、留学や結婚など、人が移動する動機は多岐にわたります。【　2　】これらの分類にはしばしば移動を管理しようとしてきた政策の、そして研究者の作為がつきまとい、移動する人たちを的確に表すものではないように思われます。

近代と呼ばれた時代は大規模な人の移動で始まります。*国民国家と植民地が世界中に拡がった一九世紀には数千万人の人々が大西洋や太平洋を渡り、二一世紀の現在（二〇二〇年時点）では、およそ二・八億人の人々が生まれた国を離れて生活しています。あくまでこれは統計で把握されている数であって、本当はもっと多くの人々が越境しているでしょう。そして、この二・八億人というのは世界人口のたった約三・六パーセントにすぎないとみることもできます。

④膨大な人々が移動した近代の歴史は、他方では、人々が国境に画された国民国家に囲い込まれ、あるいは想像としての国民国家に拠りどころを見いだそうとしてきた時代でもありました。国家による移動の制限と移動の自由が、さまざまな移動のかたちを生み出してきました。しかし人の移動の管理は、商品や資本の移動の管理とは大いに異なってきたのです。

いま移動が改めて問われる第一の理由は、近代における国民国家という統治体制の揺らぎや変容が、現代における人の移動を通して映し出されてきたからです。国民国家という共同体は、移民の国であるか否かにかかわらず、人の移動によって創り上げられてきました。しかし現代においては、国民国家の動揺が膨大な規模の人の移動を引き起こし、共同体に亀裂を持ち込み、国民国家の根幹を侵食しつつあります。人の移動という視点を導入することで、これまで国民国家の揺らぎや植民地体制の崩壊と言われてきたものを新たな観点から読み解くことができるでしょう。

しかしいま、移動が改めて焦眉の課題として注目される第二の理由は、グローバリゼーションと名づけられた時代のなかで、移動が場所という問題を照らし出してきたからです。人々が場所という感覚を失い、場所の問いなおしが移動への関心を引き起こしています。そこから、移動から場所を問いなおすことへの関心も高まってきているのです。

国民国家の揺らぎ、そして故郷の喪失がいわれるときに、そこで人々が抱える課題とは、「戻るべき場所」あるいは「在るべき場所」が失われて

問7　傍線部⑤「何事にもその裏面というものがあります」とありますが、この具体的な説明として最も適当なものを次の中から一つ選び、記号で答えなさい。

ア　好景気により人々は耐久消費財を買えるようになったが、生活必需品は年々増えるため、消費には終わりが来ることがないということ。
イ　個人の需要を満たすための消費が増えることで好景気が訪れたが、需要が満たされると消費は減るため、不景気になるということ。
ウ　個人の消費の増加による好景気で企業は利益をあげたが、生活必需品を取り扱う企業以外は利益が少ないため、格差が広がるということ。
エ　社会が好景気になることで多くの自動車が売れたが、自動車を複数台持つ消費者は少ないため、自動車会社は苦況に陥ったということ。
オ　人類は長い間、物が不足している状態に苦しめられてきたが、好景気の到来で物が十分に供給されるため、幸福になったということ。

問8　傍線部⑥「その戦略はいくつかの面を持っています」とありますが、この「戦略」の説明として最も適当なものを次の中から一つ選び、記号で答えなさい。

ア　かつては贅沢品だった品々を一部の金持ちだけではなく、多くの人々が買うことができるように価格設定を見直したこと。
イ　自動車のモデルチェンジを頻繁に行い、常に技術革新によって生み出された製品を販売して生活の質の向上を掲げたこと。
ウ　生活に絶対に必要なものは何かという変化を伴う人々の意識に合わせて、それに必要な機器を販売していったこと。
エ　普通冷蔵庫は一家に一台あれば十分であるという欲望の限度を超えないように、製品の修理サービスを充実させたこと。
オ　レコードからオンライン配信へと音楽消費の主要メディアを変化させ、新しい機器の必要性をなくしたこと。

問9　傍線部⑦「反映」とありますが、ここでの「反」と同じ意味で使われているものとして最も適当なものを次の中から一つ選び、記号で答えなさい。

ア　反物　　イ　反逆　　ウ　反響　　エ　反抗　　オ　反転

して変わらないような変更を自動車会社はやっている、ということです。性能面では意味がないのになぜ、定期的にモデルを変えるのか。それは、すでに売った物を早目に古臭く見えるようにするためです。新車で買った車がモデルチェンジされて新型が出たとなると、今乗っている車を気に入っていたのに、何となく古びて色あせてしまったような気がしてくる、という心理が働きます。そうすれば、よく考えると大して変わりはないのに、ぜひ新しいモデルが欲しい、という気持ちが湧いてくる。この戦略は、iPhoneをはじめとする携帯電話の販売戦略などでも、盛んに利用されているように思われます。

　ボードリヤールが指摘した重要な点は、右に見たような「必要な物」の変化のメカニズムが大いに機能するようになると、「人は決して満足しなくなる」ということです。本来ならば、不便な状態を解消するために物を手に入れて、「便利になって良かったなあ」となって「メデタシ、メデタシ」となるはずだったのに、「あれも必要だ」、「もっと新しいのが欲しい」と常に思わされることになり、欲しかった物を手に入れてもちっとも満足できない、という状態が現れます。こうした状態を、ボードリヤールは「新しい疎外」と呼びました。

（白井聡『消費社会とは何か――「お買い物」の論理を超えて』による。）

問1【　1　】【　2　】【　3　】に入る言葉として適当なものを次の中からそれぞれ選び、記号で答えなさい。

ア 逆接的　イ 全般的　ウ 相対的　エ 飛躍的　オ 理知的

問2【　X　】に共通の漢字を一字入れて、四字熟語を完成させなさい。

問3 傍線部①「消費社会」とありますが、これを別の言葉で詳しく表している部分を文中から二十字以上二十五字以内で抜き出し、最初の五字を答えなさい。

問4 傍線部②「長い間『物の欠乏』に苦しんできた人類」とありますが、これを克服できた理由として最も適当なものを次の中から一つ選び、記号で答えなさい。

ア 科学技術の発展により農作物の品種改良が進んだことで、天候不順の影響を受けなくなったから。
イ 産業革命にともない化石燃料や機械を活用することで、さまざまな物の生産力が向上したから。
ウ 資本主義先進国が国際的に協調することで、後進国への資源の配分がより均等化されたから。
エ 上下水道の整備など衛生状態が改善されたことで、疫病の大流行に対応できるようになったから。
オ ボードリヤールが社会の消費問題を取り上げたことで、人類の消費に対する価値観が変わったから。

問5 傍線部③「耐久消費財」とありますが、この普及が社会にもたらした意義を文中から十四字で抜き出し、最初の五字を答えなさい。

問6 傍線部④「新しいタイプの人間疎外」とありますが、これを文中の言葉を使って五十字以上六十字以内の一文で説明しなさい。

生産をどんどん増やしてきたのに、今やそのためにかえって不幸になっているではないか、と。

　こうした状態は、現代の資本主義経済の仕組みと深く結びついています。TVや新聞の経済ニュースでは、よくこういう言い回しが使われます。「個人消費が旺盛なので景気が良い」、あるいは「個人消費が低調なので景気が低迷している」。これはつまり、20世紀半ば以降の世界では、特にお金持ちというわけでもない「普通の人たち」がどれくらい消費をするのかということに、経済全体が上手く回るかどうかということが懸っている、ということを意味しています。日本の歴史で言えば、１９５４年から１９７３年の間が高度成長期と呼ばれますが、この間、耐久消費財の普及が【　２　】に進み、国民の日常生活は激変すると同時に、好景気が続きました。個人消費の伸びと好景気が上手く組み合わさっていたのです。

　こうして大衆の生活はどんどん快適なものとなっていったわけですが、⑤何事にもその裏面というものがあります。というのは、個人消費が伸び続けることが好景気の最大の要因であるならば、好景気を続けるためには、個人消費が伸び続けなければならない、ということを意味するわけですが、人の欲望には限度が本来はあるはずで、個人消費の伸びはいつか頭打ちになるはずだからです。例えば、冷蔵庫のない生活は不便ですから、それがないお家では欲しくなるでしょう。しかし、普通冷蔵庫は一家に一台あれば十分ですから、一台買えばそれが壊れるまで、そのお家は冷蔵庫を買わないでしょう。あるいは、自動車の場合でも、一つの世帯が購入する台数には限度があります。要するに、いくら商品があふれていても、必要な物が行き渡ってしまえば、「もう要らないよ」ということになるわけです。

　しかし、企業の側から、さらには経済構造全体の側から見れば、これでは困るのです。人々が必要な物を手に入れた後は買い替え需要を待つだけでは、売り上げが伸びないので企業の業績は伸びず、経済全体では不景気になってしまいます。そこで考え出されたのが、人々の欲望の限度を取り払って、「もう要らないよ」という風には決して思わせない、という戦略です。

　⑥その戦略はいくつかの面を持っています。一つには、「必要な物」の品目を増やしていくことです。例えば、１９５０年代の日本では、洗濯機、冷蔵庫、白黒ＴＶが「三種の神器」と呼ばれて、生活必需品となりました。それらが一通り行き渡った１９６０年代には、今度はカラーＴＶ、自家用車、クーラーが「新・三種の神器」と呼ばれるようになって、必需品だと考えられるようになりました。ここからわかるのは、「必要」とか「必需」というのは、【　３　】だということです。生活を送るために何が絶対に必要なのか、ということに対する人々の考え方は変化するのです。例えば、現在、「車離れ」がよく語られますが、このことは、都市に住む現代日本人が自家用車を必ずしも生活必需品だとは思わなくなった、ということを意味しています。ただし、資本主義経済の論理としては、「必要な物」「必需品」がどんどん増えてくれないと困ります。ですから例えば、音楽の消費で言えば、レコードやカセットテープからＣＤへ、ＣＤからＭＤへ、そしてオンライン配信へと、主要メディアは変化してきました。その度に、新しい機器が「必要」となるわけで、これを利用して消費は拡大してきました。

　二つ目の戦略は、同じ「必要な物」を頻繁に買い替えさせるということです。例えば、自動車のモデルチェンジは、⑦小変更が３〜４年おき、フルモデルチェンジがおよそ８年おきと決まっています。本来モデルチェンジは、大きな技術革新が起き、それを製品に反映させて、品質を改善するために行うものです。しかし、こうした短いスパンで大きな技術革新が必ず起きるわけではありません。ですから、別にしてもしなくても大

二〇二三年度 日本工業大学駒場高等学校（一般②）

【国　語】（五〇分）〈満点：一〇〇点〉

注意　解答に字数制限がある場合は、句読点や記号を一字と数えます。

一　次の文章を読んで、後の問いに答えなさい。

「問題としての消費社会」ということが盛んに言われ始めたのは、１９６０～７０年代にかけてのことでした。ジャン・ボードリヤールというフランスの哲学者がいました。この人が『消費社会の神話と構造』という本を１９７０年に出版し、１９７９年には日本語訳も出ますが、この本が話題になって①「消費社会」という言葉が一挙に一般化します。

この本は、②長い間「物の欠乏」に苦しんできた人類は、今や反対に、「物の過剰」に苦しんでいると主張して、衝撃をもたらしました。それはどういうことなのでしょうか。

そもそも人類の大部分は、気が遠くなるほど長い間「物の欠乏」と闘ってきました。天候不順が続けば飢え死にする人が大量に出るような時代が、本当に長い間続きました（今でもそのような状況に置かれている人々がいなくなったわけではありませんが）。もちろん、食糧だけでなく、【　１　】に「物が足りない」ということが人類の悩みの種であり、そのために多くの争いも起きてきたのです。

しかし、18世紀半ばのイギリスで産業革命が始まったことによって、人類の生産力は飛躍的に上昇し始めました。石炭、後には石油・ガスといった化石燃料を物つくりに大量投入することによって、また【　Ｘ　】眠【　Ｘ　】休で働いてくれる機械を用いることによって、人類は、「物が足りない」状態から急激に脱していくことになったのです。

その成果が、20世紀後半の資本主義先進国では、大変よく見えるようになってきました。飢え死にする人などはほとんどいなくなっただけでなく、上下水道などが整備されることで衛生状態も良くなり、疫病の大流行なども起きなくなりました。それだけでなく、大衆が③「耐久消費財」（典型的には住宅、家電製品、自動車など）と呼ばれる品々を買うことが当たり前になり、生活は飛躍的に快適で豊かなものとなりました。また、こうした品々は、かつては贅沢品としてごく一部の金持ちの人々だけが享受することができたのに対して、多くの人々がこれらを買うことが当たり前となったのですから、社会は随分と平等になったことを意味します。こうした状態は、長い間人類が「物の欠乏」によって苦しんできたことを思えば、実に驚くべき達成であり、そのことは多くの人々にとって幸福なことだと実感されていました。

そんななかで、ボードリヤールが「物があふれているために、④新しいタイプの人間疎外が起きている」と論じたので、大きな衝撃がもたらされたのです。ボードリヤールの述べたことの要点は、次のような事柄でした。物が足りないための苦痛や不幸から逃れるために人類は生産力の拡大を推し進めてきたが、それによって今度は、物を消費することに強迫的に駆り立てられる社会が出現してしまった。人類は幸福になるために物の

英語解答

1 1 エ　2 イ　3 ア　4 ウ　5 エ

2 1 asked, to　2 If, had　3 I, working　4 lives, is　5 no time

3 1 was afraid of making mistakes
2 My parents let me eat some snacks
3 Tokyo is one of the biggest cities in
4 My father painted the bench yellow
5 told me what he brought with him

4 A 1…ア　2…ウ　3…ア　4…イ　5…ウ　6…イ　7…ウ　8…ア
B 1…イ　2…ア　3…エ　4…ウ

5 (例) I like studying in the morning better. There are two reasons. First, it is quiet in the morning, so it is the best time to study. Second, after good sleep, I can better focus on studying. (36語)

6 問1 40　問2 haunted house
問3 1 (例) Because they will have a special dinner.
2 (例) They are going to buy sunflowers.
問4 1…F　2…F　3…F　4…T
問5 記号…ア　語…a

7 問1 1…エ　2…ア　3…イ　4…ウ
問2 The problem of waste began when people started to live in towns.
問3 the first story about the problem of waste that we
問4 ウ
問5 通りを歩くことは不可能であった。
問6 ウ
問7 1…T　2…F　3…F　4…T　5…F　6…T

1〔適語(句)選択〕

1．money は‘数えられない名詞’。コンマの後に「何も買えない」とあるので，little「ほとんどない」を選ぶ。　「私はほとんどお金を持っていないので，何も買えない」

2．‘look＋形容詞’で「～に見える」。interesting「(物事が)興味深い，おもしろい」と interested「(人が)興味を持って」の意味の違いを明確にしておくこと。　「その本はおもしろそうだ」

3．which bag to buy で「どのかばんを買うべきか」という意味になる。‘疑問詞＋to不定詞’は疑問詞に応じて「何を〔いつ，どこで，どのように〕～すべきか」といった意味を表す。なお，which は直後に名詞をとり‘which＋名詞’「どの～」の形で1つの疑問詞となる。　「どちらのかばんを買うべきだろうか」

4．I will という返答につながるのは，will not の短縮形 won't を使った疑問文である。なお，否定の疑問文への答えは，「いいえ，～です」という肯定の内容なら‘Yes＋肯定文’，「はい，～ではありません」という否定の内容なら‘No＋否定文’となる。この場合は I will「会うつもり」という肯定の内容なので，Yes の訳は「いいえ」となる。　「今日の午後，彼女に会わないつもりですか？」―「いいえ，会うつもりです」

5．be covered with ～で「～で覆われている」。　「庭は雪で覆われていた」

2〔書き換え―適語補充〕

1．「母は私に『家事をするのを手伝ってちょうだい』と言った」→「母は私に家事をするのを手伝うよう頼んだ」　上の文で Please が使われているので，‘ask＋人＋to ～’「〈人〉に～するように頼む」の形に書き換える。

2．「京都を旅行したいが，十分な時間がない」→「十分な時間があれば，京都を旅行できるのに」　上は「時間がないから旅行できない」という事実。これを下では，‘現在の事実に反する仮定’を述べる仮定法過去の文で書き換える。仮定法過去の一般的な形は，‘If＋主語＋動詞の過去形～，主語＋助動詞の過去形＋動詞の原形…’「もし～なら，…なのに」。

3．「仕事の間に，電話がかかってきた」→「私が働いている間に，電話がかかってきた」　during「～の間に」の後には名詞(句)が続く。while「～する間に」の後には‘主語＋動詞…’が続く。

4．「あの家に住んでいる老人はルーシーのお父さんだ」　上は現在分詞の形容詞的用法を用いた文。これを下では主格の関係代名詞 who を用いた文に書き換える。

5．「昨日，私は全く時間がなかった」　not … any ～≒no ～「全く～ない」

3〔整序結合〕

1．「失敗するのを恐れる」と考えて，be afraid of ～ing「～するのを恐れる」と make mistakes「失敗する」を組み合わせる。

2．‘let＋人＋動詞の原形’「〈人〉に～させる〔することを許す〕」の形をつくる。　let－let－let

3．「最も～な…の１つ」は‘one of the＋最上級＋複数名詞’で表せる。「世界で」は in the world。

4．「〈物〉を〈色〉に塗る」は‘paint＋物＋色’で表せる。

5．‘tell＋人＋物事’「〈人〉に〈物事〉を教える」の形をつくり，‘物事’に当たる「何を持ってきたのか」を‘疑問詞＋主語＋動詞…’の語順の間接疑問で what he brought with him とする。

4〔対話文完成─適文選択〕

A．1．A：顔色が悪いよ。大丈夫？／B：具合が悪いから，医者に診てもらうんだ。／A：お大事に。∥Take care.「お大事に，気をつけて」

2．A：すみません。私は青いペンが欲しいんです。ありますか？／B：もちろん。こちらにあります。他に何かお求めですか？／A：いいえ，けっこうです。∥文房具を売る店での客と店員の会話。直後で客が「いいえ，けっこうです」と断っているので，何かをすすめられたと考えられる。

3．A：ジョージの送別会に参加するつもり？／B：残念だけど，参加できないんだ。その代わりに，彼のためにとてもすてきなケーキを注文したよ。／A：わかった。パーティーでそれを見るのが楽しみだな。∥直後の instead は「その代わりに」という意味。アの I can't の後には join the party が省略されている。

4．A：手助けが必要ですか？／B：あのドアを開けていただけますか？／A：わかりました。∥Would you ～?「～していただけますか」は，ていねいな‘依頼’を表す表現。

5．A：おはよう，ベス。今日の予定はどうなってるの？／B：おはよう。今日は数学の授業があるの。あっ，どうしよう！　教科書がないわ。／A：僕も数学の授業があるんだ。僕のを使っていいよ。∥この後Aが「僕のを使っていい」と言っていることから，Bが数学の教科書を忘れたのだとわかる。最後の mine は my math textbook と言い換えられる。

6．A：はい，私のパスポートです。／B：ありがとう。あなたの訪問の目的は何ですか？／A：留学です。∥空港での入国審査の場面。Aの「留学」という返答が，訪問の目的になっている。

7．A：何してるの？／B：宿題をしてるんだよ。君のは終わったの？／A：いや。するのを忘れてた！∥forget to ～は「～するのを忘れる」。ウの yours は your homework のこと。

8．A：あなたのレストランのコーヒーが好きなんです。／B：それはこのうえない喜びです。もっといかがですか？／A：ええ。もう１杯，コーヒーをいただきたいです。//Would you like ～? は「～はいかがですか」と人にていねいに何かをすすめる表現。 another cup of ～「～をもう１杯」

B≪全訳≫❶A：高校でどの芸術科目をとるか，もう決めた？❷B：いいえ，まだよ。[1]あなたはどう？❸A：僕は音楽をとりたいんだけど，楽器の技能テストがあるって聞いたんだ。[2]僕は楽器を演奏するのが得意ではないんだよ。❹B：あら，本当？ あなたはできると思うけど。ところで，どうして書道を選ばないの？ 先月，学校のコンテストで金賞を取ったのに。[3]私があなたなら，それを選択するわ。❺A：あのね，僕は新しいことに挑戦したいんだ。❻B：それはすばらしいわね。実は，私も音楽に興味があるの。[4]一緒にそれをとりましょうよ。❼A：うん，そうしよう！ もしそのクラスで困ったことがあったら，君が僕を助けてくれるといいな。❽B：もちろん。それじゃ，芸術科目については私も決めたわ。ありがとう。❾A：ありがとう！

<解説>1．How about you? は「あなたはどう？」と，自分が先にきかれたことを相手に尋ねる定型表現。 2．前後の内容から，楽器の演奏に関する内容が入るとわかる。 3．仮定法過去の文。書道コンテストで金賞を取ったAに対してBは「自分ならそれ(書道)をとるのに」と言ったのである。仮定法過去の条件節では主語の人称にかかわらず，be動詞は原則 were が使われることに注意。 4．Yes, let's.「はい，そうしましょう」は，一緒に何かすることを提案する Shall we ～?「～しましょう」への答え方。

5 〔テーマ作文〕

問いは「勉強を朝にするのと夕方にするのとでは，どちらが好きか」。最初にどちらが好きかを明示し，その理由を述べる文を続けるとよい。 (別解例) I like studying in the evening better because I'm not good at getting up early in the morning. I want to sleep as much as I need to be healthy. So I don't have time to study in the morning. (40語)

6 〔長文読解総合―対話文〕

≪全訳≫❶華(H)：今度の日曜にワンダー遊園地へ行くのにとてもわくわくしてるわ！❷ジャック(J)：うん，そこはとても広いから，そこへ行く前に地図を確認しないとね。❸H：うん，そうすればスムーズに回れるもんね！❹J：そのとおり。お父さんが車で僕たちを連れていってくれるって言ってたんだ。家からそこに着くまでは30分くらいだよ。それと，その日はお母さんの誕生日パーティーをする予定だから，パーティーの準備をするために17時までに家に戻らなくてはならないんだ。❺H：それじゃ，８時30分までに家を出た方がいいわね？❻J：朝はすごく渋滞してるだろうから，君が言ったよりも30分早く家を出なくてはならないと思うよ。夕方は，道は混んでないんだ。❼H：なるほど。入場料はいくらなの？❽J：ここに遊園地のガイドマップがあるよ。僕たち２人分の入場料は40ドルだね。❾H：わかった。私はジェットコースター，観覧車，メリーゴーランド，ゴーカート，お化け屋敷を本当に楽しみたいのよ！❿J：僕は最後にジェットコースターに乗りたいな，それは僕のお気に入りだからね！⓫H：いいわよ。入口に一番近いから，最初にお化け屋敷に行って，それから時計回りに回りましょう。⓬J：それは一番いい考えだね！ それと僕たちは園内で昼食を食べられるよ，ホットドッグ，ピザ，フライドチキン，ハンバーガー…。⓭H：昼食にいくら必要？⓮J：それぞれ10ドルで十分だと思うな。⓯H：でも私たちはスペシャルディナーを食べるから，昼食にあまりたくさん食べない方がいいわね。私はサンドイッチのような軽食を食べるわ。⓰J：そうだね。僕は君と同じのを食べるよ。家に帰る途中，僕はお母さんのための誕生日ケーキを買う予定なんだ。それは20から30ドルくらいだろう。

⑰H：うん，それと彼女に花を買うのはどう？⑱J：うん，いいね！　お母さんはいつも自分の部屋をあじさいとかゆりとかばらとかたくさんの花で飾ってて，特にひまわりが好きなんだ。それは10から20ドルくらいだと思う。⑲H：わかった。彼女のお気に入りのものを選びましょう！　あっ，それに私はあなたのお母さんに誕生日メッセージを書いたから，あなたの助けが必要なの。私の英語をあなたに直してほしいのよ。⑳J：本当に？　お母さんはとても気に入るよ！　もちろん！㉑H：どうもありがとう。これがその手紙よ。／親愛なるアン／お誕生日おめでとう！　何もかもありがとう。私はあなたの料理が大好きです！　最初にあなたの料理を食べたとき，なんておいしい料理だろうと思いました。あなたの料理の仕方にとても興味を持っています。ミートパイのつくり方を私に教えてください！／愛を込めて，華／ワンダー遊園地ガイドマップ／開園時間：９時～20時／入場料：大人(18歳以上)⇒35ドル／学生(12～17歳)⇒20ドル／子ども(６～11歳)⇒10ドル／※５歳以下は無料／フードレストラン／入口／おみやげ店

問１＜適語補充＞中学３年生２人分の入場料が入る。ガイドマップより，12～17歳は20ドルである。

問２＜適語句補充＞地図参照。入口に一番近いのはお化け屋敷である。

問３＜英問英答＞１.「なぜ華とジャックは昼食に軽い物を食べるつもりなのか」―「彼女たちは特別な夕食を食べるつもりだから」　第15段落参照。Why できかれているので Because で答える。答えの主語は they に変える。　２.「華とジャックはジャックのお母さんに何の種類の花を買うつもりか」―「彼らはひまわりを買うつもりだ」　第18，19段落参照。　favorite「お気に入りの，一番好きな」

問４＜内容真偽＞１.「華とジャックは家を８時30分に出て，遊園地を16時30分に出るつもりだ」…×　第５，６段落参照。家を出るのは８時になる。　２.「ジャックは遊園地の近くのレストランで昼食を食べることを提案する」…×　第12段落および地図参照。レストランは園内にある。　３.「ジャックは母親のために誕生日ケーキをつくるつもりだ」…×　第16段落参照。つくるのではなく買う。　４.「華とジャックはその日，合計で90～110ドルが必要だろう」…○　第８，14，16，18段落参照。入場料が２人で40ドル。昼食がそれぞれ10ドルなので２人で20ドル。ケーキが20～30ドル，花が10～20ドル。合計は90～110ドルになる。

問５＜適所選択＞dish「皿に盛った料理，一皿分の料理」は‘数えられる名詞’なので，a が必要。what 以下は‘what (a/an)＋形容詞＋名詞＋主語＋動詞!’の感嘆文の形。

7 〔長文読解総合―説明文〕

≪全訳≫❶昔，町というものは１つもなかった。人々は小さな集団で暮らし，多くの場合殺して食べられる野生の動物を探しながら，あちこち移動した。彼らはごみをあまり出さず，(出したのは)たき火の灰と古くなった食べかすだけだった。この全てが地面に埋められ，それはおそらく野菜の成長に役立った。❷ごみの問題は人々が町に住み始めたときに始まった。最古のごみ集積場はクレタ島の都クノッソスで見つかり，これらはおそらく紀元前3000年頃につくられた。クレタ島のこれらのとても古い場所は，今日のごみ集積場とは異なり，その中にあるのはほとんどが灰，木，皿や茶碗のかけらである。❸2500年以上前，アテネの政府は市内にごみ集積場はいらないと言った。彼らはアテネの人々に，アテネの城壁の外，約２キロ離れた所に全てのごみを持っていかなければならないと言った。これが私たちの知っているごみの問題についての最初の話である。❹それは大昔に始まった問題だが，そのときでさえ人々は解決策を見つけていた。例えば紀元前2000年の中国では，人々は自分たちのごみを堆肥にした。これは彼らが古い野菜や果物の残りを全て外の１か所に置いて，そこにそのまま置いておいたということだ。数か月後，それは堆肥と呼ばれる豊かな茶色の物質に変わり，それは植物にとてもいいのだ。彼

らは庭で若い植物を育てるためにこの堆肥を使った。今日でも野菜を育てる多くの人は好んで堆肥をつくり，自分たちの庭にそれを使う。それは古いアイデアだが，よいものなのだ！　もしかすると堆肥にすることはリサイクルの最初の例かもしれない。❺しかし庭がない場合，堆肥をつくる価値はない。イングランドでは，町に住んでいた人々はドアの外にごみを投げ出していたものだ。家の外にごみがたくさんあって，通りに沿って歩くのが難しいこともあった。通りもとてもひどいにおいがした。1297年，政府はごみを家の前に放置した人々を罰すると言ったが，誰もそんなことを気にしなかった。彼らは自分たちのごみの一部を家の中で焼いたが，残りは外の通りの上に放り出し続けた。❻ロンドンでは，通りがとても汚れ，そこを歩くことができないこともあった。人々は外出したとき，自分たちの足が汚れないように，靴底の厚い木靴を履いた。ごみがロンドンから持ち出され，田舎に捨てられることもあった。1354年，ついに政府はごみを撤去する専門の労働者を雇い始めた。❼しかし世界最大のごみ問題は，機械と工場がつくられたときに始まった。そのときごみは人々の家からだけでなく工場からも出た。同時に多くの人々が村を離れ，住んだり働いたりするために町に来たので，町はますます大きく汚くなった。町にはたくさんの病気が流行し，よく人々はとても若くして死んだ。医者は多くの病気が汚い家とごみによるものだと言った。❽イギリスでは1848年に，政府が公衆衛生法と呼ばれる新しい法律をつくった。それから全ての町からごみを撤去する人が雇われた。19世紀の終わりまでに，それは毎日撤去された。一部はその後リサイクルされ，石けんや紙などの新しい物をつくるために使われた。他のごみは町の外の大きな汚れた丘にただ放置された。

問１＜適語選択＞１．look for ～「～を探す」　２．「～年に」という場合の前置詞は in。　３．(be) made of ～「(見た目でわかる材料)でつくられる」　*cf.*(be) made from ～「(見た目でわからない原料)でつくられる」　４．come from ～「～に起因する，～の結果である」 ‘*A* as well as *B*’「*B*と同様に*A*も」

問２＜要旨把握＞rubbish は「(生)ごみ」。ごみ問題の始まりは，第２段落第１文に書かれている。

問３＜整序結合＞This is the first story「これが最初の話である」が文の骨組み。「ごみの問題についての」は about the problem of waste とまとめ story の後ろに置く。残りは that を関係代名詞として使って that we know of という関係代名詞節とする。

問４＜語句解釈＞compost は「堆肥」。この意味を知らなくても前後の内容から判断できる。ウ．「堆肥は野菜や果物を育てるためにとても役に立つ」は堆肥の説明になっている。

問５＜英文和訳＞‘It is ～ to —’「—することは～だ」の構文。them は前にある the streets を指す。　impossible「不可能な」

問６＜適語句選択＞‘比較級＋and＋比較級’は「ますます～」と程度が増すことを表す。ごみと人が増えれば，町は「ますます大きく汚く」なったと考えられる。

問７＜内容真偽＞１．「昔，ごみは大きな問題ではなかった」…○　第１段落第１，３文に一致する。　２．「最初のごみ集積場はアテネで見つかったといわれている」…×　第２段落第２文参照。アテネではなくクノッソス。　３．「ロンドンの人々は最初のリサイクルシステムを発明した」…×　そのような記述はない。　４．「機械と工場はごみの問題を悪化させた」…○　第７段落第１文に一致する。　５．「ロンドンの多くの人々は田舎に住みに来た」…×　第７段落第３文参照。田舎の人々が町に住みに来た。　６．「ロンドンのごみの問題は19世紀の間に改善した」…○　第８段落第１～３文に一致する。

2023年度／日本工業大学駒場高等学校（一般②）

数学解答

1 (1) $\frac{3}{10}$　(2) $\frac{4x+3}{6}$　(3) $-\frac{6a}{b}$
(4) $3\sqrt{3}$

2 (1) $x=-\frac{2}{5}$　(2) $x=2\pm\sqrt{2}$
(3) $x=-1,\ -2$
(4) $x=-a-3,\ -a+1$

3 (1) 58点　(2) 56点

4 (1) 40円
(2) 120円，230円，340円，450円

5 (1) $\frac{2}{3}$　(2) $(6,\ 24)$
(3) $\left(-\frac{6}{5},\ 0\right)$

6 (1) 3 cm　(2) $2\sqrt{5}$ cm
(3) $\frac{280}{11}$ cm^2

7 (1) ア…$120°-x$　イ…60
ウ…2組の角がそれぞれ等しい
(2) $\frac{16}{3}$ cm

1〔独立小問集合題〕

(1)<数の計算>与式 $=\frac{11}{18}\times\frac{9}{5}-\frac{6}{5}\times\frac{2}{3}=\frac{11}{10}-\frac{4}{5}=\frac{11}{10}-\frac{8}{10}=\frac{3}{10}$

(2)<式の計算>与式 $=\frac{5+6x}{4}-\frac{3x+1}{3}+\frac{2x-5}{12}=\frac{3(5+6x)-4(3x+1)+(2x-5)}{12}=\frac{15+18x-12x-4+2x-5}{12}=\frac{8x+6}{12}=\frac{4x+3}{6}$

(3)<式の計算>与式 $=\frac{8b}{a^3}\times\left(-\frac{27a^6}{b^6}\right)\div\frac{36a^2}{b^4}=\frac{8b}{a^3}\times\left(-\frac{27a^6}{b^6}\right)\times\frac{b^4}{36a^2}=-\frac{8b\times27a^6\times b^4}{a^3\times b^6\times36a^2}=-\frac{6a}{b}$

(4)<数の計算>与式 $=(\sqrt{2}+1)\times\sqrt{3}(\sqrt{2}-1)-(\sqrt{2}-2)\times\sqrt{3}(2+\sqrt{2})=\sqrt{3}(\sqrt{2}+1)(\sqrt{2}-1)-\sqrt{3}(\sqrt{2}-2)(\sqrt{2}+2)=\sqrt{3}\times(2-1)-\sqrt{3}\times(2-4)=\sqrt{3}\times1-\sqrt{3}\times(-2)=\sqrt{3}+2\sqrt{3}=3\sqrt{3}$

2〔独立小問集合題〕

(1)<一次方程式> $\frac{x}{1.2}=\frac{10}{12}x=\frac{5}{6}x$，$\frac{2}{1.5}=\frac{20}{15}=\frac{4}{3}$，$\frac{1}{0.6}=\frac{10}{6}=\frac{5}{3}$ だから，$\frac{5}{6}x-\frac{4}{3}=-\frac{5}{3}$ となり，$5x-8=-10$，$5x=-10+8$，$5x=-2$　$\therefore x=-\frac{2}{5}$

(2)<二次方程式>解の公式を用いて，$x=\frac{-(-4)\pm\sqrt{(-4)^2-4\times1\times2}}{2\times1}=\frac{4\pm\sqrt{8}}{2}=\frac{4\pm2\sqrt{2}}{2}=2\pm\sqrt{2}$ である。

(3)<二次方程式> $x^2-x-2=2x^2+2x$，$-x^2-3x-2=0$，$x^2+3x+2=0$，$(x+1)(x+2)=0$　$\therefore x=-1,\ -2$

(4)<二次方程式> $x+a=A$ とおくと，$A^2=-2A+3$，$A^2+2A-3=0$，$(A+3)(A-1)=0$ となり，A をもとに戻して，$(x+a+3)(x+a-1)=0$　$\therefore x=-a-3,\ -a+1$

3〔データの活用〕

(1)<平均値>平均値は，$(54+43+85+93+27+75+47+38+60)\div9=522\div9=58$(点)である。

(2)<正しい点数>正しい点数を反映したときの9人の点数の合計は，平均点が60点より，$60\times9=540$(点)である。(1)より，反映する前の9人の点数の合計は522点だから，$540-522=18$ より，採点ミスがあった生徒の点数は18点大きくなっている。もとのデータは小さい順に，27，38，43，47，54，60，75，85，93となり，中央値は，小さい方から5番目の54点である。正しい点数を反映したとき，その点数が中央値となることより，採点ミスがあった生徒のもとの点数は，18点大きくなると小さい方から5番目の点数となる。採点ミスがあった生徒のもとの点数が53点以下のとき，18点大きく

なって，54点以上60点以下となればよい。$54-18=36$，$60-18=42$ より，もとの点数は36点以上42点以下だから，採点ミスがあった生徒のもとの点数は38点であり，この生徒の正しい点数は，$38+18=56$(点)である。また，採点ミスがあった生徒のもとの点数が中央値であった54点とすると，正しい点数は $54+18=72$(点)となり，これは小さい方から5番目の点数にならないから適さない。以上より，採点ミスがあった生徒の正しい点数は56点である。

4〔数と式—一次方程式の応用〕

(1)＜**切符の運賃と税別運賃の差額**＞ある区間の税別運賃を x 円とすると，消費税10%を加えた金額は $x+x\times\frac{10}{100}=\frac{11}{10}x$(円)と表せる。ICカードの運賃が429円だから，$\frac{11}{10}x=429$ が成り立ち，$x=390$ となる。よって，税別運賃は390円である。切符の運賃は，ICカードの運賃の一の位の数を切り上げて430円である。したがって，この区間における切符の運賃と税別運賃の差額は，$430-390=40$(円)である。

(2)＜**存在しない切符の運賃**＞税別運賃を y 円とすると，消費税10% を加えた金額は $y+y\times\frac{10}{100}=y+\frac{1}{10}y$(円)と表せ，この一の位の数を切り上げた金額が切符の運賃となる。税別運賃 y 円は100円から500円までの10円単位なので，税別運賃を10円ずつ高くしていって，消費税 $\frac{1}{10}y$ 円の一の位の数を切り上げた金額が上がるときに，110円から550円までの10円刻みの金額の中で，切符の運賃で存在しない金額が生じる。$\frac{1}{10}\times100=10$，$\frac{1}{10}\times500=50$ より，消費税の一の位の数を切り上げた金額は10円，20円，30円，40円，50円のいずれかである。これが10円となる最大の税別運賃は100円だから，税別運賃が100円より高くなると，消費税の一の位の数を切り上げた金額も上がり，ここで存在しない切符の運賃が生じる。切符の運賃は，$y=100$ のとき $100+10=110$(円)であり，$y=110$ のとき $110+\frac{1}{10}\times110=121$ より130円となるから，120円が存在しない。消費税の一の位の数を切り上げた金額が20円となる最大の税別運賃は，$\frac{1}{10}y=20$ より，$y=200$(円)だから，税別運賃が200円より高くなると，消費税の一の位の数を切り上げた金額も上がり，ここでも存在しない切符の運賃が生じる。切符の運賃は，$y=200$ のとき $200+20=220$(円)であり，$y=210$ のとき $210+\frac{1}{10}\times210=231$ より240円となるから，230円が存在しない。以下同様に考えて，消費税の一の位の数を切り上げた金額が30円となる最大の税別運賃は300円だから，切符の運賃は，$y=300$ のとき330円，$y=310$ のとき350円より，340円が存在しない。消費税の一の位の数を切り上げた金額が40円となる最大の税別運賃は400円だから，切符の運賃は，$y=400$ のとき440円，$y=410$ のとき460円より，450円が存在しない。以上より，110円から550円までの10円刻みの金額の中で，切符の運賃で存在しない金額は，120円，230円，340円，450円となる。

5〔関数—関数 $y=ax^2$ と一次関数のグラフ〕

≪基本方針の決定≫(3)　点Aと x 軸について対称な点をとる。

(1)＜**比例定数**＞次ページの図で，放物線 $y=ax^2$ はA$(-3,\ 6)$を通るので，$x=-3$，$y=6$ を代入して，$6=a\times(-3)^2$ より，$a=\frac{2}{3}$ である。

(2)＜**座標**＞次ページの図のように，2点A，Bから x 軸にそれぞれ垂線AH，BIを引く。$\triangle$ACH∽$\triangle$BCIとなるから，AH：BI＝CA：CB＝1：(1＋3)＝1：4である。点Aの y 座標より，AH＝6

だから，BI＝4AH＝4×6＝24となり，点Bの y 座標は24である。(1)より，点Bは放物線 $y=\frac{2}{3}x^2$ 上にあるので，$24=\frac{2}{3}x^2$，$x^2=36$，$x=\pm 6$ となり，点Bの x 座標は正だから，$x=6$ となる。よって，B(6, 24)である。

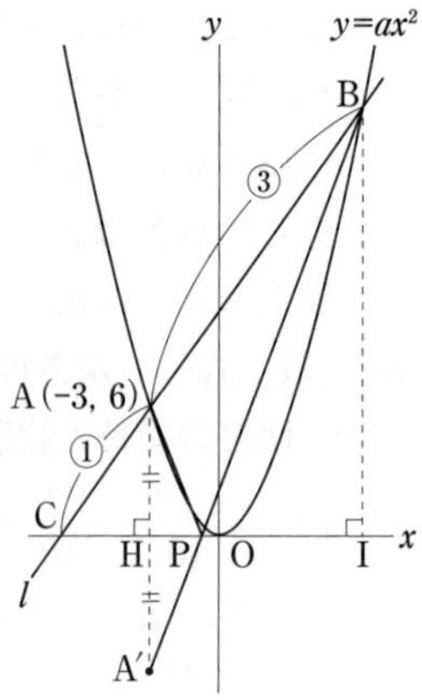

(3)＜**座標**＞右図のように，点Aと x 軸について対称な点をA′とすると，A(−3, 6)より，A′(−3, −6)である。2点A′，Pを結ぶと，AP＝A′Pとなるから，AP＋BP＝A′P＋BPである。よって，AP＋BPが最も短くなるのは，A′P＋BPが最も短くなるときで，このとき，3点A′，P，Bは一直線上の点となる。直線A′Bの傾きは，$\frac{24-(-6)}{6-(-3)}=\frac{10}{3}$ となるので，その式は $y=\frac{10}{3}x+b$ とおける。点Bを通るので，$24=\frac{10}{3}\times 6+b$，$b=4$ となり，直線A′Bの式は，$y=\frac{10}{3}x+4$ である。点Pは，直線A′Bと x 軸の交点となるから，$y=0$ を代入して，$0=\frac{10}{3}x+4$，$x=-\frac{6}{5}$ となり，$\mathrm{P}\left(-\frac{6}{5},\ 0\right)$ である。

6 〔平面図形―円〕

≪基本方針の決定≫(3)　△CDEと△CGEの面積の和として求める。

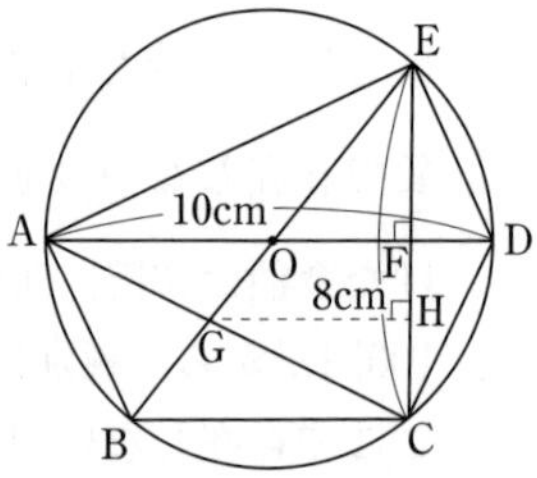

(1)＜**長さ―三平方の定理**＞右図で，OF⊥CEより，点Fは線分CEの中点だから，$\mathrm{EF}=\mathrm{CF}=\frac{1}{2}\mathrm{CE}=\frac{1}{2}\times 8=4$ である。$\mathrm{OE}=\mathrm{OD}=\mathrm{OA}=\frac{1}{2}\mathrm{AD}=\frac{1}{2}\times 10=5$ だから，△OEFで三平方の定理より，$\mathrm{OF}=\sqrt{\mathrm{OE}^2-\mathrm{EF}^2}=\sqrt{5^2-4^2}=\sqrt{9}=3$(cm)となる。

(2)＜**長さ―三平方の定理**＞右図で，(1)より，OF＝3，OD＝5だから，DF＝OD－OF＝5－3＝2である。CF＝4なので，△CDFで三平方の定理より，$\mathrm{CD}=\sqrt{\mathrm{CF}^2+\mathrm{DF}^2}=\sqrt{4^2+2^2}=\sqrt{20}=2\sqrt{5}$(cm)である。

(3)＜**面積**＞右上図で，AD⊥CEだから，$\triangle\mathrm{CDE}=\frac{1}{2}\times\mathrm{CE}\times\mathrm{DF}=\frac{1}{2}\times 8\times 2=8$ である。次に，点GからCEに垂線GHを引く。2点O，Fは，それぞれ線分BE，CEの中点だから，△BECで中点連結定理より，$\mathrm{OF}=\frac{1}{2}\mathrm{BC}$ であり，BC＝2OF＝2×3＝6となる。また，OF∥BC，つまりAD∥BCとなる。これより，△OAG∽△BCGとなり，AG：CG＝OA：BC＝5：6である。さらに，△ACF∽△GCHとなるから，AF：GH＝AC：GC＝(5＋6)：6＝11：6となる。AF＝OA＋OF＝5＋3＝8だから，$\mathrm{GH}=\frac{6}{11}\mathrm{AF}=\frac{6}{11}\times 8=\frac{48}{11}$ となる。よって，$\triangle\mathrm{CGE}=\frac{1}{2}\times\mathrm{CE}\times\mathrm{GH}=\frac{1}{2}\times 8\times\frac{48}{11}=\frac{192}{11}$ である。したがって，〔四角形CDEG〕＝$\triangle\mathrm{CDE}+\triangle\mathrm{CGE}=8+\frac{192}{11}=\frac{280}{11}$(cm²)である。

7 〔平面図形―三角形〕

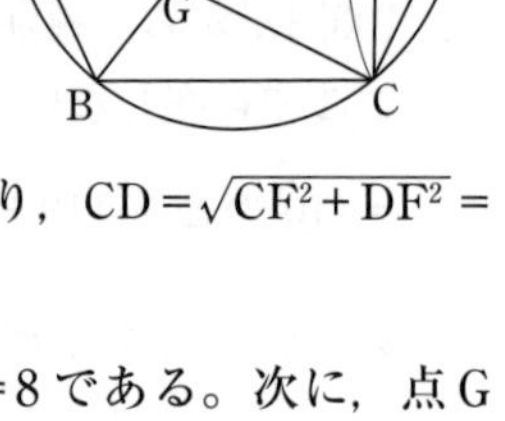

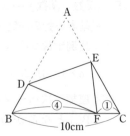

(1)＜**証明**＞右図で，∠BFD＝x とすると，△BDFの内角の和は180°だから，∠BDF＝180°－∠DBF－∠BFD＝180°－60°－x＝120°－x となるので，②は，∠BDF＝120°－x である。また，折り返しの図形より，∠DFE＝∠DAE＝60°だから，∠CFE＝180°－∠DFE－∠BFD＝180°－60°－x＝120°－x となり，③は，∠CFE＝120°－x である。△BDFと△CFEにおいて，①の∠DBF＝∠FCE＝60°，④の∠BDF＝∠CFEより，2組の角がそれぞれ等

しいので，△BDF∽△CFEである。

(2)＜長さ＞前ページの図で，DB＝y(cm)，CE＝z(cm)とすると，FD＝AD＝AB－DB＝10－y，EF＝EA＝AC－CE＝10－zとなる。また，BF：FC＝4：1より，BF＝$\frac{4}{4+1}$BC＝$\frac{4}{5}\times10=8$，FC＝BC－BF＝10－8＝2である。(1)より，△BDF∽△CFEだから，BF：CE＝DB：FCより，8：z＝y：2が成り立ち，$z\times y=8\times2$，$yz=16$となる。同様に，BF：CE＝FD：EFより，8：z＝(10－y)：(10－z)が成り立ち，$8\times(10-z)=z\times(10-y)$，$80-8z=10z-yz$，$18z=80+yz$となる。$yz$＝16を代入すると，$18z=80+16$，$18z=96$，$z=\frac{16}{3}$となるので，CE＝$\frac{16}{3}$(cm)である。

＝読者へのメッセージ＝

関数$y=ax^2$のグラフは放物線です。放物線は，英語でパラボラ(parabola)といいます。パラボラアンテナは放物線の形を利用してつくられています。

国語解答

一　問1　1…イ　2…エ　3…ウ

問2　不　　問3　物を消費す

問4　イ　　問5　社会は随分

問6　不便な状態を解消するために物を手に入れても，新しいものを追い求めるよう欲望があおられ，少しも満足できない状態。(55字)

問7　イ　　問8　ウ　　問9　ウ

二　問1　1…ウ　2…イ　3…ア

問2　近代国家が総力戦体制期に境界を越える人々の移動や外国人を差異化する制度を国家主権として一元的かつ厳格に管理し，国民国家が要塞化したから。(68字)

問3　イ　　問4　エ

問5　共同体の軛　　問6　オ

問7　コミュニティへの渇望

問8　ウ

問9　①…×　②…○　③…○　④…×　⑤…×

三　①　海峡　②　輪郭　③　抑　④　脅　⑤　鋭敏　⑥　きとく　⑦　なんばん　⑧　した　⑨　なぐさ　⑩　こくじ

四　①　ウ　②　ケ　③　キ　④　オ　⑤　エ

五　問1　かかる舞はいまだ見ず

問2　イ　　問3　まいって

問4　ウ　　問5　イ，エ

一〔論説文の読解―社会学的分野―現代社会〕出典；白井聡「消費社会とは何か――『お買い物』の論理を超えて」(内田樹編『転換期を生きるきみたちへ　中高生に伝えておきたいたいせつなこと』所収)。

≪本文の概要≫人類の大部分は，長い間，「物の欠乏」と闘ってきた。しかし，産業革命によって，人類の生産力は飛躍的に向上し，人類は，「物が足りない」状態から急激に脱していった。そのことは，20世紀後半の資本主義先進国では，肯定的に受け止められていた。そのため，ジャン・ボードリヤールが，『消費社会の神話と構造』で，消費社会を批判したときには，大きな衝撃がもたらされた。人類は幸福になるために物の生産をどんどん増やしてきたのに，今や，そのために，かえって不幸になっていると彼は主張する。個人消費が拡大すれば景気がよくなるということは，個人消費が減少すれば不景気になるということである。したがって，好景気を続けるためには，個人消費は伸び続けなければならない。そのために，企業側は，「必要な物」の品目を増やし，「必要な物」を頻繁に買い替えさせる。この戦略はうまくいったが，その結果，人々は，どれだけ物を手に入れても，満足できなくなってしまった。ボードリヤールは，こうした状態を「新しい疎外」と呼んだ。

問1＜表現＞1．「食糧だけでなく」，全てにわたって，「『物が足りない』ということが人類の悩みの種」だったのである。　2．日本では，高度成長期の間に，「耐久消費財の普及」が急激な勢いで進み，「国民の日常生活は激変」した。　3．「1950年代の日本では，洗濯機，冷蔵庫，白黒TV」が生活必需品だったが，1960年代には，「カラーTV，自家用車，クーラー」が生活必需品となった。ここから，「必要」とか「必需」というのは，絶対的なものではなく，他との関係において，または，他との比較のうえで成り立つものであるといえる。

問2＜四字熟語＞「不眠不休」は，眠ったり休んだりせずに，懸命にがんばること。

問3＜表現＞「消費社会」とは，人々が，物を手に入れても，「『あれも必要だ』，『もっと新しいのが欲しい』と常に思わされ」て，「物を消費することに強迫的に駆り立てられる社会」である。

問4＜文章内容＞18世紀半ばのイギリスで始まった産業革命において，化石燃料の物つくりへの大量投入や，機械の使用で，「人類の生産力は飛躍的に上昇し始め」た。そして，人類は「『物が足りない』状態から急激に脱していく」こととなった。

問5＜文章内容＞「耐久消費財」は，「かつては贅沢《ぜいたく》品としてごく一部の金持ちの人々だけが享受することができたのに対して，多くの人々がこれらを買うことが当たり前となった」のである。このことは，「社会は随分と平等になったこと」を意味している。

問6＜文章内容＞「不便な状態を解消するために物を手に入れて」も，「『あれも必要だ』，『もっと新しいのが欲しい』と常に思わされることになり，欲しかった物を手に入れてもちっとも満足できない，という状態」が，ボードリヤールのいう「新しい疎外」である。

問7＜文章内容＞「個人消費の伸びと好景気が上手く組み合わさっていた」ために，「大衆の生活はどんどん快適なものとなっていった」のである。「その裏面」とは，個人消費が伸びなくなると，景気が悪くなってしまうということである。

問8＜文章内容＞「生活を送るために何が絶対に必要なのか，ということに対する人々の考え方は変化する」ので，新しい製品をつくり「『必要な物』の品目を増やし」て人々に売ることが，企業の戦略である。

問9＜漢字＞「反映」と「反響」の「反」は，はね返る，はね返す，という意味。「反物」の「反」は，布類の長さの単位を表す。「反逆」と「反対」の「反」は，背くこと，逆らうこと。「反転」の「反」は，ひっくり返ること。

二〔論説文の読解―社会学的分野―現代社会〕出典；伊豫谷登士翁『グローバリゼーション――移動から現代を読みとく』。

問1＜接続語＞1．「グローバル化した世界において，どこかに住まうことと移動することとの境界はますます曖昧」になり，「相反するものではない」ことの例として，ジェイムズ・クリフォードが，「『人間の場所が静止と同じくらい転地(ディスプレイスメント)によって構築されている』ことに注目して」きたことが挙げられている。　2．「社会科学は国境を越える人の移動を，その対象に応じて，移民や移住者，外国人(労働者)，難民といったさまざまな言葉で表して」きたが，「これらの分類にはしばしば移動を管理しようとしてきた政策の，そして研究者の作為がつきまとい，移動する人たちを的確に表すものではないように」思われる。　3．「発展途上国においては，市場化の浸透するなかで，土地などの基本的な生存手段を奪われた人々が大量に都市へと流れ込み，メガシティのなかに巨大なスラムをつくって」きただけではなく，そのうえ，「権益や利権をめぐる地域紛争と大国の介入は，国外における『難民』とともに国内における膨大な『避難民』を生み出してきた」のである。

問2＜文章内容＞近代国家は，「二度の世界戦争とそれらを挟む戦間期」，つまり，「総力戦体制期」に，「境界を越える人々の出入国の管理や国民と外国人を差異化する制度」を「国家主権として一元的かつ厳格に管理するようになった」のである。これをきっかけに「国民と領土とが厳密に一義的に結びつけられ，国民国家が要塞化」したために，「国境を越える移動が特別な移動として経験されるようになった」のである。

問3＜文章内容＞「近代と呼ばれた時代は大規模な人の移動」で始まり，「国民国家という共同体は，移民の国であるか否かにかかわらず，人の移動によって創り上げられて」きた。しかし，現代においては，「国民国家の動揺が膨大な規模の人の移動を引き起こし，共同体に亀裂を持ち込み，国民国家の根幹を侵食しつつ」ある。

問4＜熟語の構成＞「自明」と「必要」は，上の漢字が下の漢字を連用修飾している熟語である。「隔離」は，似た意味の漢字を組み合わせてつくられた熟語。「仰天」は，下の漢字が上の漢字の目的語になっている熟語。「骨折」は，上の漢字が主語，下の漢字が述語になっている熟語。「夜風」は，上の漢字が下の漢字を連体修飾している熟語。

問５＜文章内容＞大規模な人の移動を可能にした「近代という時代」は，「共同体の軛からの解放を祝福し，自立した個人を礼賛」する一方で，現代における「コミュニティの再興や社会の復権」を求める態度につながる，「失われた共同体への羨望《せんぼう》に満ちあふれて」いたのである。

問６＜文章内容＞発展途上国においては，「武力紛争だけでなく，国家やグローバルな資本によるスラム・クリアランスなど，いっそう暴力的なかたちで，生まれ育った場所が容易に簒奪される状況が日常化して」いる。国家や資本は，しばしば暴力的に人々から故郷を奪うのである。

問７＜文章内容＞グローバリゼーションがもたらした「欧米諸国での社会不安」は，「コミュニティやナショナルなものへの期待」，つまり，「コミュニティへの渇望」を生み出したのである。

問８＜語句＞「秩序」は，混乱や対立がなく，全体が，安定し，整った状態にあるさま。対義語は，無秩序に，さまざまなものが入り乱れ，ごちゃごちゃした状態にあることを意味する「カオス」。「アイデンティティ」は，自己同一性のこと。「イデオロギー」は，政治思想のこと。「パラドックス」は，逆説のこと。「ユートピア」は，理想郷のこと。

問９＜要旨＞「人の移動は，人間の営みのなかで重要なテーマの一つとみなされ」てきたが，「最も重要なものであると位置づけられてきた」わけではない(①…×)。「近代と呼ばれた時代は大規模な人の移動」で始まったが，現代になると，人の移動はさらに活発になり，現在は，世界人口の約三・六パーセントにあたる「およそ二・八億人の人々が生まれた国を離れて生活して」いる(②…○)。「コミュニティの再興や社会の復権が重要なテーマとなって」きたのは，「世界に共通した課題」であり，「日本においては，『無縁社会』や『孤独死』が３・11を契機に大きく取り上げられ，コロナ禍のいまは家族がふたたび脚光を浴びて」いる(③…○)。グローバリゼーションは，「定住のあり方」を「大きく変えて」きたが，それによって，「文明の発展に貢献」したとは書かれていない(④…×)。「国民国家の動揺が膨大な規模の人の移動を引き起こし」て，「現代の移民や難民問題」をもたらしたのである。また，「近代国家形成の初め」においては，「国民の移動奨励政策」が取られたわけではない(⑤…×)。

三〔漢字〕

①「海峡」は，両側から陸地に挟まれて，海が狭くなっている部分のこと。　②「輪郭」は，周囲をふちどり，物の外側の部分を形づくる線のこと。　③音読みは「抑制」などの「ヨク」。　④音読みは「脅迫」などの「キョウ」。　⑤「鋭敏」は，感覚が鋭いこと。または，物事の理解が早く，賢いこと。　⑥「危篤」は，今にも死にそうな状態にあること。　⑦「南蛮」は，戦国時代以降の日本で，東南アジアに植民地を持っていたスペイン・ポルトガルを意味する言葉。　⑧音読みは「思慕」などの「ボ」。　⑨音読みは「慰安」などの「イ」。　⑩「酷似」は，非常によく似ていること。

四〔文学史〕

ア．『伊豆の踊子』は，大正15(1926)年に発表された川端康成の小説。　イ．『一握の砂』は，明治43(1910)年に発表された石川啄木の歌集。　ウ．『おらが春』は，江戸時代の俳人の小林一茶の俳句文集(…①)。　エ．『城の崎にて』は，大正６(1917)年に発表された志賀直哉の小説(…⑤)。　オ．『古事記』は，奈良時代に成立した現存する我が国最古の歴史書(…④)。　カ．『更級日記』は，平安時代に成立した菅原孝標女の日記。　キ．『土佐日記』は，平安時代に成立した紀貫之の日記(…③)。　ク．『風土記』は，奈良時代に成立した諸国の地誌。　ケ．『方丈記』は，鎌倉時代に成立した鴨長明の随筆(…②)。　コ．『坊っちゃん』は，明治39(1906)年に発表された夏目漱石の小説。

五〔古文の読解―物語〕出典；『平家物語』巻第一「祇王」。

≪現代語訳≫また都で評判の高い白拍子の名手が，一人現れた。加賀国の人である。名を仏と申した。年は十六歳だということである。「昔から多くの白拍子がいたが，このような舞はまだ見たことがない」というので，京の都中のあらゆる人が，もてなすことはひととおりではない。仏御前が申すには，「私は天下で有名になったが，ただ今あれほど立派にお栄えになっている，平家太政の入道殿に，呼んでいただけないことは不本意だ。遊女にはよくあることで，どうして不都合だろうか，いや不都合ではない，推参してみよう」というので，あるとき西八条へと参上した。(入道殿のところに)人が参上して，「ただ今都で評判の仏御前が，参りました」と申し上げると，入道殿は，「何と，そのような遊女は，人の招待に応じて参上するものだ。すぐに推参するということがあるものか。そのうえ祇王がいるような所へは，神といえども仏といえども，参上してはならない。早く早く出ていきなさい」とおっしゃった。

仏御前は，冷淡に言われ申し上げて，すでに出ていこうとしたが，祇王が，入道殿に申し上げたのは，「遊女の推参は，当たり前の慣習でございます。そのうえ年もまだ幼くございますのが，たまたま思い立って参上してきたのを，冷淡におっしゃってお帰しになることこそ，気の毒です。どれほど恥ずかしく，気まずいことでしょう。私が生計を立ててきた道なので，他人の身の上とも思えません。たとえ舞をご覧になったり，歌をお聞きになったりしなくても，ご対面だけなさって，お帰しになれば，ありがたいお情けでございましょう。無理であっても，呼び戻してご対面ください」と申し上げたので，入道殿は，「いやはやそなたがそれほど言うのであれば，面会してから帰そう」と言うので，使いをやって(仏御前は)お呼び出しされた。

問1＜古文の内容理解＞仏御前の芸を見て，都の人々は，昔から多くの白拍子がいたが，これほどの舞はまだ見たことがないと褒めたたえたのである。

問2＜古文の内容理解＞仏御前は，白拍子の名手として，都で有名になったのに，当時繁栄をきわめていた入道殿には呼ばれたことがなかった。仏御前は，そのことが不本意だったので，遊女の習慣であるからかまわないだろうと考えて，自分から入道殿の屋敷に押しかけていこうと決意したのである。

問3＜歴史的仮名遣い＞歴史的仮名遣いの「ゐ」は，現代仮名遣いでは「い」となる。また，促音の「つ」は，「っ」となる。

問4＜古文の内容理解＞入道殿は，遊女は，呼ばれてから来るものであり，自分から押しかけてくるとは何事かと腹を立てた。そのうえ，自分が寵愛《ちょうあい》する祇王がいる場所へやってくるのはもってのほかだと，仏御前の行動を不愉快に感じたのである。

問5＜古文の内容理解＞遊女が有力者のところに押しかけていくのは，当時は当たり前のことだった(オ…○)。まだ若い仏御前がたまたま思い立って推参したのに，入道殿と面会することもできず，追い返されたとなると，とても恥ずかしい思いをするだろうと，祇王は考えた(ウ…○)。祇王は，自分も白拍子として生計を立ててきたので，仏御前のことを他人事とは思えなかった(ア…○)。祇王は，自分が賞賛されるために，または，自分の実力を知らしめるために，仏御前を呼び戻すようにと，入道殿に進言したわけではない(イ，エ…×)。

2022年度 日本工業大学駒場高等学校(一般①)

【英　語】 (50分) 〈満点：100点〉

1 次の英文の（　　　）に入れるのに最も適切な語（句）をア～エより選び、記号で答えなさい。

1　I would like (　　　) Britain.

ア visit　　イ visiting　　ウ visits　　エ to visit

2　I studied English very hard last night, (　　　) I am sleepy now.

ア or　　イ so　　ウ but　　エ because

3　She is (　　　) to buy the bag.

ア enough rich　　イ enough of rich　　ウ rich enough　　エ rich of enough

4　I'm looking forward to (　　　) abroad.

ア go　　イ going　　ウ going to　　エ go to

5　I wish he (　　　) to the party.

ア comes　　イ will come　　ウ came　　エ coming

2 次の各組がほぼ同じ意味になるように（　　　）に適語を入れなさい。

1　How many rooms do you have in your house?
=How many rooms (　　　) (　　　) in your house?

2　People sing this song at Christmas.
=This song (　　　) (　　　) at Christmas.

3　He was happy when he got the present.
=The present (　　　) (　　　) happy.

4　I am a pianist.　I started to play the piano ten years ago.
=I (　　　) (　　　) the piano for ten years.

5　I was glad because I heard your voice.

=I was glad (　　　　)(　　　　) your voice.

3

次の日本文の意味になるように【　　】内の語（句）を並べかえなさい。ただし、文頭に来るべき語も小文字で示してあります。

1　私の趣味は音楽を聴くことです。

【 is / to / my / listening / hobby 】music.

2　私たちは水を大切にすべきです。

【 save / for / necessary / water / is / us / it / to 】.

3　あなたは今夜出かけない方がいいです。

You【 better / tonight / had / not / go out 】.

4　私は父に新しい財布を買いました。

I bought【 my father / new / wallet / a / for 】.

5　彼らは耳の長い犬を飼っています。

They【 ears / which / a dog / have / long / has 】.

4

A　次の会話文の（　　　　）に入れるのに最も適切なものをア～エより選び、記号で答えなさい。

1　A：What are you doing now, Tiffany?　Can you help me?

B：Okay, (　　　　)

A：Thank you.

ア　I'm coming.　　　イ　I think she can.

ウ　I'm very busy.　　エ　I'll go there tomorrow.

2 A : Excuse me, how can I get to the public hall?
B : (   )
A : OK. I'll ask another person. Thank you very much.

ア It's not the public hall. イ Sorry, I'm a stranger here.
ウ You can get a prize. エ Go straight and you can see it on your right.

3 A : Which would you like, beef or fish?
B : (   ) I'm thinking now.
A : Sure. I'll come back later.

ア Please help yourself. イ Show me another, please?
ウ How about this one? エ Just a minute.

4 A : Did you do your homework, Ken?
B : (   ), mom.
A : Do it first before playing video games!

ア Yes イ No, I don't
ウ Not yet エ Of course

5 A : Time to cook dinner! Do you have any requests?
B : (   )
A : Sounds perfect. Let's start cooking.

ア I had pizza for lunch. イ No. I don't feel hungry now.
ウ Pizza! I really love your pizza. エ I saw your request paper on the table.

6 A : Can I borrow this book?
B : Sure. Do you have the library card?
A : No, I don't. (   )

ア I am in the library. イ I have two cards.
ウ It's my first time to come here. エ See you again.

7　A　:　Can you go to buy some milk?

B　:　Oh, mom.　(　　　　　)

A　:　I forgot about that!

ア　Dad got some yesterday.　　　イ　Milk is good for the health.

ウ　Do I have to buy anything else?　　　エ　I can go right now.

8　A　:　It's rainy today.　I really wanted to go hiking.

B　:　Don't be sad.　Why don't we go to a movie theater, instead?

A　:　(　　　　　)

ア　You are a genius.　Which movie shall we see?

イ　Sounds terrible to hike on a rainy day.

ウ　Me, neither.　I don't want to see a movie.

エ　Because it is rainy.

B　次の会話文の（　1　）～（　4　）に入れるのに最も適切なものをア～エよりそれぞれ選び、記号で答えなさい。

A　:　I'm planning to study English abroad during the spring vacation.　My dream is to speak three languages.

B　:　That's nice.　(　　1　　)

A　:　I want to stay in the U.S. for two weeks.　(　　2　　)

B　:　Let me see.　It will cost five hundred thousand yen.

A　:　Oh, it's too expensive!　(　　3　　)

B　:　You can choose Canada.　It will cost three hundred thousand yen.

A　:　Canada?　(　　4　　)

B　:　English and French are spoken in Canada.　You can learn French there, too.

A　:　Wow!　I've decided to go to Canada!

ア　How much will it cost?

イ　Is there a cheaper plan?

ウ　Where do you want to go?

エ　What can I do there?

5　次の問いに対して、理由も含めて25語以上の英語で答えなさい。

Which do you like better, studying at home or studying at the library?

6 図表を参考に次の会話を読んで、下記の問いに記号で答えなさい。〔語注(*)が文の最後にあります。〕

Hiroshi : I found a beautiful hot spring hotel called *Yamabiko Onsen* for our holidays. You can enjoy hot springs and beautiful mountain scenery.

Ken : That's a nice idea because I have been busy these days and want to relax. Where is *Yamabiko Onsen*?

Hiroshi : It is located in a mountain village in Nagano Prefecture. You can see famous mountains of the Northern Japan Alps and have great food from Nagano.

Ken : Great! I can't wait for the holidays. Let's make a plan. How should we get there? Can you drive?

Hiroshi : It takes about four hours by car. Driving a car is the fastest way but it makes me tired. Ken, we want to relax at the great hot springs. ① Who wants to drive?

Ken : OK. Do you have another idea?

Hiroshi : We can take an express train from Shinjuku to Matsumoto and then take a bus to the mountainside and finally take a ropeway.

Ken : That sounds like a great idea, but we will use three types of *transportation. That will be expensive.

Hiroshi : Yes. It costs 9,900 yen only for one way.

Ken : Oh, that's too expensive. We can use that money to eat wonderful dishes at a great restaurant.

Hiroshi : No, let's go by train. We can enjoy beautiful scenery from the window and buy some bento boxes before riding on the train. ② It must be an amazing trip!

Ken : No, no, no. I don't want to pay that much money. If I had a car, I would drive.

Hiroshi : OK. I have another plan. How about taking a bus? We can take a bus from Shinjuku to the mountainside. It takes four and a half hours and the price of a one-way ticket is 6,200 yen.

Ken : Sounds reasonable. We can see beautiful scenery from the window, too.

(注) transportation　交通手段

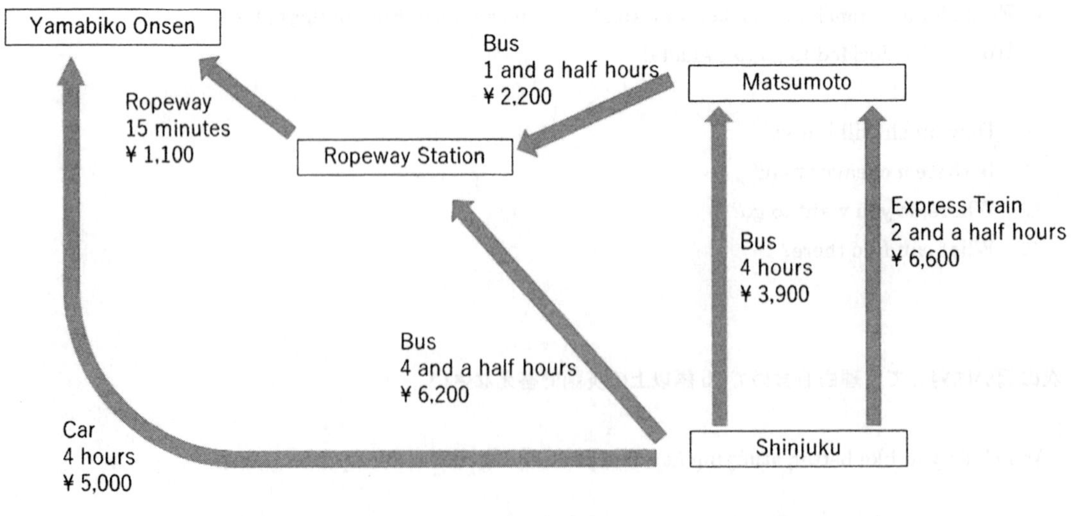

Q 1　Why are they going to visit Nagano?

ア　They want to climb the Northern Japan Alps.

イ　Hiroshi's uncle invited them to his house.

ウ　They want to go to hot springs.

エ　Ken's parents will visit *Yamabiko Onsen*.

Q 2　Why does Hiroshi say, "① Who wants to drive?"?

ア　Hiroshi doesn't want to drive a car.

イ　Ken must drive a car.

ウ　Hiroshi wants to decide the driver.

エ　Ken will give Hiroshi a ride.

Q 3　How long does it take to *Yamabiko Onsen* when they take the train?

ア　4 hours

イ　4 hours 15 minutes

ウ　5 hours

エ　5 hours 15 minutes

Q 4　Why does Hiroshi say, "② It must be an amazing trip!"?

ア　Hiroshi has to go on an amazing trip.

イ　Hiroshi believes taking the train is fun.

ウ　Taking the bus is better than the train.

エ　Driving a car is more fun.

Q 5　How much does it cost to go to *Yamabiko Onsen* when they take the bus to Matsumoto?

ア　¥7,200

イ　¥7,300

ウ　¥8,400

エ　¥9,900

Q 6　Which transportation will they take?

ア　A car

イ　A train, a bus, and a ropeway

ウ　A bus and a ropeway

エ　Two buses and a ropeway

7 次の英文を読んで、下記の問いに答えなさい。〔語注(*)が文の最後にあります。〕

What is chocolate and where did it first come from? Chocolate is made (ア) the beans of the cacao tree. These trees first grew in the *rainforests of Central and South America and people began to use the beans a very long time ago. The tree has large fruits called pods and these hold the beans inside. The scientific name for the cacao tree, *Theobroma* cacao, tells us (イ) the wonderful food that comes from it. *Theobroma* means 'food of gods'.

The first people who used pods of the cacao tree were perhaps the *Olmecs three thousand years ago. The Olmecs lived deep in the rainforest in the country that is now called Mexico. People think that the Olmecs broke open the large pods of the tree to find food. But they did not use the cacao beans, they only ate the sweet white *pulp around the beans. In Brazil and other places in South America people still make a drink from this soft pulp.

Since the 1970s people have also asked questions about the word 'cacao'. Where did it first come from and who used it? They have found the word 'kakawa' in the old Olmec language and they now think that 'cacao' came from there.

The earliest examples of chocolate from cacao beans come from the Maya people 1,500 years ago. These clever people lived near the same places (ウ) the Olmecs and had fine buildings and beautiful books.

<u>①【 the first / grow / cacao trees / people / to / were / they 】 and make food from the beans.</u> We know from their pictures that chocolate was very important to them. On special days, they gave chocolate (エ) their gods.

The Maya made a strong chocolate drink from the beans. First they took them to a warm, dark place. Then they put them in the sun to dry and later they cooked them. Next they ground them to make paste. When the paste was hard and dry, they put it into water. They poured the water between two cups, from one to the other and back again, for a long time. This made a special drink with a lot of bubbles, and the Maya loved it.

They did not have sugar so [A] for a nicer taste. At first everybody drank the chocolate, but in later times only very rich families could have it. The Maya used special cups to drink their chocolate and people have found interesting examples of these. One cup has *picture-writing for the word 'cacao' on it and [B] inside after 1,500 years!

From around AD 1200 the *Aztec people started to become more important than the Maya and they *ruled over a large number of men and women. The center of the Aztec world was the city of *Tenochtitlan – today's Mexico City. Cacao trees did not grow well here because it was too dry. So the Aztecs, who loved chocolate like the Maya, began to buy cacao beans from them. In the end, these beans were very important and [C].

Like the Maya, the Aztecs made cacao beans into a drink. <u>② They</u> called it *chocolatl* which gave us the word 'chocolate'. They too put different spices in it and they liked it best with a very strong flavor. The Aztecs drank a lot of *chocolatl* and people said that the last Aztec ruler, *Moctezuma the Second (1466-1520), had fifty cups of chocolate a day! He was a very rich man and he was famous for his large 'bank'- but it was full of (③), not money. One Spanish writer said that Moctezuma had 960 million cacao beans in his bank. Today [D] from that number of beans!

（注） rainforests 熱帯雨林　Olmecs オルメカ文明　pulp カカオの果肉　picture-writing 象形文字
Aztec アステカ文明　rule over を統治する　Tenochtitlan テノチティトラン
Moctezuma the Second モクテスマ２世

問１　チョコレートの歴史を表にまとめました。本文の内容に合うよう以下の空欄を日本語で埋めなさい。

時代	当時の文明	チョコレートの歴史
3000年前（紀元前９世紀）	オルメカ文明	カカオの果肉を食べていた。
1500年前（６世紀）	マヤ文明	カカオの豆を加工し、特別な（　　　　）にした。
800年前（１２世紀）	アステカ文明	チョコレートの由来になる単語を使っていた。

問２　（　ア　）～（　エ　）に入れるべき語を１～４の中からそれぞれ選び、番号で答えなさい。
1　as　　2　from　　3　to　　4　about

問３　下線部①を「彼らはカカオの木を育て、豆から食べ物をつくった最初の人々だった」という意味になるように並べかえなさい。ただし、文頭に来るべき語も小文字で示してあります。

問４　古代マヤ人のチョコレートの調理法について、適切な順番になるようにア～エを並べかえなさい。

ア

イ

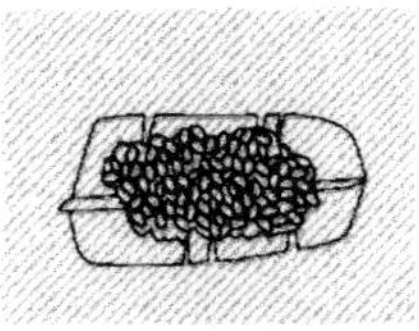
ウ

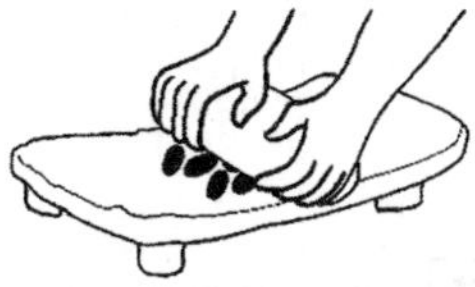
エ

問５　［　A　］～［　D　］に入れるべき文をア～エの中からそれぞれ選び、記号で答えなさい。
ア　we can make around 25 million chocolate bars
イ　they became a type of money
ウ　there is still some chocolate
エ　they put spices in their drink

問６　下線部②が指す語句を本文中から２語で抜き出しなさい。

問７　（　③　）に入れるべき語句を本文中から２語で抜き出しなさい。

問８　以下の英文について、本文の内容に合うものにはT、合わないものにはＦで答えなさい。
1　People in Brazil have long enjoyed pulp of cacao as juice.
2　The word ‘cacao’ came from the language used by the Olmecs.
3　The Maya people were not so clever that they could read books.
4　In the Aztec world, cacao trees could grow well because they had a lot of rain.

【数　学】（50分）〈満点：100点〉

1 次の計算をしなさい。

(1) $\left(-\dfrac{1}{3}\right)^3 \div \dfrac{1}{6} - \left(-\dfrac{4}{3}\right)^2$

(2) $\dfrac{3x-2}{6} - \dfrac{x-1}{3} - \dfrac{x+4}{2}$

(3) $2ab^2 \times (-2a)^3 \div \left(-\dfrac{8}{3}ab\right)$

(4) $\sqrt{3}(\sqrt{3}+\sqrt{2})(\sqrt{3}-\sqrt{2})(\sqrt{3}-3\sqrt{2})-(\sqrt{3}-3\sqrt{2})\times(-3\sqrt{2})$

2 次の方程式を解きなさい。

(1) $\dfrac{1}{4}x + \dfrac{3+2x}{6} = \dfrac{x+3}{2} - \dfrac{1}{3}$

(2) $\begin{cases} 0.5x + 0.2y = 3.3 \\ x : (y+3) = 4 : 3 \end{cases}$

(3) $2x^2 - 6x + 3 = x^2 + 1$

(4) $(2x+5)^2 = (x+1)^2$

3 次の問いに答えなさい。

(1) $a-b=1$ のとき，$a^2-5a+b^2+5b-2ab+5$ の値を求めなさい。

(2) 連続する 3 つの自然数があります。最も小さい自然数と 2 番目に小さい自然数の積は，最も大きい自然数の 14 倍より 62 だけ大きいです。最も小さい自然数を求めなさい。

4 図のように積み上げたブロックに数を入れ，次の規則にしたがって計算していきます。

規則

となり合ったブロックに書かれている数の和を，両方が接している 1 つ上のブロックに書きます。
<例> 1 番下の段が 1，2，3 の場合

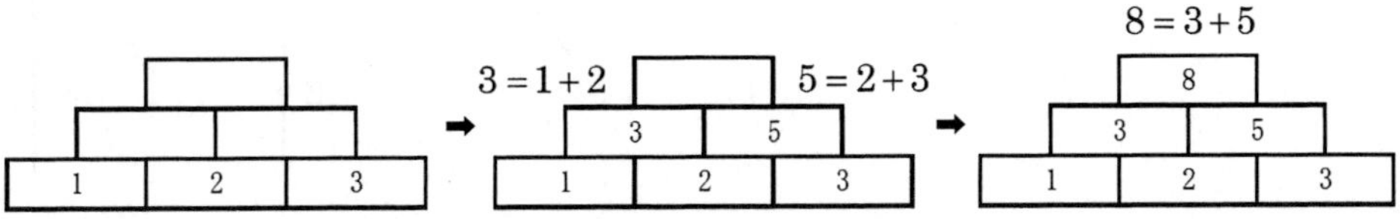

(1) 右の図のように，$x-2y$ から始まり y ずつ増える式が左から順に書かれています。
図のブロック ■ に当てはまる式を答えなさい。

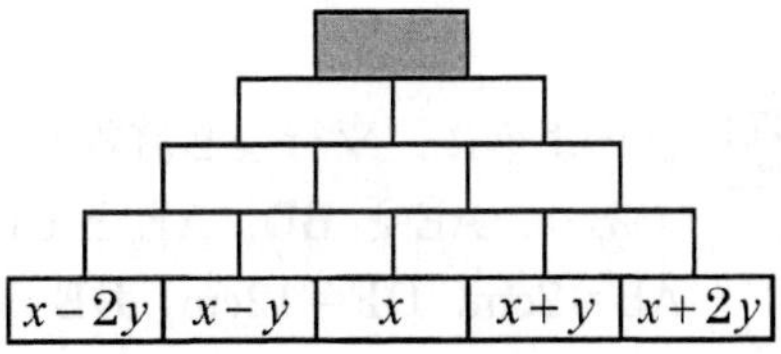

(2) 右の図のように数が書かれているとき，図のブロック ■ に当てはまる数を答えなさい。

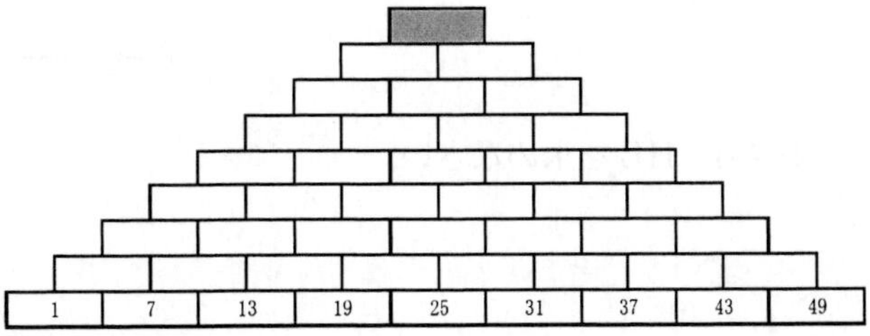

5 図のように，放物線 $y=\frac{2}{9}x^2$ と直線 ℓ が原点 O と点 A で交わっています。また，点 B と C は y 軸上の点，直線 AD は y 軸に平行であり，OA＝OB＝AD です。2 点 A，C の y 座標がともに 8 であるとき，次の問いに答えなさい。

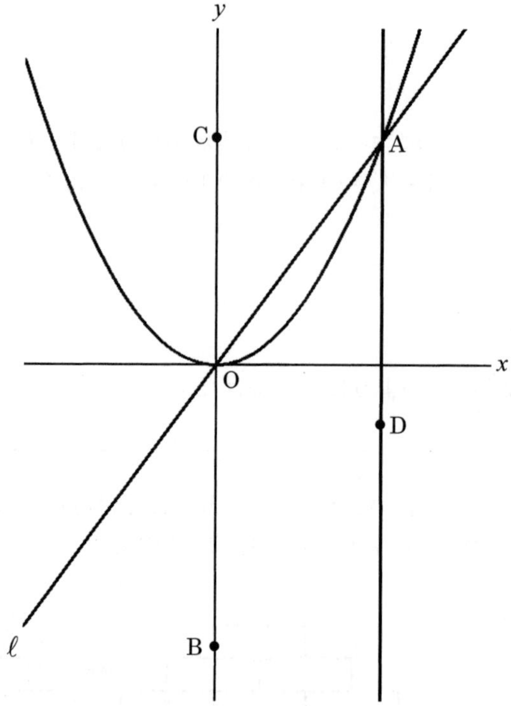

(1) 点 A の座標を求めなさい。

(2) 直線 BD の式を求めなさい。

(3) 線分 OC の中点を通り，四角形 OBDA の面積を 2 等分する直線の式を求めなさい。

6 図のように，平行な 2 直線 ℓ，m があります。A，B，C は ℓ 上の点，D，E，F は m 上の点であり，AE と BD，AE と CD，BF と CD の交点をそれぞれ G，H，I とします。AB＝2cm，DF＝12cm，DE : EF＝2 : 1，BI : IF＝1 : 1 であるとき，次の問いに答えなさい。

(1) △AGB と△EGD の面積の比を求めなさい。

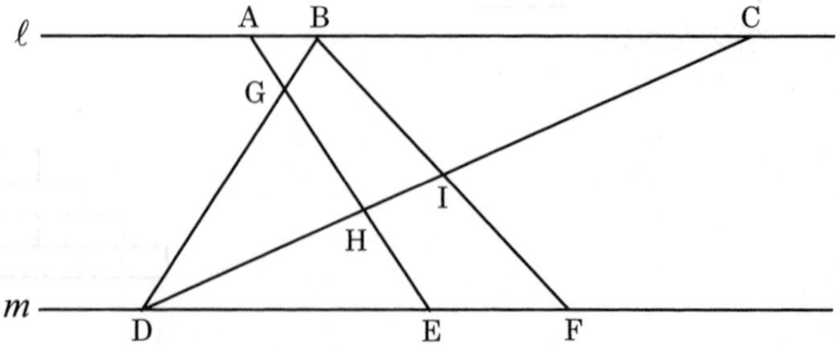

(2) AH : HE を求めなさい。

(3) AG : GH : HE を求めなさい。

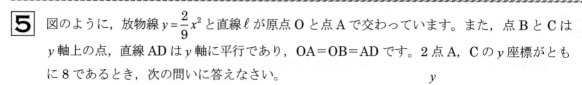

7 図のように，AB を直径とする円 O と∠CAD＝90°の直角三角形 ACD があります。円 O と AC の交点を E とし，点 B における円 O の接線と，点 D を通り線分 AC に平行な直線との交点を F とします。∠DAB＝∠DBA であるとき，次の問いに答えなさい。

(1) △ABC∽△BFD であることを証明しなさい。

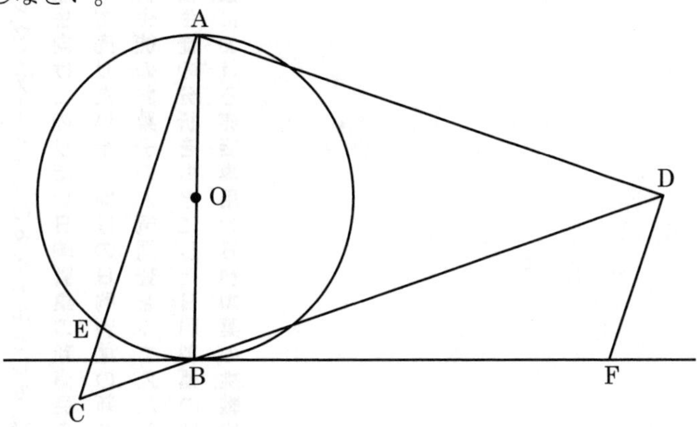

(2) $\overset{\frown}{AE}:\overset{\frown}{EB}=4:1$ であるとき，∠BDF の大きさを求めなさい。

問4　傍線部③「新商品の提案」とありますが、Aくんが各資料を用いて企業に商品の提案を行った際の企業側の感想として最も適当なものを次の中から一つ選び、記号で答えなさい。

ア　改善の余地の残る商品ですね。学校内の売店で売れていない商品を分析して、それを修正するという域を出ていないので、独自の発想に欠けていると思います。また、値段も学生に売っていくには高すぎる設定であるように思えます。

イ　もう少し工夫が必要な商品だと思います。全国の学生を対象にした学習時にお菓子を食べない理由の調査をもとに新商品の構想を練っているのは良いですが、まだ市場調査不足に思えます。また、海外志向の強い日駒製菓に合わない商品です。

ウ　良い商品だと思います。生徒の集中力が途切れるという点に注目をして、過去問題を商品につけるという発想は、普段から勉強をしている学生ならではの視点ですね。手が汚れることへの対応も個包装にすることでできているのが良いです。

エ　良いとも悪いとも言えない商品ですね。大手予備校との連携にどれくらいの費用がかかるのかまで調べているのは良いと思います。一方で、模擬試験をどの程度の人が受けているのかがわからないと売れるとまでは言えませんね。

オ　良い発想の商品ですね。男女の半数以上が学習時にお菓子を食べない理由として挙げている事項の全てに対応できている商品であるのが魅力的です。特に勉強へのメリットを現行商品よりもわかりやすく出すために過去問題という付加価値をつけたのは面白いですね。

問5　このプレゼンテーションのタイトルとして最も適当なものを次の中から一つ選び、記号で答えなさい。

ア　受験生向けに売りたい日駒製菓の新商品の分析

イ　世界で売りたい十代向けの日駒製菓の新商品

ウ　本校生徒のお菓子の人気調査をふまえた新商品の検討

エ　本校生徒の分析をもとにした日駒製菓の新商品

オ　本校における売店専用の日駒製菓の挑戦的な新商品

問1　傍線部①「リラックスチョコレートチップス」とありますが、各資料を踏まえて考えられる、この商品が売り上げを伸ばしていない理由として最も適当なものを次の中から一つ選び、記号で答えなさい。

ア　チョコレートが溶けやすく手が汚れる可能性があり、また音が出るため周囲が勉強している時に食べにくいから。

イ　売店で売られている他の会社のポテトチップスの値段が本製品よりも安く、量も多い可能性があるから。

ウ　他のポテトチップスとは異なり、食べる際に音は一切立たないが、日をまたいで食べることが難しいから。

エ　本校の生徒が購入するお菓子の中で、ポテトチップスはそれほど高い割合を占めていないから。

オ　リラックス効果を高める成分により、学習の効率に良くない影響を与えることが明らかであるから。

問2　【　X　】に入る数字として最も適当なものを次の中から一つ選び、記号で答えなさい。

ア　120　　イ　144　　ウ　276　　エ　420　　オ　456

問3　傍線部②「図2からわかること」とありますが、【　Y　】に入る分析として最も適当なものを次の中から一つ選び、記号で答えなさい。

ア

◇「集中力が途切れること」を理由に挙げている生徒が3割

↓

お菓子だけの問題ではない可能性があるので、自習室や教室の環境をすぐにでも整える必要がある！

イ

◇「勉強に役に立たない」ことを理由に挙げている生徒

↓

男子では２番目、女子では最も高い割合となっており、多くの生徒が学習時にお菓子を食べることに利点を見いだせていないことがわかる！

ウ

◇「音やにおいで周りに迷惑になる」ことを理由に挙げている生徒の割合
男子生徒>女子生徒

↓

男子生徒の方が自習室や教室で学習をしていることがわかる！

エ

◇「手が汚れるから」が男子生徒、女子生徒の両方で最も高い割合を占めている

↓

手に付きやすい素材で作られたお菓子が多く売られていると推測できる！

オ

◇「値段が高い」ことを挙げている男子生徒と「集中力が途切れる」ことを挙げている女子生徒の人数

↓

どちらも約180人と多いので、すぐにでも対策をする必要がある！

5. 図2の分析

②図2からわかること

【　Y　】

男女共に半数以上が理由として挙げている項目への対策を考えるべき！

6. ③新商品の提案

◇過去問アメ玉

特徴

1. 大手予備校と連携し、模擬試験の過去問題を個包装のパッケージに掲載。
2. アメは個包装にすることで、手が汚れにくく保存も可能。アメなので音やにおいの心配もない。
3. かさなった問題や自分に必要のない科目の問題は友人と交換することを推奨。消費者のつながりを促進することで売り上げの増加を狙う。

3. 学習時にお菓子を食べる頻度の調査

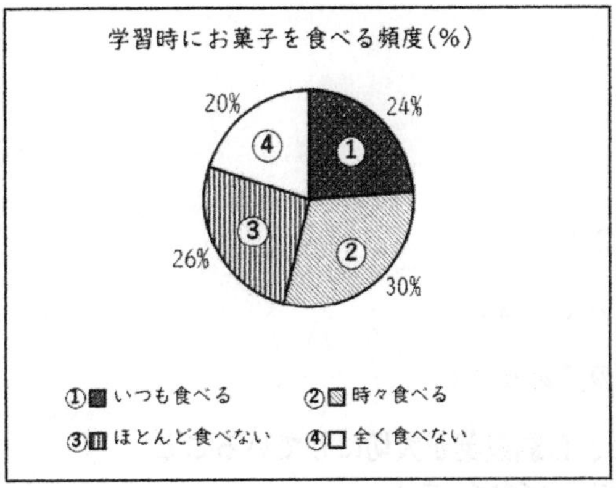

図1　学習時にお菓子を食べる頻度
【本校の中学生(600名)への調査】

学習時にお菓子を食べないことがある生徒の人数

【 X 】人

売り上げを伸ばすには
学習時にお菓子を食べないことがある生徒に魅力的な商品開発が必要！

4. 男女別、学習時にお菓子を食べない理由の調査

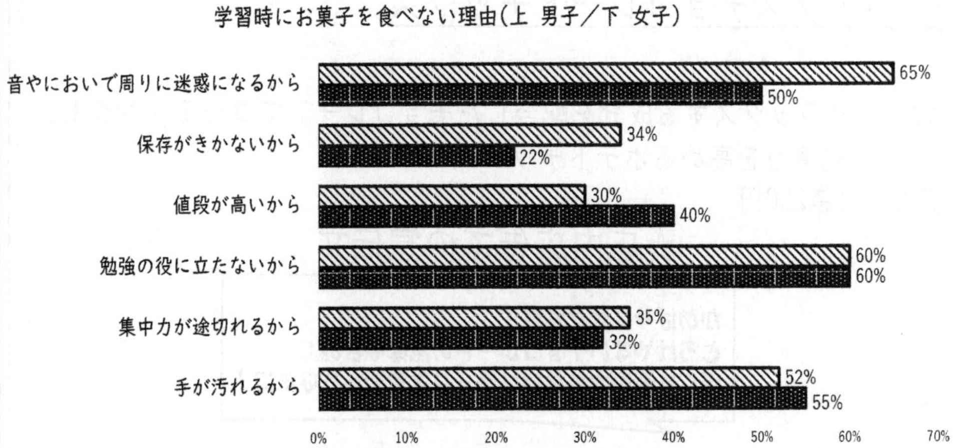

図2　学習時にお菓子を食べない理由
【本校の中学生への調査(複数回答可)】

五 中学生のAくんは総合的な学習の時間の中で、企業（日駒製菓）に対するプレゼンテーションの発表を行いました。次の六つの発表用のスライド資料を見て、後の問いに答えなさい。

1. はじめに

目標

日駒製菓の新しい商品を検討する

条件

□学生をターゲットにした商品であること

□日駒製菓で発売中の商品分析に基づいていること

□日駒製菓の商品としてふさわしいものであること

良い商品を世に送り出すために、日駒製菓が大切にしていること

◇お菓子で世の中に「わくわく」を！

◇お客様に美味しさ以上の「価値」を！

◇変化を恐れず、常に「挑戦を」！

2. 本校売店で売り上げが伸びていない日駒製菓の商品分析

◇リラックスチョコレートチップス
①

特徴…リラックスする成分を配合したチョコレートでコーティングし、
　　　記憶力を高めるポテトチップス

値段…1袋200円

☆店内広告での宣伝文

かめばサクサク食感！
とろけやすいチョコレートの濃厚な甘み。
誰にも邪魔されないリラックス空間をあなたに！

☆学習への効果もある学生向けの商品だが売り上げが伸びていない！

三

次の①～⑩の傍線部のカタカナは漢字に、漢字はその読みかたをひらがなにそれぞれなおしなさい。

① 大会に向かう友人をゲキレイする。
② そのトンネルにはユウレイが出るらしい。
③ 私は理系の分野の知識がトボしいことが悩みだ。
④ 旅行をする時は、世界遺産に必ずオモムく。
⑤ ムボウだと言われても諦めるつもりはない。
⑥ 遠足で友人と湖畔を散策する。
⑦ 祖父が開墾した土地を受け継ぐ。
⑧ その公園は地域の人々の憩いの場だ。
⑨ 高校生になる前に中学校生活を顧みる。
⑩ 張り紙に「暫時の休業」と書かれていた。

四

次の傍線部の動詞における活用の行・種類と活用形として適当なものを後の選択肢から選び、それぞれ記号で答えなさい。

① 習い事の時間まで本を読んだり、音楽を聴いたりして過ごした。
② 約束の時間に間に合わなくなってしまう、早く来いよ。
③ クラスの友人から信頼を得ることができた。
④ この風景を見れば、誰もが感動するはずだ。
⑤ 次の試験でいい点がとれるようにもっと勉強をしよう。

【活用の行・種類】

ア ア行五段活用　イ ア行上一段活用　ウ ア行下一段活用　エ カ行五段活用　オ カ行上一段活用　カ カ行下一段活用
キ カ行変格活用　ク サ行五段活用　ケ サ行上一段活用　コ サ行下一段活用　サ サ行変格活用　シ マ行五段活用
ス マ行上一段活用　セ マ行下一段活用　ソ ラ行五段活用　タ ラ行上一段活用　チ ラ行下一段活用

【活用形】

ア 未然形　イ 連用形　ウ 終止形　エ 連体形　オ 仮定形　カ 命令形

問8　中学三年生のAさんは本文の内容を次のようにノートにまとめました。これを読み、後の問いにそれぞれ答えなさい。

【Aさんのノート】

令和三年五月二十二日

□写真で見る自分 ⟷ □日記で見る自分

ア 見た時に抱く感情が異なる！ ← ここから「文学」の役割を分析できる

◇一人称小説

・伝聞モード

…イ 他人のできごとを中心に読者に報告

ウ 語られるできごとに絶対的な信ぴょう性を持たせられる

例）『シャーロック・ホームズ』シリーズ

・告白モード

…エ 自分のできごとを中心に読者に報告

オ 当事者のリアリティを感じることができる

例）太宰治『人間失格』 ← 昨年授業で読んだ『走れメロス』の作者！

他の作品としては『【　X　】』などが挙げられる

（1）傍線部ア～オのうち、本文の内容として適当ではないものを一つ選び、記号で答えなさい。

（2）【　X　】に入る作品として最も適当なものを次の中から一つ選び、記号で答えなさい。

ア　暗夜行路　　イ　こゝろ　　ウ　斜陽　　エ　鼻　　オ　舞姫

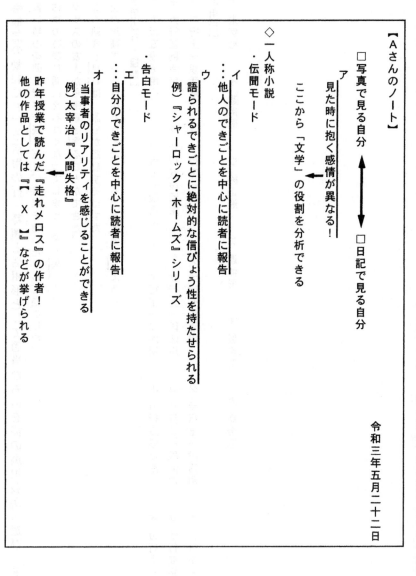

問1 【　1　】【　2　】【　3　】に入る言葉として適当なものを次の中からそれぞれ選び、記号で答えなさい。

ア 演技性　イ 客観性　ウ 公平性　エ 同一性　オ 迫真性

問2 傍線部①「そこに描かれている『私』の姿にとまどいや自己嫌悪を感じた経験」とありますが、これが起こる理由として最も適当なものを次の中から一つ選び、記号で答えなさい。

ア 感情にまかせて虚構化された自らの内面世界が、日記を読み返している自分自身と全く異なることに驚かされるから。

イ 記憶の奥に押しとどめた自らの内面世界が、自分自身の過去の失敗や行動の焼き直しに過ぎないことがわかるから。

ウ 工夫をこらしてつくり上げた自らの内面世界が、世間で評判の私小説と完成度に差があることに気がつくから。

エ 自分に都合の良いようにつくり上げた内面世界が、日記を読んでいる自分自身のものであると気づかされるから。

オ 社会的な状況によってつくられた自らの内面世界が、現実の自分自身とかけ離れていることが理解されるから。

問3 傍線部②「『私』」とありますが、この「私」と性質が同一であるものとして最も適当なものを二重傍線部A～Eの中から一つ選び、記号で答えなさい。

問4 傍線部③「本来外にさらされることのないはずの『内面』」とありますが、これを別の言葉で表している部分を文中から十三字で抜き出しなさい。

問5 傍線部④「『自分史』と『小説』とは似て非なるものなのだ」とありますが、この理由を文中の言葉を使って五十字以上六十字以内の一文で説明しなさい。

問6 傍線部⑤「一人称小説の最大の利点」とありますが、この説明として最も適当なものを次の中から一つ選び、記号で答えなさい。

ア ありえないことを現実に行ったかのように表現したり、普段の生活を別の視点で表現できたりすること。

イ 起こったこと全てを丁寧に描写したり、作者が作品に込めたテーマの全てを理解させたりすること。

ウ 自身の内面を臨場感を持って伝えたり、読者に小説を執筆してみようと思わせたりすること。

エ 他人のできごとを正確に読者に報告したり、自分のできごとをそのまま読者に報告できたりすること。

オ 自ら経験したことを克明に表現したり、自らの内面世界を詳細かつ正確に表現できたりすること。

問7 傍線部⑥「シャーロック・ホームズを語るワトソンを想定してみることにしよう」とありますが、筆者がこの具体例を用いた理由として最も適当なものを次の中から一つ選び、記号で答えなさい。

ア 作品のストーリー構成に着目し、一人称小説の複数の機能について整理するため。

イ 作品の知名度に着目し、優れた文学作品を読むことの素晴らしさを説明するため。

ウ 作品中の登場人物の関係性に着目し、一人称小説の機能をわかりやすく説明するため。

エ 作品中の登場人物の一人に着目し、いかに作者の内面が描かれているかを確認するため。

オ 作品中の登場人物の役割に着目し、この作品が読み継がれる理由を分析するため。

仕事の困難を克服した体験など、一つ一つは胸を打つ話柄ではあっても、実はそれ自体は「小説」ではなく、ノンフィクション等のジャンルでも充分に対応できるものなのである。それが「小説」になるかどうかはひとえに「描く私」の〝よそおい〟をどのようにつくっていくかにかかっている。体験を得々と自慢している姿が背後に透けて見えてしまうようなら論外だし、反省や自責の念一辺倒でも、自虐的な「良心」の押し売りとして反発を招くことになるだろう。「描く私」のみぶりはいわばそれ自体が一個のパフォーマンスなのであって、「描かれる私」をつくる主体として読者にいかに「私」を演出していくかという、その演技の舞台こそが小説空間なのである。

近代小説はこうした「描く私」の【　２　】に作者たちが気づき、時に大胆な失敗をくりかえしながらも果敢なチャレンジをくりかえしてきた歴史でもあった。小説家をしてかくも危険なカケに身を投じさせてきた一人称小説の魅力とは、そもそもいかなるものだったのだろうか。

⑤一人称小説の最大の利点はなんといってもまず、「当事者のリアリティ」にある。事件に直接かかわった当人が事実をそのまま語ってくれている、という【　３　】である。ただしこの場合、「事実をそのまま」という点には慎重な留保が必要だろう。ジュール・ヴェルヌの『海底二万里』（一八七〇年）にせよ、漱石の『吾輩は猫である』にせよ、われわれはまさか本気で海底に別世界があると考えているわけではないし、猫が人間の言葉をしゃべると信じているわけでもない。問題は内容や語りが「事実」かどうかなのではなく、当事者の証言である、という臨場感にこそあるわけである。

これを逆に言えば、一人称は非現実的な内容にリアリティを与えたり、ありきたりの日常を眺め変えてみたりするためにこそ有効な手立てでもある、ということになる。一人称小説、と言うと、われわれはともすれば実生活の内容をありのままに告白する、というスタイルを連想しがちだが、長い歴史の中ではそれはむしろ特殊な形態なのであって、個人の「内面」の「告白」、という考え方が主流になるのは、近代のロマン主義が「個の独創性」を声高らかに宣言して以降のことなのだった。むしろ一見信じがたい「事実」を伝聞として、まことしやかに語っていく形態の方が、一人称小説本来のあり方だったかもしれないのである。

たとえば⑥シャーロック・ホームズを語るワトソンを想定してみることにしよう。仮にシャーロック・ホームズ自身が直接事件を語ったならば、直感や飛躍の多い、独善的な内容になってしまうにちがいない。かといって客観的な三人称小説の形をとったなら、平板な叙述に終始してしまうことだろう。事件を直接知る立場にありながら「伝聞」に徹するワトソンの語りによって、シャーロック・ホームズの言動をある程度客観的に浮き彫りにすることが可能になる。一方でまた、身近にいる人間の証言として、臨場感を打ち出すこともできるわけである。

以上を踏まえ、とりあえず一人称の機能を次のように整理しておくことにしよう。

一人称小説
- 伝聞モード（他人のできごとを中心に読者に報告）
- 告白モード（自分のできごとを中心に読者に報告）

もちろん現実にはこの両方の要素が入り交じっているのが通例なのだが、とりあえずこの二つの極を想定し、どちらにより傾いているかという度合いを区別してみることによって、その小説の特性を明らかにしてみることができるように思われる。たとえばワトソンの語りは「伝聞モード」だし、太宰治の『人間失格』の「手記」は、「告白モード」の典型だと言ってよいだろう。

（安藤宏『「私」をつくる　近代小説の試み』による。）

問9　本文の構成の説明として最も適当なものを次の中から一つ選び、記号で答えなさい。

ア　[1]では哲学が果たしてきた役割について説明した上で、哲学が未来で果たす役割について筆者自身の予測を述べている。
イ　[2]で提示した哲学の二つの課題について、[3]・[4]でそれぞれの課題の特徴を具体的に整理した上で解決策を提示している。
ウ　[7]の話題である子供の「批判」について、[8]で中高生の会話を具体例として出すことで読者の理解を助けている。
エ　[13]で「批評」と哲学との関係性を示した上で、それ以降の段落では哲学を学ぶことの重要性について述べている。
オ　[19]では、今まで述べてきた内容を整理してまとめた上で、今後われわれが何をするべきかについて説明している。

二　次の文章を読んで、後の問いに答えなさい。

自分で自分の書いた日記を読み返し、①そこに描かれている「私」の姿にとまどいや自己嫌悪を感じた経験はないだろうか。

　描かれている②「私」はたしかに自分であるはずなのだけれども、まるで別人のようにも感じられる。いっそ赤の他人ならよいのだろうが、一見異なる人物が実はほかならぬこの自分自身でもある、という二重感覚がわれわれをとまどわせ、羞恥や嫌悪の引き金になるのである。

　いや、こうした言い方はあまり正確ではないかもしれない。たとえば写真で過去の自分の姿を見た時、われわれが感じるのは羞恥や嫌悪よりも、むしろ「こんな自分もいたのだ」というおかしみや懐かしさである。画像が外面的、形態的な【　1　】を保持しているのに対し、日記は言葉で書かれているために、③本来外にさらされることのないはずの「内面」を露呈してしまっている。そのためにわれわれは勝手な「内面」づくりにいそしんでいた、まさにその行為にいたたまれなさを感じるのだ。

　日記に登場するA「私」は実にさまざまだ。友人と喧嘩したときの記述は自分が都合よく正当化されてしまっているかもしれないし、失恋したときの記述はこの世の悲劇を一身に背負ったヒーロー、あるいはヒロインになってしまっていることだろう。その時々の要請に従ってフィクショナルに仮構された「内面」が、今、読み返しているB「私」と同一であることを強いられるがゆえに、われわれはいわく言いがたい羞恥と嫌悪を感じてしまうのである。

　右の事情は、実は言語芸術である「文学」とは本来いかなるものなのか、という秘密を如実に解き明かしてくれているように思われる。

　密室の芸術である小説は、人間が内奥に抱えている秘密をひそかにささやきかけてくれる。「ささやき」を行っているのは叙述に潜在している表現主体なのだが、この隠れた「私」は、秘密を臆面もなく暴露していることにともなう自負や衒《てら》い、あるいは気恥ずかしさと向き合わなければならない。このひそかな葛藤がどのように処理されているかが、実はその小説を読み解く重要な勘所の一つなのだ。いっそ、「私」など最初からないかのようにフィクショナルな客観世界を自立させ、淡々と報告していくやり過ごし方もあるのだろう。しかしどうにもごまかしがきかなくなってしまうのは、C「私」がD「私」自身の見聞や体験を直接の題材にしている場合である。この時E「私」は「内面」づくりにいそしもうとする自分に否応なく向き合わされ、読者に対して「描く私」をいかにふるまってみせるかという、過酷な課題を突きつけられることになるのである。

　初めて小説を書いてみようと思い立った時、多くの人はまず自分の体験を一人称の「私」で素朴に綴《つづ》ることから始めてみることだろう。しかし実際に書き始めてみると予想以上に困難なことに気がつき、多くの場合、途中でペンを放り出してしまうことになる。懸賞小説の応募作に多いのは中高年の人々が自身の体験談を素朴に綴った「自分史」であると聞いたことがあるが、実は④「自分史」と「小説」とは似て非なるものなのだ。

問2　傍線部①「『自己ルール』の形をはっきり了解しなおす」とありますが、これを文中の言葉を使って六十字以上七十字以内の一文で説明しなさい。

問3　傍線部②「象徴」の意味として最も適当なものを次の中から一つ選び、記号で答えなさい。

ア　一見、真理に反しているように見えるが、実は吟味すると真理であること。
イ　大きな全体を一つにまとめ、コンパクトに言い表すこと。
ウ　具体的な事物などで、形のない抽象的な考えを表現すること。
エ　様々な概念が入り乱れて、収拾がつかなくなっていること。
オ　理にかなっており、物事を成し遂げるために必要なこと。

問4　傍線部③「親に対して批判的になって、批判の言葉をもちます」とありますが、この状態を哲学的な観点から述べている部分を文中から七字で抜き出しなさい。

問5　傍線部④「『批判』はすこしずつ『批評』になってゆく」とありますが、この説明として最も適当なものを次の中から一つ選び、記号で答えなさい。

ア　年齢を重ねるにつれて、家族や周囲のコミュニティについて考える「批判」から、社会や国家について考える「批評」へと変化するということ。
イ　年齢を重ねるにつれて、他人との道徳のルールの交換である「批判」から、美醜のルールの交換である「批評」へと変化するということ。
ウ　年齢を重ねるにつれて、他人との物事に対する好みの共有である「批判」から、趣味の知識の深さを共有する「批評」へと変化するということ。
エ　年齢を重ねるにつれて、日常で使う言葉のトレーニングである「批判」から、哲学的な言葉での議論である「批評」へと変化するということ。
オ　年齢を重ねるにつれて、物事や他人に対する好みを述べる「批判」から、根拠を持って意見を述べる「批評」へと変化するということ。

問6　傍線部⑤「自分の『よい－わるい』と『美醜』のルール」とありますが、これを比喩的に表現した部分を文中から七字で抜き出しなさい。

問7　傍線部⑥「それがわれわれにとっては〝正常な〟世界です」とありますが、この説明として最も適当なものを次の中から一つ選び、記号で答えなさい。

ア　同じ地域や国で育った人にとっては自分を育んできた文化が全てであるため、その文化で容認されていることのみを正しいと考えるということ。
イ　視力が低い人にとってはメガネをかけて見える世界が全てであるため、自分のメガネを通して見える世界だけが正しいものに思えるということ。
ウ　人は長い時間をかけて形成してきた善悪・美醜のルールにとらわれやすいため、自身が持つ価値観に沿ったものを正しいと考えるということ。
エ　人は「批評」を通して「自己ルール」を強化していくため、一定の年齢以上で形成された「自己ルール」以外を認めることは難しいということ。
オ　「批判」を通してのみ作り上げられる「自己ルール」は物事の見方を決定するため、それに合わない考えは正常だと思えないということ。

問8　傍線部⑦「すべての人が自分なりの『メガネ』をかけている」とありますが、この考え方を表す四字熟語として最も適当なものを次の中から一つ選び、記号で答えなさい。

ア　一期一会　　イ　一石二鳥　　ウ　七転八倒　　エ　十人十色　　オ　千載一遇

10「批評」は、単なる「好き嫌いの批判」ではなく、好きときらいの〝理由〟が入っています。好き嫌いの理由がちゃんと言えるようになると、趣味は「批評」に近づく。で友だちづきあいも、単に好きな者どうしではなく、趣味の違いが許容できるつきあいになる。つまり、趣味自体よりも、美意識をちゃんともっているかどうかが問題になります。ともあれ、このことがとても大事だが、「批評」ができるには「言葉」がたまらないといけない。

11友だちどうしで「批評」がしあえる、というのは、じつは、互いに「自己ルール」を交換しあっているということです。「自己ルール」とは、その人がいつの間にか身につけている「よい－悪い」のルール、また「美醜」のルールです。「美醜のルール」は簡単に言うと、各人が身につけた美的センス、美意識です。自己ロマンの強い人は、美醜のルールが強く形成される傾向がある。

12ともあれ、高校くらいまでに、人間は、⑤自分の「よい－わるい」と「美醜」のルールを形成していく。で、「自己意識」が強くなるにしたがって、それでいろんなものを「批判」（趣味判断）するようになる。でも、大事なのは、いろんなものを「批評」しあうことで、友だちと自分の「自己ルール」を交換しあい、確かめあい、そしてそのことでそれを調整しあっていくということです。

13これはちょうど、「哲学のテーブル」で、いろんな人が自分のよいアイディア（原理＝キーワード）を出しあってあれこれ言いあい、そのことでその「原理＝キーワード」をだんだん鍛えてゆくのと、同じ原理なのです。

14じつは、友だちとのこういった「批評」しあう関係によってしか、人は、自分の「自己ルール」を理解することはできません。よく、「他人こそは自分を写す鏡だ」と言います。人間は他人を通してしか自分を理解することはできない、と。その通りですが、その意味を、哲学的に言うとこんな具合になります。

15われわれは誰でも、自分だけの善悪・美醜の「自己ルール」を、いわば感受性のメガネとしてかけている。そしてそれは長い時間をかけて形成されたものなので、誰もこのメガネを外すことはできない。もし青いメガネをかけていたら、すべてが青っぽく見える。（中略）でも、われわれがこのメガネを外せないなら、⑥それがわれわれにとっては〝正常な〟世界です。

16【　2　】ふつうは、自分のメガネが歪んでいるのか、色がついているのか、誰にも決して分からない。このことに気がつくのは、他人がみているものと、自分が見ているものとの違い、偏りに気づくときだけです。これを「視線の偏差」とか「視差」と言います。

17【　3　】われわれが、自分の好き嫌い、つまり趣味判断だけで生きていれば、「自己ルール」の形がどうなっているのか、理解することはできない。「批評」しあうことではじめて、人は自分の「良し悪し・美醜」のルールが他人と違うことに気づき、またそれを交換することができるのです。

18もちろん、他の人もみな自分の「自己ルール」を自分のメガネとしてかけている。だから、例えば相手の感受性や美意識が「正しい」とはかぎらない。厳密に言うと、⑦すべての人が自分なりの「メガネ」をかけているので、絶対に正しい「メガネ」、というものはないのです。

19しかし、われわれは相互の批評を通して、さまざまな人の「自己ルール」と自分の「自己ルール」との偏差を少しずつ理解し、そのことではじめて自分の「自己ルール」の大きな傾向性や問題性を了解することができるわけです。

（竹田青嗣『中学生からの哲学「超」入門　自分の意志を持つということ』による。問題作成の都合上、一部変更しています。）

問1　【　1　】【　2　】【　3　】に入る言葉として適当なものを次の中からそれぞれ選び、記号で答えなさい。

ア　しかし　　イ　たとえ　　ウ　つまり　　エ　なぜなら　　オ　もし

二〇二二年度 日本工業大学駒場高等学校（一般①）

【国　語】〈五〇分〉〈満点：一〇〇点〉

注意　解答に字数制限がある場合は、句読点や記号を一字と数えます。

一　次の文章を読んで、後の問いに答えなさい。

1 私ははじめに、哲学とはものごとについて「自分で考える方法」だと言いました。そしてまた、とくに「自己自身について考える方法」だとも言いました。というのは、近代哲学では、とくにこの「自己」自身について考えるためのすぐれた原理が、積み上げられてきたからです（ただし、十分に理解されているとは言えません）。

2 近代以後の哲学は大きく二つの課題をもっている。一つは人間関係や社会をうまく調整するために必要な知恵を蓄えること。もう一つは、個々人がよく生きるための考えを成熟させることです。そして、前者は、後者の考えから取り出されるので、やはり基本は「自己了解」の知恵という点にある。

3 カントによると、各人が、自己の「道徳」のルール（よし悪しのルール）を、自分の理性の力で内的に打ち立てる点に、近代人の「道徳」の本質がある。たしかにその通りですが、私はこれにつけくわえて、そのためには、人は、青年期のうちに、それまで形成されてきた①「自己ルール」の形をはっきり了解しなおす必要がある、と言いたいと思います。

4 では、どうしたら自分の「自己ルール」を了解しなおすことができるか。いくつかポイントがあります。まず重要なのは、言葉が〝たまる〟ことです。

5 われわれは教育で、少しずつごく日常で使う言葉以外のいろんな言葉を覚えていくのだけど、自分を理解するのに必要な言葉がたまってくるのは、ふつうは高校から大学にかけてです。②象徴的に言えば、それは「批評する言葉」としてたまってくる。

6 中学、高校くらいになると、誰でも、③まず親に対して批判的になって、批判の言葉をもちます。お母さんはいつも口うるさいけど、自分はきまぐれだとか、お父さんはいつも威張っているけどほんとは気が小さい、とか考えるようになる。

7 子供は、自分はまだ親に養われていて一人前ではないのだけど、周りのいろんなことを批判する言葉をもちはじめる。これがいわば人間の心の「自由」の開始点です。哲学ではこれを「自己意識の自由」と言います。「自己意識」の内側では自分のまわりのどんなことも批判できる。でも、まだ言葉が十分に成熟しないあいだは、子供の「批判」は、単なる不平不満、つまりこれは「気にくわない」、です。

8 中学生や高校生どうしでは、趣味があうことが大事で、趣味があうと友だちになれる。「私、椎名林檎、好き」「うそ、私も大好き！　やったー！」。「あの映画見た？　めっちゃよかったよね？」、「うんすごーく、よかったー！」。「でも、私、あれは嫌い、ダサーい！」「そう、私も。超ダサーい！」。これが中学、高校生の趣味的「批判」ごっこです。好き嫌いがあるだけの批判です。

9 【　1　】、大学生くらいになると、④「批判」はすこしずつ「批評」になってゆく。「私、あの音楽大好き、なぜって、ここのフレーズとこの歌詞がぴったりあってるんだ」、「あー、わかる、だけど、ちょっとイントロはゆるくない？」

2022年度／日本工業大学駒場高等学校(一般①)

英語解答

1 1 エ　2 イ　3 ウ　4 イ
5 ウ

2 1 are there　2 is sung
3 made him　4 have played
5 to hear

3 1 My hobby is listening to
2 It is necessary for us to save water
3 had better not go out tonight
4 a new wallet for my father
5 have a dog which has long ears

4 A 1…ア　2…イ　3…エ　4…ウ
5…ウ　6…ウ　7…ア　8…ア
B 1…ウ　2…ア　3…イ　4…エ

5 (例) I like studying at the library better. It's easy for me to concentrate on studying in the library because it is very quiet. Also, I find the library useful because it has a lot of books.
(36 語)

6 Q 1 ウ　Q 2 ア　Q 3 イ
Q 4 イ　Q 5 ア　Q 6 ウ

7 問1 飲み物
問2 ア…2　イ…4　ウ…1　エ…3
問3 They were the first people to grow cacao trees
問4 ウ→ア→エ→イ
問5 A…エ　B…ウ　C…イ　D…ア
問6 the Aztecs
問7 cacao beans
問8 1…T　2…T　3…F　4…F

〔学校発表解答〕

1 〔適語(句)選択・語形変化〕

1．would like to ～は，want to ～のよりていねいな言い方。　「私はイギリスに行ってみたい」

2．現在眠いのは，昨夜勉強したから。接続詞so「だから」の前後は‘理由’→‘結果’の関係になる。「昨夜英語を一生懸命勉強したので，私は今眠い」

3．‘形容詞〔副詞〕+enough to ～’「～できるほど〔～するほど〕十分…」の形。　「彼女はそのバッグを買えるほどお金持ちだ」

4．look forward to ～ing「～するのを楽しみに待つ」　「私は外国に行くのを楽しみにしている」

5．‘I wish+主語+(助)動詞の過去形…’で「～であればいいのに」という，‘現在の事実に反する願望’を表す(仮定法過去)。　「彼がパーティーに来てくれればなあ」

2 〔書き換え―適語補充〕

1．どちらも「あなたの家には何部屋ありますか」という意味。「～がある」は，‘主語+have/has ～’(「…は～を持っている」→「…には～がある」)と，there is/are ～の構文の２つの形で表せる。どちらも疑問文なので疑問文の語順になる。

2．「人々はクリスマスにこの歌を歌う」→「この歌はクリスマスに歌われる」　下の文はThis songが主語なので‘be動詞+過去分詞’の受け身にする。

3．「プレゼントをもらったとき，彼はうれしかった」→「プレゼントは彼をうれしい気持ちにさせた」　‘make+目的語+形容詞’「～を…(の状態)にする」に書き換える。

4．「私はピアノを弾く。私は10年前にピアノを弾き始めた」→「私は10年間ピアノを弾いている」

現在完了(‘have/has＋過去分詞’)の‘継続’用法に書き換える。

5．「あなたの声が聞けたので私はうれしかった」→「あなたの声を聞いて私はうれしかった」 ‘理由’を表す‘because＋主語＋動詞’「～なので」を，‘感情の原因’を表す副詞的用法のto不定詞に書き換える。

3〔整序結合〕

1．‘主語＋動詞’をMy hobby isとし，「音楽を聴くこと」はlistening to musicとまとめる。このlisteningは動名詞。 listen to ～「～を聴く」

2．「私たちにとって水を節約することが必要だ」と読み換えて‘It is ～ for … to —’「…が〔…にとって〕—することは～だ」の形式主語構文をつくる。

3．「～しない方がいい」はhad better not ～で表せる。notの位置に注意。 go out「外出する」

4．「〈人〉に〈物〉を買う」は‘buy＋物＋for＋人’または‘buy＋人＋物’の形で表せるが，ここでは語群にforがあるので，前者の形にする。

5．「彼らは犬を飼っている」→They have a dog.が文の骨組み。「耳の長い犬」は，whichを主格の関係代名詞として使いa dog which has long earsとまとめる。

4〔対話文完成—適文選択〕

A．1．A：ティファニー，今何しているの？ 手伝ってくれる？／B：いいわよ。今行くね。／A：ありがとう。∥AがThank you.と答えているので，Bは手伝いをしに行くのだとわかる。話している相手がいる場所に行く場合は，comeを使うことに注意。

2．A：すみません，公民館にはどう行けばいいですか？／B：ごめんなさい，この辺はよく知らないんです。／A：わかりました。別の人に尋ねてみます。ありがとうございました。∥別の人に尋ねるというAの返事から判断できる。このstrangerは「(場所に)不慣れな人」という意味。

3．A：肉と魚，どちらになさいますか？／B：ちょっと待ってください。今，考えています。／A：承知しました。後ほど伺います。∥どちらにするか考えているので，少し待ってもらうように伝えたのだと考えられる。 Just a minute.「少し待ってください」

4．A：ケン，宿題はしたの？／B：まだだよ，ママ。／A：テレビゲームをする前にすぐ宿題をしなさい！∥この後母親は宿題をするように言っているので宿題はまだ終わっていないとわかる。イは時制が不適切。このNot yet.「まだ(終えていない)」は，I have not done my homework yet.が省略された形。

5．A：夕食をつくる時間よ！ 何かリクエストはある？／B：ピザがいいな！ お母さんのピザ大好きだから。／A：いいわね。つくり始めましょう。∥直後の母親の発言につながるのは，ピザをリクエストするウだけ。

6．A：この本を借りることはできますか？／B：もちろんです。図書カードはありますか？／A：いいえ，持っていません。ここに来るのは初めてです。∥図書カードがないことから，初めて図書館に来たのだと考えられる。

7．A：牛乳を買いに行ってくれる？／B：あれ，お母さん。昨日お父さんが買ってきたけど。／A：そのことを忘れていたわ！∥直後の母親の発言にあるthatが指す内容として適切なものを選ぶ。

8．A：今日は雨ね。本当にハイキングに行きたかったんだけど。／B：悲しまないで。代わりに，映画館に行くのはどう？／A：あなたは天才ね。どの映画を見ましょうか？∥映画を見に行くことを提案されたAの返答である。ウはMe, neither.「私も(～ない)」が返答にならないので不可。

B≪全訳≫❶A：春休みに海外へ英語留学する予定です。私の夢は，3か国語を話すことです。❷B：それはすばらしいですね。1どこに行きたいのですか？❸A：アメリカに2週間滞在したいです。2それだといくらかかるでしょうか？❹B：そうですね。50万円かかりそうですね。❺A：えっ，それは高すぎます！　3それより安いプランはありますか？❻B：カナダを選ぶこともできますよ。費用は30万円です。❼A：カナダですか？　4そこでは何ができますか？❽B：カナダでは，英語とフランス語が話されています。そこでフランス語も学べますよ。❾A：わあ！　私，カナダに行くことにします！

＜解説＞1．この質問を受けてAはアメリカに行きたいと答えている。　2．この質問を受けて，Bは留学にかかる費用を答えている。　3．この質問を受けて，Bは先に紹介したアメリカよりも安く済むカナダを紹介している。　4．この質問を受けて，Bはカナダでできることを伝えている。

5〔テーマ作文〕

問いは「家での勉強と図書館での勉強では，どちらが好きですか」。どちらが好きかを述べた後で，なぜ好きなのかについて書く。自分が書きやすい方を選んで書けばよい。　(別解例) I like studying at home better. I can feel more relaxed at home. I love sitting at my favorite desk. Also, I can use my computer at home. (28語)

6〔長文読解―英問英答―対話文〕

≪全訳≫❶ヒロシ(H)：僕らの休暇に，「やまびこ温泉」というすてきな温泉宿を見つけたんだ。温泉と美しい山の景色を楽しむことができるよ。❷ケン(K)：最近忙しくて，ゆっくりしたいと思っていたとこだから，それはいいアイデアだね。「やまびこ温泉」はどこにあるの？❸H：長野県の山村にあるんだ。北アルプスの有名な山を眺め，長野のおいしいものを食べることができるよ。❹K：すばらしいね！休みが待ちきれないよ。計画を立てよう。どうやってそこに行ったらいいかな？　君の運転で行ける？❺H：車だと約4時間かかるんだ。運転が一番早いんだけど，疲れちゃうよ。ケン，僕たちはすばらしい温泉でゆっくりしたいんだ。誰も運転なんてしたくないよ。❻K：わかった。他の案はあるかい？❼H：新宿から松本までは特急，それから山腹までバスに乗って，最後にロープウェイに乗れば行けるよ。❽K：それはいいアイデアのように思えるけど，3種類の交通機関を使うことになるよね。それだと出費がかさむなあ。❾H：そうだね。片道だけで9900円かかるんだ。❿K：えっ，それは高すぎるよ。そのお金を使えばすばらしいレストランでおいしい料理を食べられるよ。⓫H：いや，電車で行こう。車窓からのきれいな景色を楽しんで，電車に乗る前に駅弁を買おうよ。すばらしい旅になるに違いないよ！⓬K：いや，そんなことないよ。僕はそんな大金払いたくないよ。車を持ってれば，運転するのになあ。⓭H：わかった。別の計画があるよ。バスを利用するのはどうだい？　新宿から山腹までバスで行けるんだ。4時間半で片道6200円だよ。⓮K：手頃な金額だね。車窓からきれいな景色を楽しむこともできるしね。

＜解説＞Q1．「なぜ彼らは長野を訪れるのか」―ウ．「彼らは温泉に行きたいと思っているから」　第5段落第3文参照。　Q2．「なぜヒロシは『誰が運転などしたいだろうか？』と言っているのか」―ア．「ヒロシは運転したくないから」　下線部は反語表現で「(誰が運転などしたいだろうか)

→誰も運転なんかしたくない」という意味。つまり，ヒロシは運転などしたくないのである。

Q３.「彼らが電車で行くと，『やまびこ温泉』までどれくらい時間がかかるか」―イ.「４時間15分」　本文の下にある図参照。松本まで two and a half hours「２時間半」，松本からロープウェイ駅までバスで1 and a half hours「１時間半」，ロープウェイ駅から温泉までロープウェイで15 minutes「15分」かかる。　Q４.「なぜヒロシは『すばらしい旅になるに違いないよ』と言っているのか」―イ.「ヒロシは電車に乗るのが楽しいと思っているから」　ヒロシは直前で，電車の旅の魅力を語っている。　Q５.「彼らが松本までバスを利用すると，『やまびこ温泉』に行くのにいくらかかるか」―ア.「7200円」　本文の下にある図参照。　Q６.「彼らはどの交通手段を利用するか」―ウ.「バスとロープウェイ」　終わりの２段落参照。新宿からロープウェイ駅までバスで行き，そこからロープウェイを利用する。

7〔長文読解総合―説明文〕

≪全訳≫❶チョコレートとは何だろうか，そしてその起源はどこにあるのだろうか。チョコレートはカカオの木の豆からつくられる。この木は最初，中南米の熱帯雨林で育ち，人々は遠い昔にこの豆を使い始めた。この木にはさやと呼ばれる大きな実があり，その中に豆が入っている。カカオの木の学術名であるテオブロマ・カカオは，私たちにそれから得られるすばらしい食べ物について教えてくれている。テオブロマとは「神々の食べ物」という意味なのだ。❷カカオの木のさやを最初に使ったのは，3000年前のオルメカ族だろう。オルメカ族は現在メキシコと呼ばれている国の熱帯雨林の奥深くに住んでいた。オルメカ族はカカオの木の大きなさやを割って食べ物を探していたと考えられている。しかし，彼らはカカオ豆を使わず，豆の周りにある甘くて白いカカオの果肉だけを食べた。ブラジルや南米の他の場所では，今でもこの柔らかい果肉を使ったドリンクをつくる。❸1970年代以降，「カカオ」という言葉に対する疑問も聞かれるようになった。カカオという言葉はどこからきたのだろうか，そして誰がその言葉を使ったのだろうか。昔のオルメカ語の中に「カカワ」という言葉があることがわかり，「カカオ」という言葉はそこから生まれたと考えられている。❹カカオ豆からチョコレートをつくった最古の例は，1500年前のマヤ族に由来する。この賢い人々はオルメカ族とほぼ同じ場所に住み，立派な建物と美しい書物を持っていた。❺彼らはカカオの木を育て，豆から食べ物をつくった最初の人々だった。彼らの絵から，チョコレートが彼らにとってとても重要であったことが私たちにはわかる。特別な日には，彼らはチョコレートを神様にささげていた。❻マヤ族は豆から濃いチョコレートドリンクをつくった。まず，暖かくて暗い場所に豆を運んだ。そして，太陽の下で乾燥させ，その後，調理した。次に，豆をすりつぶしてペースト状にした。ペーストが硬くなって乾くと，それを水の中に入れた。その水を２つのコップの間で，一方から他方へ，また一方から他方へ，長い時間注ぎ続けた。これがたくさんの泡を伴う特別な飲み物になり，マヤ族はこの飲み物をとても気に入った。❼彼らには砂糖がなかったので，味を良くするために$_{A}$自分たちの飲み物の中にスパイスを入れた。最初は誰もがチョコレートを飲んでいたが，時代が進むと飲むことができたのは裕福な家庭だけだった。マヤ族はチョコレートを飲むために特別なカップを使い，その興味深い実例が発見された。あるカップには「カカオ」を意味する象形文字が書かれており，1500年たった後でもカップの中に$_{B}$まだチョコレートがいくらか残っているのだ。❽紀元後1200年頃から，アステカ族がマヤ族よりも重要な存在になり始め，彼らは多くの男女を統治した。アステカ族の世界の中心は，現在のメキシコシティであるテノチティトランという都市だった。ここは乾燥しすぎていたため，カカオの木はうまく育たなかった。そこで，マヤ族のようにチョコレートをとても気に入っていたアステカ族は，カカオの豆をマヤ族から買い始めた。結局，この豆はとても重要なもので，Cお金のようなものとなった。9マヤ族のように，アステカ族はカカオ豆を飲み物にした。彼らはそれをショコラトルと呼び，これは「チョコレート」という言葉のもととなった。彼らもさまざまなスパイスをその中に入れ，とても強い風味を持つものを最も好んだ。アステカ族はショコラトルをたくさん飲み，アステカの最後の統治者となったモクテスマ２世(1466～1520)は１日にチョコレートドリンクを50杯飲んでいたようだ。彼はとても金持ちで，大きな「銀行」を持っていたことで有名だったが，そこはお金ではなくカカオ豆でいっぱいだった。あるスペインの作家はモクテスマの銀行には９億6000万粒ものカカオ豆があると言った。今日なら，その数の豆からD約2500万本のチョコレートバーをつくることができる。

問１＜要旨把握＞第４～６段落参照。第６段落最終文に，This made a special drink ...とある。

問２＜適語選択＞ア．be made from ～「(見た目ではわからない原料)からつくられる」　イ．'tell＋人＋about ～'「〈人〉に～について伝える」　ウ．'the same ～ as …'「…と同じ～」　エ．'give＋物＋to＋人など'「〈人など〉に〈物〉を与える」

問３＜整序結合＞並べ換えるのは「彼らはカカオの木を育てた最初の人々だった」の部分。「～した最初の…」は'the first … to ～'「～する(した)最初の…」の形で表せる。They were the first people とした後，to grow cacao trees と続ければよい。

問４＜要旨把握＞第６段落参照。まず暖かくて暗い場所に豆を運び(ウ)，太陽の下で乾燥させてから調理し(ア)，豆をすりつぶしてペースト状にして(エ)，それを水の中に入れ，２つのカップの間で交互に注いだ(イ)。

問５＜適文選択＞Ａ．「砂糖がなかったので」に続く部分。砂糖の代わりにスパイスを入れたのだと考えられる。　Ｂ．マヤ族がチョコレートを飲むために実際に使っていたカップについて述べている部分。直後の inside「中に」に着目すれば，カップの中に当時のチョコレートが残っているという文になると判断できる。　Ｃ．直前にカカオ豆は重要なものになったとあるので，お金のようなものになったと考えられる。 a type of ～「～のようなもの，一種の～」　Ｄ．空所の後ろにある that number of beans「その数の豆」は，前で述べた９億6000万粒のカカオ豆を指す。それがどれほどの量かをわかりやすくするために，その量からつくることができるチョコレートバーの数を示したのだと考えられる。

問６＜指示語＞the Maya (people)か the Aztec が考えられるが，この段落は前の段落に続き the Aztecs について書かれていることを読み取る。

問７＜適語句補充＞モクテスマ２世の「銀行」に何が大量に入っていたのかは直後の文で説明されている。 be full of ～「～でいっぱいの」 '*A*, not *B*'「*B*ではなく*A*」

問８＜内容真偽＞１．「ブラジルの人々はカカオの果肉をジュースとして飲むのをずっと楽しんできた」…○　第２段落最終文に一致する。　２．「『カカオ』という言葉は，オルメカ族に使われていた言葉に由来した」…○　第３段落に一致する。　３．「マヤ族は，本を読めるほど賢くはなかった」…×　第４段落参照。本を持っていたのだから，本は読めたはずである。　４．「アステカの世界では，カカオの木は雨が多かったのでよく育った」…×　第８段落第３文参照。

数学解答

1 (1) -2　(2) $\frac{-x-6}{3}$　(3) $6a^3b$
(4) -15

2 (1) $x=8$　(2) $x=6,\ y=\frac{3}{2}$
(3) $x=3\pm\sqrt{7}$　(4) $x=-2,\ -4$

3 (1) 1　(2) 18

4 (1) $16x$　(2) 6400

5 (1) (6, 8)　(2) $y=\frac{4}{3}x-10$
(3) $y=-\frac{5}{3}x+4$

6 (1) 1：16　(2) 7：4
(3) 11：24：20

7 (1) (例)△ABCと△BFDにおいて，AC∥DFより，錯角は等しいので，∠ACB＝∠BDF……①　∠CAD＝90°より，∠BAC＝90°−∠DAB……②　直線BFは円Oの接線より，∠ABF＝90°だから，∠FBD＝90°−∠DBA……③　∠DAB＝∠DBAだから，②，③より，∠BAC＝∠FBD……④　①，④より，2組の角がそれぞれ等しいので，△ABC∽△BFD
(2) 54°

〔学校発表解答〕

1〔独立小問集合題〕

(1)＜数の計算＞与式 $=-\frac{1}{27}\div\frac{1}{6}-\frac{16}{9}=-\frac{1}{27}\times6-\frac{16}{9}=-\frac{2}{9}-\frac{16}{9}=-\frac{18}{9}=-2$

(2)＜式の計算＞与式 $=\frac{3x-2-2(x-1)-3(x+4)}{6}=\frac{3x-2-2x+2-3x-12}{6}=\frac{-2x-12}{6}=\frac{-x-6}{3}$

(3)＜式の計算＞与式 $=2ab^2\times(-8a^3)\div\left(-\frac{8ab}{3}\right)=2ab^2\times8a^3\times\frac{3}{8ab}=6a^3b$

(4)＜数の計算＞$(\sqrt{3}+\sqrt{2})(\sqrt{3}-\sqrt{2})=(\sqrt{3})^2-(\sqrt{2})^2=3-2=1$ だから，与式 $=\sqrt{3}\times1\times(\sqrt{3}-3\sqrt{2})-(\sqrt{3}-3\sqrt{2})\times(-3\sqrt{2})=(\sqrt{3}-3\sqrt{2})\{\sqrt{3}-(-3\sqrt{2})\}=(\sqrt{3}-3\sqrt{2})(\sqrt{3}+3\sqrt{2})=(\sqrt{3})^2-(3\sqrt{2})^2=3-18=-15$

2〔独立小問集合題〕

(1)＜一次方程式＞両辺に12をかけて，$3x+2(3+2x)=6(x+3)-4$ より，$3x+6+4x=6x+18-4$　$\therefore x=8$

(2)＜連立方程式＞$0.5x+0.2y=3.3$……①，$x:(y+3)=4:3$……②とする。①×10より，$5x+2y=33$……①′　②より，$x\times3=(y+3)\times4$，$3x=4y+12$，$3x-4y=12$……②′　①′×2＋②′より，$10x+3x=66+12$，$13x=78$　$\therefore x=6$　これを①′に代入して，$5\times6+2y=33$ より，$2y=3$　$\therefore y=\frac{3}{2}$

(3)＜二次方程式＞$x^2-6x+2=0$　解の公式より，$x=\frac{-(-6)\pm\sqrt{(-6)^2-4\times1\times2}}{2\times1}=\frac{6\pm\sqrt{28}}{2}=\frac{6\pm2\sqrt{7}}{2}=3\pm\sqrt{7}$

(4)＜二次方程式＞$2x+5=A$，$x+1=B$ とおいて，$A^2=B^2$ より，$A^2-B^2=0$，$(A+B)(A-B)=0$　A，B をもとに戻して，$\{(2x+5)+(x+1)\}\{(2x+5)-(x+1)\}=0$ より，$(3x+6)(x+4)=0$，$(x+2)(x+4)=0$　$\therefore x=-2,\ -4$

3〔独立小問集合題〕

(1)＜式の計算—式の値＞与式 $=(a^2-2ab+b^2)-5a+5b+5=(a-b)^2-5(a-b)+5$ だから，$a-b=1$ のとき，与式 $=1^2-5\times1+5=1-5+5=1$ となる。

(2)＜二次方程式の応用＞最も小さい自然数を x とすると，2番目に小さい自然数は $x+1$，最も大きい自然数は $x+2$ と表せる。このとき，$x(x+1)=14(x+2)+62$ が成り立つ。これを解くと，$x^2+x=$

$14x+28+62$ より，$x^2-13x-90=0$，$(x+5)(x-18)=0$　$\therefore x=-5,\ 18$　x は自然数だから，$x=18$ となり，求める自然数は 18 である。

4〔特殊・新傾向問題―規則性〕

(1)＜文字式の利用＞下から 2 段目のブロックに当てはまる式は，左から順に，$(x-2y)+(x-y)=2x-3y$，$(x-y)+x=2x-y$，$x+(x+y)=2x+y$，$(x+y)+(x+2y)=2x+3y$ となる。下から 3 段目のブロックに当てはまる式は，左から順に，$(2x-3y)+(2x-y)=4x-4y$，$(2x-y)+(2x+y)=4x$，$(2x+y)+(2x+3y)=4x+4y$ となり，上から 2 段目のブロックに当てはまる式は，左から順に，$(4x-4y)+4x=8x-4y$，$4x+(4x+4y)=8x+4y$ となる。よって，1 番上の段のブロックに当てはまる式は，$(8x-4y)+(8x+4y)=16x$ である。

(2)＜規則性＞1 番下の段に書かれた数は左から順に，1 から始まり 6 ずつ増えているので，(1)を参考にして考える。(1)では，1 番下の段の中央のブロックに書かれた式が x，その 2 段上の中央のブロックに当てはまる式が $4x$，さらに 2 段上，つまり，4 段上の中央のブロックに当てはまる式が $16x$ となっている。これより，1 番下の段の中央のブロックに書かれた数が 25 のとき，その 4 段上の中央のブロックに当てはまる数は，$25\times16=400$ であり，さらに 4 段上のブロックに当てはまる数は，$400\times16=6400$ となる。

5〔関数―関数 $y=ax^2$ と一次関数のグラフ〕

≪基本方針の決定≫(2)　四角形 OBDA が平行四辺形であることに気づきたい。

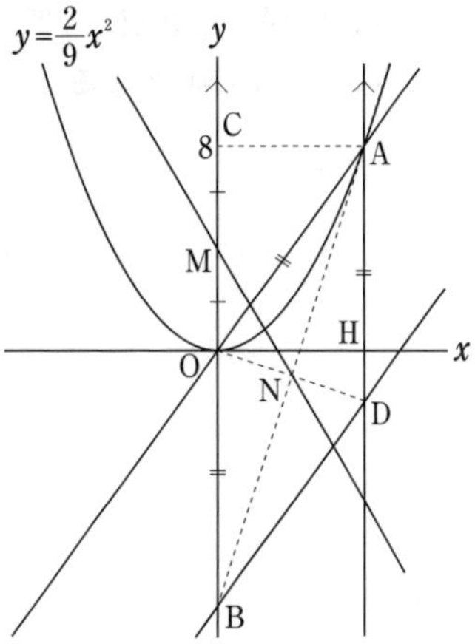

(1)＜座標＞右図で，点 A は放物線 $y=\frac{2}{9}x^2$ 上の点で，y 座標が 8 だから，$y=\frac{2}{9}x^2$ に $y=8$ を代入して，$8=\frac{2}{9}x^2$ より，$x^2=36$　$\therefore x=\pm6$　よって，A(6, 8)である。

(2)＜直線の式＞右図の四角形 OBDA は，AD∥OB，AD＝OB より，平行四辺形である。辺 AD と x 軸の交点を H とすると，△AOH で，∠AHO＝90°，AH＝8 であり，(1)で点 A の x 座標が 6 より OH＝6 だから，三平方の定理より，$\mathrm{OA}=\sqrt{6^2+8^2}=\sqrt{100}=10$ となる。よって，OB＝AD＝OA＝10 だから，B(0, −10)であり，$8-10=-2$ より D(6, −2)である。したがって，直線 BD の傾きは $\frac{-2-(-10)}{6-0}=\frac{4}{3}$ だから，直線 BD の式は $y=\frac{4}{3}x-10$ である。

(3)＜直線の式＞右上図で，線分 OC の中点を M とすると，C(0, 8)だから，M(0, 4)となる。(1)より，四角形 OBDA は平行四辺形だから，その面積を 2 等分する直線は対角線 OD，AB の交点を通る。よって，対角線の交点を N とすると，平行四辺形 OBDA の面積を 2 等分する直線は，直線 MN である。点 N は対角線 OD の中点で，(2)より D(6, −2)だから，N(3, −1)となる。したがって，直線 MN の傾きは $\frac{-1-4}{3-0}=-\frac{5}{3}$ となるから，求める直線の式は $y=-\frac{5}{3}x+4$ である。

6〔平面図形―平行線，三角形〕

≪基本方針の決定≫(3)　AG，GH，HE の長さをそれぞれ AE を用いて表す。

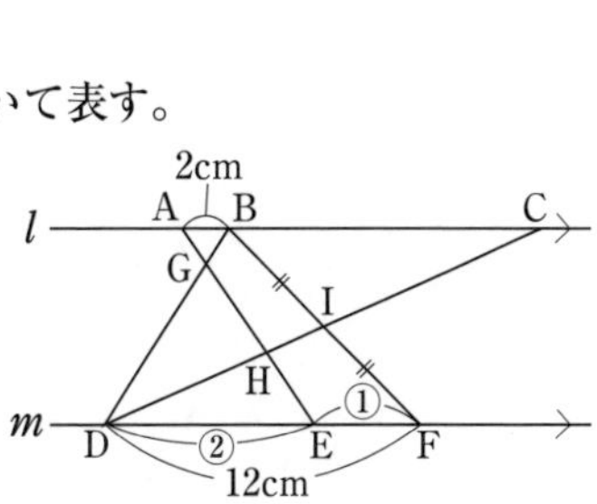

(1)＜面積比＞右図で，l∥m より，△AGB∽△EGD であり，AB＝2cm，DE：EF＝2：1 より，$\mathrm{DE}=\frac{2}{3}\mathrm{DF}=\frac{2}{3}\times12=8$(cm)となる。よって，相似比は，AB：ED＝2：8＝1：4 だから，面積比は，△AGB：△EGD＝$1^2:4^2$＝1：16 である。

⑵＜長さの比＞前ページの図で，$l /\!/ m$ より，△AHC∽△EHD だから，AH：EH＝AC：ED である。また，$l /\!/ m$，BI＝FI より，△BIC ≡△FID だから，BC＝FD＝12 となる。よって，AC＝2＋12＝14，⑴より ED＝8 なので，AH：HE＝14：8＝7：4 である。

⑶＜長さの比＞前ページの図で，⑴より AG：EG＝1：4 だから，AG＝$\frac{1}{1+4}$AE＝$\frac{1}{5}$AE となり，⑵より AH：HE＝7：4 だから，HE＝$\frac{4}{7+4}$AE＝$\frac{4}{11}$AE となる。これより，GH＝AE－AG－HE＝AE－$\frac{1}{5}$AE－$\frac{4}{11}$AE＝$\frac{24}{55}$AE となるから，AG：GH：HE＝$\frac{1}{5}$AE：$\frac{24}{55}$AE：$\frac{4}{11}$AE＝11：24：20 である。

7 〔平面図形―円，直角三角形〕

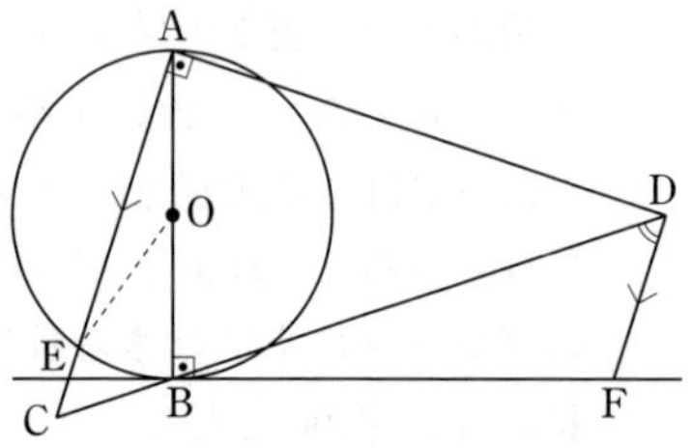

⑴＜証明＞右図の△ABC と△BFD で，平行線の錯角が等しいことや円の接線と接点を通る半径が垂直に交わることを利用して，2 組の角が等しいことを示せばよい。解答参照。

⑵＜角度＞右図のように，点 O と点 E を結ぶと，$\overset{\frown}{AE}$：$\overset{\frown}{EB}$＝4：1 より，∠BOE＝180°×$\frac{1}{4+1}$＝36°となる。よって，円周角の定理より，∠BAE＝$\frac{1}{2}$∠BOE＝$\frac{1}{2}$×36°＝18°となるから，∠CAD＝90° より，∠DAB＝90°－18°＝72°である。これより，∠DBA＝∠DAB＝72°となるから，△ABC で内角と外角の関係から，∠ACB＝∠DBA－∠BAE＝72°－18°＝54°である。したがって，⑴より△BFD∽△ABC なので，∠BDF＝∠ACB＝54°となる。

2022年度／日本工業大学駒場高等学校（一般①）

国語解答

一　問１　１…ア　２…ウ　３…オ

問２　自らの「良し悪し・美醜」のルールを他人と批評し合うことで，他人との「視差」を理解し，自らの傾向性や問題性を理解し直すということ。(64字)

問３　ウ　　問４　自己意識の自由

問５　オ　　問６　感受性のメガネ

問７　ウ　　問８　エ　　問９　ウ

二　問１　１…イ　２…ア　３…オ

問２　エ　　問３　A

問４　人間が内奥に抱えている秘密

問５　自分の経験を書いた自分史とは異なり，小説では読者に対して「描く私」としての自分を演出する必要があるから。(52字)

問６　ア　　問７　ウ

問８　(1)…ウ　(2)…ウ

三　①　激励　②　幽霊　③　乏

④　赴　⑤　無謀　⑥　こはん

⑦　かいこん　⑧　いこ

⑨　かえり　⑩　ざんじ

四　①　シ・イ　②　キ・カ

③　ウ・エ　④　ス・オ

⑤　サ・ア

五　問１　ア　　問２　オ　　問３　イ

問４　オ　　問５　エ

〔学校発表解答〕

一〔論説文の読解―哲学的分野―人間〕出典；竹田青嗣『中学生からの哲学「超」入門』。

≪本文の概要≫近代以後の哲学の基本は，自己了解の知恵である。カントによれば，近代人の道徳の本質は，自己の道徳のルールを自分の理性の力で内的に打ち立てる点にある。そのために，人は，青年期のうちに，それまで形成してきた「自己ルール」の形をはっきり了解し直す必要がある。「自己ルール」の了解のためにまず重要なのは，言葉が〝たまる〟ことである。子どもは，中学生や高校生になると，好き嫌いがあるだけの批判の言葉を持つようになるが，大学生くらいになると，好き嫌いに理由を加えて批評を行えるようになる。友達どうしで批評し合うことは，「自己ルール」を交換し，確かめることになる。そして，さまざまな人と批評し合うことによる「自己ルール」の交換によってのみ，人は，自分の「自己ルール」の偏りや傾向を把握することができるのである。

問１．１<接続語>中学生や高校生どうしは，「好き嫌いがあるだけの批判」しか行わないが，大学生くらいになると，理由まで含めて好き嫌いを語る「批評」を行えるようになる。　２<接続語>感受性のメガネを「外せない」なら，メガネをかけて見える世界が我々にとっては「〝正常な〟世界」だということは，言い換えると，「自分のメガネが歪《ゆが》んでいるのか，色がついているのか，誰にも決して分からない」ということである。　３<表現>仮に，「われわれが，自分の好き嫌い，つまり趣味判断だけで生きて」いるとすれば，自分では「自己ルール」の形は理解できない。

問２<文章内容>「自己ルール」とは，「『よい―悪い』のルール，また『美醜』のルール」である。我々は，他人との「相互の批評を通して」，他人と自分の「自己ルール」の差を理解することで，「自分の『自己ルール』の大きな傾向性や問題性を了解する」ことができるのである。

問３<語句>「象徴」は，抽象的な思想や事物を，具体的な事物によって理解しやすい形で表すこと。

問４<文章内容>子どもが，親など周りのいろいろなことを批判する言葉を持ち始めることは，「人間の心の『自由』の開始点」といえ，「哲学ではこれを『自己意識の自由』」と呼んでいる。

問５<文章内容>中学生や高校生は，「好き嫌いがあるだけの批判」を行うが，大学生くらいになると，「好き嫌いの理由」が入った「批評」をするようになっていく。

問６<表現>人は，いつの間にか「『よい―悪い』のルール，また『美醜』のルール」という「自己ルール」を身につける。人は，その「自己ルール」を通してしか物事を見たり感じたりすることができないので，「自己ルール」は，まるで感受性における「メガネ」のようなものなのである。

問７＜文章内容＞人は，長い時間をかけて形成してきて，「自己ルール」というメガネを外せない。「『自己ルール』の形がどうなっているのか，理解することはできない」ため，人は，他人との偏差に気づかず，自分の「自己ルール」に合うものを，正常だと考えてしまうのである。

問８＜四字熟語＞「十人十色」は，人はそれぞれ好みや意見が異なっている，ということ。「一期一会」は，一生に一度だけの機会のこと。「一石二鳥」は，一つの行為で二つの利益を得ること。「千載一遇」は，二度と訪れないかもしれないよい機会のこと。

問９＜段落関係＞「私」は，「哲学が未来で果たす役割」については特にふれられてはいない(ア…×)。②では，哲学の課題の「基本は『自己了解』の知恵という点にある」とまとめられており，続く段落では，どうすれば「自己ルール」を了解し直すことができるかという疑問が提示されている(イ…×)。子どもが「周りのいろんなことを批判する言葉をもちはじめる」ことの具体例として，⑧では「中学生や高校生どうし」の趣味的な「批判」ごっこの会話が挙げられている(ウ…○)。⑬に「批評」し合うことが，「哲学のテーブル」でいろいろ言い合って考えを鍛え上げていくことと似ているという関係性はあるが，以降では，哲学を学ぶことの重要性ではなく，「自己ルール」の交換による「自己了解」の重要性が述べられている(エ…×)。そして⑲では，他人との相互の「批評」を通して「自己ルール」を交換することによって，自分の「自己ルール」の偏りや傾向を把握できると述べられている(オ…×)。

二 〔論説文の読解―芸術・文学・言語学的分野―文学〕出典；安藤宏『「私」をつくる』。

問１＜表現＞１．「客観性」は，当事者ではなく第三者の立場から見て考える性質のこと。日記は「『内面』を露呈」するが，画像は，第三者から見た「外面的，形態的な」性質を保持しているのである。　２．近代小説の作者たちは，小説は「描く私」が「いかに『私』を演出していくかという，その演技の舞台」であることに気づいた。　３．一人称小説は，「事件に直接かかわった当人が事実をそのまま語ってくれている」という形式のため，「当事者のリアリティ」が生まれる。

問２＜文章内容＞日記は「内面」が露呈されるため，人は日記を読み返すと，「勝手な『内面』づくりにいそしんでいた」自分自身に気づかされ，「いたたまれなさ」を感じるのである。

問３＜文章内容＞「描かれている『私』」は，「日記に登場する『私』」であり，「フィクショナルに仮構され」ている(A…○)。一方，日記を「読み返している『私』」は，自分が「内面」を都合よく描いていたことに気づかされ，「羞恥と嫌悪を感じ」る(B…×)。また，作家である「私」が，「私」自身を題材とする場合には，「『内面』づくりにいそしもうとする自分に否応なく向き合わされ」ることになる(C・D・E…×)。

問４＜文章内容＞人が日記を書くと，「本来外にさらされることのないはずの『内面』」が表れてくることは，小説を書くうえで「『私』が『私』自身の見聞や体験を直接の題材に」すると，自分が内面に抱えている秘密が暴露されてくることと同じである。

問５＜文章内容＞「自分史」と「小説」は，同じ文学ではあっても，「自分史」が「自身の体験談を素朴に」つづるものであるのに対し，「小説」は「『描く私』の〝よそおい〟をどのようにつくっていくか」を考え，「演出していく」ものであるという違いがある。

問６＜文章内容＞一人称小説には，「当事者のリアリティ」があり，臨場感を持たせられる。そのため，「非現実的な内容にリアリティを与えたり，ありきたりの日常を眺め変えてみたりする」ことができるのである。

問７＜文章内容＞一人称小説は「一見信じがたい『事実』を伝聞として，まことしやかに語っていく」

のに有効な文体である。その具体例として，シャーロック・ホームズ自身が主人公として直接事件を語るのでもなく，また客観的な三人称小説の文体もとらず，身近な人物のワトソンがホームズの言動を伝聞として語る文体が，小説に客観性と臨場感を生んだことが挙げられている。

問８．⑴＜要旨＞他人の出来事を中心に伝聞モードで描く一人称小説は，客観性や臨場感を持たせられる利点があり，「一見信じがたい『事実』」を「まことしやかに語っていく形態」である(ウ…×)。⑵＜文学史＞『斜陽』は，昭和22(1947)年に発表された，太宰治の小説。『暗夜行路』は，大正10〜昭和12(1921〜37)年に発表された，志賀直哉の小説。『こゝろ』は，大正３(1914)年に発表された，夏目漱石の小説。『鼻』は，大正５(1916)年に発表された，芥川龍之介の小説。『舞姫』は，明治23(1890)年に発表された，森鷗外の小説。

三〔漢字〕

①「激励」は，はげまして奮い立たせること。　②「幽霊」は，死後にさまよっている霊魂のこと。　③音読みは「欠乏」などの「ボウ」。　④音読みは「赴任」などの「フ」。　⑤「無謀」は，どんな結果が起きるか深く考えないこと。　⑥「湖畔」は，湖のほとりのこと。　⑦「開墾」は，山野を切り開いて農耕できる田畑にすること。　⑧音読みは「休憩」などの「ケイ」。　⑨音読みは「回顧」などの「コ」。　⑩「暫時」は，少しの間のこと。

四〔品詞〕

①「読ん」は，マ行五段活用動詞「読む」の連用形。　②「来い」は，カ行変格活用動詞「来る」の命令形。　③「得る」は，ア行下一段活用動詞「得る」の連体形。　④「見れ」は，マ行上一段動詞「見る」の仮定形。　⑤「し」は，サ行変格活用動詞「する」の未然形。

五〔資料〕

問１．スライド２より，リラックスチョコレートチップスは，「チョコレートでコーティング」されたポテトチップスである。図２によると，男女ともに半数以上が「音やにおいで周りに迷惑になる」面や「手が汚れる」面をお菓子を食べない理由に挙げていることから，この商品は，音やにおい，手が汚れることのために，売り上げが上がらないと考えられる。

問２．学習時にお菓子を食べないことがあるのは，図１の中で，②「時々食べる」，③「ほとんど食べない」，④「全く食べない」と回答した中学生たちである。これらの回答をした生徒の割合を合計すると76％であり，調査対象の生徒600名の76％は，456名である。

問３．図２によると，学習時にお菓子を食べない理由に「勉強の役に立たないから」と回答した中学生は，男女ともに60％である。これは，男子では，65％の生徒が挙げた「音やにおいで周りに迷惑になるから」という回答に次ぐ，二番目に多い回答である。また，女子の回答としては一番多い。つまり，多くの中学生が，学習時にお菓子を食べるのは効果的だと考えていないのである。

問４．Ａくんが提案した新商品「過去問アメ玉」は，「個包装」された「アメ」であることから，図２で男女ともに半数以上が食べない理由として挙げている，「音やにおいで周りに迷惑になる」面や「手が汚れる」面に対応できている。また，「模擬試験の過去問題」がパッケージに掲載されることから，「勉強の役に立たない」面にも対応し，スライド１の日駒製菓が大切にしている「お客様に美味しさ以上の『価値』を！」という条件も満たしている。

問５．ア．受験生だけでなく，学生全体がターゲットである(…×)。　イ．スライド１から，特に海外の十代向けの新商品を検討しているとはいえない(…×)。　ウ．本校でお菓子の人気調査を行ってはいない(…×)。　エ．Ａくんのプレゼンテーションは，本校生徒600名への調査結果をもとにして構成されていて，日駒製菓に対する魅力的な新商品の提案になっている(…○)。　オ．新商品は，本校の売店専用として検討されているものではない(…×)。

2022年度 日本工業大学駒場高等学校（一般②）

【英　語】（50分）〈満点：100点〉

1 次の英文の（　　　）に入れるのに最も適切な語（句）をア～エより選び、記号で答えなさい。

1 (　　　) he finished his homework?

ア Is　　イ Did　　ウ Has　　エ Do

2 I was (　　　) at the news.

ア surprise　　イ surprised　　ウ surprising　　エ surprisingly

3 If he (　　　) older, he could go out by himself.

ア be　　イ is　　ウ were　　エ will be

4 While he (　　　) a video game, his mother came home.

ア plays　　イ played　　ウ is playing　　エ was playing

5 Do you know the building (　　　) by Ami's house?

ア stood　　イ to stand　　ウ standing　　エ being stood

2 次の各組がほぼ同じ意味になるように（　　　）に適語を入れなさい。

1 This is a dictionary.　I bought it last year.
=This is a dictionary (　　　)(　　　) last year.

2 Tell me where I should go, please.
=Tell me where (　　　)(　　　), please.

3 Are you free now?
=Do you (　　　) time now?

4 I spent two hours drawing this picture.
=It (　　　) two hours (　　　) draw this picture.

5　He is the tallest man in this village.

＝He is (　　　　) (　　　　) any other man in this village.

3

次の日本文の意味になるように【　　　】内の語（句）を並べかえなさい。ただし、文頭に来るべき語も小文字で示してあります。

1　私の家の前に公園があります。

【 of / in / a park / front / my house / there / is 】.

2　あなたはその本を明日までに読まなければいけません。

You【 read / by / tomorrow / have / the book / to 】.

3　何か冷たい飲み物はありますか。

Do you【 cold / anything / have / to / drink 】?

4　この家はあの家の 3 倍広いです。

This house is【 three / as / that one / as / times / large 】.

5　彼女は病気になって以来、誰とも話していません。

【 not / to anyone / been / has / she / talking 】since she got ill.

4

A　次の会話文の（　　　　）に入れるのに最も適切なものをア～エより選び、記号で答えなさい。

1　A　:　What will the weather be like tomorrow?

B　:　(　　　　)　It'll snow tomorrow!

A　:　Wow!　It's going to get cold.

ア　Sorry, I don't know.　　イ　Let me see.

ウ　Make yourself at home.　　エ　That's true.

2　A　:　Didn't you go to the swimming pool yesterday?

B　:　(　　　　　)　I went to the library yesterday.

ア　Yes, I did.　　　イ　No, I didn't.

ウ　Yes, I didn't.　　　エ　No, I did.

3　A　:　Can I have pizza and a juice?

B　:　Sure.　For here, or to go?

A　:　(　　　　　)

ア　Yes, please.　　　イ　No, thank you.

ウ　I want to eat at home.　　　エ　I'll have one more pizza.

4　A　:　Look at these photos.　I traveled with my family last weekend.

B　:　Is she your (　　　　　)?

A　:　Yes.　She is my aunt's daughter.

ア　sister　　　イ　grandmother

ウ　cousin　　　エ　niece

5　A　:　Excuse me.　Can I change this ticket?　I want to see another show.

B　:　Well... (　　　　　)

A　:　That's fine.　I'll give this ticket to my friend.

ア　Yes, of course!　　　イ　Many people can enjoy it.

ウ　Why do you think so?　　　エ　Sorry, you cannot do that.

6　A　:　Whose smartphone is this?　Is this yours?

B　:　(　　　　　)

A　:　I see.　I'll take this to her.

ア　It's not mine.　It might be Kumi's.　　　イ　I have your smartphone.

ウ　She has it.　　　エ　It's mine!　Thank you for finding it.

7　A　：　This is Kazu speaking.　Is Keiko there?

B　：　(　　　　　)

A　：　Alright.　Then, I'll call back in a few hours.

ア　Yes.　Wait a second, please.　　　　イ　No.　She won't come home until tomorrow.

ウ　This is Keiko speaking.　　　　　　エ　I'm afraid not.

8　A　：　What's up?　You look pale.

B　：　I have a headache.　I wonder if I should go home soon.

A　：　I think you should.　(　　　　　)

ア　See a dentist.　　　　　　　　　　イ　Take care of yourself.

ウ　Please stay here a little longer.　　エ　Hold on a moment.

B　次の会話文の（　1　）～（　4　）に入れるのに最も適切なものをア～エよりそれぞれ選び、記号で答えなさい。

Ken and Nana are making plans for their trip to Okinawa.

Ken　：　What do you want to do in Okinawa, Nana?

Nana　：　(　　1　　), so I want to go to a beach.　How about you, Ken?

Ken　：　I have no idea because (　　2　　).

Nana　：　I see.　Then, let's have *goya-champuru* for lunch.　It's a traditional food in Okinawa.　You must like it.

Ken　：　Sounds nice.　What does *champuru* mean?

Nana　：　(　　3　　).

Ken　：　You know a lot about Okinawa.　How did you learn that?

Nana　：　(　　4　　).

Ken　：　Now, I'm really looking forward to our trip!

ア　I've never been to Okinawa

イ　I read a book about Okinawa before

ウ　I like swimming

エ　It comes from the word "mix"

5　次の問いに対して、理由も含めて25語以上の英語で答えなさい。

Which do you like better, traveling abroad or traveling in Japan?

6 次の図表についての授業での会話を読んで、下記の問いに答えなさい。〔語注(*)が文の最後にあります。〕

<table>
<tr><th colspan="2">Baby Names Ranking in 2020 (Japan)</th><th></th><th colspan="2">Baby Names Ranking in 2020 (USA)</th></tr>
<tr><th>Boys</th><th>Girls</th><th></th><th>Boys</th><th>Girls</th></tr>
<tr><td>蒼 - Aoi</td><td>陽葵 - Hina</td><td>1</td><td>Liam</td><td>Sophia</td></tr>
<tr><td rowspan="2">樹 - Itsuki
蓮 - Ren</td><td>凛 - Rin</td><td>2</td><td>[X]</td><td>Olivia</td></tr>
<tr><td>詩 - Uta</td><td>3</td><td>Jackson</td><td>Riley</td></tr>
<tr><td>陽翔 - Haruto</td><td>結菜 - Yuna</td><td>4</td><td>Aiden</td><td>Emma</td></tr>
<tr><td>律 - Ritsu</td><td>結愛 - Yua</td><td>5</td><td>Elijah</td><td>Ava</td></tr>
</table>

Teacher : Every year, rankings of the most popular baby names are published for both Japan and the United States. And this is a *comparison of the two countries' top five names in 2020. So please look at this chart. Now, what is the third most popular girls' name in Japan?

Mai : It's (A). And it's also the name of the gold Olympic medalist.

Teacher : That's right. She was great. OK, then…

Noa : Wait! I found a name which is close to mine.

Teacher : Yes. If you add "h" to your name, it will be the second most popular name in America. In order to pronounce more easily, American people sometimes add "h" or "n" at the end of names.

Noa : I'm so happy to know that!

Takuma : Why is there no line between Itsuki and Ren?

Teacher : Can you guess?

Shun : I think Itsuki is as popular as Ren.

Teacher : Exactly! They got the (B) ranking so there is no line. This chart also shows some interesting *similarities. Please look at the chart again, and tell me your opinions.

Ayaka : Both in Japan and America, most of girls' names (C) in "a".

Kohei : Yes. I found that, too. And the ends of American boys' names are "n" or "h".

Toru : In Japan, like mine, more than half of the names are only one letter of kanji!

Shun : It looks like people in both countries prefer shorter names now. And I'd like to know the meanings of the American names, because our Japanese names have some meanings.

Teacher : Yeah, thanks to kanji, our Japanese names have meanings. For example, "結" means "to connect with others". And parents want their babies to feel the connection with others because of *COVID-19. That's why I gave my daughter that name.

Rin : My parents said my name "凛" means "confident". Like my parents, I guess Japanese names have the wishes of the parents to their children.

Teacher : Good guess! Names are the first presents to you from your parents. Now, look at <u>this picture</u>, please. This tells you how the most popular names have changed since 1954. What do you find?

Shun　　: In the USA, a name stays as the number one for a long time. "Michael" was popular for 44 years and Jacob for 14 years.

Toru　　: What a long time … But many Japanese popular names come and go a lot in the picture.

Kohei　　: I see "誠" five times!

Ayaka　　: I found the names of my grandpa and my father!

Teacher　: From names, we can learn many things. So from now on…

（注） comparison 比較　　similarity 類似点　　COVID-19 新型コロナウイルス

問１　［ X ］に入れるべき語を答えなさい。

問２　（ A ）～（ C ）に入れるべき語をそれぞれ英語１語で答えなさい。

問３　下線部を表す図として最も適切なものを**ア**～**エ**より選び、記号で答えなさい。

ア

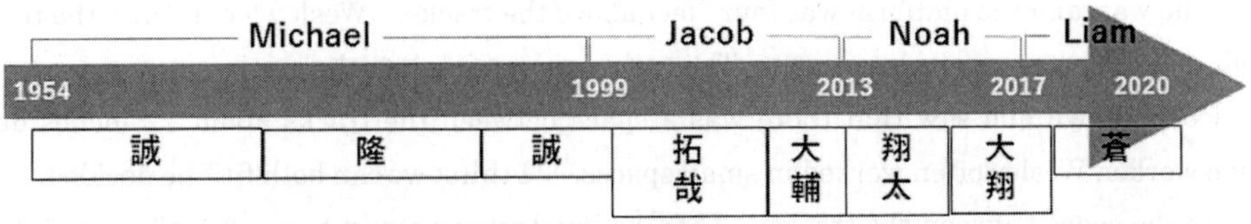

イ

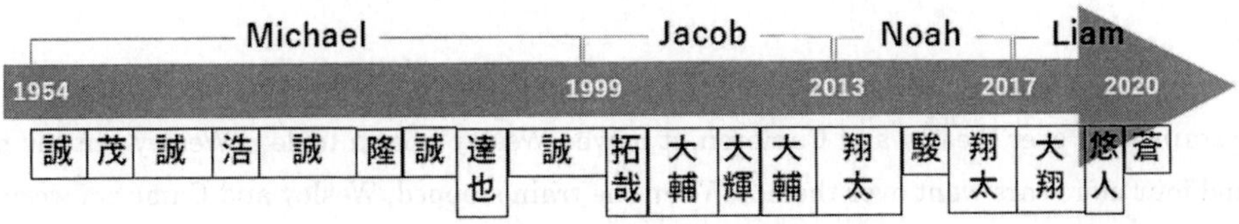

ウ

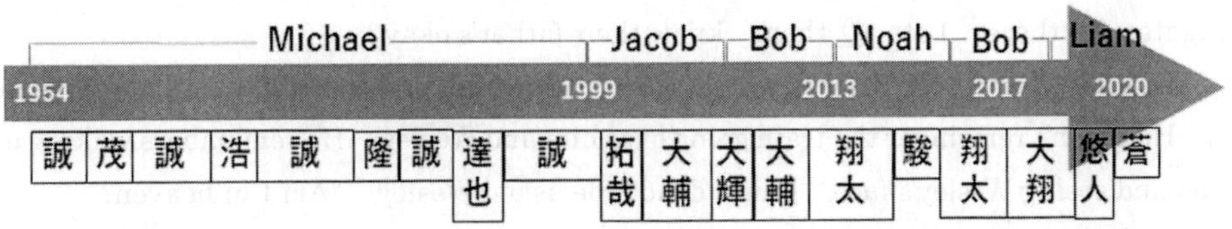

エ

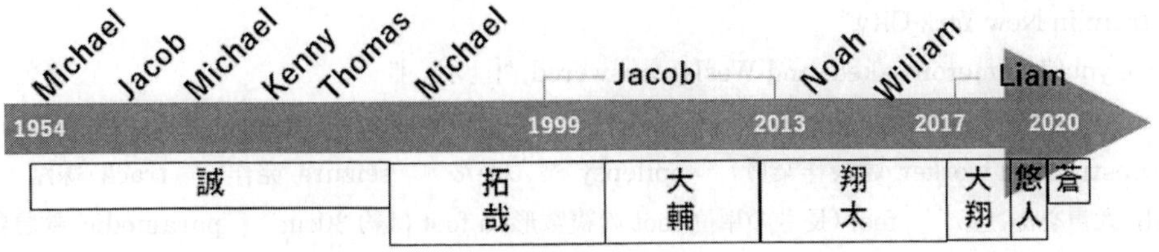

問４　以下の英文について、本文の内容に合うものにＴ、合わないものにＦで答えなさい。

ア　In Japan, shorter names are popular, but they aren't in America.

イ　"結" is one of the students' names in this class.

ウ　In the USA, a name stays in the ranking for many years.

エ　Every parent names their children after famous people.

オ　A student in this class was named "凛" with her parents' wish for her to be confident.

7 次の英文を読んで、下記の問いに答えなさい。〔語注(*)が文の最後にあります。〕

One afternoon Wesley Autrey and his two young daughters, ages four and six, were standing on a subway platform in New York City. Wesley was *a construction worker on the second shift. He was taking his daughters home from school before he went to work.

A young man was standing nearby. He was Cameron Peters, a 20-year-old student. Suddenly Cameron began to shake all over and fell to the ground. He had *epilepsy, and he was having a *seizure. Wesley knew first aid, so he ran to help Cameron. He put a pen between Cameron's teeth so he wouldn't bite his tongue. [ア] When the seizure was over, Cameron stood up. "Are you all right?" Wesley asked him. "Yes, I'm fine," Cameron answered.

Wesley was walking away when Cameron had another seizure. He fell to the ground again, but this time he fell off the subway platform and onto the *tracks below. Wesley looked into the tunnel at the end of the station and saw two white lights. [イ] "Hold on to my daughters," Wesley *yelled to two women who were standing on the platform. Then he jumped down onto the tracks.

Wesley tried to lift Cameron and put him back on the platform, ① but he couldn't. Cameron was heavier than he was, and the platform was four *feet above the tracks. Wesley looked into the tunnel again. The two white lights were much closer now. The train was coming into the station.

Wesley looked down and saw that there was a space between the tracks about 22 inches deep. As a construction worker, Wesley often worked in small spaces. "I think we can both fit," he decided. He pushed Cameron into the space between the tracks. Then he lay down on top of him. "Don't move," Wesley said, "(A)."

The driver of the train saw the two men on the tracks and put on the brakes. [ウ] When the first car of the train went over Wesley and Cameron, it moved Wesley's hat a little. Wesley put his head down further, and four more cars went over them. When the train stopped, Wesley and Cameron were under the fifth car. Wesley could hear people on the platform screaming. "We're okay down here," he yelled, "but I've got two daughters up there. Let ② them know their father's okay."

*Paramedics arrived and helped Wesley and Cameron out from under the train. They were both fine.

[エ] He doesn't remember the train going over him and Wesley. He remembers waking up after the train stopped and seeing Wesley's face. "Am I dead?" he asked Wesley. "Am I in heaven?"

"No, you're ③ not dead, and you're not in heaven," Wesley answered. "You're (B), and you're under a subway train in New York City."

"Who are you?" Cameron asked, and Wesley answered, "[オ]"

(注) a construction worker 建設作業員　epilepsy てんかん　seizure 発作　track 線路
yell 大声をあげる　feet (長さの単位 foot の複数形) a foot は約 30cm　paramedic 救急救命士

問１　[ア]～[オ]に入れるべき文を１～５の中から選び、番号で答えなさい。

1　Cameron remembers almost nothing about the experience.

2　But he wasn't able to stop the train in time.

3　A train was coming.

4　I'm someone who saved your life.

5　Then he waited for Cameron to stop shaking.

問２　下線部①の理由を日本語で２つ答えなさい。

問３　(A)に入れるべき語句をア～エの中から選び、記号で答えなさい。

ア　or one of us is going to lose a leg　　イ　and both of us will be dead

ウ　or my daughters can save us　　エ　and two women can't watch us

問４　下線部②が示すものをア～エの中から選び、記号で答えなさい。

ア　Wesley and Cameron　　イ　the two white lights

ウ　Wesley's daughters　　エ　two women standing on the platform

問５　(B)に入れるべき、下線部③と同じ意味を表す１語を答えなさい。

問６　以下の英文について、本文の内容に合うものにはＴ、合わないものにはＦで答えなさい。

1　Before Wesley went to work, he met his daughters and was going back home.

2　Wesley jumped down onto the tracks to save the man he knew well.

問７　次の英語は本文中のある単語を説明したものです。説明にあてはまる単語を本文中から１語で抜き出しなさい。

A railway system that runs under the ground below a big city

【数　学】（50分）〈満点：100点〉

1 次の計算をしなさい。

(1) $\left(\frac{5}{4}\right)^2-\frac{3}{2}\div\frac{8}{9}$

(2) $\frac{x-1}{2}-\frac{2x-2}{3}-\frac{2x+7}{6}$

(3) $2ab^2\div\left(-\frac{2}{a^2c}\right)^2\times\frac{12}{(a^2bc)^2}$

(4) $\frac{(3-2\sqrt{2})(4+2\sqrt{3})(2-\sqrt{3})}{(1-\sqrt{2})^2}$

2 次の方程式を解きなさい。

(1) $3(x-1)-2x=\frac{x}{5}+\frac{x-2}{10}$

(2) $\begin{cases}\sqrt{2}x+y=-\sqrt{2}+1\\x-y=-2\end{cases}$

(3) $2x^2-4x-3=0$

(4) $(2x-1)^2-(4x-2)-3=0$

3

$x > y$ を満たす正の整数 x，y について，次の問いに答えなさい。

(1) $x+2y=10$ を満たす x，y の値の組をすべて求めなさい。

(2) $x^2-y^2=24$ を満たす x，y の値の組をすべて求めなさい。

4

n を 1 以上の整数とします。 $y=-2x+n$ と x 軸， y 軸との交点をそれぞれ A，B とし，△OAB の周上を含む内部を Z とします。また，(0, 0)，(1, 0)，(0, 1)，…… のように座標平面上の x 座標と y 座標がともに整数である点を格子点といいます。このとき，次の問いに答えなさい。

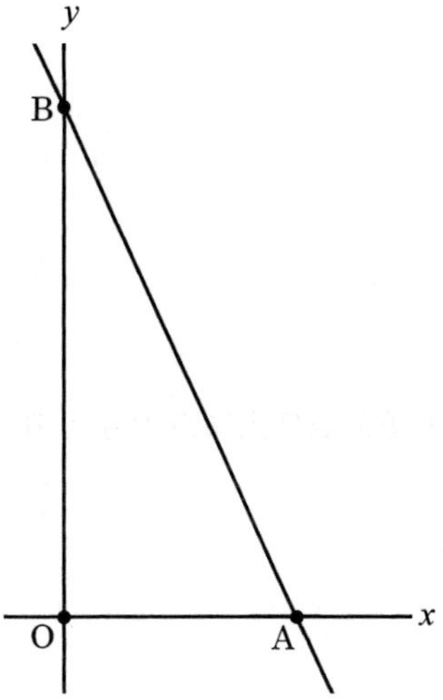

(1) $n=8$ のとき，Z に含まれる格子点の数を求めなさい。

(2) $n=28$ のとき，Z に含まれる格子点の数を求めなさい。

5 図のように，放物線 $y=\frac{1}{2}x^2$ と直線 ℓ : $y=x+4$ が，2 点 A(−2 , 2)，B で交わっています。
また，点 C(1 , −4)が 2 直線の交点であるとき，次の問いに答えなさい。

(1) 直線 AC の式を求めなさい。

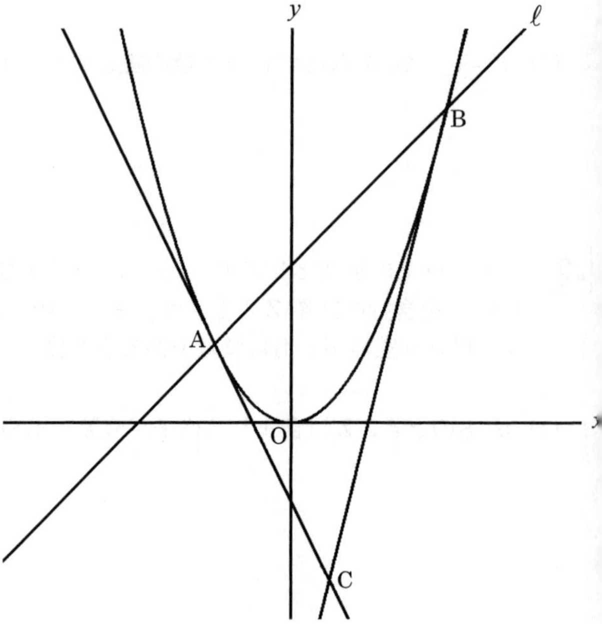

(2) △ABC の面積を求めなさい。

(3) 線分 AC 上に点 P をとります。△PAB の面積が $\frac{27}{2}$ であるとき，直線 BP の式を求めなさい。

6 図のように，半径 1cm の 3 つの円 A，B，C と円 O がそれぞれ接していて，円 A 上の点 D と円 B 上の点 E を通る直線は円 A，B に接しています。このとき，次の問いに答えなさい。ただし，円周率は π とします。

(1) △ABC の面積を求めなさい。

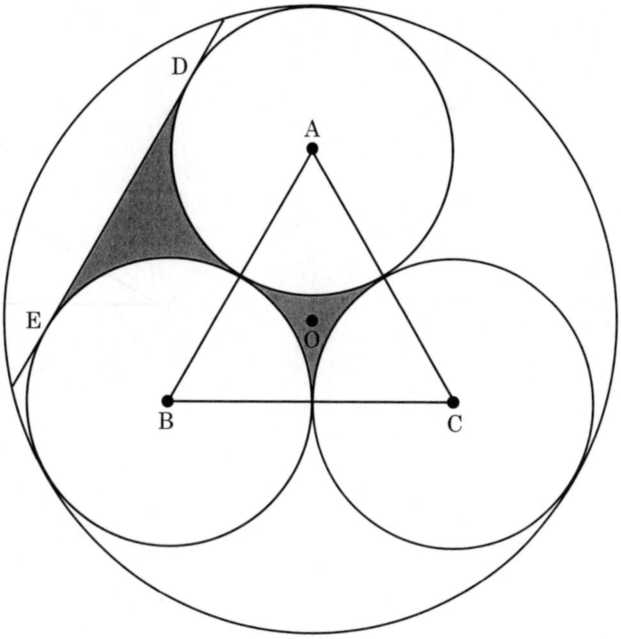

(2) 円 O の半径を求めなさい。

(3) 図の色がついている 2 つの部分の面積の和を求めなさい。

7 次の図は，$\angle \mathrm{BAE}=30^\circ$，$\angle \mathrm{AEB}=100^\circ$，$\angle \mathrm{CBE}=40^\circ$，$\angle \mathrm{ECD}=50^\circ$ です。このとき，次の問いに答えなさい。

(1) 4 点 A，B，C，D が 1 つの円周上にあることを証明しなさい。

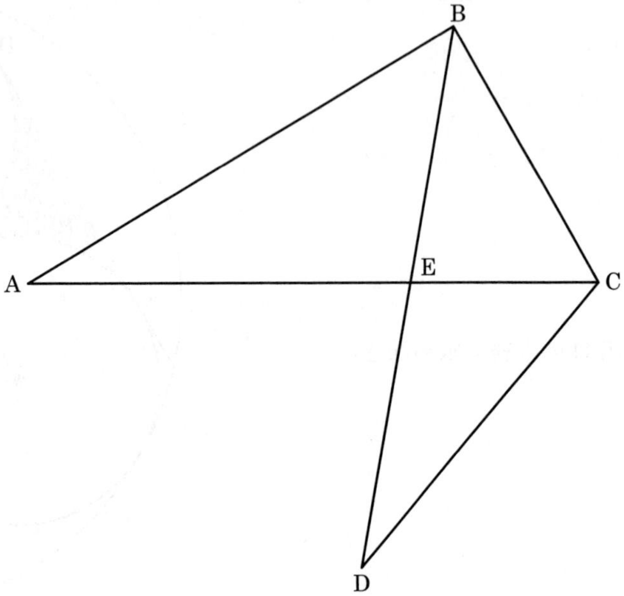

(2) △ABC の面積が $\dfrac{25\sqrt{3}}{2}\,\mathrm{cm}^2$ となるとき，4 点 A，B，C，D を円周上の点とする円の半径を求めなさい。

《注》＊普賢菩薩・・・仏の理法・修行の徳をつかさどり、祈るときの対象とされる菩薩。
＊我も見奉る事もやある・・・「私も見申し上げることもあるだろうか」という意味。
＊夜半過ぎぬらん・・・「夜中も過ぎたろう」という意味。
＊いかに、ぬし殿は拝み奉るや・・・「どうです、あなたは拝み申したか」という意味。
＊年ごろ・・・「長年の間」という意味。
＊よも矢は立ち給はじ・・・「まさか矢が立つことはございますまい」という意味。

問1　傍線部①「九月」とありますが、旧暦の月の異名として最も適当なものを次の中から一つ選び、記号で答えなさい。

ア 神無月　イ 長月　ウ 文月　エ 水無月　オ 睦月

問2　傍線部②「普賢菩薩」とありますが、この正体として最も適当なものを次の中から一つ選び、記号で答えなさい。

ア 狸　イ 聖　ウ 仏　エ 猟師　オ 童

問3　傍線部③「我が身などは、経の向きたる方も知らぬに、見え給へるは」とありますが、これと同じことを示している部分を文中から十字以上十五字以内で抜き出し、最初の五字を答えなさい。

問4　傍線部④「この事試みてん」とは「この事を試してみよう」という猟師の発言ですが、「この事」の具体的な内容を文中の言葉を使って、十字以内の一文で説明しなさい。

問5　本文の内容として最も適当なものを次の中から一つ選び、記号で答えなさい。

ア 猟師が聖のもとに泊まって普賢菩薩を見る前にも、童は普賢菩薩を複数回見たことがあった。
イ 猟師は聖が寝てしまった後も起きて待っていたところ、夜中に突然普賢菩薩が現れた。
ウ 普賢菩薩が現れた後に、聖は童に対して普賢菩薩を拝むことができたかどうか確認した。
エ 猟師は普賢菩薩の正体を知っていたので、全く躊躇せずにその化けの皮をはぐことができた。
オ 作者はこの話の総括として、猟師の仏に対する敬意を欠いた行動を強く非難している。

『杜子春』などの作品も有名だよ。また、この作家の一部の作品は、『宇治拾遺物語』などの古典作品を参考にしていたことでも有名だね。

生徒C　古典作品に関連して、私の好きな作家は日本で最も古い随筆を書いたことで有名だよ。私は現代語訳で読んだけれども、鋭い感性で書かれた内容は、現代でも共感できるね。「春はあけぼの」で始まる冒頭の部分は誰でも聞いたことがあるんじゃないかな。

生徒D　僕が好きな作家は、Cくんが挙げた作家と同じ時期に活躍して『源氏物語』を書いた人物だよ。この時代にこれだけの長編作品を完成させたことは本当にすごいことだと思うな。江戸時代に活躍した本居宣長は、この作品の本質を「もののあはれ」だと提唱していて、江戸時代でも研究されていることからこの作品の影響力がわかるね。

生徒E　私が好きな作家は江戸時代に活躍した人物だよ。父の影響で劇が好きなんだけど、この作家は人形浄瑠璃の脚本を書いていることから興味を持ったんだ。世話物の『曽根崎心中』や時代物の『国性爺合戦』など色んなジャンルの作品を作っているよ。

【選択肢】

ア　芥川龍之介　　イ　紀貫之　　ウ　清少納言　　エ　滝沢馬琴　　オ　近松門左衛門
カ　夏目漱石　　キ　藤原定家　　ク　松尾芭蕉　　ケ　宮沢賢治　　コ　紫式部

五

次の文章は、猟師がある山で修行する聖（高徳の僧）から毎晩*普賢菩薩《ふげんぼさつ》が現れることを聞き、聖のもとに泊まって、菩薩を拝もうとする場面です。これを読んで後の問いに答えなさい。

さて聖の使ふ童《わらは》のあるに問ふ。「聖のたまふやう、いかなる事ぞや。おのれも、この仏をば拝み参らせたりや」と問へば、童は、「五六度ぞ見奉りて候」といふに、猟師、「*我も見奉る事もやある」とて、聖の後《うしろ》に、寝《い》ねもせずして起き居たり。①九月廿日《はつか》の事なれば、夜も長し。今や今やと待つに、*夜半《よは》過ぎぬらんと思ふ程に、東の山の嶺《みね》より、月の出づるやうに見えて、嶺の嵐もすさまじきに、この坊の内、光さし入りたるやうにて明くなりぬ。見れば、②普賢菩薩象に乗りて、やうやうおはして、坊の前に立ち給へり。

聖泣く泣く拝みて、「*いかに、ぬし殿は拝み奉るや」といひければ、「いかがは。この童も拝み奉る。をいをい、いみじう貴《たふと》し」とて、猟師思ふやう、聖は*年ごろ経をもたもち読み給へばこそ、その目ばかりに見え給はめ、この童、③我が身などは、経の向きたる方も知らぬに、見え給へるは、心は得られぬ事なりと、心のうちに思ひて、④この事試みてん。これ罪得《う》べき事にあらずと思ひて、尖矢《とがりや》を弓につがひて、聖の拝み入りたる上よりさし越して、弓を強く引きて、ひやうと射たりければ、御胸の程に当るやうにて、火を消つごとくにて、光も失せぬ。谷へとどろめきて、逃げ行く音す。聖、「これはいかにし給へるぞ」といひて、泣き惑ふ事限りなし。男申しけるは、「聖の目にこそ見え給はめ、我が罪深き者の目に見え給へば、試み奉らんと思ひて、射つるなり。実《まこと》の仏ならば、*よも矢は立ち給はじ。さればあやしき物なり」といひけり。夜明けて、血をとめて行きて見ければ、一町ばかり行きて、谷の底に大なる狸《たぬき》、胸より尖矢を射通されて、死して伏せりけり。

聖なれど、無智なれば、かやうに化《ばか》されけるなり。猟師なれども、慮《おもんぱかり》ありければ、狸を射害《いころ》し、その化《ばけ》をあらはしけるなり。

（『宇治拾遺物語』による。）

問10　次の生徒の会話を読み、本文をもとにした考えとして適当ではない発言をしている生徒として最も適当なものを次の中から一つ選び、記号で答えなさい。

ア　生徒A　科学の理論は正しいものだと思っていたけれど、実はそうとも限らないというのは驚きだったよ。ノーベル賞を受賞した理論さえも間違っていることがあるのは意外だったね。

イ　生徒B　そうね。有名なニュートン力学は今でも全てが正しいものだと思っていたけれど、アインシュタインの相対性理論によって一部が修正されているのね。アインシュタインと言えば本文でも紹介されていたように、妄信的に権威を信じすぎることに警鐘を鳴らしていたよね。

ウ　生徒C　紹介と言えば、筆者はファイヤアーベントの発言も引用して科学と宗教の類似点も指摘していたよね。ただ専門家の意見でも鵜呑みにすることは危険なんだよね。

エ　生徒D　そうだね。理解するのが難しい部分もあった文章だけど、このように科学以外のものとの類似点を示してくれているから理解の助けとなったよね。

オ　生徒E　筆者は科学の性質が生物や人間社会と似通っていることを踏まえながら、論を展開していったよね。他にも科学と似た性質を持つものがあるようだから、探してみたいと思ったよ。

三

次の①～⑩の傍線部のカタカナは漢字に、漢字はその読み方をひらがなにそれぞれなおしなさい。

① この件は早急にゼンショ致します。
② その映画では二匹のカイジュウが戦った。
③ タきたてのご飯を茶碗によそう。
④ 彼は指導者にメグまれて才能を伸ばした。
⑤ 飼い犬がシッポを振って出迎える。
⑥ 彼への思いが凝縮された言葉だ。
⑦ 日本の国土の大半は山岳地帯である。
⑧ 彼とは考え方に隔たりがある。
⑨ 夜更けまで機を織る音が聞こえた。
⑩ 社会の授業で為替取引について勉強した。

四

次の文章は生徒A～Eが自分の好きな作家とその作品について話したものです。それぞれの生徒が話している作家として適当なものを選択肢からそれぞれ選び、記号で答えなさい。

生徒A　僕がこの作家に興味を持ったのは、小学生の頃に教科書で『オツベルと象』を読んだ時だったな。その後に同じ童話である『銀河鉄道の夜』や詩の『雨ニモマケズ』を読んで、本当に好きになったよ。高校生になったら、夏休みに岩手にある記念館に行きたいと思っているよ。

生徒B　童話と言えば、私の好きな作家は子どもでも読みやすい作品も書いていて、『蜘蛛の糸』は絵本で読んだ記憶があるわ。『羅生門』や

問4　傍線部③「玉石混交の科学的知見」とありますが、この説明として最も適当なものを次の中から一つ選び、記号で答えなさい。

ア　科学における多くの発見の中には、研究者の支持を得る仮説と非研究者の支持を得る仮説とが混ざっているということ。

イ　科学における多くの発見の中には、現実に合致する仮説と誤りのある仮説とが混ざっているということ。

ウ　科学における多くの発見の中には、実用性の高い仮説と発展性の高い仮説とが混ざっているということ。

エ　科学における多くの発見の中には、社会で認められる仮説と認められない仮説とが混ざっているということ。

オ　科学における多くの発見の中には、難解な仮説と単純でわかりやすい仮説とが混ざっているということ。

問5　傍線部④「絶え間ない修正により、少しずつより強靭で真実の法則に近い仮説ができ上がってくる」とありますが、このことをたとえた部分を文中から四字で抜き出しなさい。

問6　傍線部⑤「科学的知見の確度の違いを分かりやすく指標化しようとする試み」とありますが、この問題点として最も適当なものを次の中から一つ選び、記号で答えなさい。

ア　科学的知見の確度は均一の観点での指標化が困難であり、全ての知見に対して情報が公開されているわけではないということ。

イ　科学的知見の確度は同一の分析方法で指標化することが困難であり、専門家によっては同じ観点を共有できないということ。

ウ　科学的知見の中には医学的な知見によって階層化できない事象が多く含まれており、現実には指標化できないということ。

エ　科学的知見は生命と同様に日々発展・展開する性質を有しており、同じ尺度で指標化することは難しいということ。

オ　科学的知見は常に原理的に不完全であり、個々の知見について正確さや不正確さを判断することは難しいということ。

問7　傍線部⑥「権威の高さと情報の確度を同一視して判断する」とありますが、筆者の考える、人々がこのようにする原因を文中の言葉を使って四十五字以上五十字以内の一文で説明しなさい。

問8　傍線部⑦「どこか拭い難い危うさが感じられる」とありますが、この理由として最も適当なものを次の中から一つ選び、記号で答えなさい。

ア　科学において重要なのは、確からしいことに対しても修正し続けることで、権威主義にすがることでその意欲が失われてしまうから。

イ　権威主義によって物事の確度を判定することによって、あらゆる人々が科学者の言うことばかりを真実として捉える可能性があるから。

ウ　社会と科学を結びつける手段としての権威主義は分かりやすいが、真実と異なる情報が一度流れてしまうと取り返しがつかなくなるから。

エ　賞や雑誌の権威を重要視することで、科学者は自身の功名心を満たすことばかりに従事し、真実の追究という目的がなされなくなるから。

オ　非専門家の人々はより説得力のある権威的な意見を妄信する傾向があり、行き過ぎると情報の確度を権威の高さのみで判断してしまうから。

問9　★の段落の本文中における働きとして最も適当なものを次の中から一つ選び、記号で答えなさい。

ア　前段落における筆者の主張を裏付ける理由や根拠を挙げることで、自らの論を具体的に説明する働き。

イ　前段落における話題に対して一般的な考えを例示することで、その話題が特殊であることを示す働き。

ウ　前段落の話題と全く異なる話題を展開することで、読者に対して新たな問題提起をする働き。

エ　前段落の話題に対してあえて譲歩する論や例を挙げることにより、その後の筆者の主張につなげる働き。

オ　前段落の話題に対して肯定的な具体例を挙げることにより、その後の筆者の主張を補強する働き。

るものが、科学に従事している研究者の言うことなら正しい、というような誤解であり（それはこのエッセイの信頼性もまた然りなのだが……）、また逆に科学に従事する者たちが、非専門家からの批判は無知に由来するものとして、聖典の寓言《ぐうげん》のような専門用語や科学論文の引用を披露することで、高圧的かつ【　3　】に封じ込めてしまうようなことも、「科学と社会の接点」ではよく見られる現象である。これまで何度も書いてきたように、科学の知見は決して１００％の真実ではないにもかかわらず、である。

　こういった人の不安と権威という構図は、宗教によく見られるものであり、「科学こそが、最も新しく、最も攻撃的で、最も教条的な宗教的制度」というポール・カール・ファイヤアーベントの言は、示唆に富んでいる。「権威が言っているから正しい」というのは、本質的に妄信的な考え方であり、いかに美辞を弄《ろう》しようと、とどのつまりは何かにしがみついているだけなのだ。

（中屋敷均『科学と非科学　その正体を探る』による。）

《注》＊『ネイチャー』…国際的な総合学術雑誌。科学技術を中心としたさまざまな学問分野から査読済みの研究内容が掲載されている。

問1　【　1　】【　2　】【　3　】に入る言葉として適当なものを次の中からそれぞれ選び、記号で答えなさい。

ア 一方的　　イ 意欲的　　ウ 衝撃的　　エ 抽象的　　オ 伝統的

問2　傍線部①「その存在を現在の姿からさらに発展・展開させていく性質」とありますが、この性質を根拠にして科学について言えることとして最も適当なものを次の中から一つ選び、記号で答えなさい。

ア 科学によって新たな考え方が数多く発見されており、さらに学問体系が細分化される可能性があるということ。
イ 科学によって生み出された技術はだんだんと高度になっており、やがて人類には制御できなくなるということ。
ウ 科学によって発見されたすべての知見は修正される可能性があり、完全に正しいと断言することはできないということ。
エ 科学によって不完全な理論の研究が進んでおり、様々な角度から吟味されることで不動の真理になるということ。
オ 科学によって導き出されたすべての仮説は長い時間をかけて理想的な真理に近づき、人類の繁栄に寄与するということ。

問3　傍線部②「枚挙にいとまがない」とありますが、この意味として最も適当なものを次の中から一つ選び、記号で答えなさい。

ア 多くの人に知られていないこと。
イ 快挙なこととして称えられていること。
ウ 数えきれないほどたくさんあること。
エ 客観的に正確なものは少ないこと。
オ それほど適切な事例が多くないこと。

ので、何を頼りに行動すれば良いのだろう？　優等生的な回答をするなら、より正確な判断のために、対象となる科学的知見の確からしさに対して、正しい認識を持つべきだ、ということになるのだろう。

「科学的な知見」という大雑把なくくりの中には、それが基礎科学なのか、応用科学なのか、成熟した分野のものか、まだ成長過程にあるような分野なのか、あるいはどんな手法で調べられたものなのかなどによって、確度が大きく異なったものが混在している。ほぼ例外なく現実を説明できる非常に確度の高い法則のようなものから、その事象を説明する多くの仮説のうちの一つに過ぎないような確度の低いものまで、幅広く存在している。それらの確からしさを正確に把握して峻別していけば、少なくともより良い判断ができるはずである。

たとえば、近年、医学の世界で提唱されている evidence-based medicine（ＥＢＭ）という考え方では、そういった⑤科学的知見の確度の違いを分かりやすく指標化しようとする試みが行われている。これは医学的な知見（エビデンス）を、調査の規模や方法、また分析手法などによって階層化して順位付けし、臨床判断の参考にできるように整備することを一つの目標としている。同じ科学的知見と言っても、より信頼できるデータはどれなのかを判断する基準を提供しようとする、【　2　】な試みと言えるだろう。

しかし、こういった非専門家でも理解しやすい情報が、どんな科学的知見に対しても公開されている訳ではもちろんないし、科学的な情報の確度というものを単純に調査規模や分析方法といった画一的な視点で判断して良いのか、ということにも、実際は深刻な議論がある。一つの問題に対して専門家の間でも意見が分かれることは非常に多く、そのような問題を非専門家が完全に理解し、それらを統合して専門家たちを上回る判断をすることは、現実的には相当に困難なことである。

こういった科学的知見の確度の判定という現実的な困難さに忍び寄って来るのが、いわゆる権威主義である。たとえばノーベル賞を取ったから、『ネイチャー』に載った業績だから、有名大学の教授が言っていることだから、といった⑥権威の高さと情報の確度を同一視して判断するというやり方だ。この手法の利点は、なんと言っても分かりやすいことで、現在の社会で「科学的な根拠」の確からしさを判断する方法として採用されているのは、この権威主義に基づいたものが主であると言わざるを得ないだろう。

★もちろんこういった権威ある賞に選ばれたり、権威ある雑誌に論文が掲載されるためには、多くの専門家の厳しい審査があり、それに耐えてきた知見はそうでないものより強靭さを持っている傾向が一般的に認められることは、間違いのないことである。また、科学に限らず、音楽家であろうが、塗師であろうが、ヒヨコ鑑定士であろうが、専門家は非専門家よりもその対象をよく知っている。だから、何事に関しても専門家の意見は参考にすべきである。それも間違いない。多少の不具合はあったとしても、どんな指標も万能ではないし、権威主義による判断も分かりやすくある程度、役に立つなら、それで十分だという考え方もあろうかと思う。

しかし、なんと言えばよいのだろう。かつてアインシュタインは「何も考えずに権威を敬うことは、真実に対する最大の敵である」と述べたが、この権威主義による言説の確度の判定という手法には、⑦どこか拭い難い危うさが感じられる。それは人の心が持つ弱さと言えばいいのか、人の心理というシステムが持つバグ、あるいはセキュリティーホールとでも言うべき弱点と関連した危うさである。端的に言えば、人は権威にすがりつき安心してしまいたい、そんな心理をどこかに持っているのではないかと思うのだ。拠りどころのない「分からない」という不安定な状態でいるよりは、とりあえず何かを信じて、その不安から逃れてしまいたいという指向性が、心のどこかに潜んでいる。権威主義は、そこに忍び込む。

そして行き過ぎた権威主義は、科学そのものを社会において特別な位置に置くことになる。「神託を担う科学」である。倒錯した権威主義の最た

二　次の文章を読んで、後の問いに答えなさい。

科学と生命は、実はとても似ている。それはどちらも、①その存在を現在の姿からさらに発展・展開させていく性質を内包しているという点においてである。その特徴的な性質を生み出す要点は二つあり、一つは過去の蓄積をきちんと記録する仕組みを持っていること、そしてもう一つはそこから変化したバリエーションを生み出す能力が内在していることである。この二つの特徴が漸進《ぜんしん》的な改変を繰り返すことを可能にし、それを長い時間続けることで、生命も科学も大きく発展してきた。

だから、と言って良いのかよく分からないが、科学の歴史を紐解けば、たくさんの間違いが発見され、そして消えていった。科学における最高の栄誉とされるノーベル賞を受賞した業績でも、後に間違いであることが判明した例もある。たとえば１９２６年にデンマークのヨハネス・フィビゲルは、世界で初めて「がん」を人工的に引き起こす事に成功したという業績で、ノーベル生理学・医学賞を受賞した。しかし、彼の死後、寄生虫を感染させることによって人工的に誘導したとされたラットの「がん」は、実際には良性の腫瘍《しゅよう》であったことや、腫瘍の誘導そのものも寄生虫が原因ではなく、餌のビタミンA欠乏が主因であったことなどが次々と明らかになった。

ノーベル賞を受賞した業績でも、こんなことが起こるのだから、多くの「普通の発見」であれば、誤りであった事例など、実は②枚挙にいとまがない。誤り、つまり現実に合わない、現実を説明していない仮説が提出されることは、科学において日常茶飯事であり、２０１３年の『ネイチャー』*誌には、医学生物学論文の70%以上で結果を再現できなかったという【　1　】なレポートも出ている。

しかし、そういった③玉石混交の科学的知見と称されるものの中でも、現実をよく説明する「適応度の高い仮説」は長い時間の中で批判に耐え、その有用性や再現性故に、後世に残っていくことになる。そして、その仮説の適応度をさらに上げる修正仮説が提出されるサイクルが繰り返される。それはまるで生態系における生物の「適者生存」のようである。ある意味、科学は「生きて」おり、生物のように変化を生み出し、より適応していたものが生き残り、どんどん成長・進化していく。それが最大の長所である。現在の姿が、いかに素晴らしくとも、そこからまったく変化しないものに発展はない。教条主義に陥らない〝可塑《かそ》性〟こそが科学の生命線である。

しかし、このことは「科学が教えるところは、すべて修正される可能性がある」ということを論理的必然性をもって導くことになる。科学の進化し成長するという素晴らしい性質は、その中の何物も「不動の真理」ではない、ということに論理的に帰結してしまうのだ。たとえば夜空の星や何百年に1回しかやってこない彗星の動きまで正確に予測できたニュートン力学さえも、アインシュタインの一般相対性理論の登場により、一部修正を余儀なくされている。法則中の法則とも言える物理法則でさえ修正されるのである。科学の知見が常に不完全ということは、ある意味、科学という体系が持つ構造的な宿命であり、④絶え間ない修正により、少しずつより強靭で真実の法則に近い仮説ができ上がってくるが、それでもそれらは決して１００％の正しさを保証しない。

より正確に言えば、もし１００％正しいところまで修正されていたとしても、それを完全な１００％、つまり科学として「それで終わり」と判定するようなプロセスが体系の中に用意されていない。どんなに正しく見えることでも、それをさらに修正するための努力は、科学の世界では決して否定されない。だから科学的知見には、「正しい」or「正しくない」という二つのものがあるのではなく、その仮説がどれくらい確からしいのかという確度の問題が存在するだけなのである。

では、我々はそのような「原理的に不完全な」科学的知見をどう捉えて、どのように使っていけば良いのだろうか？　一体、何が信じるに足るも

問1 【 1 】【 2 】【 3 】に入る言葉として適当なものを次の中からそれぞれ選び、記号で答えなさい。

ア しかし　イ たとえば　ウ ところで　エ なぜなら　オ もし

問2 傍線部①「写真と絵画との表現における特質の違い」とありますが、この違いを「フレーム」という言葉を必ず使って七十五字以上八十五字以内の一文で説明しなさい。

問3 傍線部②「セルフポートレイトを描いた画家」とありますが、これらの画家が等しく持っているものを文中から十一字で抜き出しなさい。

問4 傍線部③「自分の顔」とありますが、画家にとっての顔の説明として最も適当なものを次の中から一つ選び、記号で答えなさい。

ア 画家自身の苦悩や葛藤を最も表現しやすく、自身の内面を描き出すための身近な題材。

イ 経年による変化が最も出やすく、作品を後世に残すという観点で最も適している題材。

ウ 写真では写し出すことの出来ない画家自身の外見を、正確に表現できる題材。

エ 不変的でありながら生きている限り変わり続ける、自己を探るための興味深い題材。

オ 他の題材に見せかけて自身を投影するなど、画家が表現的な工夫をしやすい題材。

問5 傍線部④「そこ」とありますが、これが指し示すものとして最も適当なものを次の中から一つ選び、記号で答えなさい。

ア 葛藤　イ 自画像　ウ 一九世紀フランス　エ 晩年の数年間　オ 短い人生

問6 傍線部⑤「私とはいったい誰なのか」とありますが、この問いと関連の深い言葉として最も適当なものを次の中から一つ選び、記号で答えなさい。

ア アイデンティティ　イ カオス　ウ ジレンマ　エ パラドックス　オ モチベーション

問7 傍線部⑥「永遠」とありますが、これと熟語の構成が同じ言葉として最も適当なものを次の中から一つ選び、記号で答えなさい。

ア 懐疑　イ 合併　ウ 贈答　エ 美醜　オ 未踏

問8 傍線部⑦「撮影者の証言を欲する」とありますが、この理由として最も適当なものを次の中から一つ選び、記号で答えなさい。

ア 写真におけるセルフポートレイトでは、絵画と異なり、撮影者には明確な工夫や意図があるが、説明なしに理解することは難しいから。

イ 写真におけるセルフポートレイトでは、撮影者の意図を理解することが必須であり、それを理解せずに鑑賞することはできないから。

ウ 写真におけるセルフポートレイトでは、撮影者の存在は明確であるにも関わらず、そこから読み取ることのできる情報が希薄だから。

エ 写真におけるセルフポートレイトでは、撮影者の内面が表現されており、写真が撮影された状況よりもその過程を知ることが大切だから。

オ 写真におけるセルフポートレイトでは、直感的に現実の世界を切り取るため、言語化されなければ撮影者の存在がわからないから。

問9 本文の内容として最も適当なものを次の中から一つ選び、記号で答えなさい。

ア 絵画におけるセルフポートレイトはさまざまな形式を持つが、自らの顔を直接描いたものが最も多い。

イ レオナルド・ダ・ヴィンチの「モナリザ」は画家の制作意図が明確になっている作品である。

ウ 画家にとって自画像は、画家が描くのにふさわしいモデルが見つからなかった時のみに描かれる。

エ 写真におけるセルフポートレイトは画家の自画像に対する考えを土台にして始まった。

オ 絵画を描き上げる過程においては、無限の世界から一部分を切り取ることに時間がかかる。

生きている限り、誰もが常に肉体的にも社会的にも変化にさらされ、その風貌も表情も変わっていきます。その一方で、生まれてから死に至るまで変化しない、人格的な一貫性を持ち続けている。自分の表情に刻まれている、変わるものと変わらないもの。折に触れてそんな自分自身と向き合うとき、顔が興味深いテーマとして浮上してくるのです。

画家はおそろしく客観的な観察と主観的な感情を織り交ぜながら、刻々と変わっていく自己という存在の奥にあるものを、ひとつの形として描こうとする。その過程のなかで、⑤私とはいったい誰なのかを見定めようとしているように思えます。

写真におけるセルフポートレイトも、このような画家たちの志向を引き継いでいます。自分の内面と容貌を厳しく見つめ、そして示すために、さまざまな表情や衣装などを用いて演じ、撮影技術と画像加工技術を駆使することから始まったのです。そのような写真は美術的にはパフォーマンスの記録であり、ときには心理学的な面から自己分析を試みたものとしても解釈できるでしょう。

【 2 】絵画より手軽なぶん、写真ではよく演出されたものよりも、直感的に、手軽に撮られることのほうが多いようです。それはふと鏡に映った姿や、地面に落ちた影などに素早くレンズを向けたもの、あるいは手や足など、体の一部だけを瞬間的にフレームのなかに写し込んだものです。それらは断片的なものだけに、明確な意図を読み取ることはできませんが、撮影の動機なら推測できるかもしれません。それに、たとえ顔が見えなくても、カメラを構えている人物の表情を思い起こさせることも少なくないのです。

そう考えてみると、絵画と写真とでは、同じように見えるフレームという区切りが、それぞれ違った役割を果たしているのだと気づきます。当然、その違いは表現の性質に大きく作用しています。ごく大まかにいえば、写真のフレームは、無限に広がる空間と⑥永遠に連続している時間のうちの、ごくごく小さな一部を機械的に切り取った、その断面といえます。

それに対して、絵画のフレームはじっさいの世界と作者のイメージとを峻厳《しゅんげん》に区別させ、そのなかに見るものの意識を集中させる役割を果たしている。たとえば画家たちはフレームのなかに造形的な要素を考えぬいて配置し、ある意図をもって構図をつくりあげる。さらに色彩を選択し、さまざまな筆遣いを用いて、視覚効果を高めてゆく。アイデアを出してから一枚の完成までには長い時間がかかり、その間、フレームの内側に新しい世界が徐々に育っていく。

つまり写真におけるフレームは、その外にあるリアルな世界に思いを馳せさせ、絵画では内側に意識を集中させる効果を持っているのです。

セルフポートレイトでも、この効果の違いは同じだと思えます。つまり写真は明確に撮影者の存在を証明しているはずなのに、それだけでは何も確かなことを物語ることができない。撮影者の体の一部が写し込まれたものを見て、その人物のことを確かに思い描けるのに、しかしそれを言葉にして語るとなると、なおさら核心から逸れていくような気がする。私たちはフレームのなかからなんとか手がかりになるものを探し、得られたわずかな情報から事実を想像しようとするのですが……。

【 3 】そのとき撮影者が傍らにいれば、私たちはまず彼に「これはどこでいつ撮ったのですか」と聞いてしまう。それは刑事が容疑者のアリバイを尋ねるのによく似ているようです。私たちはなにか確実なことをその一枚から知りたいために、⑦撮影者の証言を欲するのです。

（鳥原学『写真のなかの「わたし」　ポートレイトの歴史を読む』による。）

二〇二二年度 日本工業大学駒場高等学校（一般②）

【国　語】（五〇分）〈満点：一〇〇点〉

注意　解答に字数制限がある場合は、句読点や記号を一字と数えます。

一　次の文章を読んで、後の問いに答えなさい。

「自撮り」あるいは「セルフィー」と呼ばれる以前、自分自身を写した写真は「セルフポートレイト（自画像）」という名称で呼ばれていました。つまり絵画の自画像と同じだったのです。もちろん写真と絵画のセルフポートレイトは、全く同じ特徴を持っていたわけではなく、かなり異なった部分もあります。そこを考えていくと、①写真と絵画との表現における特質の違いが明確に見えてきます。

美術史の本などを見ていると、②セルフポートレイトを描いた画家が非常に多く、その描き方も多様なことに気づくでしょう。自分の顔を直接描いたもののほかに、群像のなかに紛れ込ませたり、別の人間に扮《ふん》して画面に登場していたりすることもあります。

一七世紀のオランダに生きた、レンブラント・ファン・レインはセルフポートレイトの画家としてよく知られています。彼が残した六〇点ほどの作品からは、画家として、いや人間としての歩みをたどることができます。年少の時代から画家として成功し、若く美しい妻を娶《めと》ったものの、やがて大切なものを次々と失っていった晩年まで、彼は③自分の顔を描き続けました。ときには正面から、ときにはさまざまな衣装をまとって、あるいは絵筆をもっている姿などを克明に描きました。キャンバスのなかの表情だけでなく、絵のタッチもときどきの心情や境地を伝えています。

一九世紀フランスのヴィンセント・ヴァン・ゴッホは、三七年の短い人生のうち四二点の自画像を描きました。彼が画家として活動したのは一〇年ほどでしかなく、しかも晩年の数年間にそれが集中していることを考えると、その密度は特筆すべきものです。画家としての探求心と、商業的な成功を同時に求め、しかしできずにいる葛藤が④そこに投影されているといわれます。

ルネッサンス期を代表し「万能の天才」と呼ばれるレオナルド・ダ・ヴィンチも、素描による自画像を残しています。彼は謎の微笑として有名な「モナリザ」を描いたことでも知られていますが、それも自画像ではないかとする説があります。「モナリザ」の顔の向きを反転させると、彼の自画像にぴったりと合わさるからです。だとすると、彼はいったいこの絵に何を託したのでしょうか。

画家たちのセルフポートレイトについては、そのケースごとにさまざまな答えや解釈があります。【　1　】画家としての自己顕示欲や自嘲、あるいは探求心の表れ。もしかするとキャンバスのなかで永遠の命を得ようとしているのかもしれない。いや、単に適当なモデルがほかに見当たらなかった場合もあるでしょう。

ただし、ひとつだけ、どの自画像の画家たちにも通じる共通点があるように思われます。それは、自らの顔に対する執着心です。それはものを鋭く観察し、その本質を優れた技術と独自の視点で描き出そうとする画家にとっては、自分自身さえもその眼差しから逃れられない対象であったということを示している。もしくは描くにあたって、もっとも魅力に満ちた対象ではなかったかということです。

2022年度／日本工業大学駒場高等学校（一般②）

英語解答

1 1　ウ　　2　イ　　3　ウ　　4　エ
5　ウ

2 1　I bought　　2　to go
3　have　　4　took, to
5　taller than

3 1　There is a park in front of my house
2　have to read the book by tomorrow
3　have anything cold to drink
4　three times as large as that one
5　She has not been talking to anyone

4 A　1…イ　2…イ　3…ウ　4…ウ
5…エ　6…ア　7…エ　8…イ
B　1…ウ　2…ア　3…エ　4…イ

5 （例）I like traveling abroad better. There are two reasons. First, I have never been abroad before. Second, I want to talk with the local people in English.（27語）

6 問1　Noah
問2　A　Uta　B　same　C　end
問3　イ
問4　ア…F　イ…F　ウ…T　エ…F
オ…T

7 問1　ア…5　イ…3　ウ…2　エ…1
オ…4
問2　1つめ　キャメロンがウェズリー〔ウェスリー〕よりも重かったため。
2つめ　ホームが線路から4フィート上にあったため。
問3　ア　　問4　ウ　　問5　alive
問6　1…T　2…F
問7　subway

〔学校発表解答〕

1〔適語（句）選択〕

1．finishedに着目する。文の意味から受け身にはならない。'Have/Has＋主語＋過去分詞…?' の現在完了の疑問文。　「彼は宿題を終えましたか」

2．be surprised at ～で「（人が）～に驚く」。　「私はその知らせに驚いた」

3．主節にcouldが使われていることに注目。'If＋主語＋動詞の過去形…，主語＋助動詞の過去形＋動詞の原形…' の形で「もし～なら，…だろう」と'現在の事実と反対の事柄' について述べる仮定法過去の文。If節の過去形がbe動詞の場合，通例，主語の人称や数に関係なくwereが使われる。　by ～self「1人で」　「もし彼がもっと年上なら，1人で外出できるだろう」

4．whileは「～する間に」という意味。母が帰ったときにしていた動作が入るので，'過去のある時点で進行中の動作' を表す過去進行形（was/were ～ing）にする。　「彼がテレビゲームをしている間に，彼の母は帰宅した」

5．「アミの家のそばに立っている建物」となればよい。「～している」を表すのは現在分詞。現在分詞standingが，by Ami's houseという語句を伴って前の名詞buildingを修飾する'名詞＋現在分詞＋語句' の形（現在分詞の形容詞的用法）。　「アミの家のそばに立っているその建物を知っていますか」

2〔書き換え―適語補充〕

1．「これは辞書だ。私はそれを去年買った」→「これは私が去年買った辞書だ」　目的格の関係代名詞を省略した'名詞＋主語＋（助）動詞…' の形に書き換える。

2．「どこへ行くべきか私に教えてください」　間接疑問の'疑問詞＋主語＋should＋動詞の原形…'

の部分を‘疑問詞＋to不定詞…’の形に書き換える。

3．「今暇ですか」→「今時間がありますか」　Do you have time? で「時間がありますか」という意味。　free「暇な」

4．「私はこの絵を描くのに２時間費やした」→「この絵を描くのに２時間かかった」　上は‘spend＋時間＋～ing’「～するのに〈時間〉を使う，費やす」の形。これを‘it takes＋時間＋to ～’「～するのに〈時間〉がかかる」の形に書き換える。

5．「彼はこの村で一番背が高い男だ」　‘比較級＋than any other＋名詞の単数形’「他のどの～よりも…」は最上級と同じ意味になる。

3〔整序結合〕

1．「公園があります」は‘There＋be動詞＋主語’「～がある〔いる〕」で表せる。　in front of ～「～の前に」

2．「～しなければいけません」は have to ～，「～までに」は‘期限’を表す by で表せる。

3．「何か冷たい飲み物」は「飲むための冷たい何か」と読み換えて anything cold to drink とまとめる。-thing で終わる代名詞を修飾する形容詞はその後ろに置かれ，さらに to不定詞で修飾する場合は‘-thing＋形容詞＋to不定詞’の語順になることに注意。

4．「～の―倍…」は‘倍数＋as … as ～’の形で表せる。倍数は‘数詞＋times’で表すが，「２倍」は通例 twice がよく使われる。that one の one は house の代わりとなる代名詞。

5．現在完了進行形の否定文をつくればよい。‘have/has not been ～ing ... since ―’で「―以来，～していない」となる。

4〔対話文完成―適文・適語選択〕

A．1．A：明日の天気はどうなるだろう？／B：ええと。明日は雪が降るよ！／A：わあ！　寒くなるだろうね。∥明日の天気について尋ねられたBは，空所の直後に雪が降ると答えている。Let me see. は「ええと，そうですね」と会話の間をつなぐ表現。

2．A：昨日，スイミングプールに行かなかったの？／B：うん，行かなかったよ。昨日は図書館に行ったんだ。∥Bは「昨日は図書館に行った」と答えているので，スイミングプールには行っていない。質問文が否定形であることに注意する。否定形の疑問文に対しては，「はい，～ではありません」と言う場合は‘No＋否定文’で，「いいえ，～です」と言う場合は‘Yes＋肯定文’の形で答える。Yes，No が日本語とは逆になるので注意が必要。

3．A：ピザとジュースをもらえますか？／B：わかりました。ここで召し上がりますか，それともお持ち帰りですか？／A：家で食べたいです。∥for here, or to go はファストフード店での決まり文句。店内で食べるか持ち帰りかの問いかけに対応しているものを選ぶ。

4．A：これらの写真を見て。先週末，家族と旅行したんだ。／B：彼女は君のいとこ？／A：そう。彼女は私のおばさんの娘だよ。∥「私のおばさんの娘」は cousin「いとこ」。

5．A：すみません。このチケットを変更できますか？　私は他のショーを見たいんです。／B：ええと…。申し訳ありませんが，それはできません。／A：それならいいです。このチケットは友達にあげます。∥Aは最初にチケットの変更について尋ね，最後に友達にあげると言っているので，変更はできなかったとわかる。

6．A：これは誰のスマートフォン？　これは君の？／B：私のじゃないよ。クミのかもしれない。／A：わかった。これを彼女のところに持っていこう。∥Aが最後に「これを彼女のところに持っていこう」と言っている。her に当たる人物が示されているのはアだけ。

7．Ａ：こちらはカズです。ケイコはいますか？／Ｂ：残念ですがいません。／Ａ：わかりました。それじゃあ，数時間後にかけ直します。//Aが「数時間後にかけ直します」と言っていることから，ケイコは不在だとわかる。数時間後にかけ直すのだから，「明日まで帰らない」というイは不可。I'm afraid not. は「残念ながら～ではないと思う」という定型表現で，ここではI'm afraid she is not here. の下線部が省略された形。

8．Ａ：どうしたの？　顔色が悪いよ。／Ｂ：頭痛がするんだ。すぐに帰った方がいいかな。／Ａ：そうした方がいいと思うよ。お大事にね。//最後のAのyou should はyou should go home soon「すぐに帰宅した方がいい」ということ。頭痛がある人に帰宅をうながした後にかける言葉として適切なものを選ぶ。　take care of ～self「体を大事にする」

Ｂ≪全訳≫❶ケンとナナが沖縄旅行の計画を立てている。❷ケン(Ｋ)：沖縄で何がしたい，ナナ？❸ナナ(Ｎ)：1私は泳ぐのが好きなの，だから浜辺に行きたいな。あなたはどう，ケン？❹Ｋ：2僕は沖縄に一度も行ったことがないから，わからないよ。❺Ｎ：わかったわ。それじゃあ，昼食にゴーヤチャンプルーを食べましょう。それは沖縄の伝統的な食べ物なの。気に入るに違いないわ。❻Ｋ：いいね。「チャンプルー」ってどういう意味？❼Ｎ：3それは「混ぜる」っていう言葉からきてるの。❽Ｋ：君は沖縄についてよく知ってるんだね。どうやってそれを知ったの？❾Ｎ：4前に沖縄についての本を読んだのよ。❿Ｋ：へえ，本当に旅行が楽しみだな！

＜解説＞1．直後で「だから浜辺に行きたい」と答えている。　2．have no idea は「わからない」という意味。沖縄に行ったことがないから何をしていいかわからないのである。　have/has never been to ～「～に行ったことがない」　3．チャンプルーの意味を尋ねられたナナの返答である。　4．沖縄のことをどうやって知ったのかと聞かれたナナの返答である。

5〔テーマ作文〕

問いは「海外を旅行するのと，日本を旅行するのでは，どちらが好きか」。最初にどちらが好きかを明示し，その理由がわかる文を続けるとよい。　(別解例) I like traveling in Japan better. This is because I don't want to get on airplanes. Also, there are so many places I want to visit in Japan such as Okinawa and Hokkaido. (33語)

6〔長文読解総合―図表を見て答える問題〕

≪全訳≫❶先生(Te)：毎年，日本とアメリカの両国で，最も人気がある赤ちゃんの名前の順位が公表されています。そして，これが2020年の両国におけるトップ５の名前の比較です。では，この図表を見てください。さあ，日本で３番目に人気がある女の子の名前は何ですか？❷マイ：詩です。そしてそれはオリンピックの金メダリストの名前でもありますね。❸Te：そのとおりです。彼女はすばらしかったですね。はい，それでは…❹ノア(Ｎ)：待ってください！　私のに似ている名前を見つけました。❺Te：そうですね。あなたの名前に「h」をつけたせば，アメリカで２番目に人気のある名前になりますね。アメリカ人はより発音しやすくするために，「h」や「n」を名前の最後につけたすことがあります。❻Ｎ：それを知ってとてもうれしいです！❼タクマ：樹と蓮の間に線がないのはなぜですか？❽Te：推測できますか？❾シュン(Ｓ)：樹は蓮と同じくらい人気があるからだと思います。❿Te：そのとおり！　それらは同じ順位なので線がないのです。この図表はおもしろい類似点をいくつか示しています。図表をもう一度見て，あなたたちの意見を教えてください。⓫アヤカ(Ａ)：日本とアメリカの両国で，女の子の名前のほとんどが「a」で終わっています。⓬コウヘイ(Ｋ)：そうだ。僕もそれを見つけたよ。それにアメリカの男の子の名前の最後は「n」か「h」だ。⓭トオル(To)：日本では，僕のみたいに，名前の半分以上が漢字１字だけだ！⓮Ｓ：どちらの国の人たちも今は短い名前の方が好きみたいだね。それに，僕たち日本人の名前には何らかの意味があるから，僕はアメリカ人の名前の意味を知りたいな。⓯Te：そうですね，漢字のおかげで，私たち日本人の名前には意味があります。例えば，「結」は「他の人たちとつながること」を意味します。そして新型コロナウイルスのために，親は自分たちの赤ちゃんに他の人とのつながりを感じてほしいと思っています。そういうわけで，私は娘にその名前をつけたのです。⓰リン：私の両親は私の「凛」という名前は「自信」を意味するって言ってました。私の両親のように，日本人の名前には子どもたちに対する親の願いが込められていると思います。⓱Te：そのとおりです！　名前は両親から皆さんへの最初の贈り物です。さあ，この図を見てください。これは1954年から最も人気のある名前がどう変わってきたかを教えてくれます。何かわかることはありますか？⓲S：アメリカでは1つの名前が長い間，1位にとどまっています。「マイケル」は44年間人気があって，ジェイコブは14年間です。⓳To：なんて長い間…でも日本人の人気がある名前の多くは，図の中で何度も出たり消えたりしてる。⓴K：「誠」は5回出てるよ！㉑A：私のおじいちゃんとお父さんの名前を見つけた！㉒Te：名前から私たちは多くのことを学べます。それでは今から…

問1＜適語補充＞第4，5段落参照。Noaにhがつけたされた名前がアメリカで2番目に人気の名前である。

問2＜適語補充＞A．図表参照。「日本で3番目に人気がある女の子の名前」が入る。　B．この前でシュンの「樹は蓮と同じくらい人気がある」という発言を受け，先生が「そのとおり」と言っていることから，2つは「同じ」順位だとわかる。　‘as ～ as …’「…と同じくらい～」　C．図表で日本とアメリカの女の子の名前を見ると，ほとんどが「a」で終わっている。　end in ～「～で終わる」

問3＜要旨把握＞第18～20段落参照。マイケルが44年間，ジェイコブが14年間，「誠」が5回表示されている図を選ぶ。

問4＜内容真偽＞ア．「日本では，短い名前が人気であるが，アメリカではそうではない」…×　第13段落，第14段落第1文参照。　イ．「『結』はこのクラスの生徒の名前の1つだ」…×　第15段落参照。結は先生の娘の名前。　ウ．「アメリカでは，何年もの間，1つの名前がランキングにとどまっている」…○　第18段落に一致する。　エ．「どの親も自分たちの子どもに有名人にちなんだ名前をつける」…×　そのような記述はない。　オ．「このクラスの生徒の1人は，自信を持ってほしいという両親の願いで『凛』と名づけられた」…○　第16段落に一致する。

7〔長文読解総合─物語〕

≪全訳≫❶ある日の午後，ウェズリー・オートリーと彼の4歳と6歳の2人の幼い娘たちは，ニューヨーク市の地下鉄のプラットホームに立っていた。ウェズリーは遅番の建設作業員だった。彼は仕事に行く前に，娘たちを学校から家へ連れて帰るところだった。❷若い男性が近くに立っていた。彼はキャメロン・ピーターズという20歳の学生だった。突然，キャメロンの全身が震え始め，地面に倒れた。彼にはてんかんがあり，発作を起こしていたのだ。ウェズリーは応急手当を知っていたので，キャメロンを助けに走った。彼はキャメロンが舌をかまないように，キャメロンの歯の間にペンを入れた。アそれから彼はキャメロンの震えが止まるのを待った。発作が治まると，キャメロンは立ち上がった。「大丈夫ですか？」　ウェズリーは尋ねた。「はい，大丈夫です」とキャメロンは答えた。❸ウェズリーが立ち去ろうとしていたときキャメロンが再び発作を起こした。彼は地面にまた倒れたが，今度は地下鉄のプラットホームの下にある線路の上に転落した。ウェズリーは駅の端のトンネルをのぞき込んで，2つの白い光を見た。イ電車が来ていた。「私の娘たちを捕まえていてください」とウェズリーはプラットホームに立っていた2人の女性に向かって叫んだ。それから彼は線路の上に飛び降りた。❹ウェズリーはキャメロンを持ち上げて，プラットホームに戻そうとしたが，できなかった。キャメロンはウェズリーよりも重く，プラットホームは線路の4フィート上にあった。ウェズリーはまたトンネルを見た。2つの白い光は今やもっと近づいていた。電車が駅に入ってきていた。5ウェズリーが下を見ると，線路の間に約22インチの深さのすき間があった。建設作業員として，ウェズリーはよく狭い空間で働いていた。「俺たち2人とも入るだろう」と彼は思った。彼はキャメロンを線路の間のそのすき間に押し入れた。それから彼はその上に伏せた。「動くなよ」とウェズリーは言った。「Aさもないと俺たちのうちのどっちかが足を1本失うことになるぞ」6電車の運転手は線路の上の2人の男性を見て，急ブレーキをかけた。ウしかし彼は間に合うように電車を止めることはできなかった。電車の先頭車両がウェズリーとキャメロンの上を通り越したとき，ウェズリーの帽子を少し動かした。ウェズリーは頭をもっと下げ，さらに4両が彼らの上を通り過ぎた。電車が止まったとき，ウェズリーとキャメロンは5両目の下にいた。ウェズリーにはプラットホームの上の人々が叫んでいるのが聞こえた。「俺たちはここで大丈夫だ」と彼は大きな声で言った。「でも2人の娘たちがそっちにいるんだ。その子たちにお父さんは大丈夫だと知らせてくれ」7救急救命士が到着し，ウェズリーとキャメロンを電車の下から助け出した。彼らは2人とも無事だった。エキャメロンはその経験についてほとんど何も覚えていない。彼は自分とウェズリーの上を電車が通り越したことを覚えていない。彼は電車が止まった後に意識を取り戻し，ウェズリーの顔を見たことを覚えている。「僕は死んだの？」と彼はウェズリーに尋ねた。「僕は天国にいるの？」8「いいや，君は死んでないし，天国にもいない」とウェズリーは答えた。「君は生きていて，ニューヨーク市の地下鉄の電車の下にいるんだ」9「あなたは誰？」とキャメロンが尋ねると，ウェズリーは「オ俺は君の命の恩人だよ」と答えた。

問1＜適文選択＞ア．キャメロンが最初の発作を起こしたときの場面。応急手当をして，震えが止まるまで待ったのである。　イ．前の2文参照。ウェズリーがトンネルの中に見た2つの白い光は電車のライトで，電車が迫ってきていることがわかる。　ウ．前の文で電車の運転手が急ブレーキをかけている。その結果として考えられるものを選ぶ。　エ．続く2文が1の内容を具体的に説明した内容になっている。　オ．Who are you? と問われたウェズリーの応答となるものを選ぶ。

問2＜文脈把握＞ウェズリーがキャメロンをプラットホームまで戻せなかった2つの理由は直後の文に書かれている。

問3＜適語句選択＞‘命令文，or ～’で「…しなさい。さもないと～」。線路の間の狭いすき間に伏せている2人が少しでも動いたら，電車にひかれて足を失うだろうということ。なお，イは‘命令文，and ～’「…しなさい。そうすれば～」の形になり，これを入れると「動くな。そうすれば2人とも死んでしまう」となって意味が通らない。

問4＜指示語＞them なので前に出ている複数名詞でここに入れて意味の通るものを探す。　‘let＋目的語＋動詞の原形’「～に…させる」

問5＜適語補充＞dead は「死んだ，死んでいる」。　not dead「死んでいない」≒alive「生きている」　living も可。

問6＜内容真偽＞1．「ウェズリーは仕事に行く前に娘たちと会い，家へ帰るところだった」…○　第1段落最終文に一致する。　2．「ウェズリーはよく知っている男性を助けるために，線路の上に飛び降りた」…×　最終段落参照。キャメロンに「あなたは誰？」と問われていることから，2人は面識がないことがわかる。

問7＜単語の定義＞「大都市の真下の地下を走る鉄道網」―subway「地下鉄」（第1段落第1文）

2022年度／日本工業大学駒場高等学校（一般②）

数学解答

1 (1) $-\dfrac{1}{8}$　(2) $\dfrac{-x-2}{2}$　(3) $6a$

(4) 2

2 (1) $x=4$　(2) $x=-1$, $y=1$

(3) $x=\dfrac{2\pm\sqrt{10}}{2}$　(4) $x=0$, 2

3 (1) $(x, y)=(4, 3)$, $(6, 2)$, $(8, 1)$

(2) $(x, y)=(5, 1)$, $(7, 5)$

4 (1) 25個　(2) 225個

5 (1) $y=-2x-2$　(2) 27

(3) $y=2x$

6 (1) $\sqrt{3}\,\mathrm{cm}^2$　(2) $1+\dfrac{2\sqrt{3}}{3}\,\mathrm{cm}$

(3) $2+\sqrt{3}-\pi\,\mathrm{cm}^2$

7 (1) (例)△ABEで，∠ABD＝180°－100°－30°＝50°……①　仮定より，∠ACD＝50°……②　①，②より，∠ABD＝∠ACD　よって，点Bと点Cは直線ADに対して同じ側にあり，∠ABD＝∠ACDだから，円周角の定理の逆より，4点A，B，C，Dは1つの円周上にある。

(2) 5cm

〔学校発表解答〕

1 〔独立小問集合題〕

(1)<数の計算>与式$=\dfrac{25}{16}-\dfrac{3}{2}\times\dfrac{9}{8}=\dfrac{25}{16}-\dfrac{27}{16}=-\dfrac{2}{16}=-\dfrac{1}{8}$

(2)<式の計算>与式$=\dfrac{3(x-1)-2(2x-2)-(2x+7)}{6}=\dfrac{3x-3-4x+4-2x-7}{6}=\dfrac{-3x-6}{6}=\dfrac{-x-2}{2}$

(3)<式の計算>与式$=2ab^2\div\dfrac{4}{a^4c^2}\times\dfrac{12}{a^4b^2c^2}=2ab^2\times\dfrac{a^4c^2}{4}\times\dfrac{12}{a^4b^2c^2}=\dfrac{2ab^2\times a^4c^2\times 12}{4\times a^4b^2c^2}=6a$

(4)<数の計算>与式$=\dfrac{(3-2\sqrt{2})\times 2(2+\sqrt{3})(2-\sqrt{3})}{1-2\sqrt{2}+2}=\dfrac{(3-2\sqrt{2})\times 2\times(4-3)}{3-2\sqrt{2}}=2\times 1=2$

2 〔独立小問集合題〕

(1)<一次方程式>両辺に10をかけて，$30(x-1)-20x=2x+x-2$，$30x-30-20x=2x+x-2$，$30x-20x-2x-x=-2+30$，$7x=28$　$\therefore x=4$

(2)<連立方程式>$\sqrt{2}x+y=-\sqrt{2}+1$……①，$x-y=-2$……②とする。①＋②より，$\sqrt{2}x+x=(-\sqrt{2}+1)+(-2)$，$x(\sqrt{2}+1)=-\sqrt{2}-1$，$x(\sqrt{2}+1)=-(\sqrt{2}+1)$　$\therefore x=-1$　これを②に代入して，$-1-y=-2$，$-y=-1$　$\therefore y=1$

(3)<二次方程式>解の公式を用いて，$x=\dfrac{-(-4)\pm\sqrt{(-4)^2-4\times 2\times(-3)}}{2\times 2}=\dfrac{4\pm\sqrt{40}}{4}=\dfrac{4\pm 2\sqrt{10}}{4}=\dfrac{2\pm\sqrt{10}}{2}$である。

(4)<二次方程式>$4x^2-4x+1-4x+2-3=0$，$4x^2-8x=0$，$x^2-2x=0$，$x(x-2)=0$　$\therefore x=0$，2

≪別解≫$(2x-1)^2-2(2x-1)-3=0$として，$2x-1=A$とおくと，$A^2-2A-3=0$，$(A+1)(A-3)=0$，$(2x-1+1)(2x-1-3)=0$，$2x(2x-4)=0$，$2x\times 2(x-2)=0$，$x(x-2)=0$　$\therefore x=0$，2

3 〔数と式—方程式の応用〕

≪基本方針の決定≫(1)　$2y$は2以上の偶数である。　(2)　左辺を因数分解する。

(1)<x，yの組>yが正の整数より，$2y$は2以上の偶数であり，xは正の整数だから，$x+2y=10$となるx，$2y$の組は，$(x, 2y)=(2, 8)$，$(4, 6)$，$(6, 4)$，$(8, 2)$である。これより，x，yの組は，$(x, y)=(2, 4)$，$(4, 3)$，$(6, 2)$，$(8, 1)$となり，このうち，$x>y$であるものは，$(x, y)=(4, 3)$，$(6, 2)$，$(8, 1)$である。

(2)<x，yの組>$x^2-y^2=24$より，$(x+y)(x-y)=24$となる。x，yは$x>y$を満たす正の整数より，

$x+y$，$x-y$ はともに正の整数であり，$x+y>x-y$ であるから，$x+y$，$x-y$ の組は，$(x+y,\ x-y)=(6,\ 4)$，$(8,\ 3)$，$(12,\ 2)$，$(24,\ 1)$ が考えられる。$x+y=6$……①，$x-y=4$……②のとき，①＋②より，$x+x=6+4$，$2x=10$，$x=5$ となり，これを①に代入して，$5+y=6$，$y=1$ となる。x，y は $x>y$ を満たし，ともに正の整数だから適する。$x+y=8$……③，$x-y=3$……④のとき，③＋④より，$x+x=8+3$，$2x=11$，$x=\dfrac{11}{2}$ となり，正の整数にならないから，適さない。$x+y=12$……⑤，$x-y=2$……⑥のとき，⑤＋⑥より，$x+x=12+2$，$2x=14$，$x=7$ となり，これを⑤に代入して，$7+y=12$，$y=5$ となる。これは適する。$x+y=24$……⑦，$x-y=1$……⑧のとき，⑦＋⑧より，$x+x=24+1$，$2x=25$，$x=\dfrac{25}{2}$ となるから，適さない。以上より，求める x，y の組は，$(x,\ y)=(5,\ 1)$，$(7,\ 5)$ である。

4 〔関数―一次関数のグラフ〕

≪基本方針の決定≫格子点の x 座標は，0 以上で，A の x 座標以下の整数である。

(1)＜格子点の数＞右図で，$n=8$ より，直線 AB の式は $y=-2x+8$ であり，B$(0,\ 8)$ となる。点 A は直線 $y=-2x+8$ と x 軸の交点だから，$y=0$ を代入して，$0=-2x+8$，$2x=8$，$x=4$ となり，A$(4,\ 0)$ である。よって，Z に含まれる格子点の x 座標は，0，1，2，3，4 である。直線 AB 上の x 座標が 0 の点は，B$(0,\ 8)$ だから，Z に含まれる x 座標が 0 の格子点は $(0,\ 0)$，$(0,\ 1)$，$(0,\ 2)$，……，$(0,\ 8)$ の 9 個ある。$x=1$ のとき，$y=-2\times1+8=6$ より，直線 AB 上の x 座標が 1 の点の座標は $(1,\ 6)$ だから，Z に含まれる x 座標が 1 の格子点は $(1,\ 0)$，$(1,\ 1)$，$(1,\ 2)$，……，$(1,\ 6)$ の 7 個ある。$x=2$ のとき，$y=-2\times2+8=4$ より，直線 AB 上の x 座標が 2 の点の座標は $(2,\ 4)$ だから，Z に含まれる x 座標が 2 の格子点は $(2,\ 0)$，$(2,\ 1)$，$(2,\ 2)$，$(2,\ 3)$，$(2,\ 4)$ の 5 個ある。同様にして，$x=3$ のとき，$y=-2\times3+8=2$ より，Z に含まれる x 座標が 3 の格子点は $(3,\ 0)$，$(3,\ 1)$，$(3,\ 2)$ の 3 個ある。x 座標が 4 の格子点は A$(4,\ 0)$ の 1 個ある。以上より，求める格子点の数は，$9+7+5+3+1=25$(個)である。

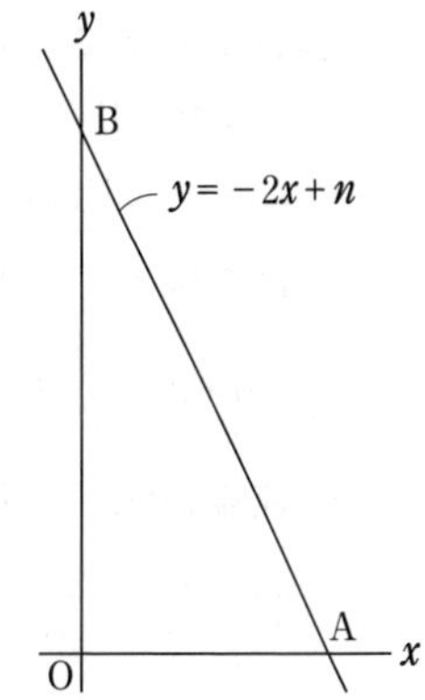

(2)＜格子点の数＞右上図で，$n=28$ より，直線 AB の式は $y=-2x+28$ であり，B$(0,\ 28)$ である。また，$0=-2x+28$ より，$x=14$ だから，A$(14,\ 0)$ である。よって，Z に含まれる格子点の x 座標は，0，1，2，……，14 である。x 座標が 0 の格子点は，$(0,\ 0)$，$(0,\ 1)$，$(0,\ 2)$，……，$(0,\ 28)$ の 29 個ある。(1)と同様に考えて，$x=1$ のとき，$y=-2\times1+28=26$ だから，x 座標が 1 の格子点は，$(1,\ 0)$，$(1,\ 1)$，$(1,\ 2)$，……，$(1,\ 26)$ の 27 個ある。$x=2$ のとき，$y=-2\times2+28=24$ だから，x 座標が 2 の格子点は，$(2,\ 0)$，$(2,\ 1)$，$(2,\ 2)$，……，$(2,\ 24)$ の 25 個ある。以下，x 座標が 3 の格子点は 23 個，x 座標が 4 の格子点は 21 個となり，x 座標が 1 大きくなると格子点は 2 個ずつ少なくなる。したがって，求める格子点は $29+27+25+\cdots\cdots+5+3+1$ 個となる。これと項の順番を逆にした $1+3+5+\cdots\cdots+25+27+29$ を，同じ順番にある項どうしを加えると，$29+1=30$ より，いずれも 30 となり，30 が 15 個現れる。このことから，$(29+27+25+\cdots\cdots+5+3+1)+(1+3+5+\cdots\cdots+25+27+29)=30\times15$ となるので，$29+27+25+\cdots\cdots+5+3+1=30\times15\div2=225$ となり，求める格子点の数は 225 個である。

≪別解≫$1=1^2$，$3+1=4=2^2$，$5+3+1=9=3^2$，$7+5+3+1=16=4^2$，$9+7+5+3+1=25=5^2$ より，ある奇数から 1 までの全ての奇数の和は，その奇数の個数の 2 乗になる。29 から 1 まで奇数は 15 個あるから，$29+27+25+\cdots\cdots+5+3+1=15^2=225$ となり，求める格子点の数は 225 個である。

5 〔関数—関数 $y=ax^2$ と一次関数のグラフ〕

≪基本方針の決定≫(3)　点Pが線分ACの中点になることに気づきたい。

(1)<直線の式>右図で，A$(-2,\ 2)$，C$(1,\ -4)$より，直線ACの傾きは$\dfrac{-4-2}{1-(-2)}=-2$だから，その式は$y=-2x+b$とおける。この直線は点Aを通るので，$2=-2\times(-2)+b$より，$b=-2$となり，直線ACの式は$y=-2x-2$である。

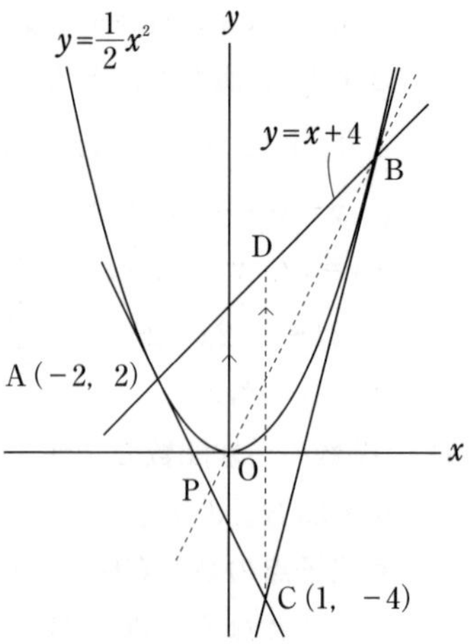

(2)<面積>右図のように，点Cを通りy軸に平行な直線と直線ABの交点をDとする。点Bは放物線$y=\dfrac{1}{2}x^2$と直線$y=x+4$の交点だから，この2式よりyを消去して，$\dfrac{1}{2}x^2=x+4$，$x^2-2x-8=0$，$(x+2)(x-4)=0$となり，$x=-2,\ 4$である。これより，点Bのx座標は4である。また，C$(1,\ -4)$より，点Dのx座標は1である。点Dは直線$y=x+4$上にあるので，$y=1+4=5$となり，D$(1,\ 5)$である。よって，CD$=5-(-4)=9$となる。△ACD，△BCDの底辺をCD$=9$と見ると，点Aのx座標が-2，点Bのx座標が4より，△ACDの高さは$1-(-2)=3$，△BCDの高さは$4-1=3$だから，△ABC$=$△ACD$+$△BCD$=\dfrac{1}{2}\times9\times3+\dfrac{1}{2}\times9\times3=\dfrac{27}{2}+\dfrac{27}{2}=27$となる。

(3)<直線の式>右上図で，(2)より△ABC$=27$だから，△PAB$=\dfrac{27}{2}$より，△PCB$=$△ABC$-$△PAB$=27-\dfrac{27}{2}=\dfrac{27}{2}$となる。よって，△PAB$=$△PCBだから，AP$=$CPとなり，点Pは線分ACの中点である。A$(-2,\ 2)$，C$(1,\ -4)$より，点Pの$x$座標は$\dfrac{(-2)+1}{2}=-\dfrac{1}{2}$，$y$座標は$\dfrac{2+(-4)}{2}=-1$であり，P$\left(-\dfrac{1}{2},\ -1\right)$となる。また，点Bは放物線$y=\dfrac{1}{2}x^2$上にあり$x$座標が4だから，$y=\dfrac{1}{2}\times4^2=8$より，B$(4,\ 8)$である。これより，直線BPの傾きは$\{8-(-1)\}\div\left\{4-\left(-\dfrac{1}{2}\right)\right\}=9\div\dfrac{9}{2}=2$となり，その式は$y=2x+c$とおける。この直線は点Bを通るから，$8=2\times4+c$，$c=0$となり，直線BPの式は$y=2x$である。

6 〔平面図形—円〕

≪基本方針の決定≫(3)　色のついている2つの部分は，長方形から2つのおうぎ形を除いた部分と，△ABCから3つのおうぎ形を除いた部分である。

(1)<面積—特別な直角三角形>右図のように，3つの円A，B，Cの接点をF，G，Hとする。このとき，3点F，G，Hは線分AB，BC，CA上の点となるので，AB$=$AF$+$BF$=1+1=2$となり，同様にして，BC$=$CA$=2$となる。よって，△ABCは正三角形であり，点Gは線分BCの中点だから，AG⊥BCとなり，△ABGは3辺の比が$1:2:\sqrt{3}$の直角三角形である。したがって，AG$=\sqrt{3}$BG$=\sqrt{3}\times1=\sqrt{3}$となるから，△ABC$=\dfrac{1}{2}\times$BC$\times$AG$=\dfrac{1}{2}\times2\times\sqrt{3}=\sqrt{3}$(cm^2)である。

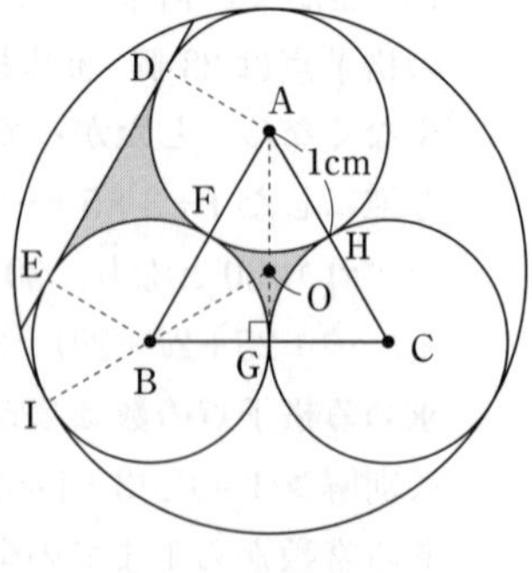

(2)<長さ—特別な直角三角形>右上図で，円Bと円Oの接点をIとすると，点IはOBの延長上にあるから，円Oの半径はOI$=$BI$+$OBである。図形の対称性から，点Oは線分AG上にあり，∠OBA

$=\angle OBC$ となる点であるから，$\angle OBG=\frac{1}{2}\angle ABC=\frac{1}{2}\times 60^\circ=30^\circ$ となる。これより，$\triangle OBG$ は3辺の比が $1:2:\sqrt{3}$ となるので，$OB=\frac{2}{\sqrt{3}}BG=\frac{2}{\sqrt{3}}\times 1=\frac{2\sqrt{3}}{3}$ となる。よって，$BI=1$ だから，円Oの半径は，$OI=1+\frac{2\sqrt{3}}{3}$(cm)となる。

(3)<面積の和>前ページの図で，点Aと点D，点Bと点Eを結ぶ。DEは円A，円Bの接線なので，$\angle ADE=\angle BED=90^\circ$ であり，$AD=BE=1$ だから，四角形ADEBは長方形となる。よって，色のついている2つの部分は，長方形ADEBからおうぎ形ADF，おうぎ形BEFを除いた部分と，$\triangle ABC$ からおうぎ形AFH，おうぎ形BFG，おうぎ形CGHを除いた部分である。$AB=2$，$AD=1$ より，〔長方形ADEB〕$=AB\times AD=2\times 1=2$ であり，$\angle DAF=\angle EBF=90^\circ$ より，〔おうぎ形ADF〕$=$〔おうぎ形BEF〕$=\pi\times 1^2\times\frac{90^\circ}{360^\circ}=\frac{1}{4}\pi$ である。よって，長方形ADEBからおうぎ形ADF，おうぎ形BEFを除いた部分の面積は，$2-\frac{1}{4}\pi\times 2=2-\frac{1}{2}\pi$ である。また，(1)より $\triangle ABC=\sqrt{3}$ であり，$\triangle ABC$ が正三角形より $\angle FAH=\angle FBG=\angle GCH=60^\circ$ だから，〔おうぎ形AFH〕$=$〔おうぎ形BFG〕$=$〔おうぎ形CGH〕$=\pi\times 1^2\times\frac{60^\circ}{360^\circ}=\frac{1}{6}\pi$ である。よって，$\triangle ABC$ からおうぎ形AFH，おうぎ形BFG，おうぎ形CGHを除いた部分の面積は，$\sqrt{3}-\frac{1}{6}\pi\times 3=\sqrt{3}-\frac{1}{2}\pi$ である。以上より，求める面積の和は，$\left(2-\frac{1}{2}\pi\right)+\left(\sqrt{3}-\frac{1}{2}\pi\right)=2+\sqrt{3}-\pi$ (cm^2)となる。

7〔平面図形—三角形〕

(1)<証明>右図で，4点A，B，C，Dが1つの円の周上にあることを証明するには，円周角の定理の逆が成り立てばよい。2点B，Cは直線ADについて同じ側にあるので，$\angle ABD=\angle ACD$ を導く。$\triangle ABE$ で，$\angle ABD=180^\circ-\angle AEB-\angle BAE=180^\circ-100^\circ-30^\circ=50^\circ$ である。解答参照。

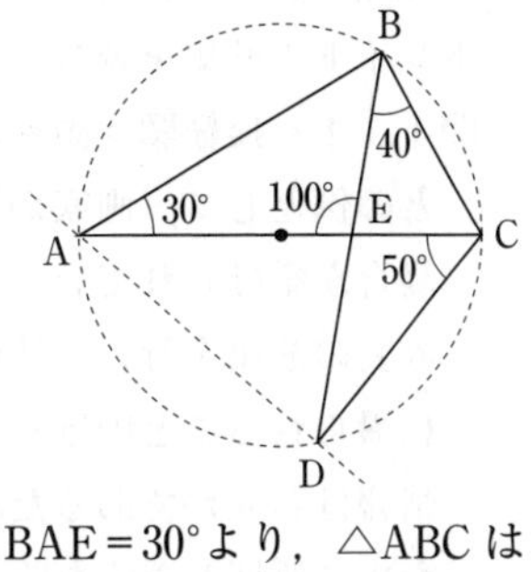

(2)<長さ—特別な直角三角形>右図で，(1)より $\angle ABD=50^\circ$ だから，$\angle ABC=\angle ABD+\angle CBE=50^\circ+40^\circ=90^\circ$ である。よって，4点A，B，C，Dを円周上の点とする円は，線分ACを直径とする円である。$\angle BAE=30^\circ$ より，$\triangle ABC$ は3辺の比が $1:2:\sqrt{3}$ の直角三角形だから，$BC=x$(cm)とすると，$AC=2BC=2x$，$AB=\sqrt{3}BC=\sqrt{3}x$ となる。$\triangle ABC$ の面積が $\frac{25\sqrt{3}}{2}cm^2$ だから，$\frac{1}{2}\times BC\times AB=\frac{25\sqrt{3}}{2}$ より，$\frac{1}{2}\times x\times\sqrt{3}x=\frac{25\sqrt{3}}{2}$ が成り立つ。これを解くと，$x^2=25$，$x=\pm 5$ となり，$x>0$ より，$x=5$ である。したがって，$AC=2x=2\times 5=10$ だから，円の半径は $\frac{1}{2}AC=\frac{1}{2}\times 10=5$(cm)である。

2022年度／日本工業大学駒場高等学校（一般②）

国語解答

一　問1　1…イ　2…ア　3…オ

問2　写真は空間と時間を機械的に切り取ることでフレームの外側に意識を集中させ，絵画は現実世界と作者のイメージを区別することによりフレームの内側に意識を集中させるという違い。(83字)

問3　自らの顔に対する執着心

問4　エ　　問5　イ　　問6　ア

問7　イ　　問8　ウ　　問9　エ

二　問1　1…ウ　2…イ　3…ア

問2　ウ　　問3　ウ　　問4　イ

問5　適者生存　　問6　ア

問7　人は権威にすがりつくことで，「分からない」という不安定な状態から逃れたいという心理を持っているから。(50字)

問8　オ　　問9　エ　　問10　オ

三　①　善処　　②　怪獣　　③　炊

④　恵　　⑤　尻尾

⑥　ぎょうしゅく　　⑦　さんがく

⑧　へだ　　⑨　はた　　⑩　かわせ

四　A　ケ　　B　ア　　C　ウ　　D　コ

E　オ

五　問1　イ　　問2　ア

問3　我が罪深き

問4　普賢菩薩を射ること。

問5　ア

〔学校発表解答〕

一〔論説文の読解―芸術・文学・言語学的分野―芸術〕出典；鳥原学『写真のなかの「わたし」 ポートレイトの歴史を読む』。

問1．1＜接続語＞画家たちがセルフポートレイトを描くに至ったとされる事情はさまざまであることの例として，画家が「自己顕示欲や自嘲，あるいは探求心」などからセルフポートレイトを描く場合が挙げられている。　2＜接続語＞写真でセルフポートレイトを撮るとき，撮影者は表情や衣装の演出を行い，技術を駆使することもあるが，絵画より手軽なため，写真は「直感的に，手軽に撮られることのほうが多い」のである。　3＜表現＞セルフポートレイトの写真から得られる情報はわずかであるため，仮に「撮影者が傍らに」いる状況ならば，私たちは，確実なことを知るために質問したくなるのである。

問2＜文章内容＞絵画と写真とでは，「フレームという区切りが，それぞれ違った役割」をしている。写真のフレームは，空間と時間の「一部を機械的に切り取った」ものであり，そのフレームの「外にあるリアルな世界に思いを馳せさせ」る。それに対し，絵画のフレームは，「じっさいの世界と作者のイメージとを峻厳に区別させ」て，フレームの「内側に意識を集中させる」効果がある。

問3＜文章内容＞画家たちは，ケースごとにさまざまな動機からセルフポートレイトを描く。しかし，「どの自画像の画家たちにも通じる共通点」として，「自らの顔に対する執着心」を持っていることが挙げられる。

問4＜文章内容＞画家にとっての自分の顔は，生きているかぎり「変化にさらされ」るものである一方，「変化しない，人格的な一貫性を持ち続けている」という，「興味深いテーマ」なのである。

問5＜指示語＞画家としての探求心と商業的な成功の両方を求めても得られないというゴッホの葛藤が，短い人生の中で描いた「四二点の自画像」に投影されているのである。

問6＜語句＞「アイデンティティ」は，自分という存在の独自性を自覚していること。「自己同一性」ともいう。「カオス」は，混沌《こんとん》としている状態のこと。「ジレンマ」は，二つの事柄の間で板挟みになること。「パラドックス」は，逆説のこと。「モチベーション」は，動機づけのこと。

問７＜熟語の構成＞「永遠」と「合併」は，似た意味の漢字を組み合わせた熟語。「懐疑」は，下の漢字が上の漢字の目的語になっている熟語。「贈答」と「美醜」は，反対の意味の漢字を組み合わせた熟語。「未踏」は，上に打ち消しの意味の漢字がくる熟語。

問８＜文章内容＞セルフポートレイトの写真は，「明確に撮影者の存在を証明しているはず」なのに，得られる情報がわずかであるため，私たちは，確実なことを知りたくて質問するのである。

問９＜要旨＞セルフポートレイトの描き方は多様で，「自分の顔を直接描いたもの」以外に，「群像のなかに紛れ込ませたり，別の人間に扮して画面に登場していたりする」形式もある（ア…×）。レオナルド・ダ・ヴィンチの「モナリザ」は，「自画像ではないかとする説」もあり，画家の制作意図については意見が分かれる（イ…×）。画家が自画像を描くことには，「自己顕示欲や自嘲，あるいは探求心の表れ」などさまざまな答えや解釈があるが，いずれも「自らの顔に対する執着心」があるように思われる（ウ…×）。そして，写真におけるセルフポートレイトは，「自己という存在の奥にあるもの」を描く中で自分を見定めようとする「画家たちの志向を引き継いで」いる（エ…○）。絵画を描くうえで，画家は，フレームの中に実際の世界と異なる作者のイメージを描き，さらに色彩や筆遣いを用いて視覚効果を高めていく全体の過程に長い時間をかける（オ…×）。

二 〔論説文の読解―自然科学的分野―科学〕出典；中屋敷均『科学と非科学　その正体を探る』。

≪本文の概要≫科学と生命は，現在の姿からさらに発展・展開させていく性質を持つ点で似ている。その性質を生み出す要点は，過去の蓄積を記録する仕組みと，変化したバリエーションを生み出す能力を持つことにある。科学の歴史の中では，発表された仮説が後に誤りであったと判明することは，日常茶飯事である。科学は，可塑性を持っていて，変化し，より適応度の高い新たな仮説が生まれることが繰り返されて，成長・進化する。このような完全に100％正しいとは言いきれない科学的知見を使ううえでは，我々は，対象となる科学的知見の確からしさに対して，正しい認識を持つ必要がある。しかし，科学的知見の確度の判定をする際に，権威主義に陥ってしまう危険がある。人は，賞を取ったり雑誌に載ったり，有名教授が言っていたりしたという権威に，すがりついて安心してしまいたい心理を持っており，そこに権威主義が忍び込む。だが，行きすぎた権威主義は，科学をあたかも100％の真実であるかのようにしてしまうので，盲信的な権威主義は危険である。

問１＜表現＞１．発表された医学生物学論文で述べられていることのうち，「70％以上」のものが現実に合わなかったという事実は，心理的に強い衝撃を与える。　２．近年の，科学的知見の確度を判断するうえでわかりやすい指標を示そうとする「試み」は，積極的な試みといえる。　３．科学者が，批判をする非専門家を無知であると決めつけて封じ込めてしまう態度を取って，自分たちの考えだけに偏って高圧的に正しいとすることが，よくある。

問２＜文章内容＞「科学が教えるところは，すべて修正される可能性が」あり，「『不動の真理』ではない」ため，科学は，完全な状態になることはなく，常に発展・展開していくのである。

問３＜慣用句＞「枚挙にいとまがない」は，数え上げるときりがないくらいたくさんあるさま。

問４＜文章内容＞「玉石混交」は，価値のあるものとないものが入り交じっていること。科学的知見の中には，「現実に合わない」仮説もあれば，「現実をよく説明する『適応度の高い仮説』」もあるのである。

問５＜文章内容＞科学的知見は，さらに適応度の高い仮説へと修正され続け，より現実に合う知見が後世に残っていく。これは，生態系の中で，環境により適応した生物が生き延びていく「適者生存」のようである。

問６＜文章内容＞科学的知見の確度の違いを指標化する試みは，意義のあるものだが，「非専門家でも理解しやすい情報が，どんな科学的知見に対しても公開されている」わけではないし，「単純に調査規模や分析方法といった画一的な視点で判断」することにも問題がある。

問７＜文章内容＞人は，わからない不安定な状態でいるより「とりあえず何かを信じて，その不安から逃れてしまいたい」という心理を持っているため，「権威にすがりつき安心してしまいたい」と思い，権威ある人の科学的知見ならば確度が高いであろうと判断してしまうのである。

問８＜文章内容＞人々は，権威を持った専門家が伝える科学的知見ならば確度が高いだろうと安易に信じて，伝えられた情報の確度と権威の高さを同一視してしまうのである。

問９＜段落関係＞前段落の，科学的知見の確度を判断する方法である権威主義について，権威がある専門家の判断は正しいこともあるという例が挙げられ，権威主義を一概に否定しないことにより，その後の，そうとはいえ，行き過ぎた権威主義には大きな危険性があるという主張に説得力を持たせている。

問10＜要旨＞科学における最高の栄誉であるノーベル賞を受賞した業績でも，後に間違いと判明したことがある(ア…○)。ニュートン力学は，アインシュタインの一般相対性理論により一部の修正を余儀なくされ，また，アインシュタインは「何も考えずに権威を敬うことは，真実に対する最大の敵」と述べている(イ…○)。不安から逃れるために，権威主義に陥って専門家の意見を正しいと信じ込んでしまうという構図は，科学だけでなく「宗教」によく見られる(ウ…○)。科学の特性は，生物の「適者生存」や，宗教における不安と権威の構図などと類似する点がある(エ…○)。しかし，科学が人間社会と似通っていることは述べられていない(オ…×)。

三〔漢字〕

①「善処」は，適切に処置すること。　②「怪獣」は，正体不明の生物や怪物のこと。　③音読みは「炊飯」などの「スイ」。　④音読みは「恩恵」などの「ケイ」。　⑤「尻尾」は，動物の尾や，魚の尾びれのこと。　⑥「凝縮」は，こり固まって縮まること。また，ある一点に集中させること。⑦「山岳」は，高く険しい山が連なったり集まったりしているところのこと。　⑧音読みは「隔離」などの「カク」。　⑨音読みは「機械」などの「キ」。　⑩「為替」は，二者の間で資金移動を，現金の輸送によらず手形や小切手によって行う仕組みのこと。

四〔文学史〕

A.『オツベルと象』は，昭和１(1926)年に発表された，宮沢賢治の童話。『銀河鉄道の夜』は，昭和９(1934)年に遺稿として発表された，宮沢賢治の童話。「雨ニモマケズ」は，昭和９(1934)年に遺作として発表された，宮沢賢治の詩。　B.『羅生門』は，大正４(1915)年に，『蜘蛛の糸』は，大正７(1918)年に，『杜子春』は，大正９(1920)年に発表された，芥川龍之介の小説。　C.「春はあけぼの」で始まる『枕草子』は，平安時代に成立した，清少納言の随筆。　D.『源氏物語』は，平安時代に成立した，紫式部の物語。　E.『曽根崎心中』と『国性爺合戦』は，江戸時代に成立した，近松門左衛門の浄瑠璃。

五〔古文の読解―説話〕出典；『宇治拾遺物語』巻第八ノ六。

≪現代語訳≫さて(猟師が)聖が使っている童でそこにいるのに問う。「聖がおっしゃることは，どういうことか。お前も，この仏を拝み申し上げたのか」と問うと，童は，「五，六度見申し上げました」と言うので，猟師は，「私も見申し上げることもあるだろうか」と(思い)，聖の後ろで，寝もせずに起きて座っていた。九月二十日のことだったので，夜も長い。(猟師が)今か今かと待っていると，夜中も過ぎたろうと思う頃に，東の山の峰から，月が出るように見えて，峰の嵐も激しいときに，この僧坊の中が，光が差し込んだように明るくなった。(猟師が)見ると，普賢菩薩が象に乗って，だんだん(現れて)おいでになり，僧坊の前にお立ちになった。／聖は泣きながら拝んで，「どうです，あなたは拝み申したか」と言ったので，(猟師は)「どうして（拝み申し上げないことがありましょうか)。この童も拝み申し上げています。はいはい，とても尊いことです」と言って，猟師が思うことは，聖は長年の間お経を読み続けなさっているからこそ，その目だけには(普賢菩薩が)現れなさるだろうが，この童や，自分などは，お経の向きの上下さえもわからないのに，(普賢菩薩が)現れなさるというのは，納得がいかないことだと，心の中で思って，(本当に普賢菩薩なのか)このことを試してみよう。これは罪を得るようなことではないと思って，(猟師は)尖矢を弓につがえ，聖が熱心に拝んでいる上から頭越しになって，弓を強く引いて，ひゅうと射たところ，(矢は普賢菩薩の)お胸の辺りに当たったようで，火を打ち消すようになってそれから，光も消えてしまった。(何者かが)谷へ大きな音を響かせて，逃げていく音がする。聖は，「これはどうなさったのか」と言って，泣いてうろたえることはこのうえない。男(＝猟師)が申し上げたことは，「聖の目にこそ現れなさる(のは当然)でしょうが，私のような(動物を狩るという)罪深い者の目にも現れなさるので，(普賢菩薩なのかどうか)試し申し上げようと思って，射たのです。本当の仏であれば，まさか矢が立つことはございますまい。だから(矢が立ったところからすると)怪しいものです」と言った。夜が明けて，血(の跡)をたどって行って見たところ，一町くらい進んで，谷底に大きな狸が，胸から尖矢を射通されて，死んで倒れていた。／聖ではあっても，無知なので，このように(狸に)化かされたのである。猟師ではあっても，思慮があったので，狸を射殺し，その化けの皮をはいだのである。

問１＜古典の知識＞旧暦の月の異名は，一月から順に，睦月，如月，弥生，卯月，皐月，水無月，文月，葉月，長月，神無月，霜月，師走となる。

問２＜古文の内容理解＞普賢菩薩が本物なのかどうか疑った猟師が射た尖矢は，普賢菩薩の胸に命中した。その後，谷の底から胸に尖矢が刺さった狸が見つかったことから，普賢菩薩の正体は，狸だと判明した。

問３＜古文の内容理解＞猟師は，お経の向きの上下さえもわからないほど仏道との関わりがない自分の目にも，普賢菩薩が見えたのを怪しく思った。猟師はまた，猟師として動物の命を奪うという罪深い，仏道とは正反対の生活をしている自分の目に，普賢菩薩が見えたことを怪しく思った。

問４＜古文の内容理解＞猟師は，見えている普賢菩薩が本物なのかどうかを確かめてみようと思った。弓で尖矢を射ても，本物の普賢菩薩ならば，仏の力で矢が突き刺さることはないだろうと考え，猟師は普賢菩薩を弓で射た。

問５＜古文の内容理解＞童は，猟師に質問されて，普賢菩薩をこれまでに「五六度ぞ見奉りて候」と言った(ア…○)。猟師は，聖の後ろで，寝ずに起きていたが，聖が寝てしまっていたとは書かれていない(イ…×)。普賢菩薩を見た聖は，「ぬし殿は拝み奉るや」と猟師に尋ねた(ウ…×)。猟師は，普賢菩薩が本物なのかどうかを「試みてん」と考えて尖矢を射た(エ…×)。作者は，猟師に思慮があったので，だまされずに普賢菩薩の正体に気づくことができたと指摘している(オ…×)。

2021年度 日本工業大学駒場高等学校(一般①)

【英　語】 (50分) 〈満点：100点〉

1 次の英文の下線部に入れるべき語を英語で答えなさい。

1 ____________ is the first month of the year.

2 ____________ comes between Thursday and Saturday.

3 When you feel sad or happy, your eyes are filled with ____________ .

4 You are usually in the ____________ when you cook and do the dishes.

5 Four hundred plus six hundred is one ____________ .

2 次の英文の（　　　　）に入れるのに最も適切な語（句）をア～エより選び、記号で答えなさい。

1 My mother (　　　　) as a doctor since 2010.

ア work　　イ worked　　ウ has worked　　エ will work

2 He plays the guitar, (　　　　) he?

ア is　　イ has　　ウ don't　　エ doesn't

3 Stay here (　　　　) three o'clock.

ア in　　イ on　　ウ by　　エ until

4 (　　　　) my friend and I like baseball.

ア Both　　イ Either　　ウ Neither　　エ Another

5 彼女は昨日学校を休んでいたので、その事実を知らないかもしれません。
She was absent from school yesterday, so she (　　　　) know the fact.

ア don't　　イ may not　　ウ can't　　エ should not

3 次の各組がほぼ同じ意味になるように（　　　）に適語を入れなさい。

1　The car belongs to her.

＝The car is (　　　　).

2　My grandmother gave me these flowers.

＝I (　　　　) (　　　　) these flowers by my grandmother.

3　Toru is so shy that he can't talk to her.

＝Toru is (　　　　) shy (　　　　) talk to her.

4　No other animal in the world runs as fast as cheetahs.

＝Cheetahs run (　　　　) (　　　　) in the world.

5　Let's go to the theater this weekend.

＝ (　　　　) (　　　　) we go to the theater this weekend?

4 次の日本文の意味になるように【　　】内の語句を並べかえなさい。ただし、文頭に来るべき語も小文字で示してあります。

1　宿題を手伝ってくれませんか。

【 you / with / help / will / me 】 my homework?

2　私は彼が正しいとは思いません。

【 think / is / I / he / not / right / do 】.

3　私は買い物に行くためにエコバッグを探しました。

I 【 shopping / my eco-bag / to / go / looked / for 】.

4　聡太と将棋をすることはとても楽しいです。

【 a lot of / with / to / is / Sota / play shogi / fun 】.

5　私は今までに一度も夜にこの辺りを走っている人を見たことがありません。

I 【 running / never / seen / a person / here / have / around 】 at night.

5

A　次の会話文の（　　　　　）に入れるのに最も適切な文をア～エより選び、記号で答えなさい。

1　A　:　Excuse me, could you tell me the way to the station?

B　:　Sure.　(　　　　　)

A　:　Komaba station.

ア　Go straight and turn right.　　イ　Do you have a map?

ウ　Which station do you want to go?　　エ　How long does it take?

2　A　:　How was your test score?

B　:　(　　　　　)　I'll try to study harder.

A　:　Let's study together.　I'll teach you!

ア　It was terrible.　　イ　I really like studying.

ウ　This is my English teacher.　　エ　I left my textbook at school.

3　A　:　Let's start today's practice!

B　:　Hey, coach.　What happened to Tom?　He's been absent for three days.

A　:　(　　　　　)　He'll come back next month.

B　:　What?　We can't win the final match without him this weekend!

ア　I don't think so.　　イ　I think he is practicing now.

ウ　He is over there, isn't he?　　エ　He has broken his leg.

4　A　:　May I use your dictionary?

B　:　Sure.　(　　　　　)

A　:　It's OK.　I just want to know the word "*seifuku*" in English.

ア　But this is an English-Japanese dictionary.

イ　But this is a Japanese-English dictionary.

ウ　But you can't take this by yourself.

エ　But you can't take this without asking me.

5　A　:　Welcome to Komaba Zoo!　How many tickets do you need?

B　:　We are two adults and two children.　(　　　　)

A　:　No, only over 5-year-old children need tickets.

B　:　Then, can I take two adults and one child, please?

ア　Can I use a credit card?
イ　Do we have to pay for a one-year-old boy?
ウ　Do you check ID cards?
エ　Can we get today's tickets?

B　次の会話文の（　1　）～（　4　）に入れるのに最も適切な文をア～エよりそれぞれ選び、記号で答えなさい。

A　:　Hello.　What would you like?

B　:　Hi.　Can I get coffee?

A　:　(　　1　　)

B　:　Smallest one, please.

A　:　Certainly.　Anything else?

B　:　(　　2　　)　I want to eat some cookies.

A　:　I'm sorry.　They are not ready yet.　How about some cake?

B　:　Sounds nice.　(　　3　　)

A　:　You can choose from the three; chocolate, carrot or cheese.

B　:　Oh, I love carrot cake.　I'll have one.

A　:　Thanks.　(　　4　　)

B　:　I'll eat here.

ア　Is that for here or to go?
イ　Do you have some cookies?
ウ　What size do you want?
エ　What kind of cake do you have?

6　次の問いに対して、理由も含めて 25 語以上の英語で答えなさい。

Which do you like better, watching movies or reading books?

7

A　次の広告を読んで、下記の設問に答えなさい。　　〔語注(*)が表の下にあります。〕

February 10th Smartphones for Sale!

	Design	Price	*Feature		When you'll get
A		£100	storage	32 GB	right now
			camera	×	
			*available areas	all over the world	
B	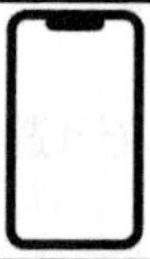	£100	storage	32 GB	right now
			camera	○	
			available areas	only in the UK	
C	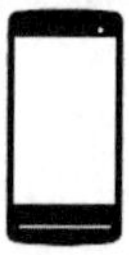	£200	storage	64 GB	a week after you buy it
			camera	○	
			available areas	all over the world	

We have old models, too.
If you buy an old model today, you can get it without waiting.
Old models have the same features as new ones.

注)　feature　機能、性能　　　available　利用可能な

Q 1　A man wants a smartphone with a camera.　He can pay only £100.　Which smartphone should he buy?

ア　Smartphone A
イ　Smartphone B
ウ　Smartphone C
エ　An old model of smartphone A

Q 2　A woman will travel to France from February 13th to 18th.　She wants to take pictures of French food with her smartphone and send them to her family.　Which smartphone should she buy?

ア　Smartphone A
イ　Smartphone C
ウ　An old model of smartphone A
エ　An old model of smartphone C

B　次の英文と地図を読んで、下記の設問に答えなさい。〔語注(*)が文の最後にあります。〕

Hi, everyone. So here, we are at the entrance to the town library. My name is Matsumoto, and I'm the information desk *clerk here. You'll usually find me at the desk just by the main entrance here. So I'd like to tell you about the library map. This beautiful *modern Japanese style building was built by a famous *architect, Yuzo Watanabe, in 1964, and he planned each area *systematically. As you can see, my desk is on your left when you enter the library, and on your right is the area named multimedia collection. You can borrow videos and DVDs and so on, and we have CD-ROMs. You can borrow them to use on your computer at home. Just *beyond the information desk on the left is a room for new magazines and newspapers. This room also has the only copy machine if you want to copy something. If you keep on going straight, you'll come into a large room and this is the main library area. There are fiction books on the shelves by the window. The room in the right corner of the library just past the fiction shelves is the children's library. It has a good collection of stories and picture books for children. Also, next door is the reference room. People can read or study quietly there. Then there's a large room to the left of the library area － that is the seminar room, and you can use the room for meetings or talks. Well, I think we are done. OK, now does anyone have any questions?

注）clerk　事務員　　modern　近代的な　　architect　建築家　　systematically　組織的に
beyond　向こう

問1　次の地図の1～5にあてはまる名称を下記のア～オの中からそれぞれ選び、記号で答えなさい。

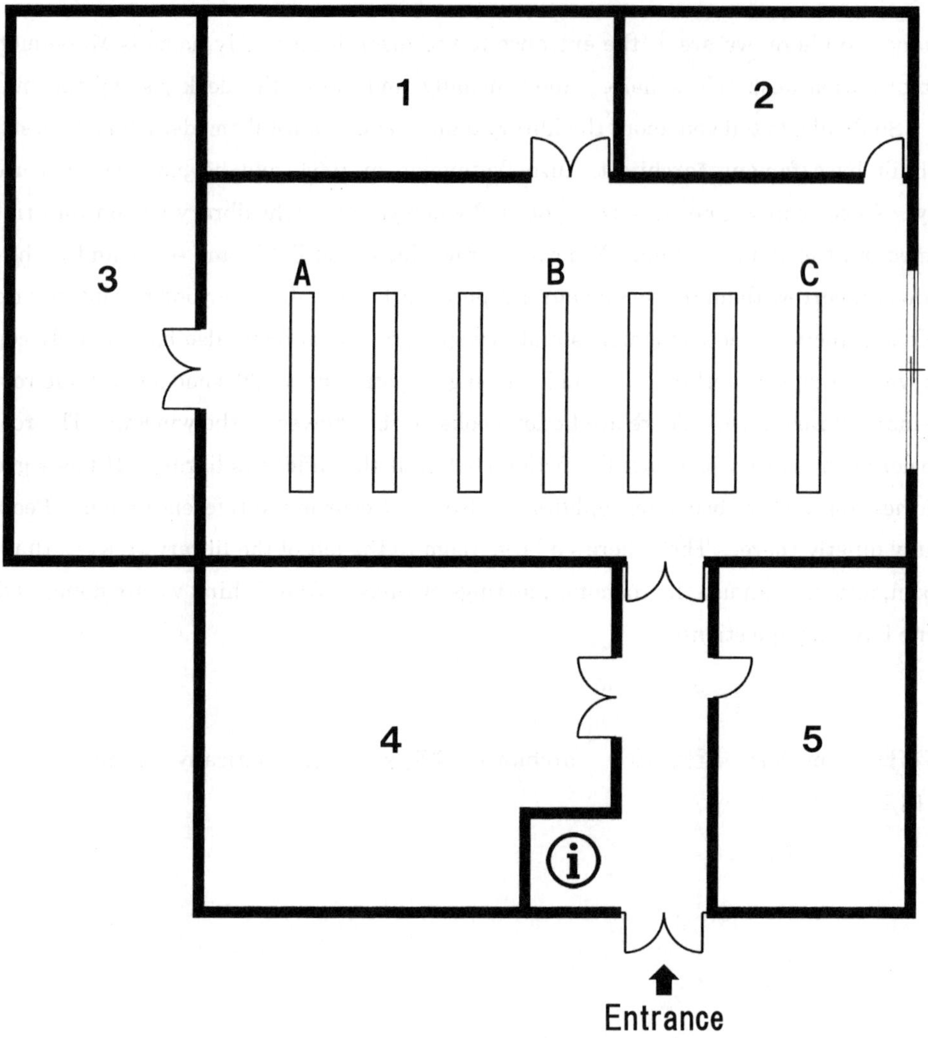

ア Multimedia collection　　イ Children's library　　ウ Seminar room
エ Reference room　　オ Magazines & Newspapers

問2　フィクションの本が置いてある棚を地図のA～Cの中から1つ選び、記号で答えなさい。

問3　本文の内容と一致するものをア～ウの中から1つ選び、記号で答えなさい。

ア People can borrow not only DVDs but also CD-ROMs.
イ There are some copy machines in the library.
ウ People cannot study in any rooms in the library.

8 次の英文を読んで、下記の設問に答えなさい。〔語注(*)が文の最後にあります。〕

Yoko Ono, born in Tokyo in 1933, has lived in New York for most of her life. She is a famous Japanese musician and artist. She often speaks out *against guns and war. She is best known as the [A] of musician John Lennon of the Beatles. He was killed in 1980. Even in old age, Ono performs music and shows her art all around the world.

Ono came from a rich and important Japanese family. But art was very important to them, too. Her father had wanted to be a concert pianist. But to *make a living he had to work at a bank. Her family lived in New York for a number of years.

After the Second World War, she studied at Gakushuin University in Tokyo. But she left after only one year. Her father's business ① took the family to New York City again and she joined them there.

She studied at an art *college and started to do a new type of art. She didn't draw or paint. *Instead, she did unusual events. One of her most famous was called ② "Cut Piece." She first performed it in 1964 at the Sogetsu Center in Tokyo. Ono sat at the front of the room. The people watching her were invited to come up and cut off a piece of her dress. This *went on until she was left without any clothes on. Another was called "Painting to be Stepped on." People were asked to step on a painting.

Ono said that she met John Lennon at an art show in 1966. She was showing her "Yes" painting. To see it, you had to walk up steps and look at the ceiling. The word "Yes" was [あ] in very small letters on it.

"I never thought it was about to change my whole life by 180 *degrees," said Ono. "John saw it and [い], 'Good.' No one knew it, but John was *going through some hard times. He was feeling alone. I was feeling alone, too."

They were both married to other people, but they fell in love. After that, the Beatles, the world's great rock band *broke up. The media and the public said that Ono broke ③ them up. She started playing music and singing with Lennon. Only a few people liked her music or singing very much. ④ Most people did not. They thought that she could *get Lennon to do *everything that she wanted.

She and Lennon broke up, but they were still in love. They got together again and had a [B], Sean. Much later, he became a popular musician, too. He has even played concerts with his mother.

In 1980 while she waited in a car for Lennon, ⑤ he stopped to talk to a fan. The fan killed him with a gun. Lennon was only forty years old.

Ono tried not to think about losing Lennon. She *looked ahead. But she often said that she thought of him every day.

She continued to show her art work. In 2001, a show of forty years of her art was named the "Best Museum Show." Her songs are now performed by other musicians and some have become hits.

注）against　ーに反対して　make a living 生計をたてる　college 大学　instead その代わりに
go on 続く　degree 度　go through 経験する　break up 解散する、別れる
get A to do　A にーさせる　everything that she wanted 彼女がしたかったすべてのこと
look ahead　前を向く

問１　［ A ］［ B ］に入れるべき語を**ア**～**オ**の中からそれぞれ選び、記号で答えなさい。
ア mother　**イ** father　**ウ** wife　**エ** son　**オ** daughter

問２　下線部①と同じ意味で使われている文を**ア**～**エ**の中から１つ選び、記号で答えなさい。
ア　She took him by the hand.
イ　It took my sister thirty minutes to go to the theater.
ウ　My father took the medicine twice a day last month.
エ　My father took me to the museum last weekend.

問３　下線部②について正しく述べたものを**ア**～**エ**の中から**２つ**選び、記号で答えなさい。
ア　1964 年に東京で行われたごく一般的な展覧会である。
イ　オノ・ヨーコのイベントで有名なものの一つである。
ウ　オノ・ヨーコは部屋の正面に座ったままである。
エ　一人の観客のみが舞台に上がって、オノ・ヨーコの服を切り続ける。

問４　［ あ ］［ い ］に入れるべき語を**ア**～**エ**の中からそれぞれ選び、記号で答えなさい。
［ あ ］ **ア** writing　**イ** written　**ウ** wrote　**エ** write
［ い ］ **ア** said　**イ** told　**ウ** talked　**エ** spoke

問５　下線部③がさすものを英語２語で答えなさい。

問６　下線部④で省略されている５語を答えなさい。

問７　下線部⑤を日本語に直しなさい。

問８　以下の英文について、本文の内容に一致するものには T、一致しないものには F で答えなさい。
1　オノ・ヨーコの家族は金持ちだったが、芸術に縁がなかった。
2　オノ・ヨーコは、学習院大学で４年間勉強をした。
3　オノ・ヨーコとジョン・レノンはヨーコのショーで出会った。
4　オノ・ヨーコもジョン・レノンも一度ほかの人と結婚していた。
5　オノ・ヨーコの曲で売れたものもある。

【数　学】（50分）〈満点：100点〉

1 次の計算をしなさい。

(1) $\left(\dfrac{5}{3}\right)^3-\dfrac{1}{6}\times\dfrac{16}{9}$

(2) $\dfrac{a}{2}+\dfrac{3a+4}{6}-\dfrac{2a-1}{3}$

(3) $\left\{\left(\dfrac{x}{2}-\dfrac{2}{3}x\right)^2+\dfrac{x^2}{6}\right\}\times\dfrac{12}{7x}$

(4) $\dfrac{2\sqrt{15}\left(\sqrt{2}-\sqrt{3}\right)\left(\sqrt{18}+\sqrt{27}\right)}{3\left\{\left(\sqrt{5}+\sqrt{3}\right)^2-8\right\}}$

2 次の方程式を解きなさい。

(1) $\dfrac{2}{3}x-\left(\dfrac{4}{3}x+\dfrac{2}{5}\right)=\dfrac{2}{15}$

(2) $3x+2y=x+y=-2$

(3) $(x-3)^2=2x-6$

(4) $3x^2+2\sqrt{2}x-2=0$

3 数直線上の２点 $A\left(-\dfrac{1}{2}\right)$，$B(x)$について，次の問いに答えなさい。

ただし, x は $-\dfrac{6}{\sqrt{2}}<x<\sqrt{17}$ を満たす整数です。

(1) xのとりうる値の個数を求めなさい。

(2) 線分ABを直径とする円について，その円の面積の最大値と最小値の差を求めなさい。
ただし，円周率はπとします。

4 座標平面上の点A(１，２)，B_1(２，３)について，直線AB_1の傾きをa_1とします。
B_2(４，６)，B_3(６，９)のようにx座標を２ずつ，y座標を３ずつ増やしていきます。
直線AB_2の傾きをa_2，直線AB_3の傾きをa_3，…… としていくとき，次の問いに答えなさい。

(1) a_4 を求めなさい。

(2) $a_n=\dfrac{79}{53}$ となるとき，自然数 n の値を求めなさい。

5

図のように，2つの放物線 $y=\dfrac{1}{2}x^2$ …①，$y=-4x^2$ …②と直線 ℓ : $y=ax-2$ があります。直線 ℓ と放物線①は点Aで接しています。点Aの x 座標が -2 のとき，次の問いに答えなさい。

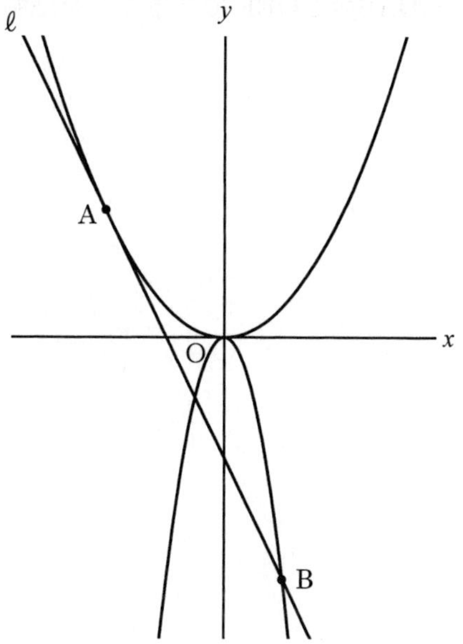

(1) a の値を求めなさい。

(2) 直線 ℓ と放物線②の交点のうち，x 座標が正のものを点Bとします。このとき△OABの面積を求めなさい。

(3) 放物線①上に点Cをとります。△ABCの面積が12となるとき，点Cの座標をすべて求めなさい。

6

図のように，△ABCに円Oが3点D，E，Fで接しています。また，ABの延長線上に点G，ACの延長線上にBC∥GHとなるように点Hをとります。AD＝2cm，BE＝4cm，CF＝3cm，CH＝1cm，△AGHの面積が $\dfrac{216\sqrt{6}}{25}$ cm² であるとき，次の問いに答えなさい。

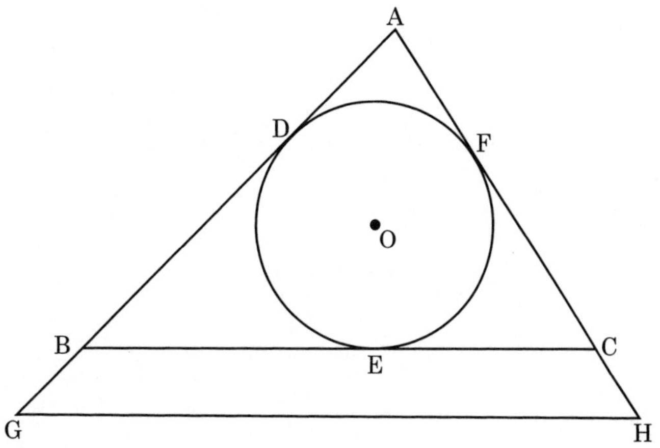

(1) BGの長さを求めなさい。

(2) △ABCの面積を求めなさい。

(3) 円Oの半径を求めなさい。

7 図のように，正四角錐 O-ABCD があり，OA，OB，OC，OD を 1 : 2 に内分する点をそれぞれ，E，F，G，H とします。このとき，次の問いに答えなさい。

(1) △OAB∽△OEF であることを証明しなさい。

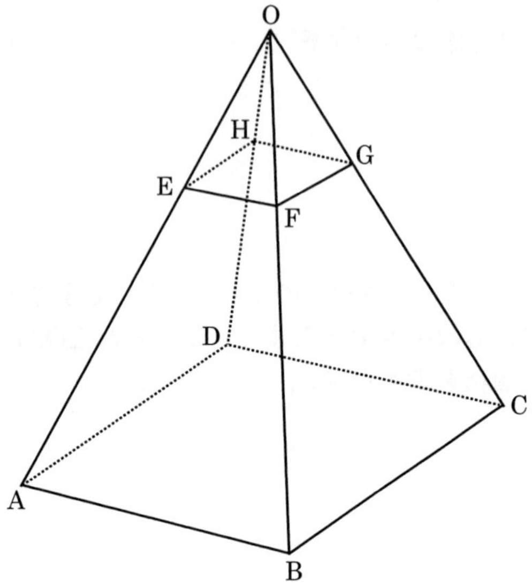

(2) 4 点 E，F，G，H から正四角錐 O-ABCD の底面 ABCD へ垂線を下ろし，その垂線と底面 ABCD の交点をそれぞれ E′，F′，G′，H′ とします。このとき，正四角錐 O-EFGH と四角柱 EFGH-E′F′G′H′ の体積比を求めなさい。

問2 【　2　】に入る言葉として最も適当なものを次の中から一つ選び、記号で答えなさい。

ア 周囲で栄えている場所に駅を移動し、目新しさを演出する

イ 地元の商店街を中心にして、地域一丸となってイベントを実施する

ウ 人が集まりやすいような大型商業施設を駅周辺につくる

エ 利便性を考えて、駅への乗り入れ路線数を増やす

オ 若者を集めるためにマスコットキャラクターを新たにつくる

問3 【　3　】に入る言葉として最も適当なものを次の中から一つ選び、記号で答えなさい。

ア 最寄り駅がｃ駅の利用者と、それ以外の利用者の両方が共通して最も望んでいることは運行電車の増便だと言えそうだね

イ 最寄り駅がｃ駅の利用者の多くが運行時間の延長を望んでいるけれども、それ以外の利用者はその半分程度しか望んでいないね

ウ 最寄り駅がｃ駅の利用者は駅周辺の清掃やイベントの実施を望んでいるけれども、それ以外の利用者は全く関心を持っていないね

エ 最寄り駅がｃ駅の利用者は地域協力でのイベントを最も望んでいるけれども、それ以外の利用者は商業施設の併設を最も望んでいるね

オ 最寄り駅がｃ駅の利用者よりもそれ以外の利用者の方が、洗練された町づくりを目指すために駅の改修工事を望んでいるね

問4 傍線部「持続可能な町おこし」の例として適当ではないものを次の中から一つ選び、記号で答えなさい。

ア 地域の全ての住民に特別給付金を支給し、経済を活性化させる。

イ 特産品を全国で毎年開催される物産展に出品し消費者に知ってもらう。

ウ 農地の貸し出しなどを低価格で行い、外部の人が移住しやすい環境を整える。

エ 町の伝統工芸品の作り方を学ぶワークショップを地域外で定期的に開催する。

オ 雪山を活かし、毎年行われるスキーの大会の会場として利用してもらう。

問5 この会話をふまえた上で、ポスターのタイトルとして最も適当なものを次の中から一つ選び、記号で答えなさい。

ア 駅の乗降者数における学校の役割

イ 価値のある新しい特産品を考える

ウ 居住者アンケートから見るｃ駅の実態

エ 地域活性化における大型商業施設の有効性

オ 地域の特色を活かした町おこし

A君「まずは僕たちの中学校の最寄り駅のc駅について、同じ路線の他の駅と比較してみよう。図表1を見るとa駅が圧倒的に乗降者数が多く、e駅もかなりの乗降者数になっているね。」

Bさん「乗降者数の多さの理由を図表2から推測してみよう。私は一番の要因になっているのは乗り入れ路線数だと思うわ。その駅に来る手段が多いとそれだけ人が集まりやすいんじゃないかなあ。」

A君「図表2と図表3を見ると、主要施設や乗り入れ路線数と利用目的の関連性が見えてきそうだ。例えば【 1 】ということが言えそうだね。c駅は利用目的のうち、通勤・通学に占める割合が圧倒的に多いのが特徴だね。図表2を見ると、大型商業施設はないから遊びに来る人は少ないのかもしれないね。そういえば、図表1に戻ると、d駅だけが二〇一七年から二〇一九年の間に乗降者数が大幅に伸びているけれども、何か理由があるんだろうか。」

Bさん「d駅はその三年間に大型商業施設が新しくできたみたいね。また、二〇一九年には路線の乗り入れ数が増えたんだよ。駅や駅前も古びていたので改修工事を行って、綺麗で洗練されたイメージの町に変わったから、a駅やe駅のように若者がショッピング目的で訪れるようになったんだよ。町おこしに成功しつつあると言えるね。」

A君「この前の授業で先生が話していた持続可能な町おこしになっていくと良いね。一過性ではなく長く続く地域活性化が大切で、一時的に人が増えるだけではあまり意味がないから、長く残るものを新しくつくる必要があると思うよ。図表1、2、3を見るとc駅は利用者数は少なくはないけど学校に依存していて、b駅は根本的に利用者数が少ないようだね。この二つの駅も【 2 】ことで利用者数が増えそうだね。」

Bさん「うーん、確かにd駅はその方法で成功しているけれども、予想より収益が出ず上手くいかないことも多いんだ。b駅は隣のa駅に十一個もの大型商業施設があるから、新規に作ってもお客さんを引っ張ってこられない可能性が高い。c駅については図表4と図表5を見てみよう。これはc駅周辺に住んでいる駅利用者と外部からの駅利用者に同一のアンケートをした結果をまとめたものだよ。」

A君「【 3 】。」

Bさん「そうなのよ。だから地域活性化を達成するためには、その地域の特性を活かした取り組みを考え、発信手段を変えたり、見えていなかった魅力を伝えたりすることが重要になるね。」

問1 【 1 】に入る言葉として最も適当なものを次の中から一つ選び、記号で答えなさい。

ア 駅周辺に学校が多ければ多いほど、利用目的のうち通勤・通学に占める割合が増える
イ 駅周辺の主要施設の合計数の多さに応じて、利用目的の中で知人の家に行くことの割合が増える
ウ 大型商業施設が多ければ多いほど利用目的のうちショッピングや飲食・娯楽に占める割合が増える
エ 総合病院の数と利用目的のうち病院・役所などの用事を占める割合には関連性がない
オ 乗り入れ路線数が多いほど、その他の項目内の通勤以外の仕事での移動の割合が増える

五　A君とBさんは授業で自分たちの通っている中学校の最寄り駅の「地域活性化」について調べ、ポスターをつくることになりました。次の五つの図表と会話文を読んで、後の問いに答えなさい。

図表1　各駅の1日の乗降者数(人)

	2019年	2018年	2017年
a 駅	360,250	361,084	359,892
b 駅	10,112	10,283	10,254
c 駅	39,904	39,823	39,991
d 駅	21,334	16,054	9,204
e 駅	107,001	107,231	106,930

図表2　2019年度の駅周辺施設数と乗り入れ路線数

	学校の数	大型商業施設の数	総合病院の数	乗り入れ路線数
a 駅	26	11	2	8
b 駅	3	1	0	1
c 駅	8	0	1	1
d 駅	3	2	0	2
e 駅	7	3	1	4

図表3　2019年度 駅の利用目的調査

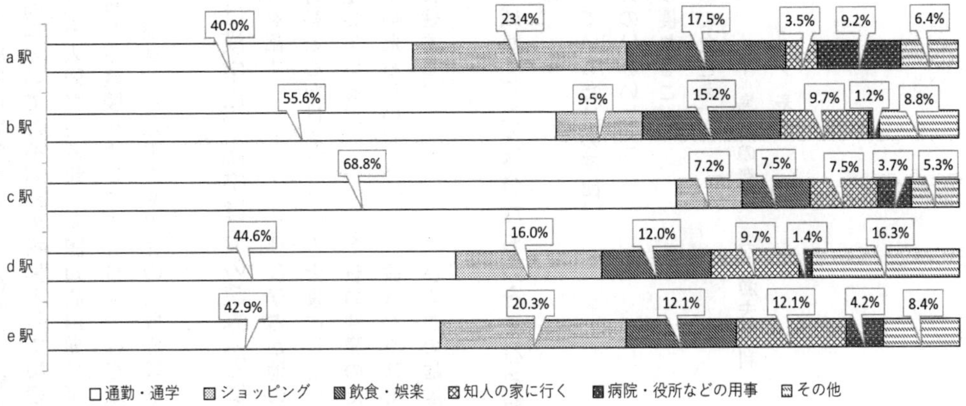

図表4　c駅に最も必要だと思うこと(最寄り駅がc駅の利用者)

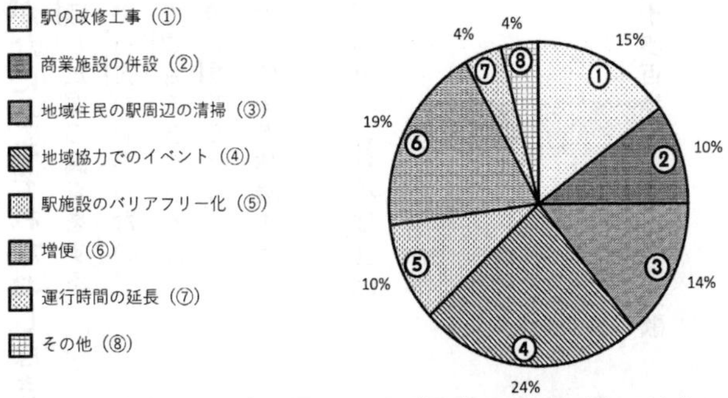

図表5　c駅に最も必要だと思うこと(最寄り駅がc駅ではない利用者)

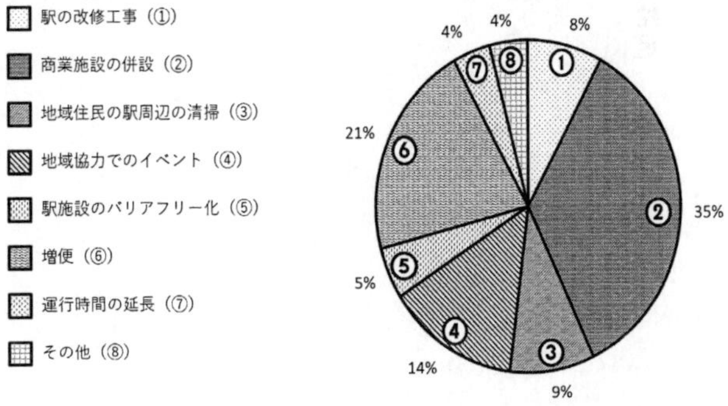

問8　本文の内容として最も適当なものを次の中から一つ選び、記号で答えなさい。

ア　自分が信じていることを否定する経験は認知されず、「信念」が変化することは決してない。
イ　ＡＢＯ式の血液型は、世界各国において性格判断の根拠として積極的に用いられてきた歴史がある。
ウ　確証バイアスも認知的バイアスも人間が引き起こす認知的錯覚だが、二つは正反対の性質である。
エ　自尊感情とは、他人から認められる経験を通して自分自身の存在意義を確立する感情的判断である。
オ　人間が失敗をしないためには、潜在的な危険性や過去の失敗経験などを確認する工夫をするべきである。

三

次の①～⑩の傍線部のカタカナは漢字に、漢字はその読みかたをひらがなにそれぞれなおしなさい。

①　小学校時代の友人とキンキョウを話す。
②　下級生のモハンとなるような行動を心がける。
③　彼女の学力はイチジルしく向上している。
④　先史時代はカりをして生活していたらしい。
⑤　イナカの暮らしにあこがれて移住する。
⑥　科学者が池の底に沈殿した泥の調査をする。
⑦　大事にしているペンの行方がわからない。
⑧　駅の開発のために立ち退きを要求された。
⑨　彼はクラスで最も数学に秀でている。
⑩　ひよこの雌雄を見分ける仕事を体験する。

四

次の①～⑤の意味にあたる故事成語として適当なものをそれぞれ選び、記号で答えなさい。

①　余計で何の役にも立たないもの。
②　規律がなくて、ただ寄り集まっているだけの集団。
③　周囲が敵、反対者ばかりで味方のいないこと。
④　教えを受けた人が教えた人より優れること。
⑤　運命を決めるような大切な試験のたとえ。

ア　青は藍より出でて藍より青し　　イ　烏合の衆　　ウ　漁夫の利　　エ　五十歩百歩　　オ　四面楚歌　　カ　蛇足
キ　登竜門　　ク　覆水盆に返らず　　ケ　矛盾

問1 【 1 】【 2 】【 3 】に入る言葉として適当なものを次の中からそれぞれ選び、記号で答えなさい。

ア しかし　イ たとえ　ウ たとえば　エ つまり　オ なぜなら

問2 【 X 】に入る漢字一字を答えなさい。

問3 傍線部①「血液型性格判断」に関して次の各問いに答えなさい。

(1) これが導入された当初の意図を表している部分を文中から三十三字で抜き出し、最初の五字を答えなさい。

(2) この長所として適当なものを次の中から二つ選び、それぞれ記号で答えなさい。

ア 血液型性格判断を信じる人は他の迷信にもとらわれやすいという、個人の心理的特性の判断材料とすることができる。

イ 血液型を根拠にして、入社時に簡略な性格判断を実施することによって、最も効率的な職場の配置を行うことができる。

ウ 知らない者同士でも血液型性格判断を共通の話題として取り上げることができ、人間関係構築の助けとすることができる。

エ 赤血球における糖質のタイプにもとづいて、血管閉塞のリスクを調べることで病気を完全に予防することができる。

オ 専門家によってそのメカニズムが明らかにされているため、自分自身の行動パターンを正確に知ることができる。

問4 傍線部②「この迷信」とありますが、これを本文における迷信の意味をふまえた上で、文中の言葉を使って四十字以上四十五字以内で説明しなさい。

問5 傍線部③「どうして、科学的には何度も繰り返して否定されていることが、長く社会的影響を持つようなことが起こるのでしょうか?」とありますが、この理由として最も適当なものを次の中から一つ選び、記号で答えなさい。

ア 確証バイアスにより、一度でも血液型と性格の対応関係を認識すると、間違っていたとしても認識の修正が一切できなくなるから。

イ 確証バイアスにより、科学的な根拠の確かさよりも、その情報をより多くの人が信じているという事実の方が信じられやすいから。

ウ 確証バイアスにより、信念に合う行動パターンが記憶され、信念に合わない行動パターンは無視されやすく、誤りに気づきにくいから。

エ 確証バイアスにより、信念に合う行動パターンよりも、信念に合わない行動パターンの方が印象に残りやすいという傾向があるから。

オ 確証バイアスにより、たとえ間違っていたとしても自分自身が意義のある存在であるとする感情的判断が働き、人々に広まりやすいから。

問6 傍線部④「自分の失敗はあまり認知しませんし、記憶もしません」とありますが、この理由を「〜から。」に続く形で文中から三十五字で抜き出し、最初と最後の五字を答えなさい。

問7 傍線部⑤「かえってリスクが大きくなりやすい」とありますが、この理由として最も適当なものを次の中から一つ選び、記号で答えなさい。

ア 自我防衛機制が機能することで自尊感情が守られ、万が一失敗しても心理的な影響が少なくなり、失敗が怖くなくなるから。

イ 自尊感情が傷つくことをおそれて、人間は失敗の可能性があるものごとを避けるため、成長のチャンスを逃してしまうから。

ウ 自尊感情が傷つけられることを避けるために、過去の失敗を整理して次の機会に活かすということが人間には難しいから。

エ 自尊感情を守るために他人との関わりを避けがちになることが原因で、自他ともに認識することの難しい問題が発生するから。

オ 自分に都合の悪い情報によって自尊感情が傷つかないように、人間は失敗する危険性から無意識に目をそらしやすいから。

は、几帳面だったり、おおらかだったり、マイペースだったり、優柔不断だったり、多かれ少なかれ誰でも持つものです。ところが、誰でも持つ特性だとしても、たとえばA型はこういう人だという信念に合う行動パターンは、確証バイアスによって認知されやすく、記憶にも残りやすいことになります。逆に、信念に合わない行動パターンは認知されにくく、【　3　】認知されたとしても記憶に残りにくいことになります。

このように、確証バイアスによって、他者であれ自分であれ、どうしても信念に合った行動パターンばかりが記憶され、しかもその過程で信念もどんどん補強されることになるのです。それに対し、信念に合わない行動パターンは無視されやすいため、その誤りも気づかれにくいことになります。

血液型性格判断は、知らない者同士の話題を作ることに寄与するという利点はあるかもしれません。しかし、血液型は個人の能力や特性とは関係なく、遺伝的にあらかじめ決められた特性であり、自分の努力で変更できない特性です。血液型によって就職や職場内での配置が影響を受けることがあるとしたら、やはり無視できない問題だと言わざるを得ません。

なお、血液型性格判断を信じているかどうかは、個人の心理的特性を判断する材料としては有効です。実は、血液型性格判断の信念を持ち続ける人(信じている人)は、他の迷信にもとらわれやすいことが指摘されています。血液型性格判断を信じるということ自体が迷信へのとらわれやすさの目安となり得るのです。

個人の判断に大きく影響を及ぼす要因の一つに「自尊感情」があります。自尊感情とは、自分自身が意義のある存在であるとする感情的判断のことです。この自尊感情に関連して、確証バイアスにも似た認知的バイアスがあります。

実は、私たちは、自尊感情を傷つけないように、④自分の失敗はあまり認知しませんし、記憶もしません。うまくいったことだけ覚える傾向があります。

自分の引き起こした出来事に対するこのように都合のよい認知を行う傾向の基礎には、自我防衛機制という自尊感情の保全の仕組みがあると考えられます。おそらくは、自分の本当の能力を正当に評価することは、自我の安定にとっては厳しすぎることなのでしょう。

この自我防衛機制には、さらにやっかいな特性があります。自分の信念と一致しない情報の提供者や、自分が高く評価しているものの価値を低下させる人やものについては、心的価値を落としたり、嫌いになったりしやすいのです。

これは、自分が信じていることがら、自分が高く評価している対象と、その対象を低く評価する情報やその情報の発信源の両方を認めることで生じる認知的な不協和を避けるための自動的調整によるものと考えられています。

失敗を起こすかもしれないという、自分に不利な情報も自尊感情を傷つけることになります。そのため、失敗のしやすさ自体、一般的には認知されにくく、記憶されにくくなります。逆に、自分に都合のよい情報は、他の情報よりも認知されやすく、記憶もされやすいのです。

このような特性があるため、人間には失敗のリスクを過小評価しやすく、そのことによって、⑤かえってリスクが大きくなりやすいという困った特性があります。失敗が致命的な問題に発展する可能性がある事柄ほど、人間のこのような特性を考慮し、潜在的な危険性のリストや過去の失敗経験の正確な記録を参照できるような工夫が必要でしょう。

（一川誠『ヒューマンエラーの心理学』による。作問の都合上、一部変更しています。）

二　次の文章を読んで、後の問いに答えなさい。

我々人間には、自分が信じていることを否定するような出来事や事柄の経験は認知されにくいし、記憶もされにくいというバイアスがあります。ものごとがどのような特性を持っているかについて信じている内容のことを心理学では「信念」と言います。

我々には、自分の持つ信念に合わないことは認識されにくいという特性があります。仮にその事柄が認識されたとしても、記憶には残りにくいのです。

逆に、自分の持っている信念に合致することが生じた場合は認識されやすく、記憶にも残りやすいのです。そのため、いったん獲得された信念は強化されやすく、破棄されにくいことになります。このような信念の維持されやすさは、「確証バイアス」と呼ばれる認知的錯覚の一つです。

実際の事柄と対応しない信念は「迷信」と呼ばれます。迷信も信念です。そのため、いったん獲得された迷信は確証バイアスのため、なかなか修正したり捨てたりできません。

たとえば、日本には①血液型性格判断というローカルな迷信があります。血液型性格判断というのは、赤血球における糖質のタイプにもとづいて分類されるＡＢＯ式の血液型と性格型が対応しているという内容で、多くの読者も聞いたことがあるでしょう。

そもそもＡＢＯ式の血液型とは、遺伝によって決まる赤血球の表面上の多糖体の量や配置に関する特性です。エコノミークラス症候群の発症のしやすさや怪我をした時の血の固まりやすさなどとの対応関係がわかっています。【　1　】、エコノミークラス症候群の発症のしやすさに関連したところでは、Ｏ型で血栓が生じにくいのに対し、他の血液型では血栓ができやすく、特にＡＢ型で血栓による血管閉塞のリスクが高くなることが知られています。他方、出血による生命のリスクは、Ｏ型で高くＡＢ型で低くなるようです。

各個人について、血液型が何かは、血液検査をすれば簡単に特定できます。性格と対応しているのであれば、【　X　】材【　X　】所を素早く判断する上で便利なことでしょう。

この血液型と性格との対応関係については、もともと徴兵された大勢の兵士を簡略な性格判断により適切な部署に配属する目的で、大日本帝国陸軍に注目されたものでした。大量の新兵を召集し、短い時間の間に適切に編成を決定しなければいけない場合、簡単に決定できるような材料があれば役に立つはずでした。１９２０年代に実際に用いられたこともありました。【　2　】、思ったような効果が得られなかったので、数年で廃止されたという経緯があります。

その後も、血液型と性格判断との対応関係を調べた心理学的研究は数多くありますが、これまでのところ、血液型と性格特性との間に何らかの対応関係を見出すことはできず、繰り返し否定されてきています。

心理学の領域では、血液型と性格との対応関係の基礎にどのような性格決定のメカニズムがあるのか、性格判断の精度はどのようにすれば向上するのかについて実質的な理解がほとんど得られていないので、科学的仮説としてもほとんど役に立っていません。

そのため、多くの心理学者が、この説が信憑性に欠けるものであることを機会があるごとに主張してきています。ところが、血液型性格判断は高度成長期にテレビや雑誌などで頻繁に取り上げられたため、今でも②この迷信を受け入れている人が少なからずいるのが現実です。

③どうして、科学的には何度も繰り返して否定されていることが、長く社会的影響を持つようなことが起こるのでしょうか？

この血液型性格判断の「迷信」の維持に、確証バイアスが深くかかわっているものと考えられます。それぞれの血液型に割り当てられている特性

問8　傍線部⑦「マゼランによるマゼラン海峡の発見を思い出してください」とありますが、筆者がこの具体例を挙げた理由として最も適当なものを次の中から一つ選び、記号で答えなさい。

ア　資本財としての知識が科学の分野だけのものではないことを示したかったから。
イ　資本財としての知識が価値を持つことを歴史的な観点からも見せたかったから。
ウ　資本財としての知識が消費財としての知識を上回ることを説明したかったから。
エ　消費財としての知識が偉人によってのみ獲得されることを示したかったから。
オ　消費財としての知識が歴史上、普遍的なものであることを示したかったから。

問9　傍線部⑧「口角泡を飛ばして」とありますが、これと同じ意味の言葉として最も適当なものを次の中から一つ選び、記号で答えなさい。

ア　一目置く　　イ　口火を切る　　ウ　舌戦を繰り広げる　　エ　歯に衣を着せない　　オ　耳がはやい

問10　傍線部⑨「人類にとってのユートピア」とありますが、この説明として最も適当なものを次の中から一つ選び、記号で答えなさい。

ア　人工知能が発達し、消費財としての知を網羅できるようになる世界。
イ　人工知能と人間の利点を掛け合わせ、資本財としての知を手に入れられる世界。
ウ　人間が人工知能を援用しながら、資本財としての知を収集できる世界。
エ　人間が知的活動におけるすべてを人工知能に任せ、知を収集する世界。
オ　人間が自らの知的探究心に従って消費財としての知識を追究する世界。

問11　本文の内容として最も適当なものを次の中から一つ選び、記号で答えなさい。

ア　旧海軍兵学校で行われた競技は、スポーツの楽しさを人々に伝えることを目的として考案された。
イ　スポーツ界においては消費財としての捉え方が先行し、資本財としての捉え方は存在しない。
ウ　子供が謎解きに興じるのは、資本財よりも消費財としての知の側面を捉えられているからである。
エ　火星探索が行われるのは、新たな知を用いた経済的利益による人類の発展を目指すためである。
オ　ニュートンは、知識の獲得それ自体のみが目的化していたために素晴らしい業績を残すことができた。

消費財としての知識の価値は、人工知能がいかに発達したところで、少しも減るわけではありません。ですから、人工知能がいかに進歩しても、「人間が知的活動のすべてを人工知能に任せ、自らはハンモックに揺られて1日を寝て過ごす」という世界にはならないと思います。

研究室では、研究者が寝食を忘れて実験に挑んでいるでしょう。歴史学者は古文書を紐解いて、新しい事実を発見することに無限の喜びを感じているはずです。そして、親しい人々が集まって、絵画や音楽についてどれだけ深い知識を持っているかを披露し、競い合っているはずです。あるいは、誰の意見が正しいかについて、⑧口角泡を飛ばして議論しているでしょう。

⑨人類にとってのユートピアとは、そのような世界だと思います。そうした世界が、人工知能の助けを借りて実現できる。その可能性が、地平線上に見えてきたような気がします。

（野口悠紀雄『知の進化論』による。作問の都合上、一部変更しています。）

問1 【 1 】【 2 】【 3 】に入る言葉として適当なものを次の中からそれぞれ選び、記号で答えなさい。

ア しかし　イ したがって　ウ 例えば　エ なぜなら　オ もし

問2 傍線部①「それ」とありますが、この内容を端的に表している部分を文中から十字以上十五字以内で抜き出しなさい。

問3 傍線部②「資本財と消費財の違い」とありますが、「消費財」の例として最も適当なものを次の中から一つ選び、記号で答えなさい。

ア 山頂部で素晴らしい光景を撮影したいという思いから、登山を行うこと。

イ 大学教授になることを目指して、古典文学の研究に没頭すること。

ウ 仲間と新たな会社を興し、その会社を大きくするために利益を追求すること。

エ 肉体を鍛えるために、スポーツジムへ行ってトレーニングに励むこと。

オ 歴史に対する知見を深める欲求から、図書館で専門書を読みあさること。

問4 傍線部③「不可欠」とありますが、これと同じように「不」をつけられる熟語として最も適当なものを次の中から一つ選び、記号で答えなさい。

ア 意識　イ 開発　ウ 関心　エ 公式　オ 信任

問5 傍線部④「知識は、最も価値が高い消費財になりうると思います」とありますが、筆者がこのように考える理由を五十字以上六十字以内で説明しなさい。

問6 傍線部⑤「火星に生命の痕跡を見つけるために探査機を送る」とありますが、この動機として筆者が考えているものを文中から八字で抜き出しなさい。

問7 傍線部⑥「知識を得ることそれ自体に意味がある」とありますが、これを言い換えた部分を「～すること。」に続く形で文中から十三字で抜き出しなさい。

わざるをえません。いまウフィツィ美術館を訪れることができれば、その価値は、かつてに比べて比較にならぬほど高いものになるでしょう。知識が増えれば増えるほど、体験の意味と価値は増します。それによって、生活は豊かなものになるのです。

科学の場合には、知識が資本財なのか消費財なのか、判然としないこともあります。発見された新しい知識によって経済的な利益が得られる場合もあるでしょうが、多くの場合、その関連は間接的です。

【　２　】、⑤火星に生命の痕跡を見つけるために探査機を送るのは、どんな利益を期待してなのでしょうか？　生命のメカニズムが解き明かされて、生命科学が飛躍的に進歩するかもしれません。しかし、新しい知見は得られないかもしれないかもしれません。では、この目的のために開発されたロボット技術を、原発事故に対処するためのロボットに応用できるという利益はどうでしょうか？　しかし、ロボット開発が目的なら、探査機を火星まで送る必要はないでしょう。

火星生命の探索が行なわれるのは、純粋な知的好奇心による面が大きいと思います。もちろん、現在の地球には、発展途上国の貧困や難民など、もっと緊急度の高い問題があります。【　３　】、十分な資源を火星探索に充てることはできません。そうであっても、「貧困の問題があるから、火星探索はできない」ということにはならないのです。

⑥「知識を得ることそれ自体に意味がある」とは、現代世界で初めて認識されたことではありません。ある意味では、人類の歴史の最初からそうだったのです。

⑦マゼランによるマゼラン海峡の発見を思い出してください。彼が未知の海峡を発見する航海に出た目的は、西回りでインドに達する航路の発見という実利的、経済的なものでした。そして、彼は見事にその目的を果たしたのです。しかし、彼が見出した航路は、インドへの航路として実際に使われることはありませんでした。あまりに遠回りで、危険なルートだったからです。

では、彼の発見は無意味だったのでしょうか？　そんなことはありません。なぜなら、彼が行なった世界周航によって、人類は、自分たちが住んでいる世界の真の姿（地球が周航可能であること）を把握できたからです。

シュテファン・ツヴァイクは、『マゼラン』（みすず書房、１９９８年）の中で、次のように言っています。

「歴史上、実用性が或る業績の倫理的価値を決定するようなことは決してない。人類の自分自身に関する知識をふやし、その創造的意識を高揚する者のみが、人類を永続的に富ませる」

そして、「ちっぽけな、弱々しい孤独な五隻の船のすばらしい冒険は、いつまでも忘れられずに残るであろう」としています。

個々の研究者の立場で考えても、以上と同じことが言えます。

研究活動に、資本財的な側面、つまり、「新しい発見をして地位を獲得するために、研究をする」という面は、もちろんあります。しかし、多くの科学者は、こうした目的だけのために研究をしているわけではありません。「研究すること自体が楽しいから、研究している」という人が多いのです。

ニュートンの研究動機は、「自分の密かな抑えがたい欲求を満足させること」だったのです。つまり、知識の獲得それ自体が目的化していたことになります。ここでは、知識は最も価値が高い消費財になっています。科学者たち（自らの研究成果を発表しなかった人たち）は、皆、同じような考えを持っていたのではないでしょうか？

二〇二一年度　日本工業大学駒場高等学校（一般①）

【国　語】（五〇分）〈満点：一〇〇点〉

注意　解答に字数制限がある場合は、句読点や記号を一字と数えます。

一　次の文章を読んで、後の問いに答えなさい。

私たちはこれまで、知識は「何かを実現するために必要な手段」であると考えてきました。多くの場合において、知識の役割をそのようなものとして捉えてきました。経済学の言葉を使えば、「知識は資本財（または、生産財）の1つである」と考えてきたのです。

しかし、知識の役割は①それだけではありません。「知識を持つことそれ自体に意味がある」ということもあるのです。これを、「消費財としての知識」と呼ぶことができるでしょう。

②資本財と消費財の違いを、スポーツを例にとって説明しましょう。

われわれは、なぜスポーツをするのでしょうか？　第1の理由は、健康な身体を維持するためには、運動が必要だからです。さらに進んで、軍隊などの組織では、将兵にスポーツを勧め、これによって強い軍隊を作るという目的があるでしょう。肉体的な強さだけではありません。ヨーロッパでは、スポーツはエリートの精神鍛錬の道具と考えられてきました。映画「炎のランナー」（１９８１年）の中で、「英国人の教育に陸上競技は③不可欠。競技は人格を形成し、勇気と誠実さと指導力を培う」とケンブリッジ大学の教授が言う場面があります。獅子文六（岩田豊雄）が『海軍』（中公文庫、２００１年）で紹介している旧海軍兵学校の棒倒し競技も、同じような目的のためのものなのでしょう。また、プロのスポーツ選手の場合には、試合で勝つことが所得を得る手段になります。これらの例において、スポーツは資本財として考えられ、あるいは使われています。

【　１　】、多くの人は、このような目的がなくとも、スポーツそれ自体が楽しいために、スポーツを行なっています。これは消費財としてのスポーツです。

豊かになるにつれて、「それまでは資本財であったものが、消費財になる」ということがしばしば起こります。何かのための手段ではなく、それ自体が目的になることが多くなるのです。

同じことが、知識についても言えます。というより、④知識は、最も価値が高い消費財になりうると思います。

例えば、友達との会話の際に、沢山の知識を持っていれば、賞賛を得られるでしょう。知識を持っているからなんらかの経済的な利益が実現できるというわけではなく、知識を持っていることそれ自体が賞賛されるのです。

人間は、子供のときから謎解きに挑みます。答えを得たところで何の役に立たないと知っていても、謎解きの過程そのものが楽しいから、それに挑戦するのです。

また、沢山の知識を持つことは、人生を豊かにします。私は、ルネサンス絵画についての十分な知識を持っていなかったため、ウフィツィ美術館を訪れたにもかかわらず、レオナルド・ダ・ヴィンチの名作の前を通り過ぎてしまいました。そのときの私の生活は、真に貧しいものであったと言

2021年度／日本工業大学駒場高等学校（一般①）

英語解答

1
1 January　2 Friday
3 tears　4 kitchen
5 thousand

2
1 ウ　2 エ　3 エ　4 ア
5 イ

3
1 hers　2 was given
3 too, to　4 the fastest
5 Why don't

4
1 Will you help me with
2 I do not think he is right
3 looked for my eco-bag to go shopping
4 To play shogi with Sota is a lot of fun
5 have never seen a person running around here

5
A　1…ウ　2…ア　3…エ　4…イ　5…イ
B　1…ウ　2…イ　3…エ　4…ア

6
(例) I like watching movies better. It is fun for me to watch the movies with my family. We usually enjoy talking about them. Also, I can learn about different cultures when I watch foreign movies. (35語)

7
A　Q1…イ　Q2…エ
B　問1　1…エ　2…イ　3…ウ　4…オ　5…ア
　　問2…C　問3…ア

8
問1　A…ウ　B…エ　問2　エ
問3　イ，ウ　問4　あ…イ　い…ア
問5　the Beatles
問6　like her music or singing
問7　彼は，(ある)ファンと話すために立ち止まった。
問8　1…F　2…F　3…T　4…T　5…T

1〔単語の定義―適語補充〕

1.「(　)は1年の最初の月だ」―「1月」

2.「(　)は木曜日と土曜日の間にくる」―「金曜日」

3.「悲しかったりうれしかったりすると，目は(　)であふれる」―「涙」　be filled with ～「～でいっぱいである」

4.「料理や皿洗いをするときは，たいてい(　)にいる」―「台所」

5.「400たす600は1(　)である」―「千」

2〔適語(句)選択〕

1. since 2010「2010年以来」とあるので，'have/has＋過去分詞'の現在完了('継続'用法)が適切。　「私の母は2010年以来，医者として働いている」

2. 肯定文の後にコンマと？があるので，相手に確認をする付加疑問文だとわかる。一般動詞の肯定文の付加疑問は'don't〔doesn't〕＋主語を示す代名詞'の形で表す。　「彼はギターを弾くよね？」

3. until は「～まで(ずっと)」という'継続'を表す。なお，by は「～までに」という'期限'を表す。　「3時までここにいなさい」

4. both *A* and *B* で「*A* も *B* も両方とも」。なお，either *A* or *B* で「*A* か *B* かのどちらか」，neither *A* nor *B* で「*A* も *B* も(～し)ない」。　「友達も私も野球が好きだ」

5.「～かもしれません」とあるので，'推量'の意味を持つ助動詞 may を用いる。

3〔書き換え―適語補充〕

1．「その車は彼女の所有物である」→「その車は彼女のものだ」　belong to「～の所有物である，～に属している」は「～のもの」を表す所有代名詞で書き換えられる。

2．「祖母は私にこれらの花をくれた」→「私はこれらの花を祖母によって与えられた」　動作主である祖母が by で示されているので，‘be動詞＋過去分詞’の受け身形にする。　give－gave－given

3．「トオルはとても内気なので，彼女に話しかけることができない」　‘so ～ that＋主語＋cannot〔can't〕…’「とても～なので─は…できない」は，‘too ～ to …’「…するには～すぎる，～すぎて…できない」で書き換えられる。

4．「世界でチーターほど速く走る動物は他にいない」→「チーターは世界で最も速く走る」　‘no (other)＋単数名詞 ～ as＋原級＋as *A*’「*A* ほど～な〈名詞〉はいない」は，最上級を用いて書き換えることができる。

5．「今週末に劇場へ行きましょう」→「今週末に劇場へ行きませんか？」　Why don't we ～？で「～しませんか」という‘勧誘’を表せる。

4〔整序結合〕

1．「～してくれませんか」という‘依頼’は，Will you ～？で表す。「宿題を手伝う」には‘help＋人＋with＋物事’「〈人〉の〈物事〉を手伝う」を用いる。

2．I do not think「私は思いません」で始める。think の目的語は「彼は正しい」なので，he is right を後ろに続ける。

3．「～を探す」は look for で表せるので，「私は探しました」を I looked for とする。「～するために」には to不定詞(副詞的用法)を用いる。「買い物に行く」は go shopping。

4．to と play があるので，主語となる「聡太と将棋をすること」は，to不定詞(名詞的用法)を用いて，To play shogi with Sota とする。この後に動詞の is を置き，その後に a lot of fun「とても楽しい」を続ける。

5．「今までに一度も見たことがありません」は，現在完了(‘have/has＋過去分詞’)の‘経験’用法の否定形で，I have never seen とする。「この辺りを走っている人」は現在分詞(～ing)を名詞の後に続けて a person running around here と表す。

5〔対話文完成─適文選択〕

A．1．A：すみません，駅への行き方を教えてもらえますか？／B：いいですよ。どの駅に行きたいんですか？／A：コマバ駅です。∥直後で駅名を答えているので，どの駅かを尋ねたのだとわかる。

2．A：テストの点数はどうだった？／B：ひどかった。もっと一生懸命勉強するつもりだよ。／A：一緒に勉強しましょう。教えてあげるわ！∥テストの結果をきかれ，もっと勉強すると反省しているので，点数が悪かったとわかる。　terrible「ひどい」

3．A：今日の練習を始めよう！／B：あの，コーチ。トムはどうしたんですか？　3日間ずっと休んでます。／A：彼は脚を骨折したんだ。来月には復帰するだろう。／B：えっ？　彼がいないと今週末の決勝戦に勝てませんよ！∥3日間練習を休み，来月まで戻れない理由にあたる内容が入る。

4．A：辞書を借りてもいい？／B：どうぞ。でもこれは和英辞典だよ。／A：大丈夫。「セイフク」を英語で何ていうか知りたいだけだから。∥Aは，日本語から英単語を調べたいので，Bが渡してくれた和英辞典で大丈夫だ，と答えたのである。

5．A：コマバ動物園にようこそ！　チケットは何枚ご入用ですか？／B：大人2名と子ども2名です。1歳の男の子は有料ですか？／A：いいえ，チケットが必要なのは6歳以上のお子さまだけです。／B：それなら，大人2枚と子ども1枚ください。∥直後でAは「いいえ」と答え，有料となるのは6歳以上だと述べているので，子どもの料金に関する質問をしたと判断できる。

B≪全訳≫❶A：いらっしゃいませ。ご注文は？❷B：こんにちは。コーヒーをいただけますか？❸A：1どのサイズがよろしいですか？❹B：一番小さいのをお願いします。❺A：かしこまりました。他に何かご注文はありますか？❻B：2クッキーはありますか？　クッキーが食べたいんですが。❼A：申し訳ありません。まだご用意できておりません。ケーキはいかがですか？❽B：いいですね。3どんな種類のケーキがありますか？❾A：チョコレート，キャロット，チーズの3種類からお選びいただけます。❿B：まあ，私はキャロットケーキが大好きです。1つください。⓫A：ありがとうございます。4店内でお召し上がりですか，それともお持ち帰りですか？⓬B：ここで食べていきます。

1．直後でBはSmallest「一番小さい」というサイズを答えているので，Aはサイズを尋ねたのだとわかる。　2．直後でクッキーが食べたいと言っていることから，クッキーがあるかどうかを尋ねる文が適切。　3．直後でAがケーキの種類を説明していることから，どんなケーキがあるかを尋ねる文が適切。　4．Bが店内で食べると答えているので，持ち帰りかどうかを尋ねるアが適切。for here or to goは「店内でお召し上がりですか，それともお持ち帰りですか」と尋ねる際の決まり文句。

6〔テーマ作文〕

問いは「映画を見るのと本を読むのではどちらが好きか」。どちらが好きかを述べた後で，なぜ好きなのかがわかるような文章を添える。自分が書きやすいと思う方を選んで書けばよい。(別解例) I like reading books better. I can enjoy reading books at any time. When I'm free, I can spend a lot of time reading books. I also think books tell us about important things in our life. (37語)

7〔読解総合〕

A＜英問英答―ポスター＞≪全訳≫

2月10日　スマートフォン販売！

	デザイン	価格	機能，性能		商品のお渡し
A		100ポンド	ストレージ容量	32ギガバイト	即時
			カメラ	×	
			利用可能な地域	世界中	
B		100ポンド	ストレージ容量	32ギガバイト	即時
			カメラ	○	
			利用可能な地域	イギリスのみ	
C		200ポンド	ストレージ容量	64ギガバイト	購入後1週間
			カメラ	○	
			利用可能な地域	世界中	

旧型もご用意しております。
本日，旧型をお求めの方にはすぐにお渡しできます。
旧型も新型と同じ機能，性能を持っています。

Q1．「ある男性はカメラつきのスマートフォンが欲しい。100ポンドしか払えない。彼はどのスマートフォンを買うべきか」―イ．「スマートフォンB」　Aはカメラがついておらず，Cは予算オーバーとなる。　Q2．「ある女性は2月13日から18日までフランスに旅行する。彼女はスマートフォンでフランス料理の写真を撮り，それらを家族に送りたい。彼女はどのスマートフォンを買うべきか」―エ．「スマートフォンCの旧型」　Aはカメラがついておらず，Bはイギリスでしか利用できない。Cはカメラと利用地域の条件をクリアするが，入手できるのが購入から1週間後とある。広告上部に2月10日とあるので，今買っても旅行には間に合わない。広告下部に，旧型も新型と機能は変わらず即日入手できるとあるので，Cの旧型を買えばよい。

Ｂ＜スピーチ―案内文＞≪全訳≫皆さん，こんにちは。私たちは町立図書館の入り口にいます。私の名前はマツモトで，ここで案内所の事務員をしています。ふだん，私はこの正面玄関のすぐ横の机にいます。図書館の地図について話したいと思います。この美しい近代的な日本様式の建物は，1964年にワタナベユウゾウという有名な建築家によって建てられ，彼は各エリアを組織的に設計しました。ご覧のとおり，図書館に入ると左手に私の机があり，右手にはマルチメディアコーナーというエリアがあります。ビデオやDVDなどを借りることができ，CD-ROMもあります。自宅のパソコンで使うために借りることができます。案内所のすぐ向こうの左側には，新刊の雑誌や新聞が置いてある部屋があります。もし何かコピーを取りたいのなら，１台だけあるコピー機はこの部屋にあります。まっすぐ進むと大きな部屋があり，ここが中心となる図書エリアです。窓際には小説の棚があります。小説の棚を越えたすぐ，図書館の右隅にある部屋は児童図書室です。子ども向けの物語や絵本を豊富に取りそろえています。さらに，隣は資料室です。そこで静かに読書をしたり，勉強したりすることができます。そして，図書エリアの左側にある広い部屋――ここはセミナールームで，会議やおしゃべりに利用することができます。さて，これで終わりです。はい，何か質問のある方はいらっしゃいますか？

問１＜要旨把握―図を見て答える問題＞案内が入り口から始まっているので，話の順に場所を追っていく。地図上の丸で囲まれたｉの文字が「案内所」である。まず５．については，第７文に図書館を入った右側が「マルチメディアコーナー」だとある。４．は本文の半ばに，案内所の左側に「新刊の雑誌や新聞が置いてある部屋」があると述べられている。本文の後半の記述より，図書館の右隅にある２．は「児童図書室」とわかる。さらに，児童図書室の隣は「資料室」とある。最後から３文目より，図書エリアの左側にある３．の位置には「セミナールーム」がある。

問２＜要旨把握―図を見て答える問題＞本文の後半に，中心となる図書エリアの説明があり，フィクションの本，つまり小説の棚は窓際にあると述べられている。

問３＜内容真偽＞ア．「DVDだけでなく，CD-ROMも借りられる」…○　本文の半ばの記述に一致する。　イ．「図書館にはコピー機が数台ある」…×　本文の半ばにthe only copy machineとあるので，コピー機は１台しかない。　ウ．「図書館内のいずれの部屋でも勉強することはできない」…×　最後から５，４文目参照。「資料室」で勉強することができる。

8〔長文読解総合―ノンフィクション〕

≪全訳≫❶1933年に東京で生まれたオノ・ヨーコは，人生の大半をニューヨークで暮らしている。彼女は有名な日本人音楽家・芸術家である。彼女はしばしば，銃や戦争への反対を表明する。彼女は，ビートルズの音楽家ジョン・レノンの妻として最もよく知られている。彼は1980年に命を奪われた。高齢になってもなお，オノは世界中で音楽を演奏し，芸術を披露している。❷オノは裕福で影響力のある日本人一家の出身だ。しかし，芸術も彼らにとって非常に大切だった。彼女の父親はコンサートピアニストになりたいと思っていた。しかし，生計を立てるために銀行で働かざるをえなかった。一家は何年もニューヨークで暮らした。❸第二次世界大戦後，彼女は東京の学習院大学で学んだ。しかし，わずか１年で去った。父の仕事のために家族は再びニューヨークへ渡り，彼女もそこで合流した。❹彼女は美術大学で学び，新しい形式の芸術を創作し始めた。線や色で絵を描くことはしなかった。その代わりに，彼女は独特な催しを行った。最も有名な催しの１つが，「カット・ピース」と呼ばれるものであった。1964年，東京の草月会館で彼女はそれを初めて披露した。オノは部屋の正面に座っていた。観客は彼女の近くに来て，服を切り取るように促された。これは彼女が衣服を何も身につけていない状態になるまで続いた。別の催しに「踏まれるための絵画」というものがあった。観客は絵画を踏みつけることを要求された。❺オノは，1966年の美術展でジョン・レノンに会ったと言った。彼女は「イエス」という絵を展示していた。それを見るには，はしごを登って天井を見なければいけなかった。天井には「イエス」という語がとても小さな文字で書かれていた。❻「それが私の全人生をまさに180度変えようとしているとは思ってもみませんでした」とオノは言った。「ジョンはそれを見て，『いいね』と言いました。誰も知らなかったのですが，ジョンはつらい時期を経験している最中でした。彼は孤独を感じていました。私も孤独を感じていました」❼彼らは２人とも既婚者だったが，恋に落ちた。その後，世界的に有名なロックバンド，ビートルズは解散した。メディアや大衆はオノが彼らを分裂させたと言った。彼女はレノンと一緒に音楽を演奏したり歌い始めたりした。彼女の音楽や歌を好んだのは，ほんのわずかな人だけであった。大半の人は好きではなかった。彼らは，彼女がしたかった全てのことをレノンにさせることができたと思っていた。❽彼女とレノンは別れたが，まだ愛し合っていた。彼らは再びよりを戻し，息子，ショーンを授かった。ずいぶん後で，彼も人気の音楽家になった。母親と一緒にコンサートを行ったこともある。❾1980年，彼女が車の中でレノンを待っているとき，彼はあるファンに話しかけるために立ち止まった。そのファンが銃で彼の命を奪った。レノンはまだ40歳であった。❿オノはレノンを失ったことを努めて考えないようにした。彼女は前を向いた。しかし，彼女は毎日彼のことを考えるとよく語っていた。⓫彼女は，自分の芸術作品を披露し続けた。2001年，彼女の芸術作品の40年間の回顧展が「最優秀美術館展賞」に選ばれた。彼女の楽曲は今も他の音楽家たちに演奏されており，いくつかはヒット曲となっている。

問１＜適語選択＞A．第７，８段落から，オノとレノンが恋愛関係にあり，子どもを授かったことがわかるので，レノンのwife「妻」とするのが適切。　B．Theyはオノとレノンを指し，ショーンは彼らの子どもである。直後の文でショーンをheで受けていることから，son「息子」とわかる。

問２＜用法選択＞このtookは‘take＋人＋to＋場所’「〈人〉を〈場所〉へ連れていく」という意味で用いられているので，エ．「先週末，父は私を美術館に連れていってくれた」がほぼ同じ意味となる。

問３＜要旨把握＞直前の部分から，「カット・ピース」が，オノの行った独特な催しの中でも最も有名なものの１つであることがわかる。また，２，３文後には，その催しでオノは部屋の正面に座り，観客が次々とオノの服を切り取っていくと説明されている。

問４＜適語選択＞あ．文末のitはthe ceiling「天井」を指すので，「イエス」という文字が天井に「書かれていた」となる受け身形(‘be動詞＋過去分詞’)が適する。　write－wrote－written
い．実際に話した言葉(セリフ)そのものを目的語にすることができるのは，選択肢の中ではsayの過去形であるsaidのみである。

問５＜指示語＞直前の文にもbroke upがあり，「the Beatles」が解散したとある。

問６＜英文解釈＞Most people「大半の人」は，直前の文の主語Only a few people「ほんのわずかな人々」と対比されている。よって，直前の文の動詞と目的語の部分が省略されていると判断できる。did notの後なので，likedは原形のlikeになる。

問７＜英文和訳＞「～(すること)をやめる」という意味のstopは，目的語にto不定詞ではなく動名詞(～ing)を取るので，ここでのstopは「立ち止まる」という意味だと判断できる。to talkは「～するために」という意味を表すto不定詞の副詞的用法。

問８＜内容真偽＞１…×　第２段落第２文参照。　２…×　第３段落第１，２文参照。　３…○　第５段落第１文に一致する。　４…○　第７段落第１文に一致する。　５…○　最終段落最終文に一致する。

2021年度／日本工業大学駒場高等学校（一般①）

数学解答

1 (1) $\frac{13}{3}$　(2) $\frac{a+3}{3}$　(3) $\frac{1}{3}x$
(4) -1

2 (1) $x=-\frac{4}{5}$　(2) $x=2,\ y=-4$
(3) $x=3,\ 5$　(4) $x=-\sqrt{2},\ \frac{\sqrt{2}}{3}$

3 (1) 9個　(2) 5π

4 (1) $\frac{10}{7}$　(2) 27

5 (1) -2　(2) 3
(3) $(-6,\ 18)$，$(2,\ 2)$

6 (1) $\frac{6}{5}$cm　(2) $6\sqrt{6}\mathrm{cm}^2$
(3) $\frac{2\sqrt{6}}{3}$cm

7 (1) （例）△OABと△OEFにおいて，仮定より，OA：OE＝OB：OF＝3：1……①　共通な角より，∠AOB＝∠EOF……②　①，②より，2組の辺の比とその間の角がそれぞれ等しいので，△OAB∽△OEF
(2) 1：6

1〔独立小問集合題〕

(1)＜数の計算＞与式$=\frac{125}{27}-\frac{8}{27}=\frac{117}{27}=\frac{13}{3}$

(2)＜式の計算＞与式$=\frac{3a+(3a+4)-2(2a-1)}{6}=\frac{3a+3a+4-4a+2}{6}=\frac{2a+6}{6}=\frac{a+3}{3}$

(3)＜式の計算＞与式$=\left\{\left(\frac{3x}{6}-\frac{4x}{6}\right)^2+\frac{x^2}{6}\right\}\times\frac{12}{7x}=\left\{\left(-\frac{x}{6}\right)^2+\frac{x^2}{6}\right\}\times\frac{12}{7x}=\left(\frac{x^2}{36}+\frac{6x^2}{36}\right)\times\frac{12}{7x}=\frac{7x^2}{36}\times\frac{12}{7x}$
$=\frac{1}{3}x$

(4)＜平方根の計算＞与式$=\frac{2\sqrt{15}(\sqrt{2}-\sqrt{3})(3\sqrt{2}+3\sqrt{3})}{3\{(5+2\sqrt{15}+3)-8\}}=\frac{2\sqrt{15}(\sqrt{2}-\sqrt{3})\times3(\sqrt{2}+\sqrt{3})}{3(8+2\sqrt{15}-8)}=$
$\frac{6\sqrt{15}\times(2-3)}{3\times2\sqrt{15}}=\frac{6\sqrt{15}\times(-1)}{6\sqrt{15}}=-1$

2〔独立小問集合題〕

(1)＜一次方程式＞$\frac{2}{3}x-\frac{4}{3}x-\frac{2}{5}=\frac{2}{15}$として，両辺を15倍すると，$10x-20x-6=2$，$10x-20x=2+6$，$-10x=8$　$\therefore x=-\frac{4}{5}$

(2)＜連立方程式＞$3x+2y=-2$……①，$x+y=-2$……②とする。②×2より，$2x+2y=-4$……②′
①－②′より，$3x-2x=-2-(-4)$　$\therefore x=2$　これを②に代入して，$2+y=-2$　$\therefore y=-4$

(3)＜二次方程式＞$x^2-6x+9=2x-6$，$x^2-8x+15=0$，$(x-3)(x-5)=0$　$\therefore x=3,\ 5$

(4)＜二次方程式＞解の公式を用いると，$x=\frac{-2\sqrt{2}\pm\sqrt{(2\sqrt{2})^2-4\times3\times(-2)}}{2\times3}=\frac{-2\sqrt{2}\pm\sqrt{32}}{6}=\frac{-2\sqrt{2}\pm4\sqrt{2}}{6}$
$=\frac{-\sqrt{2}\pm2\sqrt{2}}{3}$となるので，$x=\frac{-\sqrt{2}-2\sqrt{2}}{3}=\frac{-3\sqrt{2}}{3}=-\sqrt{2}$，$x=\frac{-\sqrt{2}+2\sqrt{2}}{3}=\frac{\sqrt{2}}{3}$である。

3〔数と式―数の性質〕

(1)＜整数xの値の個数＞$-\frac{6}{\sqrt{2}}=-\frac{\sqrt{36}}{\sqrt{2}}=-\sqrt{18}$であり，$-\sqrt{25}<-\sqrt{18}<-\sqrt{16}$だから，$-5<-\frac{6}{\sqrt{2}}<-4$となる。これより，$-\frac{6}{\sqrt{2}}<x$を満たす整数$x$は$-4$以上の整数である。また，$\sqrt{16}<\sqrt{17}<\sqrt{25}$より，$4<\sqrt{17}<5$だから，$x<\sqrt{17}$を満たす整数$x$は4以下の整数である。よって，$-\frac{6}{\sqrt{2}}<x<\sqrt{17}$を満たす整数$x$は，$-4$以上4以下なので，$-4$，$-3$，$-2$，$-1$，0，1，2，3，4の9個ある。

(2)＜面積の差＞数直線上の点Aが$-\frac{1}{2}$であり，$-1<-\frac{1}{2}<0$だから，線分ABの長さが最も短くなる点Bは，$x=-1$か$x=0$である。$-\frac{1}{2}-(-1)=\frac{1}{2}$，$0-\left(-\frac{1}{2}\right)=\frac{1}{2}$より，いずれにおいてもAB$=\frac{1}{2}$であるから，線分ABを直径とする円で最も小さいものは，直径が$\frac{1}{2}$である。半径は$\frac{1}{2}\times\frac{1}{2}=\frac{1}{4}$だから，円の面積の最小値は$\pi\times\left(\frac{1}{4}\right)^2=\frac{1}{16}\pi$である。また，線分ABの長さが最も長くなる点Bは，$x=-4$か$x=4$である。$-\frac{1}{2}-(-4)=\frac{7}{2}$，$4-\left(-\frac{1}{2}\right)=\frac{9}{2}$より，線分ABの長さが最も長くなる点Bは$x=4$である。これより，最も大きい円は，直径が$\frac{9}{2}$だから，半径は$\frac{1}{2}\times\frac{9}{2}=\frac{9}{4}$となり，円の面積の最大値は$\pi\times\left(\frac{9}{4}\right)^2=\frac{81}{16}\pi$となる。以上より，求める面積の差は，$\frac{81}{16}\pi-\frac{1}{16}\pi=5\pi$である。

4〔関数―一次関数〕

(1)＜直線の傾き＞点B_4は，点B_3よりもx座標が2，y座標が3大きい点である。$B_3(6,\ 9)$だから，$6+2=8$，$9+3=12$より，$B_4(8,\ 12)$である。A(1, 2)だから，直線AB_4の傾きa_4は，$a_4=\frac{12-2}{8-1}=\frac{10}{7}$となる。

(2)＜自然数nの値＞a_nは，直線AB_nの傾きである。$B_1(2,\ 3)$だから，点B_nのx座標は$2+2(n-1)=2n$，y座標は$3+3(n-1)=3n$と表せ，$B_n(2n,\ 3n)$となる。よって，$a_n=\frac{3n-2}{2n-1}$となるから，$a_n=\frac{79}{53}$となるとき，$\frac{3n-2}{2n-1}=\frac{79}{53}$が成り立つ。これを解くと，$53(3n-2)=79(2n-1)$，$159n-106=158n-79$より，$n=27$となる。

5〔関数―関数$y=ax^2$と直線〕

≪基本方針の決定≫(1)　点Aの座標を求める。　(3)　等積変形の考え方を利用する。

(1)＜傾き＞右図1で，点Aは放物線$y=\frac{1}{2}x^2$上にあり，そのx座標は-2なので，$y=\frac{1}{2}\times(-2)^2=2$となり，A$(-2,\ 2)$である。点Aは直線$y=ax-2$上の点でもあるから，$2=a\times(-2)-2$，$2a=-4$より，$a=-2$である。

図1

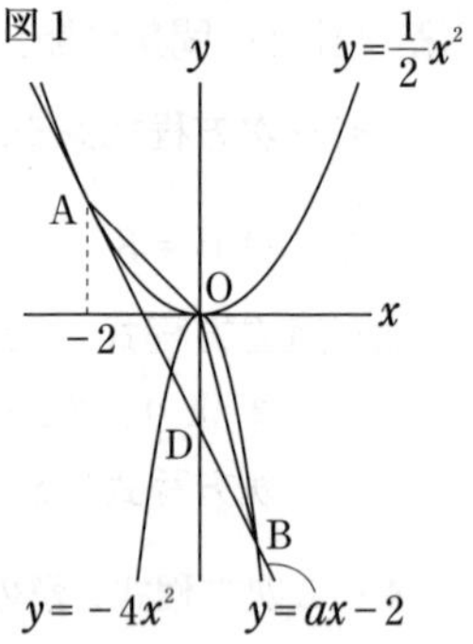

(2)＜面積＞右図1で，(1)より，点Bは放物線$y=-4x^2$と直線$y=-2x-2$の交点である。この2式より，$-4x^2=-2x-2$，$2x^2-x-1=0$となり，$x=\frac{-(-1)\pm\sqrt{(-1)^2-4\times2\times(-1)}}{2\times2}=\frac{1\pm\sqrt{9}}{4}=\frac{1\pm3}{4}$となる。よって，$x=-\frac{1}{2}$，1であり，点Bの$x$座標は正なので，1となる。次に，直線$y=-2x-2$と$y$軸の交点をDとすると，点Dの$y$座標は$-2$となり，OD$=2$である。2点A，Bの$x$座標がそれぞれ$-2$，1より，ODを底辺と見ると，△OADの高さは2，△OBDの高さは1となるから，△OAB$=$△OAD$+$△OBD$=\frac{1}{2}\times2\times2+\frac{1}{2}\times2\times1=2+1=3$である。

(3)＜座標―等積変形＞次ページの図2で，y軸上の正の部分に△ABE$=12$となる点Eをとると，△ABC$=12$より，△ABC$=$△ABEとなるから，CE∥ABである。直線ABの傾きは-2なので，直線CEの傾きは-2となる。次に，点Eのy座標をeとする。点Dのy座標は-2だから，DE$=e-(-2)=e+2$となる。DEを底辺と見ると，△ADEの高さは2，△BDEの高さは1だから，

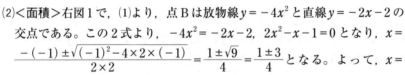

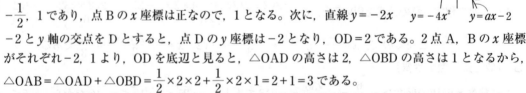

$\triangle ABE=\triangle ADE+\triangle BDE=\frac{1}{2}\times(e+2)\times2+\frac{1}{2}\times(e+2)\times1=\frac{3}{2}e+3$ となる。よって，$\frac{3}{2}e+3=12$ が成り立ち，$\frac{3}{2}e=9$，$e=6$ となるので，直線CEの切片は6であり，直線CEの式は $y=-2x+6$ となる。点Cは放物線 $y=\frac{1}{2}x^2$ と直線 $y=-2x+6$ の交点であるから，$\frac{1}{2}x^2=-2x+6$，$x^2+4x-12=0$，$(x+6)(x-2)=0$ より，$x=-6$，2となり，点Cの x 座標は -6，2である。y 座標は $y=\frac{1}{2}\times(-6)^2=18$，$y=\frac{1}{2}\times2^2=2$ となるので，求める点Cの座標は，$(-6,\ 18)$，$(2,\ 2)$ である。

図2

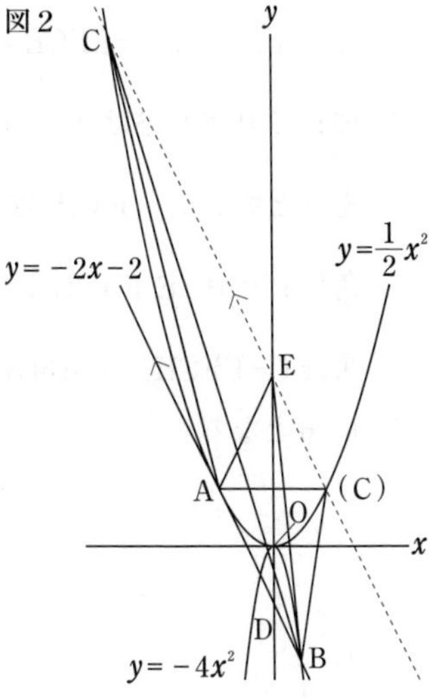

6 〔平面図形─円と三角形〕

≪基本方針の決定≫(2)　相似な図形の相似比と面積比の関係を利用する。　(3)　△ABCの面積を利用する。

(1)<長さ>右図で，点Oと6点A，B，C，D，E，Fを結ぶ。AO＝AO，OD＝OF，∠ODA＝∠OFA＝90°より，直角三角形の斜辺と他の1辺がそれぞれ等しいので，△AOD≡△AOFとなる。よって，AF＝AD＝2となる。同様にして，△BOD≡△BOEだから，BD＝BE＝4となる。よって，AB＝AD＋BD＝2＋4＝6，AC＝AF＋CF＝2＋3＝5となる。BC∥GHより，AB：BG＝AC：CHだから，6：BG＝5：1が成り立ち，BG×5＝6×1，BG＝$\frac{6}{5}$(cm)となる。

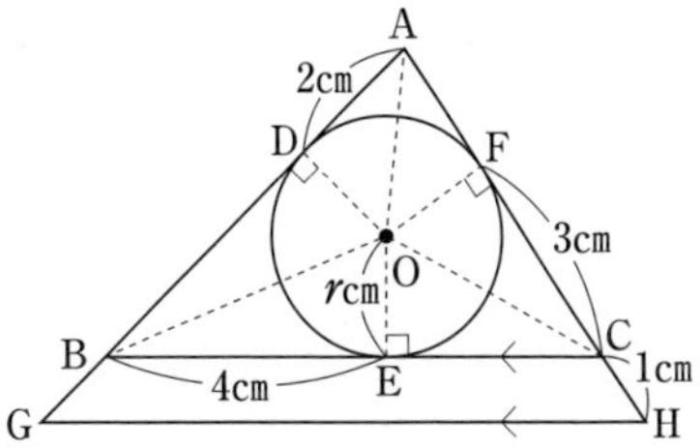

(2)<面積─相似>右上図で，∠BAC＝∠GAHであり，BC∥GHより∠ABC＝∠AGHだから，△ABC∽△AGHとなる。相似比はAC：AH＝5：(5＋1)＝5：6だから，△ABC：△AGH＝$5^2：6^2$＝25：36となり，△ABC＝$\frac{25}{36}$△AGHである。△AGH＝$\frac{216\sqrt{6}}{25}$だから，△ABC＝$\frac{25}{36}\times\frac{216\sqrt{6}}{25}=6\sqrt{6}$(cm²)となる。

(3)<長さ>右上図で，円Oの半径を $r$cmとすると，OD＝OE＝OF＝r となる。また，OD⊥AB，OE⊥BC，OF⊥ACだから，△OAB，△OBC，△OACは，底辺をそれぞれAB，BC，ACとすると，高さは $r$cmとなる。(1)と同様に考えると，△COE≡△COFとなるから，CE＝CF＝3となり，BC＝BE＋CE＝4＋3＝7となる。よって，$\triangle OAB=\frac{1}{2}\times AB\times OD=\frac{1}{2}\times6\times r=3r$，$\triangle OBC=\frac{1}{2}\times BC\times OE=\frac{1}{2}\times7\times r=\frac{7}{2}r$，$\triangle OAC=\frac{1}{2}\times AC\times OF=\frac{1}{2}\times5\times r=\frac{5}{2}r$ となり，$\triangle ABC=\triangle OAB+\triangle OBC+\triangle OAC=3r+\frac{7}{2}r+\frac{5}{2}r=9r$ と表せる。(2)より，$\triangle ABC=6\sqrt{6}$ なので，$9r=6\sqrt{6}$ が成り立ち，$r=\frac{2\sqrt{6}}{3}$(cm)となる。

7 〔空間図形─正四角錐〕

(1)<論証─相似>次ページの図で，OE：EA＝OF：FB＝1：2だから，OA：OE＝OB：OF＝(1＋2)：1＝3：1となる。解答参照。

(2)<体積比>次ページの図で，OE：EA＝OF：FB＝OG：GC＝OH：HD＝1：2より，面EFGHと面ABCDは平行になるので，正四角錐O－ABCDと正四角錐O－EFGHは相似である。相似比はOA：OE＝3：1なので，高さの比も3：1となる。よって，正四角錐O－ABCDの高さを h とすると，正四角錐 O−EFGH の高さは$\frac{1}{3}h$となり，四角柱 EFGH−E′F′G′H′の高さは$h-\frac{1}{3}h=\frac{2}{3}h$となる。四角形 EFGH の面積を$S$とすると，〔正四角錐 O−EFGH〕$=\frac{1}{3}\times S\times\frac{1}{3}h=\frac{1}{9}Sh$，〔四角柱 EFGH−E′F′G′H′〕$=S\times\frac{2}{3}h=\frac{2}{3}Sh$と表せるので，〔正四角錐 O−EFGH〕:〔四角柱 EFGH−E′F′G′H′〕$=\frac{1}{9}Sh:\frac{2}{3}Sh=$ 1:6となる。

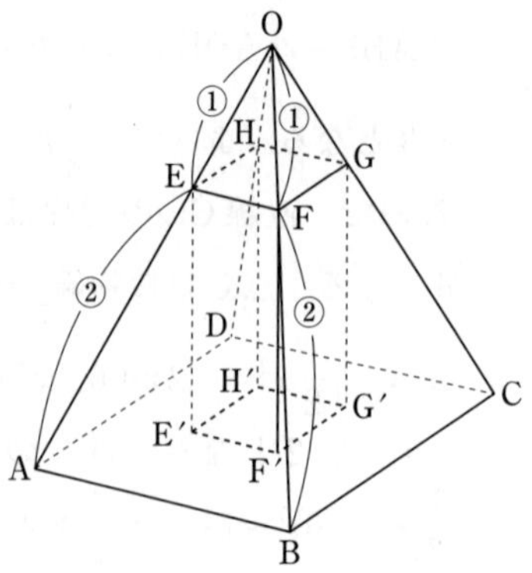

2021年度／日本工業大学駒場高等学校（一般①）

国語解答

一 問1　1…ア　2…ウ　3…イ

問2　何かを実現するために必要な手段

問3　オ　問4　オ

問5　知識を持っていること自体が賞賛され，知識が増えれば増えるほど，体験の意味と価値は増し，人生が豊かになるから。(54字)

問6　純粋な知的好奇心

問7　知識の獲得それ自体が目的化［すること。］

問8　オ　問9　ウ　問10　オ

問11　ウ

二 問1　1…ウ　2…ア　3…イ

問2　適

問3　(1)　徴兵された　(2)…ア，ウ

問4　血液型と性格との間には対応関係が存在しないのに，対応関係があると信じられていること。(42字)

問5　ウ

問6　自分の本当～厳しすぎる［から。］

問7　オ　問8　オ

三 ①　近況　②　模範　③　著

④　狩〔猟〕　⑤　田舎

⑥　ちんでん　⑦　ゆくえ　⑧　の

⑨　ひい　⑩　しゆう

四 ①　カ　②　イ　③　オ　④　ア

⑤　キ

五 問1　ウ　問2　ウ　問3　エ

問4　ア　問5　オ

一〔論説文の読解―社会学的分野―情報〕出典；野口悠紀雄『知の進化論　百科全書・グーグル・人工知能』。

≪本文の概要≫人間はこれまで，知識を資本財のように「何かを実現するために必要な手段」としてとらえてきたが，知識にはもう一つ，消費財のように「知識を持つことそれ自体に意味がある」という面もある。知識を持っていることで周囲の人間に賞賛されたり，知識を持つこと自体を楽しく感じたり，知識が増えるのに従って体験の意味と価値が増し，人生が豊かになったりすることさえある。科学に関する知識の場合は，知識が資本財か消費財かわかりづらいこともあるが，やはり利益を求める資本財としての一面より，純粋な知的好奇心を満たす消費財としての一面が大きいといえる。だから，人工知能が今後どれほど発達したとしても，人間が知識欲を失ってのんびり過ごすということにはならないだろう。人間は，知識を持つこと自体を求めて活発に知的活動を行うはずで，そのような人類にとってのユートピアが，人工知能の助けを借りて実現できそうである。

問1＜接続語＞1．スポーツを，目的を実現するための「資本財として」考え，あるいは使う場合があるが，多くの人は，目的がなくてもスポーツそれ自体を楽しんで「消費財としてのスポーツ」として行っている。　2．多くの場合，科学知識と経済的利益の関連は間接的であることの具体例として，火星に探査機を送ることによって知識を得ても経済的利益に直接つながる面は限られているということが挙げられる。　3．現在の地球には，すぐに対応するべき緊急度の高い問題があるので，十分な資源を火星探索に優先して割り当てることはできないのである。

問2＜指示語＞これまでの私たちは，知識を「何かを実現するために必要な手段」ととらえてきたが，知識の役割には，「知識を持つことそれ自体に意味がある」というとらえ方もあるのである。

問３＜文章内容＞すばらしい光景を撮影することや，大学教授になること，新たな会社をおこして大きくすること，肉体を鍛えることのような，目的を実現するための「手段」となる行動は，「資本財」と考えられる(ア・イ・ウ・エ…×)。歴史に対する知見を深めることそれ自体を目的として専門書を読みあさるのは，「消費財」といえる(オ…○)。

問４＜熟語の構成＞それぞれの熟語に打ち消しの意味を持つ漢字を付すと，「無意識」，「未開発」，「無関心」，「非公式」，「不信任」となる。

問５＜文章内容＞豊かになるにつれ，それまで資本財であったものが消費財になるということがしばしば起こるが，とりわけ知識は，「知識を持っていることそれ自体が賞賛される」のであり，「知識が増えれば増えるほど，体験の意味と価値は増し」て，人生や生活が豊かになるのである。

問６＜文章内容＞火星に探査機を送るのは，経済的な利益を求めるという間接的な目的からだけではなく，「純粋な知的好奇心による面が大きい」のである。

問７＜表現＞「知識を得ることそれ自体に意味がある」ことの例として，マゼランの航海やニュートンの研究が挙げられるが，ニュートンの研究動機は，「自分の密かな抑えがたい欲求を満足させること」であり，つまり，「知識の獲得それ自体が目的化」していたことになる。

問８＜文章内容＞「知識を得ることそれ自体に意味がある」という，知識を「消費財」としてとらえる考え方は，現代世界で初めて認識されたことではなく，「人類の歴史の最初からそう」である。「マゼランによるマゼラン海峡の発見」はその例であり，彼が発見したルートは，あまりに遠回りで危険なため，その後使われることはなかったが，人類が「世界の真の姿」を把握することができたということ自体に意味があった。

問９＜慣用句＞「口角泡を飛ばす」は，口元からつばを飛ばす様子から激しく意見を主張する，という意味。「舌戦を繰り広げる」は，激しい口論をする，という意味。「一目置く」は，相手の優れた能力を認めて，敬意を払う，という意味。「口火を切る」は，他の者よりも先に物事を行い，きっかけをつくる，という意味。「歯に衣を着せない」は，思ったことや感じたことを遠慮なく言う，という意味。「耳がはやい」は，世間のうわさなどの情報を聞きつけるのが早い様子。

問10＜文章内容＞「私」の考える人類にとってのユートピアは，研究室で研究者が実験に没頭し，歴史学者が新しい事実の発見に無限の喜びを感じ，親しい人々が集まって深い知識を披露し合ったり，誰が正しいか議論を行ったりするような世界である。つまり，人間が知りたいことを存分に追い求め，知識の獲得それ自体を目的としていく社会が，「私」にとっての理想の社会なのである。

問11＜要旨＞旧海軍兵学校の棒倒し競技は，スポーツを行うことで人格を形成し，精神鍛錬をすることを目的としているのであり，人々に楽しさを伝えることは目的としていない(ア…×)。スポーツにおいて，健康な身体を維持することや，強い軍隊をつくること，試合で勝って所得を得ることなどを目的とするのは，スポーツを資本財としてとらえているからである(イ…×)。子どもが謎解きをするのは，その過程自体が楽しいからであり，答えを得ること自体を目的としているので，知識を消費財としてとらえているといえる(ウ…○)。火星探索が行われるのは，「純粋な知的好奇心による面が大きい」のである(エ…×)。ニュートンが知識の獲得だけを目的としていたかはわからないし，知識の獲得を目的としたことが原因ですばらしい業績という結果を出したともいえない(オ…×)。

二 〔論説文の読解─教育・心理学的分野─心理〕出典；一川誠『ヒューマンエラーの心理学』。

問１＜接続語＞１．ABO式の血液型と，エコノミークラス症候群の発症のしやすさの対応関係がわかっていることの具体例として，O型は他の血液型と比べて血栓を生じにくいことなどが挙げられている。　２．大日本帝国陸軍で，簡単に新兵の編成をするための材料として血液型による性格判断が利用されたことがあったが，思ったような効果は得られなかったので，数年で廃止された。　３．もともと認知されにくい，信念に合わない行動パターンは，もし仮に認知されたとしても，記憶に残りにくいのである。

問２＜四字熟語＞「適材適所」は，人それぞれの能力や性質によく合う地位や任務を与えること。

問３＜文章内容＞⑴血液型性格判断は，もともと大日本帝国陸軍によって，大勢の兵士の配属部署を簡単に決定するために注目されたものである。　⑵血液型性格判断は，「迷信」の一つであるが，「知らない者同士の話題を作ることに寄与」したり，「迷信へのとらわれやすさ」という「心理的特性」を持っているかを判断する材料として，利用したりすることができるという利点を持つ。

問４＜文章内容＞「実際の事柄」と対応していないことでも「信念」として信じ込んでしまっているのが，「迷信」である。血液型性格判断においては，「血液型と性格特性との間に何らかの対応関係を見出すことはでき」ないという「実際の事柄」があるのに，「血液型と性格型が対応している」という「信念」を持ってしまっている人が，少なからずいるのである。

問５＜文章内容＞血液型性格判断の「迷信」は，人間が持つ「確証バイアス」という「認知的錯覚」により維持されやすくなる。血液型に関して持っている信念に合う行動パターンは，確証バイアスにより認知されやすく，記憶に残りやすい一方で，信念に合わない行動パターンは，認知されても記憶に残りづらく，無視されてしまうため，信念の誤りに気づきにくいのである。

問６＜文章内容＞人間は，自身が持つ「自分自身が意義のある存在であるとする感情的判断」である「自尊感情」を傷つけないようにするため，自分は失敗していないという「都合のよい認知を行う」のである。なぜなら，「自分の本当の能力を正当に評価」して，自分が間違っていたと認知してしまうと，「自我の安定」が保てなくなってしまうからである。

問７＜文章内容＞「失敗を起こすかもしれないという，自分に不利な情報」は，「自尊感情を傷つける」ことになってしまう。それを避けるため，人間は，「失敗のしやすさ」自体を認知せず，記憶にとどめなくなってしまうのである。

問８＜要旨＞「いったん獲得された信念は強化されやすく，破棄されにくい」が，変化することが決してないとまではいえない(ア…×)。ABO式の血液型性格判断は，主に日本で受けいれている人が多い「ローカルな迷信」である(イ…×)。信念に合致することを認識しやすくなる「確証バイアス」と，自分に都合がよいことを認知しやすくなる「認知的バイアス」は似ている(ウ…×)。自尊感情は，「自分自身が意義のある存存であるとする感情的判断のこと」である(エ…×)。人間は，「失敗を起こすかもしれないという，自分に不利な情報」を認知したり，記憶したりしづらい面があるため，意識して「潜在的な危険性のリストや過去の失敗経験の正確な記録」を参照する必要がある(オ…○)。

三 〔漢字〕

①「近況」は，最近の生活や身の回りの状況のこと。　②「模範」は，見習うべき手本のこと。

③音読みは「顕著」などの「チョ」。また，他の訓読みとして「あらわ(す)」とも読む。　④「狩」の音読みは「狩猟」などの「シュ」。「猟」の音読みは「猟師」などの「リョウ」。　⑤「田舎」は，都会から離れた地方で人家が少なく田畑の多い所のこと。　⑥「沈殿」は，液体中に混じっている物が底に沈んでたまること。　⑦「行方」は，行った場所や方向のこと。　⑧音読みは「退去」などの「タイ」。また，他の訓読みとして「しりぞ(く)」とも読む。　⑨音読みは「優秀」などの「シュウ」。　⑩「雌雄」は，動物のめすとおすのこと。

四〔故事成語〕

ア．「青は藍より出でて藍より青し」は，教えを受けた人が教えた人より優れているさま(…④)。

イ．「烏合《うごう》の衆」は，規律がなくて，ただ寄り集まっているだけの集団のこと(…②)。　ウ．「漁夫の利」は，当事者どうしが争っているうちに，第三者が労せず利益をさらうこと。　エ．「五十歩百歩」は，違いはあるが，大差はなく，似たり寄ったりであること。　オ．「四面楚歌《しめんそか》」は，周囲が敵，反対者ばかりで味方のいないこと(…③)。　カ．「蛇足」は，余計で何の役にも立たないもののこと(…①)。　キ．「登竜門」は，運命を決めるような大切な試験などの関門のこと(…⑤)。　ク．「覆水盆に返らず」は，一度してしまった失敗は取り返しがつかない，という意味。　ケ．「矛盾」は，二つの事柄のつじつまが合わないこと。

五〔資料〕

問１．図表２と３から，駅周辺の大型商業施設の数が多いほど，駅をショッピングや飲食・娯楽の目的で利用する人の割合が高くなっていることがわかる。

問２．ｄ駅は，大型商業施設ができたことで乗降者数が大幅に伸びた。だから，Ａ君は，ｂ駅とｃ駅も，同じように大型商業施設を駅周辺につくることで，利用者数が増加することを期待できると考えたのである。

問３．図表４から，最寄り駅がｃ駅の利用者の中では，地域協力でのイベントが必要だと回答した人が24パーセントで一番多いことがわかる。一方，図表５からは，最寄り駅がｃ駅ではない利用者の中では，商業施設の併設が必要だと回答した人が35パーセントで一番多いことがわかる。

問４．全ての住民に特別給付金を支給するのは，一過性の方法であり，「持続可能な町おこし」とはいえない(ア…×)。毎年行われる物産展やスキー大会や，定期的に開催されるワークショップを利用することは，「持続可能な町おこし」といえる(イ・エ・オ…○)。外部の人が移住してきて定住するようになると，長く続く地域活性化につながる(ウ…○)。

問５．Ａ君とＢさんは，話し合いの中で，単にｃ駅の乗降者数を増やすことだけではなく，「持続可能な町おこし」によって地域活性化につなげるための方法について意見を交わし合っている。そのうえでつくるポスターは，ｃ駅がある地域の特色を生かした町おこしをテーマとしたものになると考えられる。

2021年度 日本工業大学駒場高等学校（一般②）

【英　語】（50分）〈満点：100点〉

1 次の英文の下線部に入れるべき語を英語で答えなさい。単語の頭文字が与えられている場合は、その文字を含めて解答すること。

1 ________________ comes after Wednesday.

2 The month between September and November is ________________ .

3 We go to the ________________ to borrow or read books.

4 Apples and oranges are fruits.　Carrots and potatoes are v________________ .

5 What will the ________________ be like tomorrow? ― I hear it'll be cloudy.

2 次の英文の（　　　　）に入れるのに最も適切な語（句）をア～エより選び、記号で答えなさい。

1 Saki (　　) the book last night.

ア read　　イ reads　　ウ is reading　　エ has read

2 We have known each other (　　).

ア since five years　　イ five years ago　　ウ for five years　　エ in five years

3 These are our books and those are (　　).

ア they　　イ their　　ウ them　　エ theirs

4 I like summer (　　) of the four seasons.

ア more　　イ the best　　ウ well　　エ better

5 すぐに靴を脱ぎなさい。

Take off your shoes (　　) once.

ア in　　イ on　　ウ to　　エ at

3 次の各組がほぼ同じ意味になるように (　　　) に適語を入れなさい。

1　My birthday is September 17th.

=I (　　　　) (　　　　) on September 17th.

2　I must do a lot of homework today.

=I have a lot of homework (　　　　) (　　　　) today.

3　My father bought me this camera.

=My father bought this camera (　　　　) (　　　　).

4　That question is not as easy as this one.

=This question is (　　　　) (　　　　) that one.

5　The news was surprising to me.

=I was (　　　　) (　　　　) the news.

4 次の日本文の意味になるように【　　】内の語句を並べかえなさい。ただし、文頭に来るべき語も小文字で示してあります。

1　モナコは世界で最も小さい国のうちのひとつです。

Monaco is【 smallest / countries / one / the / of / in 】the world.

2　ボブといっしょに走っている男の子が彼の息子です。

The boy【 is / his son / Bob / with / running 】.

3　子供たちはこの本を辞書なしでは読めません。

Children【 without / cannot / read / this book / using 】a dictionary.

4　奈緒美はどの本を買うべきか先生にたずねました。

Naomi asked【 to / her teacher / book / buy / which 】.

5　昨日、学校に遅れた生徒はほとんどいませんでした。

【 late / students / were / for / few 】school yesterday.

5

A　次の会話文の（　　　　）に入れるのに最も適切な文をア～エより選び、記号で答えなさい。

1　A ： It's raining hard.　Do you have an umbrella?

B ： No.　I hope it will stop soon.　Did you bring one?

A ： Yes, but I can't find it.　(　　　　)

B ： That's too bad.

ア　You can borrow mine.　　イ　Maybe someone took mine by mistake.

ウ　It has just stopped raining.　　エ　This is my umbrella.

2　A ： Do you have any plans for this weekend?

B ： I'm going to take a test on Saturday, but I'm free on Sunday.

A ： We're going to have Tiffany's birthday party at my house next Sunday.　Will you join us?

B ： (　　　　)

ア　I'm sorry.　I'm busy.　　イ　I can join you after I finish taking the test.

ウ　Sure.　What time should I go?　　エ　This is a birthday present for her.

3　A ： Hi, Erin.　Where are you going?

B ： I'm going to the hospital to see my grandmother.

A ： Is she sick?

B ： No.　(　　　　)

A ： Oh.　I didn't know that!

ア　I have to take care of her.　　イ　She has been sick for a long time.

ウ　I feel sick.　　エ　She's a nurse and I often bring her lunch.

4　A ： What subject do you like?

B ： I love English.　I want to be an English teacher in the future.　How about you?

A ： (　　　　)　I'm interested in painting pictures.

B ： Maybe you can be a famous painter some day.

ア　I like math.　　イ　I like social studies.

ウ　I like English, too.　　エ　I like art.

5　A ： Excuse me.　How can I get to ABC High School?

B ： Oh!　It's far from here.　It's about five kilometers away.　You shouldn't walk to get there.

A ： (　　　　　)

B ： Yes.　Take the No. 3 and get off at Sakura Park.

ア　Can I take a bus?　　イ　Shall we walk?

ウ　Will you take me there?　　エ　Do I have to walk there?

B　次の会話文の（　1　）～（　4　）に入れるのに最も適切な文をア～エよりそれぞれ選び、記号で答えなさい。

A ： Hello.　This is Bob.　May I speak to Vincent?

B ： Hi, Bob.　It's me.　(　1　)

A ： We have a meeting today.　(　2　)

B ： Oh no!　I'm sorry I forgot about it.　(　3　)

A ： No.　Actually, I'm thinking I will cancel today's meeting.

B ： (　4　)

A ： Because no one has come here yet!

ア　Has it started yet?

イ　Why do you think so?

ウ　What's up?

エ　Do you remember?

6　次の問いに対して、理由も含めて 25 語以上の英語で答えなさい。

What country do you want to visit in the future?

7

A　次のポスターを読んで、下記の設問に答えなさい。

Recycle Day

9 a.m.-2 p.m.　Sat. Jun. 24

Washington Park,　2442 St.Ave

Paper / Cardboard

Glass bottles

Aluminum / Steel cans

PET bottles

We can recycle the above items.
Everything must be clean and dry.
Only the people living in this city can come.
We can't recycle other items.

Q1　Complete the sentence below.

" On the recycle day, you can … "

ア　bring newspaper until 5 p.m.　　　イ　throw away bicycles in the park.

ウ　bring cans for recycling by 2 p.m.　　エ　come with some batteries to recycle.

Q2　Choose the **wrong** answer below.

ア　Anyone can recycle glass bottles on the recycle day.

イ　Pet bottles can't be brought before cleaning them.

ウ　Aluminum cans should be brought on June 24th.

エ　Cardboard should not be wet when it is brought for recycling.

B　次の会話文を読んで、下記の設問に答えなさい。〔語注(*)が文の最後にあります。〕

Yuki and Mike are class leaders for the school festival.　Now students are talking about what to do for the school festival.

Yuki　: The school festival will be held on September 12th and 13th this year.　We are going to sell takoyaki as class 2-T.　Today we need to talk about a poster design and the menu.　First, a poster design.　Do you have any ideas for that?

Beth　: I want to put a takoyaki picture at the center on the poster.　It can help people understand our food easily.

Yuki ：That's a good idea. A takoyaki picture is going to be in the center.

Nobu ：I think that the letter "2-T" should be on the poster, too. I heard some of the other classes will also sell takoyaki at the school festival, so it's better to show the name of our class on the poster.

Mike ：Yeah, I think so, too. There will be so many food stores all around school. We need to make our poster easy to understand. Then, where should we put our class name on the poster? The right side of the takoyaki picture?

Beth ：Hmm, I'd like to draw some octopuses on both sides of the picture of the takoyaki. If it is okay with all of you, can I draw them there?

Mike ：Oh, please do that, Beth. We know you are very good at drawing pictures. Then, how about putting the name of our class on the top, *instead?

Nobu ：Yeah, that sounds good. It will make our poster much nicer.

Yuki ：All right. Then, next topic is ...

注） instead　代わりに

問１　下線部の "so" が指す内容として、最も適切なものを**ア**～**エ**の中から選び、記号で答えなさい。

ア　他の食品よりもたこ焼きのほうが売れるということ。

イ　たこ焼きのイラストをポスターの中心に配置するべきだということ。

ウ　学校中に食品販売店が並ぶということ。

エ　クラス名をポスターに入れるべきだということ。

問２　クラスの作成するポスターとして最も適切なものを**ア**～**エ**の中から選び、記号で答えなさい。

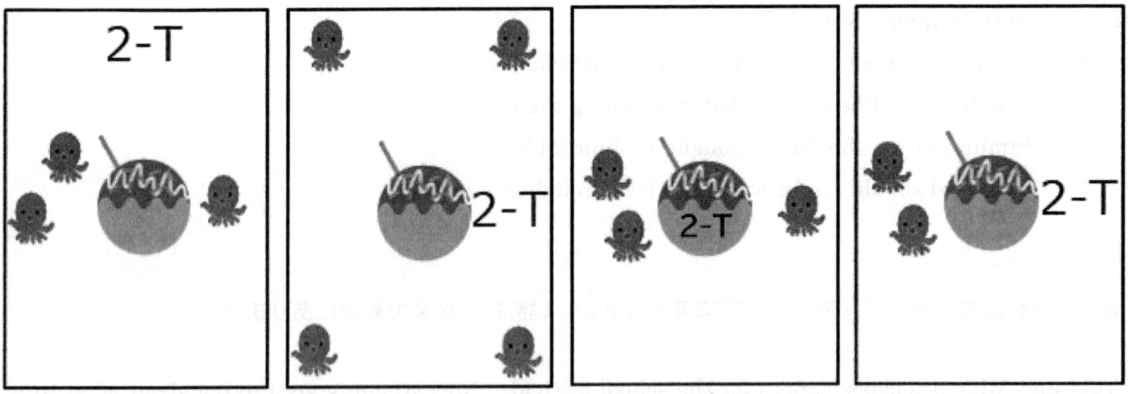

ア　　イ　　ウ　　エ

問３　クラスは次に何をすると考えられますか。最も適切なものを**ア**～**エ**の中から選び、記号で答えなさい。

ア　ポスターを作り始める。　　**イ**　看板のデザインを考える。

ウ　メニューについて話し合う。　　**エ**　調理方法を確認するために、家庭科室に向かう。

8 次の英文を読んで、下記の設問に答えなさい。〔語注(*) が文の最後にあります。〕

Mr. Harris liked trains. So he was a happy man on the night of the 14th of September. He was on the night train from *Helsinki to *Oulu in Finland, and he had ten hours in front of him.

There weren't many people on the train, and nobody came into Mr. Harris's *carriage. He was happy about ① that . Most people on the train slept through the night, but Mr. Harris liked to look out of the window, and to read and think.

After dinner in the restaurant, Mr. Harris came back to his carriage, and sat in his seat next to the window. For an hour or two he watched the trees and lakes of Finland out of the window. Then it began to get (A), so he opened his book and began to read.

At midnight the train stopped at the small station of *Otava. Mr. Harris looked out of the window, but he saw nobody. The train moved away from the station, into the black night again. Then the door of Mr. Harris's carriage opened, and two people came in. A young man and a young woman.

The young woman was (B). She closed the door and shouted at the man: 'Carl! You can't do this to me!' The young man laughed loudly and sat down.

Mr. Harris was a small, quiet man. He wore quiet clothes, and he had a quiet voice. He did not like (C) people and loud voices. So he was not pleased. 'Young people are always noisy,' he thought. '[ア]'

He put his book down and closed his eyes. But he could not sleep because the two young people didn't stop talking.

The young woman sat down and said in a quieter voice: 'Carl, you're my brother and I love you, but please listen to me. You can't take my diamond necklace. Give it back to me now. Please!'

Carl smiled. 'No Elena,' he said. 'I'm going back to Russia soon, and I'm taking your diamonds with me.' He took off his hat and put it on the seat. 'Elena, listen. You have a (D) husband, but *I* — I have nothing! [イ] You can't give me money, so I need your diamonds, little sister.'

Mr. Harris looked at the young woman. She was small, with black hair. Her face was afraid. ② Mr. Harris began to feel sorry for Elena. She and her brother didn't look at him once. '[ウ]' he thought.

'Carl,' Elena said. Her voice was very quiet now, and Mr. Harris listened carefully. 'You came to dinner at our house tonight, and you went to my room and took my diamond necklace. [エ] My husband gave the diamonds to me. They were his mother's diamonds before that. He's going to be very, very (B) — and I'm (E) of him.'

Her brother laughed. He put his hand in his pocket, then took it out again and opened it slowly. The diamond necklace in his hand was very beautiful. Mr. Harris *stared at it. For a minute or two nobody moved and it was quiet in the carriage. There was only the noise of the train, and ③ it went quickly on through the dark cold night.

Mr. Harris opened his book again, but he didn't read it. He watched Carl's face, with his hungry eyes and its cold smile.

'What beautiful, beautiful diamonds!' Carl said. 'I can get a lot of money for these.'

'Give them back to me, Carl,' Elena *whispered. '[オ] You're my brother...Please help me.

Please!'

Carl laughed again, and ④ Mr. Harris wanted to hit him. 'I'm not going to give the diamonds back to you. Go home to your angry husband, little sister,' Carl said.

注） Helsinki / Oulu （フィンランドの地名） carriage 客車 Otava（フィンランドの地名）
stare at ~ ～を見つめる whisper ささやく

問１ 下線部①の内容として適切なものをア～エの中から１つ選び、記号で答えなさい。

ア 電車に乗っていること。 イ 乗っている客車に誰もいないこと。
ウ 食堂車で夕食が食べられること。 エ 10時間も時間があること。

問２ （ A ）～（ E ）に入れるべき語をア～オの中からそれぞれ選び、記号で答えなさい。ただし、それぞれの記号は１度しか使えません。

ア noisy イ dark ウ afraid エ angry オ rich

問３ ［ ア ］～［ オ ］に入れるべき文を１～５の中からそれぞれ選び、番号で答えなさい。

1 How can I live without money?
2 Can't they see me?
3 Why can't they talk quietly?
4 How could you do that to me?
5 My husband's going to kill me.

問４ 下線部②を日本語に直しなさい。

問５ 下線部③が示しているものをア～エの中から１つ選び、記号で答えなさい。

ア a diamond necklace イ Carl's pocket
ウ Carl's hand エ the noise of the train

問６ 下線部④の理由として適切なものをア～エの中から１つ選び、記号で答えなさい。

ア Carl がダイアモンドを売り払ってしまったから。
イ Carl と Elena がいつまでも大きな声で話していたから。
ウ Carl が Elena にネックレスを返そうとしないから。
エ Carl が Elena のご主人の悪口を言っていたから。

問７ 以下の英文について、本文の内容と一致するものにはＴ、一致しないものにはＦで答えなさい。

1 Mr. Harris wanted to sleep all through the night.
2 Mr. Harris didn't tell the two young people to be quiet.
3 Elena was not as old as Carl.
4 Elena gave a lot of money to Carl to get the diamond necklace back.

【数　学】（50分）〈満点：100点〉

1 次の計算をしなさい。

(1) $\left\{6-(-3)^2\right\}\times\left(7-2^2\right)$

(2) $\left(\dfrac{2a+8}{5}-\dfrac{2-3a}{10}\right)\div1.4$

(3) $-12xy^2\times\left(-3x^2y^2\right)^2\div\left(-6xy^2\right)^3$

(4) $\left(\sqrt{28}-\sqrt{12}\right)^2\left(\sqrt{7}+\sqrt{3}\right)^2\div\sqrt{32}$

2 次の方程式を解きなさい。

(1) $(3x-1):4(x+1)=5:8$

(2) $\begin{cases}\dfrac{2}{3}x+y=1\\ x+1.75y=0.25\end{cases}$

(3) $2x(x+1)=(x+1)(x+6)$

(4) $\left(\dfrac{x}{2}-1\right)\left(\dfrac{x}{2}+1\right)=\dfrac{x}{2}$

3 次の問いに答えなさい。

(1) $n^2+3n=M$ とおいて，$n(n+3)(n+2)(n+1)+1$ を M の式で表しなさい。

(2) $12\times13\times14\times15+1=x^2$ を満たす自然数 x を求めなさい。

4 次の問いに答えなさい。

(1) 平面上に 4 本の直線があり，どの 2 本も平行でなく，どの 3 本も 1 点で交わらないとします。このとき，これら 4 本の直線によってできる交点の数を求めなさい。

(2) 平面上に 6 本の直線があり，どの 2 本も平行でなく，どの 3 本も 1 点で交わらないとします。このとき，これら 6 本の直線によって平面はいくつに分けられますか。

5 図のように，関数 $y=ax^2$ のグラフ上に 2 点 $A\left(-2,-\frac{1}{2}\right)$，$B(4,b)$ をとり，関数 $y=\frac{8}{x}\ (x>0)$ のグラフ上に点 $C(8,1)$ をとるとき，次の問いに答えなさい。

(1) a の値を求めなさい。

(2) 2 点 A，B を通る直線の式を求めなさい。

(3) 関数 $y=\frac{8}{x}\ (x>0)$ のグラフ上に点 C と異なる点 P をとるとき，△ABP＝△ABC となるような点 P の座標を求めなさい。

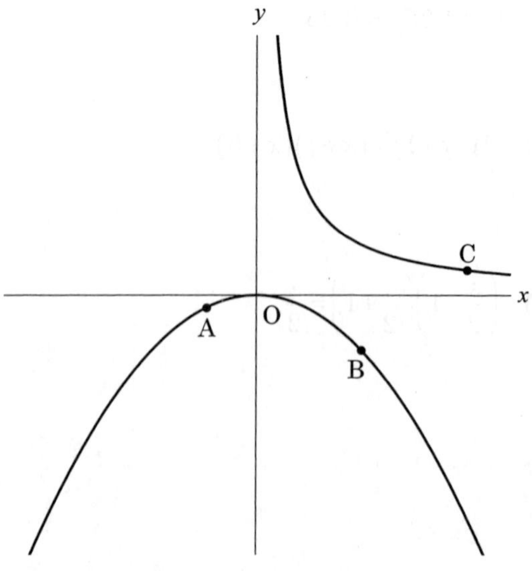

6 図のような長方形ABCDにおいて，AD上にAE：ED＝1：2となる点Eをとり，BDとCEの交点をFとします。AB＝5cm，長方形ABCDの面積が60cm^2のとき，次の問いに答えなさい。

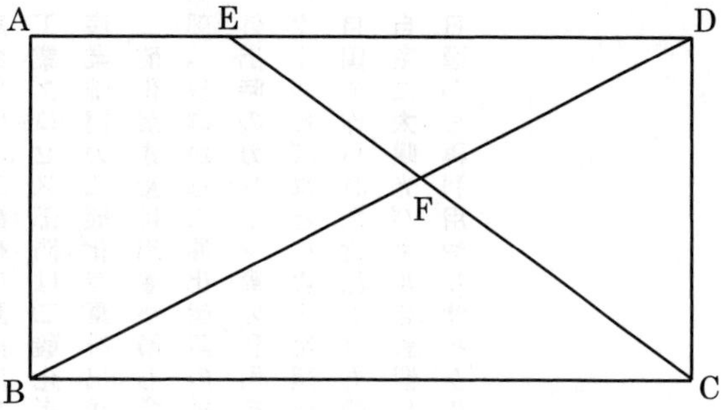

(1) EDの長さを求めなさい。

(2) 四角形ABFEの面積を求めなさい。

(3) DF上に△AEF＝△APFとなるような点Pをとるとき，BP：PDを求めなさい。

7 図のような△ABCにおいて，AB，AC上にそれぞれ点D，Eをとります。AD＝5cm，BD＝3cm，AE＝4cm，∠BDC＝∠BECのとき，次の問いに答えなさい。

(1) △ABE∽△ACDであることを証明しなさい。

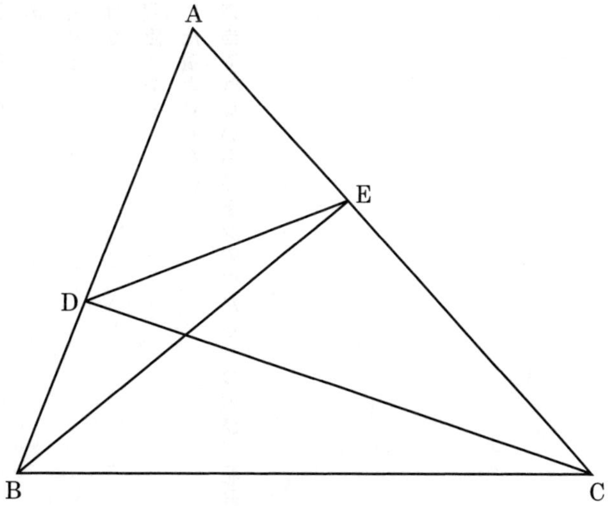

(2) △BDEの面積は△ABCの面積の何倍ですか。

問２　【　２　】に入る言葉として最も適当なものを次の中から一つ選び、記号で答えなさい。

ア　５年ごとの平均気温偏差の変化傾向は、１９００年から２０１９年までで約１．５℃上昇している

イ　５年ごとの平均気温偏差は１９４０年代に一度下がり、そこから５年ごとに上昇し続けている

ウ　５年ごとの平均気温偏差は２０００年までの５０年間は毎年上昇し続けており、下降したことはない

エ　２０００年以前には平均気温の基準値よりも、５年ごとの平均気温偏差が高くなったことはない

オ　２０００年以降は５年ごとの平均気温偏差の変化傾向直線よりも５年ごとの平均気温偏差が低くなったことはない

問３　【　３　】に入る言葉として最も適当なものを次の中から一つ選び、記号で答えなさい。

ア　世界的な取り組みの影響で、日本でも２００８年に二酸化炭素排出量が減少している

イ　１９９０年から２０００年を通して見ると、二酸化炭素排出量に大きな変化はない

ウ　日本で１９９０年から２０００年にかけて二酸化炭素排出量は常に上がり続けている

エ　日本で二酸化炭素排出量は２０１８年以降上昇する兆しが見え始めている

オ　日本の二酸化炭素排出量は２００９年から２０１３年まで増加し、その後減少し続けている

問４　【　４　】に入る言葉として最も適当なものを次の中から一つ選び、記号で答えなさい。

ア　運輸部門の二酸化炭素排出量はエコカー制度の導入によって減少傾向である

イ　家庭部門の二酸化炭素排出量のうち最も多いのは冷暖房機器の使い過ぎである

ウ　工業プロセス部門は二酸化炭素排出量が最も少ないので、気にする必要はない

エ　産業部門の二酸化炭素排出量は二番目に排出している部門のおよそ二倍程度である

オ　二酸化炭素量排出量が最も多い部門はその他すべての部門の排出量を足した量よりも多い

問５　傍線部「日頃から二酸化炭素の排出量を削減するためにできること」として適当ではないものを次の中から一つ選び、記号で答えなさい。

ア　外出時のガソリン車の利用を自転車や公共交通機関に変えること。

イ　クールビズなどによる冷暖房機器に頼らない過ごし方を工夫すること。

ウ　自国で作られた食品よりも輸入されたものを購入して食べること。

エ　自宅に太陽光パネルを設置し、そこで蓄えた電気を活用すること。

オ　日頃から再利用やリサイクルを心がけてゴミを減らすこと。

【会話文】

A君「地球温暖化は、温室効果ガスと言われる大気、特に二酸化炭素の排出量が増えていることが原因と言われているんだよね。」

Bさん「２０１４年のＩＰＣＣ第五次評価報告書では、このままでは２１００年の平均気温は、温室効果ガスの排出量が最も多い、最悪のシナリオの場合には最大４．８℃上昇する可能性があると発表したそうよ。」

A君「それは深刻な問題だね。世界各国の二酸化炭素排出量のうち、日本はどれくらいを占めているのかな。」

C君「図表１を見てみると、２０１７年時点で中国、アメリカ、インド、ロシアに次いで世界で五番目に排出量が多いんだね。」

Dさん「その他に【　１　】ということもこの図表から言うことができるわね。」

A君「ということは、その各国の二酸化炭素の排出量を削減する取り組みが重要になってくるということだね。」

Bさん「日本はどれくらい温暖化が進んでいるのかしら。」

C君「図表２を見ると、【　２　】ということが言えるよね。」

Bさん「これは深刻な事態ね。確かに最近、ニュースで日本各地で異常気象による深刻な被害が報じられているわね。」

A君「平均気温が上がるとどのような弊害が起こるのかな。東京が南国になったら僕はうれしいけど。」

Dさん「A君、そんな悠長なこと言ってられないわよ。海水温が上昇することによって、猛烈な台風が発生し、甚大な被害が出たり、海面が上昇して、世界の島々が海に沈んでしまったりするのよ。これは一人ひとりの問題として捉えて行動していかなければならないのではないかしら。」

A君「確かに、そうだね。ごめんなさい。ところで、日本の二酸化炭素の排出量って減っているのかな。」

Bさん「図表３を見ると【　３　】ということが言えそうね。これからの取り組みが重要ということよね。」

Dさん「そうよ。図表４を見るとわかると思うけど、【　４　】ということが言えそうね。」

A君「そうなんだね。国と企業が協力して二酸化炭素の排出量を削減するように努めていかないといけないんだね。」

Bさん「私たちの身の回りでも二酸化炭素は排出されているのよ。図表５を見てちょうだい。電気から相当な量の二酸化炭素が排出されていることがよくわかるわね。」

C君「僕たちも日頃から二酸化炭素の排出量を削減するためにできることがありそうだね。」

Dさん「そうよ。何ができるか考えて発表して、実際に取り組みましょうよ。」

A君「いい考えだね。一人ひとりの心がけや取り組みで地球温暖化を食い止めることができるかもしれないね。」

問１　【　１　】に入る言葉として最も適当なものを次の中から一つ選び、記号で答えなさい。

ア　過去十年間で、世界の二酸化炭素排出量がほぼ倍増している
イ　上位五か国で世界の排出量の半分以上を占めている
ウ　中国の二酸化炭素排出量がアメリカに代わって一位になった
エ　二酸化炭素を排出している国は十五か国しかない
オ　日本が世界の中で五番目に二酸化炭素の排出量が多い

[図表5] 日本における家庭からの二酸化炭素排出量

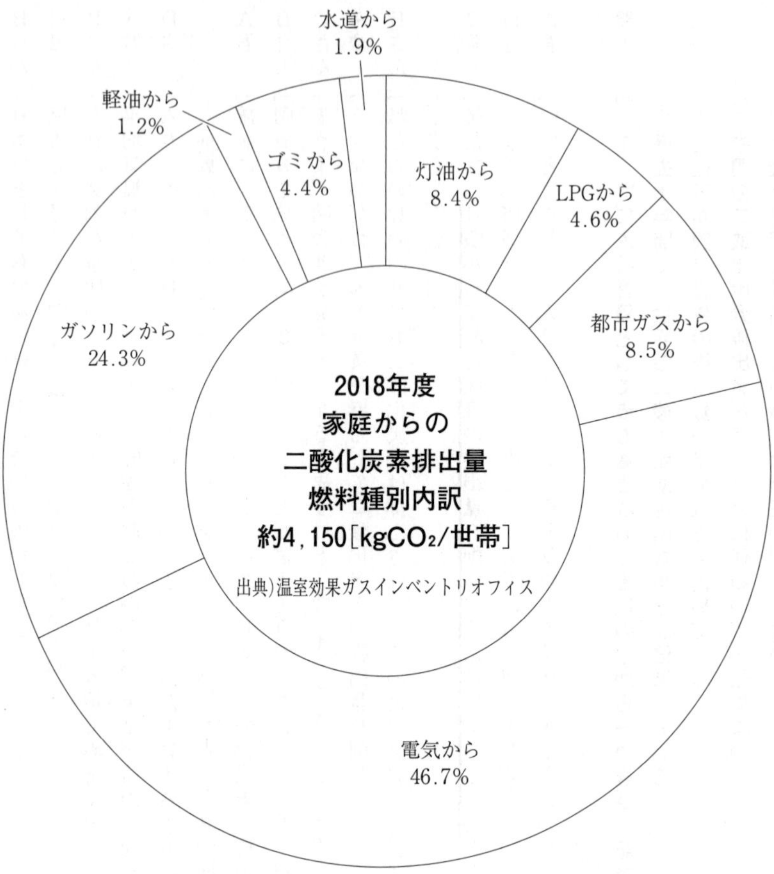

【図表1・5の出典】温室効果ガスインベントリオフィス
全国地球温暖化防止活動推進センターウェブサイト（http://www.jccca.org/）より
「日本の1990～2018年度の温室効果ガス排出量データ」（2020.4.14発表）より
【図表2・3・4の出典】気象庁ホームページ（https://www.data.jma.go.jp）のデータより作成

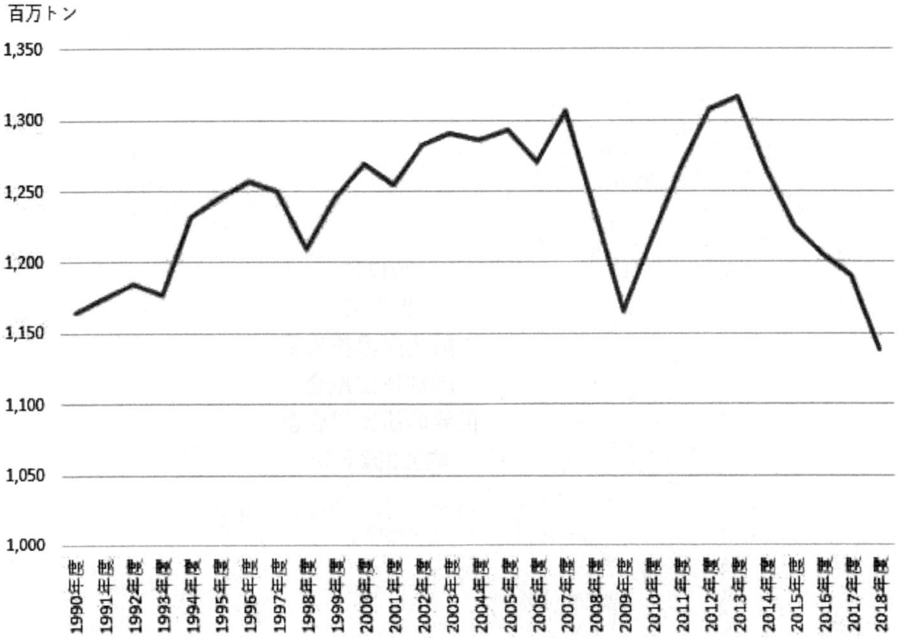

［図表3］日本における二酸化炭素排出量の推移

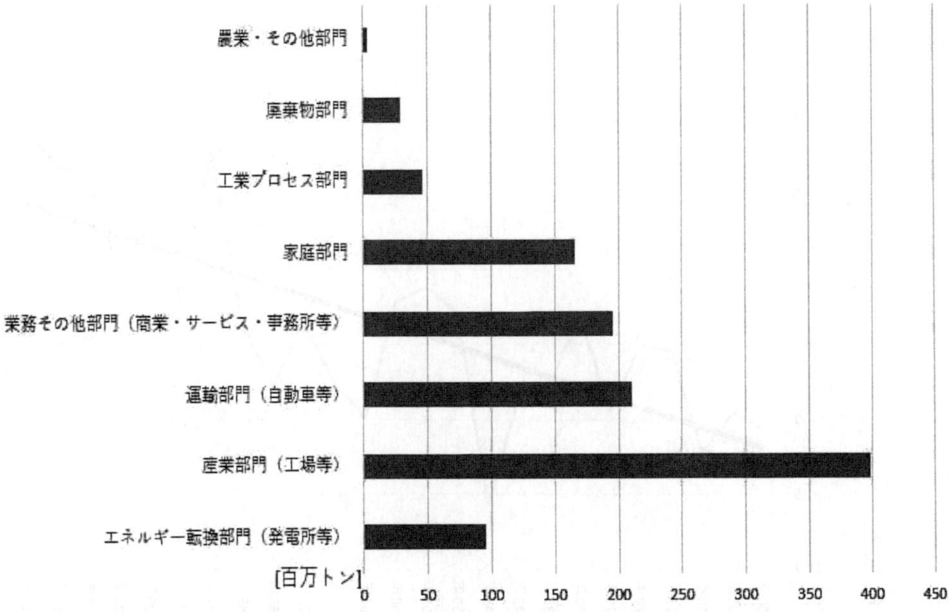

［図表4］日本における２０１８年度の部門別二酸化炭素排出量

五

中学生のA君、Bさん、C君、Dさんは総合的な学習の時間で「地球温暖化」について話し合っています。次の五つの図表と会話文を読み、後の問いに答えなさい。

〔図表1〕世界の二酸化炭素排出量

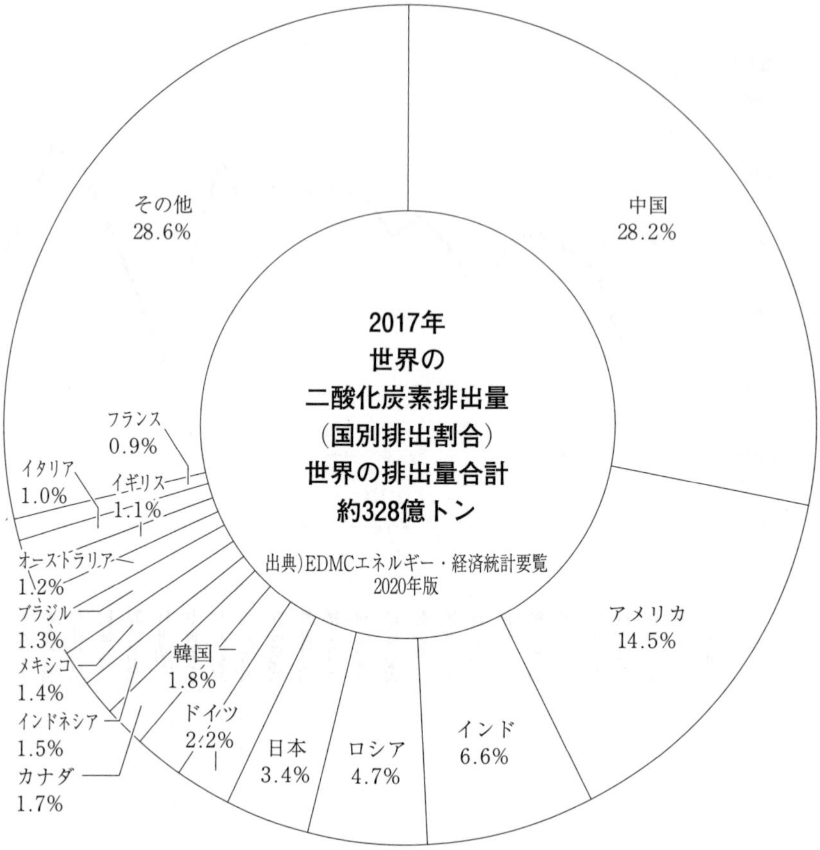

〔図表2〕日本における5年ごとの平均気温偏差

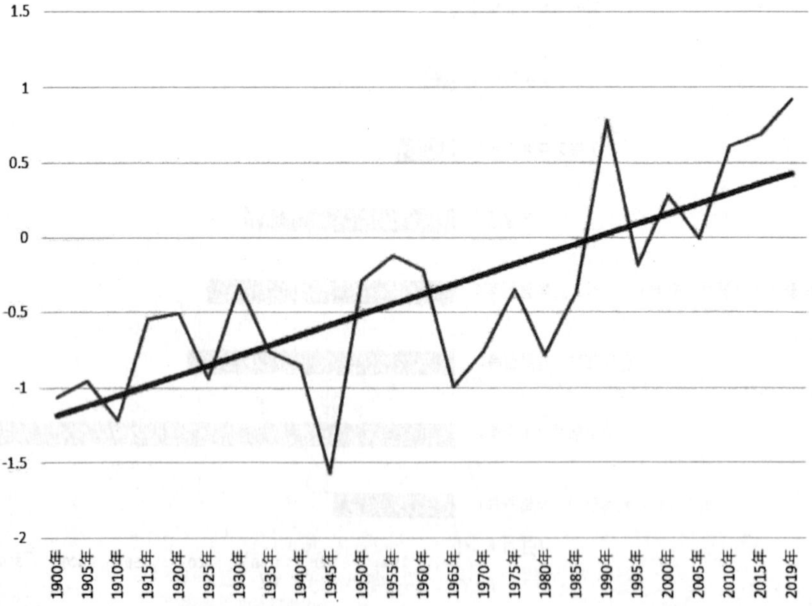

曲線（細線）：５年ごとの平均気温偏差
直線（太線）：５年ごとの平均気温偏差の平均変化傾向
平均気温偏差：平均気温の基準値との気温差のこと。平均気温の基準値とは1981年から2010年の平均気温のことであり、グラフでは０が基準値となる。

イ　既存の知識の枠の中に表現を納めようとする表現意欲が、既存の知識から逸脱しようとする表現意欲に変化する時に出現するということ。
ウ　既存の知識の枠へと表現を収束させようとする表現意欲が、それを他者と共有したいという表現意欲に変化する時に出現するということ。
エ　既存の知識の枠を整頓しようとする表現意欲が、喜びなどの内発的報酬を得るための表現意欲に変化する時に出現するということ。
オ　既存の知識の枠を破壊しようとする表現意欲が、表現をモデル化して理解しようとする表現意欲に変化する時に出現するということ。

問7　傍線部⑤「得体の知れない音楽」とありますが、これと反対の内容を述べている部分を文中から五字以上十字以内で抜き出しなさい。

問8　本文の内容として最も適当なものを次の中から一つ選び、記号で答えなさい。
ア　楽器演奏の超絶技巧のような動きを可能にしているのは、本来複雑な動きをパターン化・自動化している無意識的行動による。
イ　一度癖がついてしまうと、その間違った記憶は手続き学習され、長期記憶貯蔵庫へ保存されるので、修正することはできない。
ウ　芸術上のオリジナリティを生み出すためには、既存の知識の枠内で表現を納めようとする表現意欲の高さが必要である。
エ　「喜び」という内発的報酬を得るためには、長い時間をかけて洗練されてきた複雑ではない芸術を見聞きしなければならない。
オ　オリジナリティを生み出すためには、不確実性の低下と増加の両方が必要で、低次元の潜在記憶と関連している。

三

次の①～⑩の傍線部のカタカナは漢字に、漢字はその読み方をひらがなにそれぞれなおしなさい。

① 提出用の絵画にインエイをつける。
② 父親はボウエキ関係の仕事をしている。
③ その日は空気がすみ、星がカガヤいていた。
④ 母がぬいぐるみの中に綿をツめる。
⑤ アズキを煮て、お汁粉を作る。
⑥ 彼は堅固な意志を持っている男だ。
⑦ そこには多くの問題が包含されている。
⑧ 休日にお世話になった方の家に伺う。
⑨ 朽ちて倒れそうな大木がある。
⑩ 都会の雑踏を足早に通り抜けた。

四

次の①～⑤の四字熟語はそれぞれ漢字一字が誤っている。正しい漢字に直した後の四字熟語を書きなさい。また、その意味として適当なものを後の語群からそれぞれ選び、記号で答えなさい。

① 当異即妙　② 旧態以然　③ 花蝶風月　④ 晴工雨読　⑤ 温古知新

【語群】
ア　自然の美しい風物のこと。
イ　素早くその場面に適応して機転を利かすこと。
ウ　田園で世間のわずらわしさを離れて、心穏やかに暮らすこと。
エ　元のままで変化や進歩のないさま。
オ　物事がすべて順調に進むこと。
カ　物事が道理にきちんとあてはまっているさま。
キ　歴史や昔学んだことを探究し、新たな見方を得ること。

れない音楽は、不確かではありますが、もし構造を把握できるようになれば非常に大きな内発的報酬が期待できるので、脳はそういった不確かな音楽に興味を持つようになります。【 3 】ヒトは、さらなる報酬を得るために、たとえ意味のわからない不確実・不安定な行為であっても、新しい芸術を追求したくなるのです。このように、芸術普遍性を基盤においた上で「個性」をいかにだすか、これが人間らしい【 X 】の発生メカニズムになるのです。

〝音楽性〟を維持しつつオリジナリティを生み出すための最低限の制約として、AIでいう識別関数のような方程式が存在するのだと考えられます。この識別関数は、入力情報次第で徐々に変化していきます。つまり、この普遍モデルに何か変化がおきる瞬間こそ、芸術的個性が生まれる瞬間ともいえるでしょう。このように、芸術には既存の知識の枠の中に表現を納めようとする表現意欲（普遍化、収束化、最適化、不確実性の低下）と、既存の知識から逸脱しようとする表現意欲（個性、拡散化・不確実性の増加）の相反する二つの力が互いに引き合うような形で存在しています。

筆者のこれまでの研究から、この不確実性を下げようとする意欲（普遍化、収束化、最適化）と、その逆の上げようとする意欲（個性、拡散化）の二種類の表現意欲には、「潜在記憶の深さ」が関係していると推測されます。特に、普遍化しようという収束的思考に低次構造の潜在記憶が関連し、そこから逸脱して個性を出そうという拡散的思考は高次構造の潜在記憶が関連していると考えられます。つまり、高次のより深い潜在記憶から「芸術的創造性」が生まれてくるのかもしれません。

（大黒達也『芸術的創造は脳のどこから産まれるか？』による）

問1 【 1 】【 2 】【 3 】に入る言葉として適当なものを次の中からそれぞれ選び、記号で答えなさい。

ア しかし　イ 例えば　ウ つまり　エ ところで　オ なぜなら

問2 【 X 】に入る言葉として最も適当なものを次の中から一つ選び、記号で答えなさい。

ア 一般性　イ 確実性　ウ 客観性　エ 創造性　オ 普遍性

問3 傍線部①「なぜ癖が生まれるのか」とありますが、「癖」が生まれる理由を文中の言葉を使って五十字以上六十字以内で説明しなさい。

問4 傍線部②「潜在記憶を顕在化（可視化）する技術」とありますが、これによって可能となることを文中から二十字以上二十五字以内で抜き出し、最初の五字を答えなさい。

問5 傍線部③「ハービー・ハンコック」とありますが、筆者がこの具体例を挙げた理由として最も適当なものを次の中から一つ選び、記号で答えなさい。

ア 偉大な音楽家の演奏法を習得するためには、コンピュータで癖をモデル化することが唯一の方法だと示したかったから。

イ 個々のモデルの特徴を分析することで、演奏者の癖を検出することが可能になるという技術があることを示したかったから。

ウ 情報の不確実性が下がることで「喜び」という内発的報酬が増加し、学習者の学習意欲に繋げられる例を示したかったから。

エ 他者の癖を抽出し、コンピュータで客観的に管理することで、全ての悪い癖を改善できることを示したかったから。

オ 他者の癖をモデル化し、列情報として抽出することで目に見える形にし、質の高い学習に繋げられることを示したかったから。

問6 傍線部④「芸術的個性の出現」とありますが、この説明として最も適当なものを次の中から一つ選び、記号で答えなさい。

ア 既存の知識の枠から逸脱しようとする表現意欲が、既存の知識の枠組みに納めようとする表現意欲に変化する時に出現するということ。

憶（手続き記憶）の情報は、運動の自動化に重要な部位である小脳にも送られます。また、複雑な動きを、一つの情報の塊として圧縮（チャンク）することで、情報処理効率があがり、複雑な動きを瞬時に行う楽器演奏の超絶技巧のような動きも可能になるのです。

パターン化・自動化された行動によって自分や周りの人間が困っていたり、それが通常はやらない特殊な動きだったりした時、その行為は「癖」と呼ばれます。つまり癖も、一種の手続き学習によって獲得された潜在記憶ともいえるのです。例えば、スポーツや楽器演奏でも、間違った姿勢や動きで練習してしまったとしましょう。練習している本人は間違った動き方に気づくことができず、またそれを指摘する他者もいないのでその動きを何回も繰り返してしまいます。そうして、その間違った動きは手続き学習され、長期記憶貯蔵庫へ保存されます。

こういった癖は、基本的には無意識に起こるもので、修正するためには本人が自覚を持って意識的に改善し、間違った手続き記憶を塗り替えていく必要があります。【 2 】、癖は無意識的な行為なので、他人から指摘されるなどしない限り気づくことはとても難しいといえます。よって、癖を客観的に評価できる手法があれば、自身の癖を的確に理解し効率良く改善していくことができるでしょう。

癖の客観的評価は、個々の脳の潜在記憶をコンピュータでモデル化することにより可能となることが示唆されています。この研究では、音楽の演奏をコンピュータで記録し、そのデータから演奏者の潜在記憶をモデル化します。そして、そのモデルの特徴を分析することで、演奏者の癖が検出されるのです。これは、目に見えない②潜在記憶を顕在化（可視化）する技術といえます。筆者は現在、この手法を応用して、演奏中にオンラインで、癖を本人にフィードバックし、さらにその効率的な改善案を教示するシステムを開発しています。これにより、学習者は効率良く悪い癖を修正し、音楽の表現力を高めていくことができるようになるでしょう。

また、もし学習者がジャズピアニストの③ハービー・ハンコックのような演奏をしたいと思った時、ハービー・ハンコックの演奏記録を全てコンピュータに取り込んでモデル化させれば、彼の癖を抽出することもできるので、効率良くハービー・ハンコックらしい演奏法を習得することもできます。さらにこのシステムは、音楽だけでなく列情報であればなんでも応用することができるので、自動車運転中の行動データや視線データから悪い癖を抽出し、事故防止に繋げるシステムも可能かもしれません。脳の潜在記憶を顕在化することができれば、あらゆることに応用できるのです。

芸術作品から垣間見える個性とは、その人しか持っていない特別なもの、つまり創造的産物といえます。これまでにはなかったような芸術表現をしようという創造的思考の結果、その人だけが特別に持つ個性が生まれるのです。このような④芸術的個性の出現には、潜在記憶が関わっていることが示唆されています。

音楽家は長期間の音楽訓練を通して、様々な音楽を潜在学習しています。そして、音楽普遍的な統計的構造を脳内でモデル化することで、他のあらゆる音楽に対しても予測できるようになり、音楽情報処理に費やすエネルギーを節約できるようになってきます。この予測のしやすさは、脳が長年かけて作成してきた音楽の普遍的モデルがどれだけきちんと整頓、または最適化されているか（不確実性が低いか）と関連しています。この最適化が学習です。音楽訓練を通して、モデルの複雑性（不確実性）を徐々に下げ最適化させていくことで、他の様々な音楽を聴いても予測しやすくなり脳の負担も軽減するのです。そして、この情報の不確実性が下がることが「喜び」という内発的報酬になります。この喜びを得ようとするワクワク感が、いわゆる知的好奇心というものでしょう。

しかし、モデルを限界まで収束させ、最適化・普遍化させてしまうと、音楽に不確実性が完全になくなり、もはやこれ以上の報酬（知的な喜び）を望めないので、おそらく全ての音楽はつまらないものになるでしょう。つまり、知的好奇心も失ってしまいます。それに対して、なにやら⑤得体の知

問8　傍線部⑦「尾瀬沼の調査」とありますが、筆者がこの具体例を挙げた理由として最も適当なものを次の中から一つ選び、記号で答えなさい。

ア　パーソナル・スペースは前方と後方で距離が異なり、都市になればなるほど前方に距離が広がる傾向があるということを示すため。
イ　パーソナル・スペースは男性と女性の場合で距離が異なり、年齢によってほとんど変化することはないということを示すため。
ウ　パーソナル・スペースは都市と郊外という場所や状況の違いによって、距離を伸縮する可能性があるということを示すため。
エ　パーソナル・スペースは場所によって差があるものの、子どもと比較して大人の方が距離が広がる傾向があるということを示すため。
オ　パーソナル・スペースは場所や状況、年齢等で距離が変化するものではなく、一定のものであるという可能性があることを示すため。

問9　本文の内容に関する次の生徒の会話文を読み、後の問いに答えなさい。

A君　町で突然友人に会うと落ち着かなくなることがあるけど、その要因にパーソナル・スペースがあるとは知らなかったよ。円滑に社会生活を送るためには、適切に他人との距離を保つことが大切なんだね。
Bさん　そうね。相手のパーソナル・スペースの大きさを常に把握して、なるべく他人との関わりを避けることで、先生やクラスメイトと円滑な関係を築くことができるかもしれないわね。
C君　電車を降りたときの解放感もパーソナル・スペースと関連があると書かれていたね。狭いところに入らざるを得ない状況ではパーソナル・スペースは縮小せざるを得ないと書かれていたけれど、学校で授業を受けているときにも縮小しているのかもしれないね。
D君　そうだね。僕は昼休みに屋上で食事をとることが多いけど、本文を読んで、これはパーソナル・スペースの縮小と関係があるのかもしれないと思ったよ。授業を受けているときには僕のパーソナル・スペースが縮小しているから、昼休みに屋上で開放的に食事をとることで、【　X　】しようとしていると言えるね。
Eさん　屋上に行くことで、密集した教室で感じていた閉塞感から解放された気持ちになる。これは、パーソナル・スペースが元に戻ったということなのね。そう考えると、なんだか屋上に行きたくなってきたわ。

(1)会話文の【　X　】に入る言葉を本文から十八字で抜き出しなさい。
(2)本文の内容に当てはまらない発言をしている生徒を選び、記号で答えなさい。
ア　A君　イ　Bさん　ウ　C君　エ　D君　オ　Eさん

二　次の文章を読んで、後の問いに答えなさい。

ヒトは誰しも癖を持っています。癖は基本的に無意識的な行動であるため、他人からいわれてようやく気づくことも多いでしょう。①なぜ癖が生まれるのかについての研究は多くなされていますが、ここでは筆者の研究分野である潜在記憶に基づいて、計算論、神経生理、心理学的観点から考えてみます。

癖は、言い換えれば、パターン化・自動化された無意識的行動といえます。我々の日常動作も、このパターン化・自動化された無意識的行動が大部分を占めています。【　1　】、歩く動作も練習を繰り返してできるようになったパターン化・自動化された行動の一つです。

このパターン化・自動化された無意識的行動は、潜在学習の一つである手続き学習によって生まれることが示唆されています。獲得された潜在記

問1 【 1 】【 2 】【 3 】に入る言葉として適当なものを次の中からそれぞれ選び、記号で答えなさい。

ア すなわち　イ だから　ウ ところが　エ ところで　オ なぜならば

問2 傍線部①「他人が近くにいると、その人の存在が気になり、なんとなく落ち着かないことがある」とありますが、この理由を文中から二十字以上二十五字以内で抜き出し、最初の五字を答えなさい。

問3 傍線部②「暗黙の緩衝帯として利用すること」とありますが、この内容を文中の言葉を使って四十字以上五十字以内で説明しなさい。

問4 傍線部③「二〇歳代のペアのほうが五〇歳代のペアよりも距離が近かった」とありますが、この結果からわかることとして最も適当なものを次の中から一つ選び、記号で答えなさい。

ア 現代の大人たちは他人への依存心が低いので、パーソナル・スペースに若者が入ってきても気にしなくなっているということ。
イ 現代の大人たちはパーソナル・スペースをうまく活用できず、この空間に他人が侵入すると不快になってしまうということ。
ウ 現代の若者たちは周囲の大人たちによって自律性の訓練を奨励されているので、大人への依存心が低くなっているということ。
エ 現代の若者たちは他人への依存心が高く、自律心に乏しいなどパーソナル・スペースに幼児性が色濃く残っているということ。
オ 現代の若者たちはパーソナル・スペースを自在に使い分けられ、状況に応じて精神の安定を図ることができているということ。

問5 傍線部④「会話の際に使われる距離は年齢とともに大きくなり」とありますが、この原因を簡潔に表している部分を文中から十二字で抜き出しなさい。

問6 傍線部⑤「独立から依存という今までとは逆方向の心理的変化」とありますが、この説明として最も適当なものを次の中から一つ選び、記号で答えなさい。

ア 子どもは成長する過程で大人から自律訓練を避けるために独立していくが、四〇歳前後を経て自律訓練をする側になると、他者への依存的な行動が増えるということ。
イ 子どもは成長する過程で大人から幼児性を限定されて占有空間を確立していくが、四〇歳前後を経て幼児性が再び高まることから他者への依存度が増えるということ。
ウ 子どもは成長する過程で大人に依存する行動を控えて独立していくが、四〇歳前後を経て身体的な衰えから再び他者への依存的な行動が増えるということ。
エ 子どもは成長する過程で他者との距離が自然に広がって独立していくが、四〇歳前後を経て社会から要請を受け、他者への依存的な行動を意図的に増やすということ。
オ 子どもは成長する過程でパーソナル・スペースを確立していくが、四〇歳前後を経て他者への依存度が高まってパーソナル・スペースを広げるということ。

問7 傍線部⑥「自ら縮小せざるをえなかったパーソナル・スペース」とありますが、このように人がパーソナル・スペースを縮小させる理由を「〜から。」に続く形で文中から十三字で抜き出しなさい。

など)を控えるようになってくる。それと同時に、周囲の大人たちは、子どもの自律性の訓練を奨励するように対応する。依存の脱却と自律性の確立が、他人との距離の取り方に示されるというわけである。

では、四〇歳前後で距離が最大になり、それ以後、再び小さくなるのはどうしてだろう。おそらく、四〇歳前後という年齢の人たちは、社会のなかで最も独立性が要求されている。ところが、それ以降の年齢になると身体的な衰えが始まり、それと同時に、再び他者への依存的な行動が増える。つまり、⑤独立から依存という今までとは逆方向の心理的変化が、他人との間の距離が短くなることに具体化されているというわけだ。

私の調査から、二〇歳代の同性ペアのパーソナル・スペースは、五〇歳代の同性ペアに比べ小さいこと、とくに二〇歳代の女性ペアのパーソナル・スペースは最小になることがわかった。なお、大学祭のとき、二〇歳代の男女ペアについての観察も行なった。ここで最も短かったのは男女ペアの距離であったが、しかし、同性ペアとの間にはっきりした差異は見いだされなかった。

二〇歳代の人たちのパーソナル・スペースが中年の人たちより小さいということは、現代の若者たちが他人への依存心が強く、自律心に乏しい証拠のようにも思われる。換言すれば、若者たちのパーソナル・スペースには、幼児性が色濃く残っているのだと解釈することができよう。

狭い車内から駅のホームに降りたとき、満員のホールから外に出たとき、あるいは、パーティ会場の人込みのなかから広いホールに出て来たとき、ホッとした解放感を味わうことがある。この安らぎは、⑥自ら縮小せざるをえなかったパーソナル・スペースの、本来の大きさを取り戻すことができたところから生れるのだと思われる。

尾瀬沼はミズバショウなどの湿原植物で有名なハイキングコースである。この湿原のなかの小道を歩くハイカーが、他のハイカーに近づかれても「気分がこわれない」距離は、平均一二〇メートルだそうである。これは環境庁と長野県が、自然公園の収容力調査をした結果の一部である。

「自分の体を中心にして、その周囲にどのくらいの空間を持っていると感じますか」と質問し、その大きさを距離の目盛りが書いてある用紙に記入してもらったことがある。

男性が描いた空間は女性より二・五～三倍大きかった。男女ともに、体の前方は左右や後方より約二倍大きな空間を描いた。つまり、人が自分の空間だと感じている空間は円形ではなく、左右より前方に広い空間であることがわかる。また、女性より男性のほうがより広い空間を必要としていることが示されたのである。

【 3 】、⑦尾瀬沼の調査で得られた平均一二〇メートルは、パーソナル・スペースの前方の距離に相当すると考えられる。一方、私の調査では、前方の距離について、男性が約一八メートル、女性が約七メートルであった。その差はきわめて大きいことがわかる。

この違いはどう解釈すべきなのだろうか。都市に住む人たちは、本来、人間が必要とする空間を自らの手で縮小させているのだろうか。自らの空間を縮小させることで、密集して住む他人との関係を調整しているのだろうか。だから、郊外に頻繁に出かけることで、本来の自分の空間を取り戻そうとするのだろうか。

尾瀬沼の調査と私の調査を直接比較することはできないが、人が必要とする空間は、その人自身の欲求や状況によって変化するらしいことが考えられる。休日の混雑を覚悟で旅行やハイキングに出かけたり、昼休みや休日に近くの公園まで散歩に出かけたりするのは、自らの空間を取り戻し、心の回復を模索する行為だといえそうである。

(渋谷昌三『人と人との快適距離 パーソナル・スペースとは何か』による。作問の都合上、一部変更しています。)

二〇二一年度

日本工業大学駒場高等学校（一般②）

【国　語】（五〇分）〈満点：一〇〇点〉

注意　解答に字数制限がある場合は、句読点や記号を一字と数えます。

一　次の文章を読んで、後の問いに答えなさい。

①他人が近くにいると、その人の存在が気になり、なんとなく落ち着かないことがある。

相手がかなり遠くにいるときや、まだ向こうが自分の存在に気づいていないとわかっているときには、その人のことはほとんど気にならない。【　1　】、その人がすぐ近くまでやって来たり、知人であることがわかったりすると、とたんに気持が動揺し始める。そんな経験はないだろうか。

近くにいる他人が気になるのは、自分自身の占有空間のなかに他人が侵入しているからだと考えることができる。一人ひとりが持っていると考えられるこの空間が、パーソナル・スペース（個人空間）と呼ばれるものである。パーソナル・スペースは、人の体を直接に取り巻く、目で見ることのできない空間領域である。パーソナル・スペースは、人がいつも持ち運んでいるところから、ポータブル・テリトリー（portable-territory）、【　2　】、携帯用のなわばりと呼ぶことができる。

一般に、自分のパーソナル・スペース②が保証されているときは快適であり、逆に、この空間に他人が侵入すると不快になる、と考えることができる。多くの人はパーソナル・スペースを暗黙の緩衝帯として利用することによって、他人との生活をできるだけ円滑にしようと心がけている、と推測される。

自分が不快感を味わわないために、あるいは、他人に不快感を与えないためには、パーソナル・スペースの大きさを把握しておく必要がある。パーソナル・スペースの大きさがわかれば、他人との不必要な摩擦を避けることができると思われるからだ。さらに、自分の気持が不安定だとか、動揺していると感じたとき、その原因がパーソナル・スペースの確保と関係があるのではないかということを考えることができ、それに対応することができるかもしれない。

かつて、歩いている二人連れの間の距離を測定したことがある。歩道に置いた目印と二人連れを同時に写真に撮り、後に二人連れの体の中心間の距離を算出するというものだった。上野公園の通路を歩いている二人連れが観察対象だった。年齢、性別は推定されたものである。

その観察では、年齢だけで見ると、③二〇歳代のペアのほうが五〇歳代のペアよりも距離が近かった。また、同性の組み合わせのなかでは、二〇歳代の女性ペアの距離が最も近いことがわかった。この調査から、とくに二〇歳代の女性ペアの距離の近さがクローズアップされた。

こうした傾向は、どのように解釈すればいいのだろうか。ヘシュカたちの調査によれば、④会話の際に使われる距離は年齢とともに大きくなり、四〇歳前後で最大になり、その後、再び小さくなることが知られている。

年齢とともに距離が大きくなるのはどうしてだろう。子どもは成長するにつれて、大人に対する依存的行動（たとえば、しがみつく、ひざに乗る

2021年度／日本工業大学駒場高等学校（一般②）

英語解答

1
1 Thursday　2 October
3 library　4 vegetables
5 weather

2
1 ア　2 ウ　3 エ　4 イ
5 エ

3
1 was born　2 to do
3 for me　4 easier than
5 surprised at

4
1 one of the smallest countries in
2 running with Bob is his son
3 cannot read this book without using
4 her teacher which book to buy
5 Few students were late for

5
A 1…イ　2…ウ　3…エ　4…エ　5…ア
B 1…ウ　2…エ　3…ア　4…イ

6
（例）I want to visit Australia. We have an English teacher who is from Sydney. He tells us about many interesting places in Australia. I want to go to the zoo and see koalas there.（34語）

7
A Q1…ウ　Q2…ア
B 問1…エ　問2…ア　問3…ウ

8
問1 イ
問2 A…イ　B…エ　C…ア　D…オ　E…ウ
問3 ア…3　イ…1　ウ…2　エ…4　オ…5
問4 ハリス氏は，エレナを気の毒に思い始めた。
問5 エ　問6 ウ
問7 1…F　2…T　3…T　4…F

1〔単語の定義―適語補充〕

1．「(　)は水曜日の後にくる」―「木曜日」

2．「9月と11月の間の月は(　)だ」―「10月」

3．「本を借りたり読んだりするために私たちは(　)へ行く」―「図書館」

4．「リンゴとオレンジは果物だ。ニンジンとジャガイモは(　)だ」―「野菜」

5．「明日の(　)はどうかな？」―「曇りだそうだよ」―「天気」

2〔適語(句)選択〕

1．last night「昨夜」とあるので，過去形が適切。　read－read－read　「サキは昨夜その本を読んだ」

2．have known という現在完了の‘継続’用法の文で，「～の間」という‘期間’を表すには，for を用いる。　「私たちは5年来の知り合いだ」

3．our books に対応する their books「彼らの本」は，所有代名詞 theirs「彼らのもの」を用いて1語で表せる。　「これらは私たちの本で，それらは彼らのものです」

4．of the four seasons「四季の中で」とあるので，最上級を用いて like ～ the best「～が最も好き」とする。　「四季の中では夏が最も好きです」

5．at once「すぐに」

3〔書き換え―適語補充〕

1．「私の誕生日は9月17日だ」→「私は9月17日に生まれた」　「生まれる」は‘be動詞＋born’で表せる。

2．「今日はたくさんの宿題をしなければならない」→「今日はするべき宿題がたくさんある」　「するべき宿題」は，「～するための，～するべき」という意味を持つto不定詞の形容詞的用法を用いて homework to do と表せる。

3．「父が私にこのカメラを買ってくれた」　「〈人〉に〈物〉を買ってあげる」は，‘buy＋人＋物’ あるいは ‘buy＋物＋for＋人’ という形で表せる。

4．「その問題はこの問題ほど簡単ではない」→「この問題はその問題より簡単だ」　‘*A* ... not as＋原級＋as *B*’「*A*は*B*ほど～ではない」は，‘*B* ... 比較級＋than *A*’「*B*は*A*より～だ」でほぼ同じ意味を表せる。一般に，easy のように ‘子音字＋y’ で終わる単語の比較級，最上級は，それぞれ y を i に変えて er，est をつける。　easy－easier－easiest

5．「その知らせに私は驚いた」　‘be動詞＋surprised at ～’ で「(人が)～に驚く」。

4〔整序結合〕

1．「最も～のうちのひとつ」は ‘one of the＋最上級＋複数名詞’ で表せる。

2．The boy is his son「男の子が彼の息子です」が文の骨組み。「ボブといっしょに走っている」は，現在分詞(～ing)の形容詞的用法を用いて running with Bob とし，The boy の直後に置く。

3．「子供たちはこの本を読めません」はChildren cannot read this bookと表せる。「辞書なしで」は「辞書を使うことなく」と読み換え，without ～ing「～せずに」を使って表す。

4．‘ask＋人＋物事’「〈人〉に〈物事〉を尋ねる」の形を使い，〈物事〉の部分に当たる「どの本を買うべきか」には ‘疑問詞＋to不定詞’ の形を当てはめる。ここでは「どの本」が疑問詞に当たるので，which book to buy とする。

5．few ～は「ほとんど～がない」という意味を表すので，「生徒はほとんどいませんでした」は，主語を Few students とすればよい。「～に遅れる」は be late for ～。

5〔対話文完成―適文選択〕

A．1．A：すごい雨だよ。傘は持ってる？／B：いいえ。すぐやむといいんだけど。あなたは持ってきた？／A：うん，でも見つからないんだ。ひょっとしたら誰かが間違って僕のを持っていったのかも。／B：それは気の毒ね。∥持ってきたはずの傘が見つからない理由をAが推測し，それにBが同情しているという流れになっている。

2．A：今週末は何か予定ある？／B：土曜日はテストを受ける予定だけど，日曜日は暇だよ。／A：次の日曜日に私の家でティファニーの誕生日会をするの。あなたも来る？／B：もちろん。何時に行けばいいかな？∥自分に時間のある日曜日の誕生日会に誘われた際の返事として，行く意志を示すウが適切。

3．A：やあ，エリン。どこへ行くの？／B：祖母に会いに病院へ行くの。／A：おばあさんは病気なの？／B：いいえ。祖母は看護師で，私はよく彼女に昼食を持っていってあげるの。／A：へえ。それは知らなかったな！∥祖母が病気なのかと尋ねられ，いいえと答えていることから判断できる。

4．A：どの教科が好き？／B：英語が大好きだよ。将来は英語の先生になりたいんだ。君は？／A：私は美術が好きよ。絵を描くことに興味があるの。／B：いつか有名な画家になれるかもね。∥直後で絵を描くことに興味があると述べていることから，美術が好きだとわかる。

5．A：すみません。ＡＢＣ高校へはどうやったら行けますか？／B：ああ！　ここからは遠いですよ。約５キロメートル離れています。徒歩で行くのはやめた方がいいですね。／A：バスで行けますか？／B：ええ。３番のバスに乗って，サクラ公園で降りてください。∥Bの返答の take「〈バス・電車など〉に乗っていく」と get off「〈バス・電車から〉降りる」から，バスで行けるか尋ねているとわかる。

B．≪全訳≫❶A：もしもし。ボブと申しますが。ビンセントはいらっしゃいますか？❷B：やあ，ボブ。僕だよ。1どうしたの？❸A：今日は会議があるよね。2覚えてる？❹B：しまった！　ごめん，忘れてたよ。3もう始まっちゃった？❺A：まだだよ。実は，今日の会議をキャンセルしようと思ってるんだ。❻B：4どうしてそう思うの？❼A：まだ誰もここに来ていないからだよ！

1．電話をかけてきた相手に用件を尋ねている。What's up? は「元気？」「調子はどう？」あるいは「どうしたの？」といった意味でも用いられる。　2．Bが忘れていたと謝っているので，会議があることを覚えているかと尋ねたのだとわかる。　3．会議を忘れていたBが質問をし，AがNo. と答えているので，会議が始まったかどうかを確認するアが適切。　4．直後でAがBecause を使って理由を答えているので，理由を尋ねる Why ～？の疑問文が適切。

6〔テーマ作文〕

問いは「あなたは将来どの国を訪れたいか」。具体的な国名を述べた後，その理由がわかる文を添えればよい。（別解例）I want to visit America. I want to talk with people in English there and make a lot of friends. Also, I'm a big fan of baseball. I hope to watch professional baseball games.（34語）

7〔読解総合〕

A＜英問英答―ポスター＞≪全訳≫リサイクルデー／午前9時～午後2時　6月24日土曜日／ワシントン公園，2442通り／紙・段ボール／ガラスびん／アルミニウム缶・スチール缶／ペットボトル／上記の品目をリサイクルできます。／どれもきれいで乾いた状態にしてください。／市内在住の人のみ参加できます。／その他の品目はリサイクルできません。

Q1．「以下の文を完成させなさい」「リサイクルデーに，あなたは…できる」―ウ．「午後2時までにリサイクル用の缶を持ってくることが」　缶はリサイクル品目に該当し，リサイクルデーは午後2時まで開催。

Q2．「以下から正しくない答えを選びなさい」―ア．「リサイクルデーには誰でもガラスびんをリサイクルできる」　但し書きの3文目に，リサイクルデーに参加できるのは市内在住の人のみとある。

B＜会話文＞≪全訳≫❶ユキとマイクは学校祭のクラスリーダーである。生徒たちは今，学校祭に向けて何をすべきかについて話し合っている。❷ユキ(Y)：今年の学校祭は9月12日と13日に開催されます。2年T組として，私たちはたこ焼きを売る予定です。今日はポスターのデザインとメニューについて話し合う必要があります。まず，ポスターのデザインです。誰か意見はありますか？❸ベス(B)：ポスターの真ん中にたこ焼きの絵を置きたいです。そうすれば，私たちの食べ物をみんなにわかってもらいやすくなります。❹Y：それはいい考えですね。たこ焼きの絵を中心にしましょう。❺ノブ(N)：僕は，「2－T」という文字もポスターに示すべきだと思います。ほかにもいくつかのクラスが学校祭でたこ焼きを売るそうなので，ポスターに僕たちのクラス名を示した方がいいと思います。❻マイク(M)：うん，僕もそう思います。学校中に食べ物屋さんがたくさん出るでしょう。僕たちのポスターをわかりやすくする必要があります。それと，クラス名はポスターのどこに置けばいいでしょうか？　たこ焼きの絵の右側？❼B：ううん，私はたこ焼きの絵の両側にタコの絵を描きたいです。みんながそれでよければ，そこに私が描いてもいいでしょうか？❽M：わあ，ぜひそうしてください，ベス。君は絵がとても上手だってみんな知っています。それから，代わりにクラス名を一番上に置いたらどうでしょう？❾N：うん，いいですね。そうすればポスターがもっと良くなるでしょう。❿Y：わかりました。では，次の議題は…

問１＜指示語＞この so は前に述べられた内容を指して「そのように」という意味を表している。直前のノブの，ポスターにクラス名も示した方がいいという発言に対し，マイクが同意している。

問２＜要旨把握—絵を見て答える問題＞第３，４段落より，ポスターの真ん中にはたこ焼きの絵がくるとわかる。第７，８段落より，たこ焼きの両側にはタコの絵が描かれるとわかる。第８，９段落より，クラス名が一番上に置かれるとわかる。

問３＜要旨把握＞第２段落第３文参照。今日話し合う必要があるのは，ポスターのデザインとメニューだと述べている。

8〔長文読解総合—物語〕

≪全訳≫❶ハリス氏は鉄道が好きだった。だから，９月14日の夜は幸せな気分だった。彼はフィンランドのヘルシンキからオウルに向かう夜行列車の車中におり，これから10時間を過ごすのだった。❷車中に人はあまりおらず，誰もハリス氏の客車には入ってこなかった。彼はそのことに満足していた。ほとんどの乗客は夜通し眠るが，ハリス氏は車窓から外を眺め，本を読んだり考えごとをしたりするのが好きだった。❸食堂車での夕食の後，ハリス氏は客車に戻り，窓際の自分の席に座った。１，２時間，彼は車窓からフィンランドの木々や湖を眺めた。その後，暗くなり始めたので，本を開いて読み始めた。❹真夜中に列車はオタバという小さな駅に停車した。ハリス氏は窓から外を見たが，誰も見えなかった。列車は駅を離れ，再び夜の闇へと進んでいった。すると，ハリス氏の客車のドアが開き，２人の乗客が入ってきた。若い男女である。❺若い女性は怒っていた。彼女はドアを閉め，男性に向かって叫んだ。「カール！　そんなことしないで！」　若い男性は大声で笑い，腰を下ろした。❻ハリス氏は小柄で物静かな人だった。服は地味で，声は小さかった。彼は騒がしい人や大声を好まなかった。だから，彼は気分がよくなかった。「若者はいつも騒がしい」と彼は思った。「ア なぜ彼らは静かに話せないのか？」❼彼は本を置き，目を閉じた。しかし，２人の若者が話をやめないので，彼は眠れなかった。❽若い女性は着席し，声を落として言った。「カール，あなたは私のお兄さんだし，あなたのことが大好き，でも聞いて。私のダイヤモンドのネックレスを取らないで。今すぐ返して。お願い！」❾カールはほほ笑んだ。「嫌だね，エレナ」と彼は言った。「俺はもうすぐロシアに戻るし，お前のダイヤモンドは持っていくよ」　彼は帽子を脱いで座席の上に置いた。「エレナ，いいかい。お前にはお金持ちの夫がいるが，俺——俺には何もない！　イ お金もなくてどうやって生きていけるんだ？　かわいい俺の妹，お前がお金をくれないから，俺にはダイヤモンドが必要なんだよ」❿ハリス氏は女性に目をやった。彼女は小柄で黒髪だった。彼女はおびえた顔をしていた。ハリス氏はエレナが気の毒に思えてきた。彼女も兄も一度もハリス氏の方を見なかった。「ウ 彼らは私のことが見えないのか？」と彼は思った。⓫「カール」とエレナは言った。彼女の声はもうとても落ち着いていて，ハリス氏は耳をそばだてた。「あなたは今夜私たちの家に夕食を食べに来て，私の部屋に入り，ダイヤモンドのネックレスを取った。エ どうしてそんなことができるの？　そのダイヤモンドは主人が私にくれたのよ。それまでは彼の母親のものだったわ。主人は，それはそれは腹を立てるでしょう——私は彼が怖いの」⓬兄は笑った。彼はポケットに手を入れて，再び取り出すと，ゆっくりと開いた。彼の手の中のそのダイヤモンドのネックレスは，とても美しかった。ハリス氏はそれを見つめた。１，２分間，誰も身動きせず，客車内は静まり返った。列車の音だけが，暗く寒い夜を通り抜けていった。⓭ハリス氏は再び本を開いたが，読んではいなかった。飢えた目と冷酷な笑みをしたカールの顔を見つめていた。⓮「なんて美しい，美しいダイヤモンドなんだ！」とカールは言った。「これで大金を手にできるぞ」15「カール，それを私に返して」とエレナはささやいた。「オ主人は私のことを殺してしまう。あなたは私のお兄さんでしょう…お願いだから助けて！」16カールはまた笑い，ハリス氏は彼を殴りたくなった。「ダイヤモンドを返すつもりはないからな。怒った夫のいる家へ帰るんだな，妹よ」とカールは言った。

問１＜指示語＞この that は直前の文の内容を指しており，ハリス氏は自分の乗っている客車に誰も乗っていないことをうれしく思っていたのである。

問２＜適語選択＞Ａ．第３段落は夕食後の場面で，これに続く第４段落は真夜中の場面になっているので，その間に外が暗くなったと考えられる。この文の主語の it は，‘明暗’や‘天候’を述べる文の主語として用いられている。　Ｂ．１つ目の空所の直後の文に叫んだとあるので，このときの彼女の感情として angry「怒っている」が適する。また，２つ目の空所の直前の２文から，ダイヤモンドが夫にとっても大切なものであることがわかる。これを失ったときの感情としても，angry が適する。　Ｃ．loud voices「大声」とともにハリス氏が嫌いなものとして noisy people「騒がしい人」とするのが適切。　Ｄ．後に‘逆接’の but があり，これに続けて自分は何も持っていないと言っているのだから，それとは逆に，妹の夫はお金持ちだ，という内容が適する。　Ｅ．be afraid of ～で「～を恐れる」。第15段落などから，エレナが夫を恐れていることが読み取れる。

問３＜適文選択＞ア．騒がしさを嫌うハリス氏の，「若者はいつも騒がしい」に続く考えとして，彼らに対する不満を表す３が適する。　イ．自分は何も持っていないという直前の内容と，金をくれないならダイヤモンドがいるという内容をつなぐ文として，お金がないと生きられないと主張する１が適する。　ウ．直前に，２人は客車に入って以来，一度もハリス氏を見ていないとある。これに気づいたハリス氏は，自分が彼らの目に入っていないのではないかと考えたのである。　エ．How could you do that to me? は「あなたはどのようにして私にそんなことができたのですか」，つまり「どうしてそんな(ひどい)ことをするのか」という意味で使われている。ここでは，ダイヤモンドを奪ったカールをエレナが非難している。　オ．すぐ後の「お願いだから助けて」につながる文として，自分の身の危険を訴える５が適切。

問４＜英文和訳＞‘begin to＋動詞の原形’は「～し始める」，‘feel sorry for＋人’は「〈人〉を気の毒に思う」という意味を表す。

問５＜指示語＞客車内は静かで，唯一聞こえるのは電車の音だったとある。直前の語句の中で，it で受けられる単数のもので，かつ，夜の闇を通り抜けていくものは，the noise of the train「電車の音」である。

問６＜文脈把握＞直前の段落でエレナはネックレスを返すように懇願しているのに，カールはただ笑うだけで決して応じようとしない。そんなカールの態度にハリス氏は憤りを覚え，殴ってしまいたいと思ったのである。

問７＜内容真偽＞１．「ハリス氏は夜通し眠りたかった」…×　第２段落最終文参照。ハリス氏は外を眺めたり，本を読んだりすることを好んだ。　２．「ハリス氏はその２人の若者たちに静かにしなさいとは言わなかった」…○　第６，７段落の内容に一致する。騒がしい２人を不快に思っていたが，注意はしていない。　３．「エレナはカールと同い年ではなかった」…○　第８段落の最初でエレナはカールを my brother と表現しており，第９段落最終文でカールはエレナを little sister と呼んでいるので，カールが兄でエレナが妹とわかる。　４．「ダイヤモンドのネックレスを取り戻すために，エレナはカールに大金を支払った」…×　第９段落最終文および最終段落第２文参照。

数学解答

1 (1) -9　(2) $\frac{a+2}{2}$　(3) $\frac{1}{2}x^2$
(4) $8\sqrt{2}$

2 (1) $x=7$　(2) $x=9$，$y=-5$
(3) $x=-1$，6　(4) $x=1\pm\sqrt{5}$

3 (1) M^2+2M+1　(2) 181

4 (1) 6個　(2) 22個

5 (1) $-\frac{1}{8}$　(2) $y=-\frac{1}{4}x-1$
(3) (4，2)

6 (1) 8cm　(2) 22cm^2　(3) 11：4

7 (1) (例) △ABEと△ACDにおいて，共通な角より，∠BAE＝∠CAD……①　∠BEA＝180°－∠BEC……②　∠CDA＝180°－∠BDC……③　仮定より，∠BDC＝∠BEC……④　②，③，④より，∠BEA＝∠CDA……⑤　①，⑤より，2組の角がそれぞれ等しいので，△ABE∽△ACD
(2) $\frac{3}{20}$倍

1 〔独立小問集合題〕

(1)＜数の計算＞与式＝$(6-9)\times(7-4)=-3\times3=-9$

(2)＜式の計算＞与式＝$\frac{2(2a+8)-(2-3a)}{10}\div\frac{14}{10}=\frac{4a+16-2+3a}{10}\div\frac{7}{5}=\frac{7a+14}{10}\times\frac{5}{7}=\frac{7(a+2)}{10}\times\frac{5}{7}=\frac{a+2}{2}$

(3)＜式の計算＞与式＝$-12xy^2\times9x^4y^4\div(-216x^3y^6)=\frac{12xy^2\times9x^4y^4}{216x^3y^6}=\frac{1}{2}x^2$

(4)＜平方根の計算＞与式＝$(2\sqrt{7}-2\sqrt{3})^2(\sqrt{7}+\sqrt{3})^2\div4\sqrt{2}=\{2(\sqrt{7}-\sqrt{3})\}^2(\sqrt{7}+\sqrt{3})^2\div4\sqrt{2}=\{2(\sqrt{7}-\sqrt{3})\times(\sqrt{7}+\sqrt{3})\}^2\div4\sqrt{2}=\{2\times(7-3)\}^2\div4\sqrt{2}=(2\times4)^2\div4\sqrt{2}=8^2\div4\sqrt{2}=64\div4\sqrt{2}=\frac{16}{\sqrt{2}}=\frac{16\times\sqrt{2}}{\sqrt{2}\times\sqrt{2}}=\frac{16\sqrt{2}}{2}=8\sqrt{2}$

2 〔独立小問集合題〕

(1)＜一次方程式─比例式＞$(3x-1)\times8=4(x+1)\times5$より，$24x-8=20x+20$，$24x-20x=20+8$，$4x=28$　$\therefore x=7$

(2)＜連立方程式＞$\frac{2}{3}x+y=1$……①，$x+1.75y=0.25$……②とする。①×3より，$2x+3y=3$……①′　②×4より，$4x+7y=1$……②′　②′－①′×2より，$7y-6y=1-6$　$\therefore y=-5$　これを①′に代入して，$2x+3\times(-5)=3$，$2x-15=3$，$2x=18$　$\therefore x=9$

(3)＜二次方程式＞$2x^2+2x=x^2+7x+6$，$x^2-5x-6=0$，$(x+1)(x-6)=0$　$\therefore x=-1$，6

(4)＜二次方程式＞$\frac{x^2}{4}-1=\frac{x}{2}$として，両辺を4倍すると，$x^2-4=2x$，$x^2-2x-4=0$となるので，解の公式より，$x=\frac{-(-2)\pm\sqrt{(-2)^2-4\times1\times(-4)}}{2\times1}=\frac{2\pm\sqrt{20}}{2}=\frac{2\pm2\sqrt{5}}{2}=1\pm\sqrt{5}$である。

3 〔数と式─文字式の利用〕

(1)＜文字式の利用＞$n(n+3)(n+2)(n+1)+1=n(n+3)\times(n+2)(n+1)+1=(n^2+3n)(n^2+3n+2)+1$と変形する。$n^2+3n=M$だから，$n(n+3)(n+2)(n+1)+1=M(M+2)+1=M^2+2M+1$となる。

(2)＜$\boldsymbol{x}$の値＞(1)より，$n^2+3n=M$とすると，$n(n+3)(n+2)(n+1)+1=M^2+2M+1$となるので，$n(n+1)(n+2)(n+3)+1=(M+1)^2$である。$12\times13\times14\times15+1$は，$n(n+1)(n+2)(n+3)+1$におい

て$n=12$としたものだから，$M+1=n^2+3n+1=12^2+3\times12+1=181$であり，$12\times13\times14\times15+1=181^2$となる。よって，$12\times13\times14\times15+1=x^2$を満たす自然数$x$は$x=181$である。

4 〔特殊・新傾向問題―規則性〕

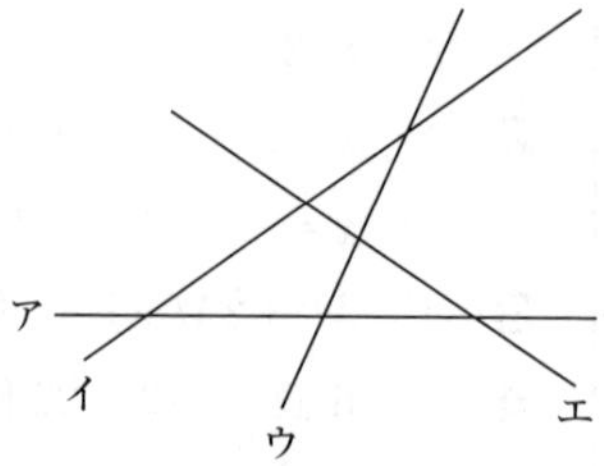

(1)<交点の数>右図で，直線アに直線イを加えると，直線イは直線アと交わるので，交点は1個できる。これに直線ウを加えると，直線ウは直線ア，イと交わるので，交点は2個増える。さらに直線エを加えると，直線エは直線ア，イ，ウと交わるので，交点は3個増える。よって，4本の直線によってできる交点の数は$1+2+3=6$(個)となる。

(2)<分けられる平面の数>右上図で，直線アによって平面は2つに分けられる。直線イを加えると，直線アによって分けられた2つの平面がそれぞれ2つに分けられるので，分けられる平面は2つ増える。これに直線ウを加えると，直線ウは直線ア，イと交わるので，直線ア，イによって分けられた平面のうちの3つをそれぞれ2つに分け，分けられる平面は3つ増える。さらに直線エを加えると，直線エは直線ア，イ，ウと交わるので，直線ア，イ，ウによって分けられた平面のうちの4つをそれぞれ2つに分け，分けられる平面は4つ増える。以下同様に考えると，分けられる平面は，5本目の直線を加えると5個増え，6本目の直線を加えると6個増える。よって，6本の直線によって分けられる平面は，$2+2+3+4+5+6=22$(個)である。

5 〔関数―関数$y=ax^2$と反比例，直線〕

≪基本方針の決定≫(3)　AB∥PCであることに気づきたい。

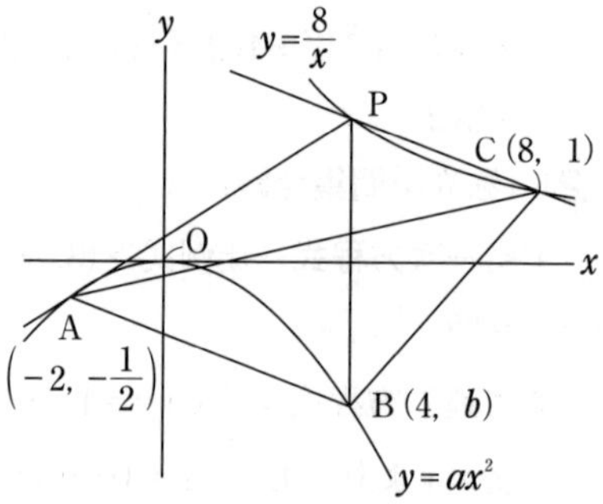

(1)< $\boldsymbol{a}$ の値>右図で，関数$y=ax^2$のグラフ上に$\mathrm{A}\left(-2,\ -\frac{1}{2}\right)$があるから，$-\frac{1}{2}=a\times(-2)^2$より，$a=-\frac{1}{8}$となる。

(2)<直線の式>右図で，(1)より，B(4, b)は関数$y=-\frac{1}{8}x^2$のグラフ上の点であるから，$b=-\frac{1}{8}\times4^2$より，$b=-2$となり，B(4, -2)である。$\mathrm{A}\left(-2,\ -\frac{1}{2}\right)$だから，直線ABの傾きは$\left\{-2-\left(-\frac{1}{2}\right)\right\}\div\{4-(-2)\}=-\frac{3}{2}\div6=-\frac{1}{4}$となり，その式は$y=-\frac{1}{4}x+c$とおける。点Bを通るので，$-2=-\frac{1}{4}\times4+c$，$c=-1$となり，直線ABの式は$y=-\frac{1}{4}x-1$である。

(3)<座標―等積変形>右上図で，△ABP，△ABCの底辺をABと見ると，△ABP＝△ABCより，高さが等しいから，AB∥PCとなる。(2)より，直線ABの傾きは$-\frac{1}{4}$なので，直線PCの傾きも$-\frac{1}{4}$である。直線PCの式を$y=-\frac{1}{4}x+d$とおくと，C(8, 1)を通るから，$1=-\frac{1}{4}\times8+d$より，$d=3$となり，直線PCの式は$y=-\frac{1}{4}x+3$である。点Pは，関数$y=\frac{8}{x}$のグラフと直線$y=-\frac{1}{4}x+3$との交点となるから，この2式より，$\frac{8}{x}=-\frac{1}{4}x+3$とし，両辺を$4x$倍して，$32=-x^2+12x$，$x^2-$

$12x+32=0$，$(x-4)(x-8)=0$　$\therefore x=4,\ 8$　よって，点Pのx座標は4であり，$y=\dfrac{8}{4}=2$であるから，P(4，2)となる。

6〔平面図形―長方形，三角形〕

(1)＜長さ＞右図で，AB＝5であり，長方形ABCDの面積が60cm^2だから，$5\times \text{AD}=60$となり，AD＝12である。AE：ED＝1：2だから，$\text{ED}=\dfrac{2}{1+2}\text{AD}=\dfrac{2}{3}\times 12=8$(cm)である。

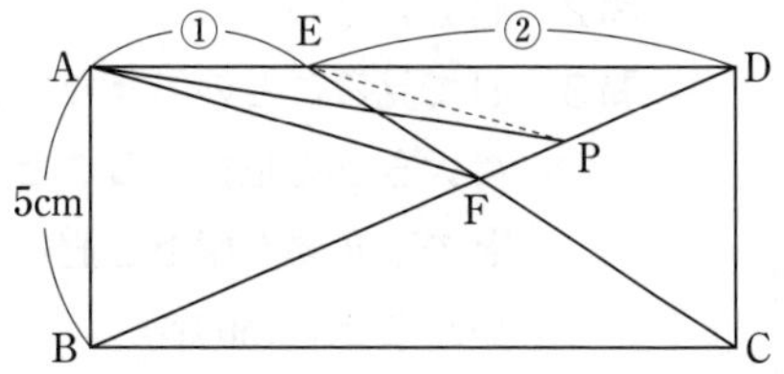

(2)＜面積―相似＞右図で，四角形ABFEの面積は，△ABD－△DEFで求められる。$\triangle\text{ABD}=\dfrac{1}{2}$〔長方形ABCD〕$=\dfrac{1}{2}\times 60=30$である。また，ED∥BCより，△DEF∽△BCFだから，DF：BF＝ED：CB＝ED：AD＝2：(1+2)＝2：3である。これより，△AFD：△ABD＝DF：DB＝2：(2+3)＝2：5となるので，$\triangle\text{AFD}=\dfrac{2}{5}\triangle\text{ABD}=\dfrac{2}{5}\times 30=12$となる。さらに，△DEF：△AFD＝ED：AD＝2：3だから，$\triangle\text{DEF}=\dfrac{2}{3}\triangle\text{AFD}=\dfrac{2}{3}\times 12=8$となる。よって，四角形ABFEの面積は，$30-8=22(\text{cm}^2)$である。

(3)＜長さの比―等積変形＞右上図で，△AEF＝△APFより，AF∥EPであるから，FP：PD＝AE：ED＝1：2となる。これより，PD＝2FPとなる。DF＝FP＋PD＝FP＋2FP＝3FPであり，DF：DB＝2：5だから，$\text{DB}=\dfrac{5}{2}\text{DF}=\dfrac{5}{2}\times 3\text{FP}=\dfrac{15}{2}\text{FP}$，$\text{BP}=\text{DB}-\text{PD}=\dfrac{15}{2}\text{FP}-2\text{FP}=\dfrac{11}{2}\text{FP}$となる。よって，$\text{BP}:\text{PD}=\dfrac{11}{2}\text{FP}:2\text{FP}=11:4$である。

7〔平面図形―三角形〕

≪基本方針の決定≫(2)　△ABE∽△ACDを利用して辺ACの長さを求める。

(1)＜論証―相似＞右図の△ABEと△ACDで，2組の角がそれぞれ等しいことを示す。共通な角より，∠BAE＝∠CADである。∠BEC＝∠BDCであるから，∠BEA＝∠CDAもいえる。解答参照。

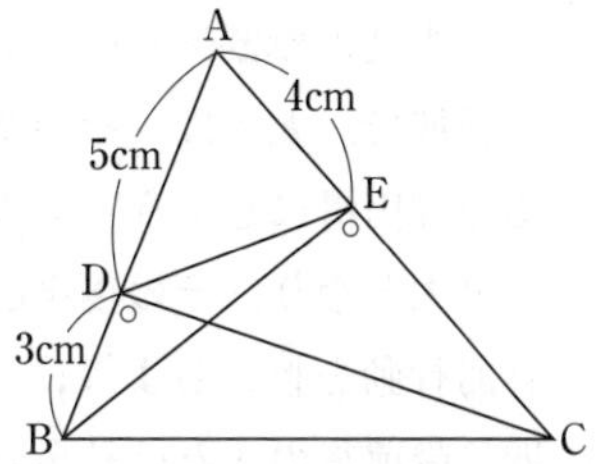

(2)＜面積比―相似＞右図で，(1)より△ABE∽△ACDだから，AB：AC＝AE：ADである。よって，(5+3)：AC＝4：5が成り立ち，$\text{AC}\times 4=8\times 5$，AC＝10となる。これより，△ABE：△ABC＝AE：AC＝4：10＝2：5だから，$\triangle\text{ABE}=\dfrac{2}{5}\triangle\text{ABC}$となる。また，△BDE：△ABE＝BD：AB＝3：8だから，$\triangle\text{BDE}=\dfrac{3}{8}\triangle\text{ABE}$である。したがって，$\triangle\text{BDE}=\dfrac{3}{8}\times\dfrac{2}{5}\triangle\text{ABC}=\dfrac{3}{20}\triangle\text{ABC}$となるので，△BDEの面積は△ABCの面積の$\dfrac{3}{20}$倍である。

国語解答

一　問1　1…ウ　2…ア　3…エ
問2　自分自身の
問3　目で見ることのできない空間領域の大きさを把握することで，他人との不必要な摩擦を避けているということ。(50字)
問4　エ
問5　依存の脱却と自律性の確立
問6　ウ
問7　他人との関係を調整している［から。］
問8　ウ
問9　⑴　自らの空間を取り戻し，心の回復を模索
⑵…イ

二　問1　1…イ　2…ア　3…ウ
問2　エ
問3　自分や周りの人間が困る行動や通常はやらない特殊な動きが修正されずに手続き学習により潜在記憶として獲得されるから。(56字)
問4　自身の癖を　　問5　オ
問6　イ　　問7　音楽の普遍的モデル
問8　ア

三　①　陰影　②　貿易　③　輝
④　詰　⑤　小豆　⑥　けんご
⑦　ほうがん　⑧　うかが　⑨　く
⑩　ざっとう

四　①　当意即妙・イ　②　旧態依然・エ
③　花鳥風月・ア　④　晴耕雨読・ウ
⑤　温故知新・キ

五　問1　イ　問2　ア　問3　オ
問4　エ　問5　ウ

一〔論説文の読解—社会学的分野—コミュニケーション〕出典；渋谷昌三『人と人との快適距離　パーソナル・スペースとは何か』。

≪本文の概要≫パーソナル・スペースとは，人の体を直接に取り巻く，目で見ることのできない空間領域で，人々は，その空間領域を暗黙の緩衝帯として利用することによって，他人との生活をできるだけ円滑にしようとする。パーソナル・スペースの距離は，年齢とともに大きくなり，四〇歳前後で最大となり，その後再び小さくなることが知られている。子どもは成長するにつれて，大人への依存的行動を控えるようになるが，依存の脱却と自律性の確立が，他人との距離の取り方に示される。四〇歳前後の人々は社会の中で最も独立性が要求されるが，それ以降の年齢になって身体的な衰えが始まると再び他者への依存的な行動が増える。つまり，心理的変化が，パーソナル・スペースの大きさに具体化されるのである。私の調査では二〇歳代のパーソナル・スペースが小さいが，それは，現代の若者たちが他人への依存度が高く，自律心に乏しい証拠のようにも思われる。都市に住む人々は，本来人間が必要とする空間を自らの手で縮小させ，密集して住む他人との関係を調整している。だから，郊外に出かけて本来の自分の空間を取り戻そうとするのだろう。人が必要とする空間は，その人自身の欲求や状況によって変化するらしいと考えられる。

問1＜接続語＞1．私たちは，相手が遠くにいるときには，「その人のことはほとんど気にならない」が，その人が近くに来ると，とたんに気持ちが「動揺」する。　2．パーソナル・スペースは，人が「いつも持ち運んでいる」ところから，「ポータブル・テリトリー」，言い換えれば，「携帯用のなわばり」と呼べる。　3．人が自分の空間だと感じている空間は，男女ともに円形ではなく，「前方に広い空間」なのであるが，そういえば，「尾瀬沼の調査」ではハイカーが感じるパー

ソナル・スペースの前方と思われる距離は一二〇メートルで，一方，「私の調査」では，男性が約一八メートル，女性が約七メートルであるから，「その差はきわめて大きい」といえる。

問２＜文章内容＞他人が近くにいると，その人が気になり落ち着かないのは，「自分自身の占有空間のなかに他人が侵入しているからだ」と考えることができる。

問３＜文章内容＞パーソナル・スペースは，「目で見ることのできない空間領域である」が，他人との生活をできるだけ円滑にするために，自分の「パーソナル・スペースの大きさを把握しておく必要がある」のである。私たちは，パーソナル・スペースの大きさを把握して，「他人との不必要な摩擦を避け」て，互いに快適に過ごせるよう心がけるのである。

問４＜文章内容＞二〇歳代の人たちのパーソナル・スペースが「中年の人たちより小さい」ということは，「現代の若者たちが他人への依存心が強く，自律心に乏しい証拠のようにも思われる」のであり，「若者たちのパーソナル・スペースには，幼児性が色濃く残っている」と解釈できる。

問５＜文章内容＞子どもは成長するにつれて，大人に対する依存的行動を控えるようになる。同時に，周囲の大人たちは，子どもの自律性の訓練を奨励するように対応する。つまり，「依存の脱却と自律性の確立が，他人との距離の取り方に」示されているのである。

問６＜文章内容＞子どもは成長するにつれて，大人への依存から脱却して自律性を確立していき，他人との間の距離も大きくなっていく。社会の中で最も独立性が要求される四〇歳前後で距離は最大になるが，その後「身体的な衰え」が始まると「再び他者への依存的な行動が増え」，他人との間の距離が短くなるのである。

問７＜文章内容＞都市に住む人たちは，「本来，人間が必要とする空間を自らの手で縮小」させて，「密集して住む他人との関係を調整している」と考えられるのである。

問８＜文章内容＞調査の結果，尾瀬沼の湿原を歩くハイカーが，他のハイカーに近づかれても「気分がこわれない」距離は，平均一二〇メートルだとわかった。しかし，「私の調査」では，相手との前方の距離は，男性が約一八メートル，女性が約七メートルを必要だと感じていたのである。この差異は，「人が必要とする空間は，その人自身の欲求や状況によって変化するらしいこと」を示している。密集して住む都市と郊外とで，人は必要とする空間の大きさを変化させていると考えられるのである。

問９⑴＜文章内容＞パーソナル・スペースは，「狭い車内」や「満員のホール」などと同様に，学校で授業を受けているときも縮小していると考えられる。そして，私たちは「郊外」や「近くの公園に散歩に出かけ」たり，昼休みに屋上で開放的に食事をとったりすることで，「自らの空間を取り戻し，心の回復を模索」しているのである。　⑵＜要旨＞人間は，自分のパーソナル・スペースが保証されているときは快適であり，逆に，この空間に「他人が侵入」すると不快になる。したがって，他人との生活をできるだけ円滑にするために，自分の「パーソナル・スペースの大きさを把握しておく必要」がある。私たちは，「パーソナル・スペースを暗黙の緩衝帯として利用することによって，他人との生活をできるだけ円滑にしよう」としているのである（イ…×）。

二〔論説文の読解―芸術・文学・言語学的分野―芸術〕出典；大黒達也『芸術的創造は脳のどこから産まれるか？』。

≪本文の概要≫私たちの日常動作は，ほとんど無意識的行動といえる。無意識的行動は，潜在学習の一つである手続き学習によって生まれ，獲得された情報は圧縮され，運動の自動化を可能にする。癖も，手続き学習によって獲得された潜在記憶である。無意識的行動である癖を客観的に評価できれば，間違った行動を的確に効率よく改善でき，コンピュータで潜在意識をモデル化することでそれは可能である。私は，演奏中にオンラインで癖を本人にフィードバックし，効率的な改善案を教示するシステムを開発している。音楽家は，長期間の音楽訓練を通じて，音楽の普遍的モデルの不確実性を下げ最適化していく。モデルの複雑性を徐々に下げ最適化していくことが，喜びという内発的報酬となる。しかし，モデルを限界まで最適化してしまうと，これ以上の知的な喜びを望めなくなる。すると脳は，不確かな音楽に興味を持つようになり，新たな喜びを得るために，人間は，不確実で不安定な行為であっても，新しい芸術を追求したくなるのである。芸術には，既存の知識の枠の中に表現を納めようとする表現意欲と，既存の知識から逸脱しようとする表現意欲の，相反する二つの力が存在しており，逸脱しようとする拡散的思考から，芸術的創造性が生まれるのである。

問１＜接続語＞１．我々の日常動作も，「パターン化・自動化された無意識的行動が大部分を占めて」いて，例を挙げれば，歩く動作も，「パターン化・自動化された行動の一つ」である。　２．癖を修正するためには「本人が自覚を持って意識的に改善」していくことが必要であるが，「癖は無意識的な行為」なので，「他人から指摘され」ないかぎり自覚することが難しいのである。　３．音楽に不確実性がなくなり知的好奇心の満足が得られなくなると，脳が「不確かな音楽に興味を持つように」なるのは，要するに，「ヒトは，さらなる『知的な喜び』を得るために，たとえ意味のわからない不確実・不安定な行為であっても，新しい芸術を追求したくなる」ということである。

問２＜文章内容＞人間は，普遍化させて音楽に不確実性がなくなると，さらなる知的な喜びを得るために，たとえ意味のわからない不確実・不安定な行為であっても「新しい芸術を追求したく」なる。このように，芸術普遍性を基盤においたうえで，個性の追求という独自のものを考え出すことが生まれるのである。

問３＜文章内容＞癖は，「パターン化・自動化された無意識的行動」のうち，自分や周りの人間が困っていたり，通常はやらなかったりする「特殊な動き」のことである。この特殊な動きが「一種の手続き学習によって獲得された潜在記憶」として定着したものが，癖なのである。

問４＜文章内容＞他人から指摘されるなどしないかぎり気づくことが難しい，潜在記憶である癖を，顕在化・可視化することによって「客観的に評価」でき，「自身の癖を的確に理解し効率良く改善していくこと」ができると考えられるのである。

問５＜文章内容＞筆者が開発している「システム」を使うと，例えばハービー・ハンコックなど特定の誰かの演奏をしたいと思ったとき，その人の演奏記録を全てコンピュータに取り込んでモデル化させ，その人の「癖を抽出する」ことで，効率よくその「演奏法を習得すること」ができ，さらに，「音楽だけでなく列情報であればなんでも応用すること」ができるのである。

問６＜文章内容＞音楽の普遍的モデルの不確実性を限界まで「最適化・普遍化」させてしまうと，知的な喜びを得るために不確かな音楽に興味を持つようになり，新しい芸術を追求したくなり，「個性」が生まれる。つまり，「既存の知識の枠の中に表現を納めようとする表現意欲」から「既存の知識から逸脱しようとする表現意欲」へと，「普遍モデルに何か変化がおきる瞬間こそ，芸術的個性が生まれる瞬間」なのである。

問７＜文章内容＞脳が長年かけて作成してきた「音楽の普遍的モデル」が，きちんと整頓，最適化されていくと，やがて音楽の不確実性が完全になくなり，知的好奇心は失われてしまう。すると，人間はさらなる「知的な喜び」を得ようとして，逆に何やら「得体の知れない音楽」の不確実性，不安定性に興味を持つのである。

問８＜要旨＞「パターン化・自動化された無意識的行動は，潜在学習の一つである手続き学習によって生まれる」が，そこで獲得された潜在記憶の情報は，「複雑な動きを，一つの情報の塊として圧縮」することによって，「楽器演奏の超絶技巧のような動きも可能になる」のである(ア…○)。癖は無意識的な行為なので，「修正するためには本人が自覚を持って意識的に改善し，間違った手続き記憶を塗り替えていく必要」がある(イ…×)。音楽家は長期間の音楽訓練を通して，音楽の普遍的モデルの複雑性を「徐々に下げ最適化」させていき，「喜び」という内発的報酬を得る(エ…×)。オリジナリティを生み出すためには，「不確実性を下げようとする意欲(普遍化，収束化，最適化)」と「その逆の上げようとする意欲(個性，拡散化)」が必要で，芸術普遍性を基盤においたうえで「既存の知識から逸脱しよう」として個性が生まれるが(ウ…×)，その「個性を出そうという拡散的思考は高次構造の潜在記憶が関連している」と考えられる(オ…×)。

三 〔漢字〕

①「陰影」は，光の当たらない暗い部分のこと。　②「貿易」は，外国と商品の取引をすること。　③音読みは「光輝」などの「キ」。　④「詰める」は，すき間のないようにぎっしりと満たす，という意味。　⑤「小豆」は，あんや菓子などの材料にする食用の豆。　⑥「堅固」は，心がしっかりと定まって動かないこと。　⑦「包含」は，内部に包みふくんでいること。　⑧「伺う」は，「訪問する」の謙譲語。　⑨音読みは「不朽」などの「キュウ」。　⑩「雑踏」は，たくさんの人が出て込み合うこと。

四 〔四字熟語〕

①「当意即妙」は，その場の状況に応じて，すばやく機転を利かすこと。　②「旧態依然」は，昔からのしきたりや状態がそのまま続いていて，一向に進歩がない様子。　③「花鳥風月」は，自然の美しい風物や，それを鑑賞する風雅な心のこと。　④「晴耕雨読」は，晴れた日には田畑を耕し，雨の日は読書をするというように，田園で心穏やかに暮らすこと。　⑤「温故知新」は，昔のことや古いことを研究して，そこから新しい知識や道理を見つけ出すこと。

五 〔資料〕

問１．図表１によると，世界の二酸化炭素排出量の上位五か国の排出量は，世界全体の排出量の57.4パーセントを占めている。したがって，この五か国の排出量を削減する取り組みが重要な課題だといえる。

問２．図表２からは，５年ごとの平均気温偏差の平均変化傾向が，1900年は－1.2辺り，2019年は0.3辺りであり，1900年から2019年までの間に，約1.5度上昇していることが読み取れる。

問３．図表３によると，日本における二酸化炭素排出量は，最近では2009年から2013年までは増加したが，2013年以降は減少を続けている。

問４．図表４によれば，日本における2018年度の二酸化炭素排出量を部門別に見ると，産業部門の排出量が突出しており，二番目に多い運輸部門のほぼ２倍になっている。

問５．図表５を見ると，家庭からの二酸化炭素排出量の燃料種別内訳は，電気からの排出量がほぼ２分の１を占めるので，電気によって運転される冷暖房機器の使用の削減や，自然エネルギーの太陽光発電の活用などの工夫を心がけたい(イ・エ…○)。また，ガソリンからの排出量も４分の１程度であり，ガソリン車の利用を控えることも必要である(ア…○)。さらに，再利用やリサイクルを心がければ，ゴミからの排出量の割合を減らすことが可能になる(オ…○)。輸入された食品に頼ることは，輸送による排出量を増加させることになり適当ではない(ウ…×)。

●要点チェック●　図形編―相似と平行線

◎相似な図形

相似……一方の図形を拡大または縮小して，他方の図形と合同となるとき，２つの図形は相似である。

• 相似な図形の性質

１．対応する線分の長さの比はすべて等しい。
２．対応する角の大きさはそれぞれ等しい。

• 三角形の相似条件

２つの三角形は次のどれかが成り立つとき相似である。
１．３組の辺の比がすべて等しい。
２．２組の辺の比とそのはさむ角がそれぞれ等しい。
３．２組の角がそれぞれ等しい。

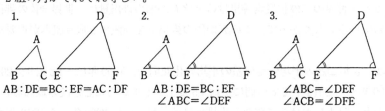

1.

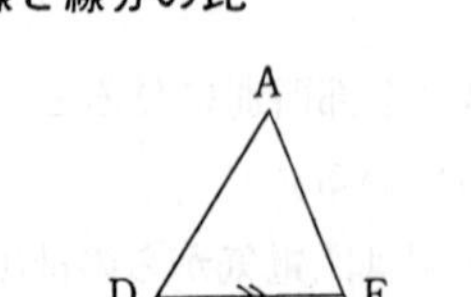

AB : DE=BC : EF=AC : DF

2.

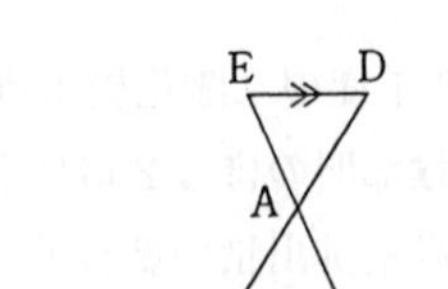

AB : DE=BC : EF
∠ABC=∠DEF

3.

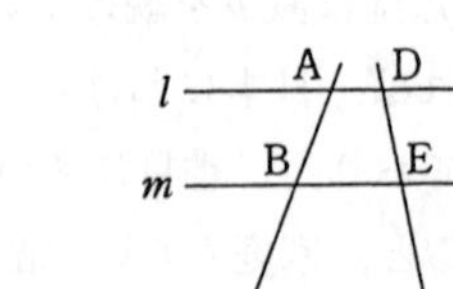

∠ABC=∠DEF
∠ACB=∠DFE

• 平行線と線分の比

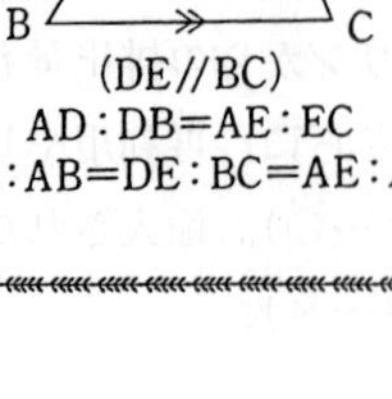

(DE//BC)
AD : DB=AE : EC
AD : AB=DE : BC=AE : AC

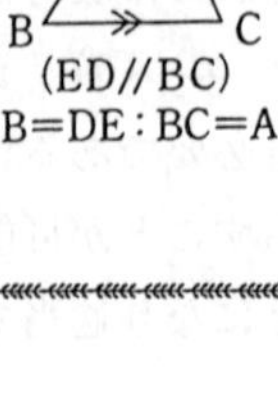

(ED//BC)
AD : AB=DE : BC=AE : AC

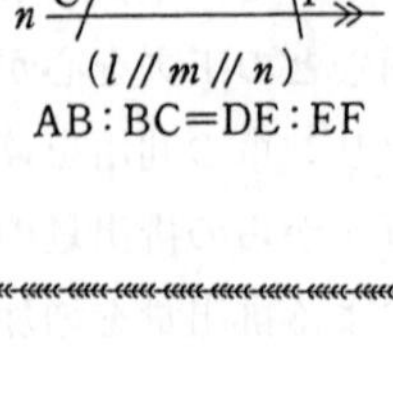

(l // m // n)
AB : BC=DE : EF

●要点チェック●　図形編―合同

◎図形の合同

合同……一方の図形を移動させて(ずらしたり《平行移動》，回したり《回転移動》，裏返したり《対称移動》して)，他方の図形に重ね合わせることのできるとき，この２つの図形は合同である。

・合同な図形の性質

１．対応する線分の長さは等しい。

２．対応する角の大きさは等しい。

・三角形の合同条件

２つの三角形は次のどれかが成り立つとき合同である。

１．３組の辺がそれぞれ等しい。

２．２組の辺とそのはさむ角がそれぞれ等しい。

３．１組の辺とその両端の角がそれぞれ等しい。

1.

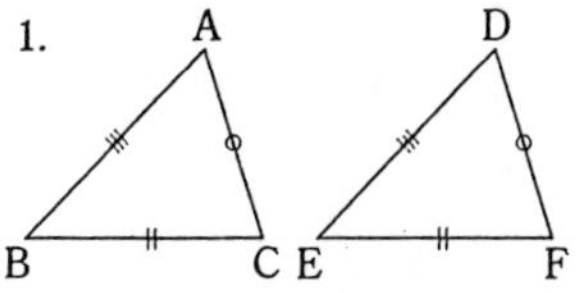

AB＝DE
BC＝EF
AC＝DF

2.

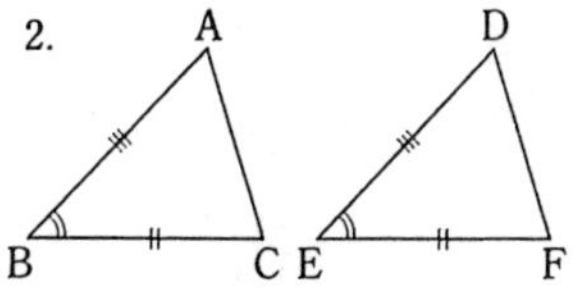

AB＝DE
BC＝EF
∠ABC＝∠DEF

3.

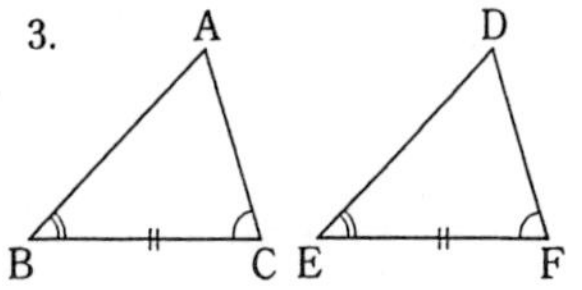

BC＝EF
∠ABC＝∠DEF
∠ACB＝∠DFE

・直角三角形の合同条件

２つの直角三角形は次のどちらかが成り立つとき合同である。

１．斜辺と１鋭角がそれぞれ等しい。

２．斜辺と他の１辺がそれぞれ等しい。

1.

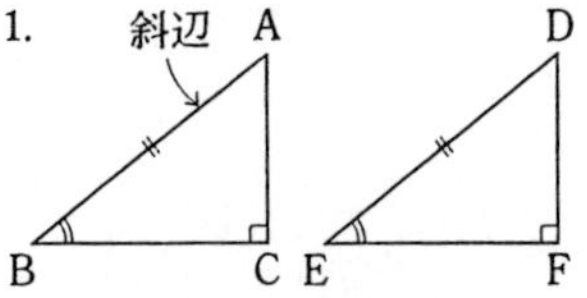

∠ACB＝∠DFE＝90°
AB＝DE
∠ABC＝∠DEF

2.

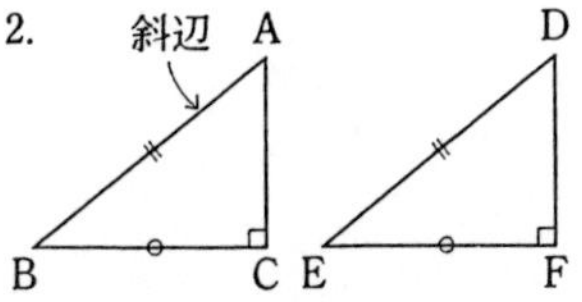

∠ACB＝∠DFE＝90°
AB＝DE
BC＝EF

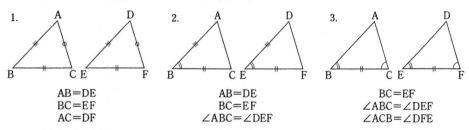

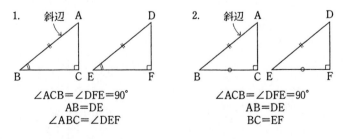

Memo

2025年度用

高校スーパー過去問

■編集人 声の教育社・編集部

■発行所 株式会社 声の教育社

〒162-0814 東京都新宿区新小川町8-15

☎03-5261-5061㈹ FAX03-5261-5062

https://www.koenokyoikusha.co.jp

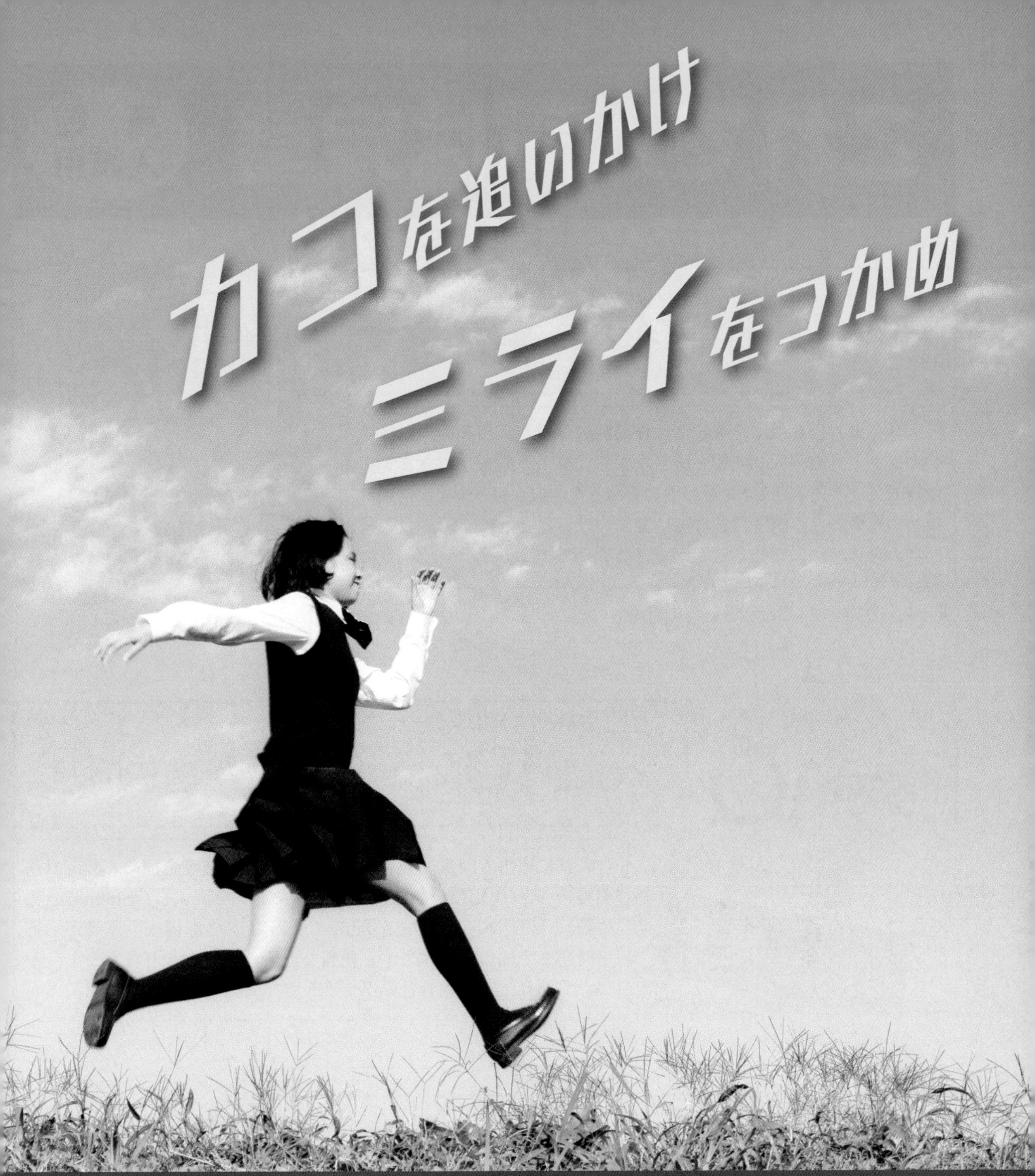
カコを追いかけ
ミライをつかめ

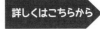

日本工業大学駒場高等学校

別冊解答用紙

丁寧に抜きとって、別冊としてご使用ください。

★教科別合格者平均点・最高点・最低点

年度		英語	数学	国語	合格者最高点	合格者最低点
2024	特進	75.0	61.3	62.3	258	**210**
	理数特進	64.0	59.7	62.5	245	**202**
	総合進学	63.5	53.3	57.5	242	**181**
	文理未来	58.4	50.7	56.4	230	**165**
2023	特進	73.1	69.8	72.4	261	**212**
	理数特進	69.7	70.2	71.6	258	**210**
	総合進学	63.2	64.5	63.8	254	**186**
	文理未来	61.2	63.6	63.0	247	**176**
2022	特進	77.6	70.6	72.5	268	**206**
	理数特進	75.7	69.8	70.5	252	**201**
	総合進学	63.5	62.8	67.6	241	**175**
	文理未来	62.6	60.7	61.2	237	**158**
2021	特進	78.6	77.2	73.5	278	**219**
	理数特進	74.9	75.3	70.8	269	**204**
	総合進学	62.4	61.5	64.9	254	**179**
	文理未来	60.1	59.5	61.2	235	**156**

※全コース共通問題です。（上記の点数は一般入試①の結果です。）

注意

○ 解答用紙は、収録の都合により縮小したものや、小社独自に作成したものもあります。
○ 学校配点は学校発表のもの、推定配点は小社で作成したものです。
○ 無断転載を禁じます。
○ 解答用紙を拡大コピーする場合、表示した拡大率に対応する用紙サイズは以下のとおりです。
101%～102%＝B5　103%～118%＝A4　119%～144%＝B4　145%～167%＝A3
（タイトルと配点表は含みません）

2024年度 日本工業大学駒場高等学校 一般①

英語解答用紙

番号		氏名		評点	/100

1

1		2		3		4		5	
6		7		8		9		10	

2

1	.
2	?
3	my father .
4	I .
5	.

3

A	1		2		3		4	
	5		6		7		8	
B	1		2		3		4	

4

5

Q1	$									
Q2										
Q3	1		2		3		4		5	
Q4										

6

問1	ア		イ		ウ		エ		オ	
問2	A		B		C		D		E	
問3		問4								
問5										
問6	1		2		3					

（注）この解答用紙は実物を縮小してあります。204％拡大コピーすると、ほぼ実物大で使用できます。（タイトルと配点表は含みません）

推定配点
1～3 各2点×27 4 4点 5 Q1、Q2 各2点×2 Q3 各1点×5 Q4 3点 6 問1～問4 各2点×12 問5 3点 問6 各1点×3
100点 計

2024年度　日本工業大学駒場高等学校　一般①

数学解答用紙　No. 1

番号		氏名		評点	/100

1

(1)
(2)
(3)
(4)

2

(1)
(2)
(3)
(4)

3

(1)
(2)

4

(1)
(2)

２０２４年度　日本工業大学駒場高等学校　一般①

数学解答用紙　No. 2

5

(1)	
(2)	
(3)	

6

(1)ア	
イ	
ウ	
(2)	

7

(1)	
(2)	
(3)	

推定配点	
1～7　各5点×20〔6(1)は完答〕	
100点	計

（注）この解答用紙は実物を縮小してあります。204%拡大コピーすると、ほぼ実物大で使用できます。（タイトルと配点表は含みません）

二〇二四年度　日本工業大学駒場高等学校　一般①

国語解答用紙

番号　　氏名　　評点　／100

一

問1　1　2　3

問2

問3

問4

問5　（20　40　60　70）

問6

問7（i）（6）　（ii）

問8

問9

問10　〜　から。

二

問1　1　2　3

問2

問3　〜

問4　（20　40　60　70）

問5

問6

問7　（15）

問8

問9　①　②　③　④　⑤

三

①　②　③　④　⑤

⑥　⑦　⑧　⑨　⑩

四

問1　①　②　③　④

問2

五

問1　i　ii

問2

問3

問4

（注）この解答用紙は実物を縮小してあります。189%拡大コピーすると、ほぼ実物大で使用できます。（タイトルと配点表は含みません）

推定配点	計
一 問1〜問4　各2点×6　問5　3点　問6〜問9　各2点×5 問10　3点 二 問1〜問3　各2点×5　問4　3点　問5、問6　各2点×2 問7　3点　問8、問9　各2点×6 三〜五 各2点×20	100点

2024年度　日本工業大学駒場高等学校　一般②

英語解答用紙

番号		氏名		評点	/100

1

1		2		3		4		5	
6		7		8		9		10	

2

1	.
2	.
3	1990 .
4	tomorrow ?
5	?

3

A	1		2		3		4	
	5		6		7		8	
B	1		2		3		4	

4

5

問1		問2		問3						
問4										
問5		問6	1		2		3		4	

6

問1								
問2	A		B		C		D	
問3								
問4		問5						
問6								
問7								
問8								
問9	1		2		3		4	

（注）この解答用紙は実物を縮小してあります。204%拡大コピーすると、ほぼ実物大で使用できます。（タイトルと配点表は含みません）

推定配点

1〜3 各2点×27
4 4点
5 問1〜問5 各2点×5　問6 各1点×4
6 問1、問2 各2点×5　問3 3点　問4〜問7 各2点×4　問8 3点　問9 各1点×4

計
100点

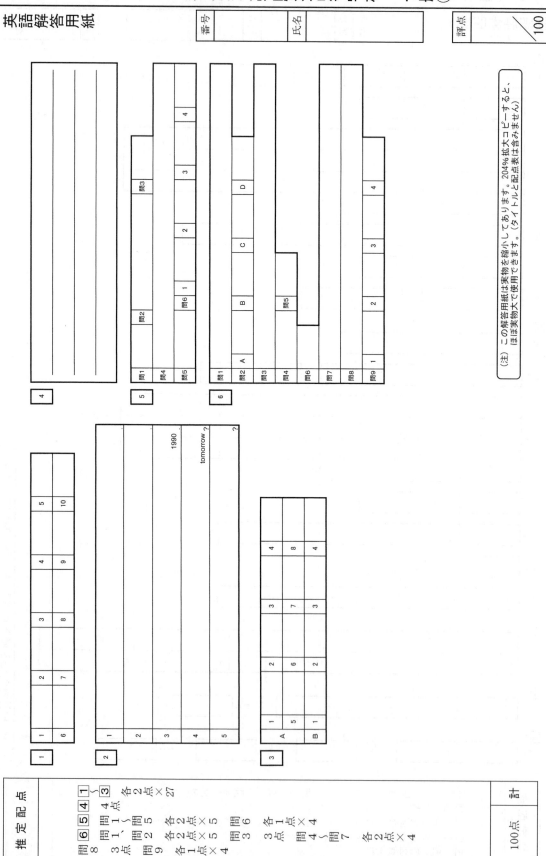

２０２４年度　日本工業大学駒場高等学校　一般②

数学解答用紙　No. 1

番号		氏名		評点	/100

1

(1)
(2)
(3)
(4)

2

(1)
(2)
(3)
(4)

3

(1)
(2)

4

(1)
(2)

2024年度　日本工業大学駒場高等学校　一般②

数学解答用紙　No. 2

5	
(1)	
(2)	
(3)	

6	
(1)ア	
イ	
ウ	
エ	
(2)	

7	
(1)	
(2)	
(3)	

推定配点	
1～7 各5点×20〔6(1)は完答〕	
100点	計

（注）この解答用紙は実物を縮小してあります。204%拡大コピーすると、ほぼ実物大で使用できます。（タイトルと配点表は含みません）

二〇二四年度　日本工業大学駒場高等学校　一般②

国語解答用紙

番号　　氏名　　評点　/100

一

問1　1　2　3

問2　4

問3　12

問4　20　40　60　70

問5　問6　問7

問8　問9

二

問1　1　2　3

問2　4

問3　20　40　60　70

問4

問5　(i)　5　(ii)　5

問6

問7　2

問8

問9　①　②　③　④　⑤

三

①　②　③　④　⑤

⑥　⑦　⑧　⑨　⑩

四

①　②　③　④　⑤

五

問1　問2　問3　問4　問5

（注）この解答用紙は実物を縮小してあります。189%拡大コピーすると、ほぼ実物大で使用できます。（タイトルと配点表は含みません）

推定配点	
一　問1　各2点×3　問2～問4　各3点×3　問5～問9　各2点×5 二　問1、問2　各2点×4　問3　3点　問4　2点　問5　各3点×2 問6～問9　各2点×8 三～五　各2点×20	計　100点

2023年度　日本工業大学駒場高等学校　一般①

英語解答用紙

番号		氏名		評点	/100

1

1		2		3		4		5	

2

1		
2		
3		
4		
5		

3

1	I'll .
2	.
3	yesterday .
4	breakfast .
5	Did you know ?

4

A	1		2		3		4		5	
	6		7		8					
B	1		2		3		4			

5

6

Q1	A		B		C		D	
Q2								
Q3								
Q4		Q5						

7

問1	ア		イ		ウ		エ		オ	
問2	money.									
問3										
問4										
問5	1		2		3					
問6										

（注）この解答用紙は実物を縮小してあります。204%拡大コピーすると、ほぼ実物大で使用できます。（タイトルと配点表は含みません）

推定配点	
1～4	各2点×27
5	4点
6、7	各2点×21
計	100点

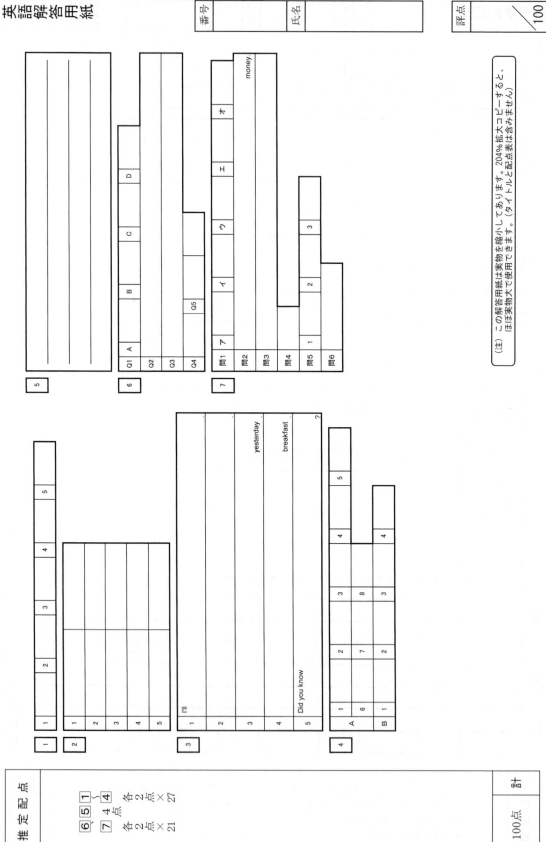

２０２３年度　日本工業大学駒場高等学校　一般①

数学解答用紙　No. 1

番号		氏名	

評点	/100

1

(1)

(2)

(3)

(4)

2

(1)

(2)

(3)

(4)

3

(1)

(2)

4

(1)

(2)

2023年度 日本工業大学駒場高等学校 一般①

数学解答用紙 No. 2

7

(1)	
(2)	

6

(1)	ア	
	イ	
	ウ	
(2)		
(3)		

5

(1)	
(2)	
(3)	

(注) この解答用紙は実物を縮小してあります。204%拡大コピーすると、ほぼ実物大で使用できます。(タイトルと配点表は含みません)

推定配点	
1～7 各5点×20〔6(1)は完答〕	
100点	計

二〇二三年度　日本工業大学駒場高等学校　一般①

国語解答用紙

番号　　氏名　　評点　／100

一

問1　1　2　3

問2

問3

問4

問5　20　40　60　70

問6　6

問7　〜

問8

問9

二

問1　1　2　3

問2　6

問3

問4　20　40　60

問5

問6　〜

問7

問8

問9

三

①　②　③　④　⑤

⑥　⑦　⑧　⑨　⑩

四

①　②　③　④　⑤

五

問1　問2　問3　問4　問5

（注）この解答用紙は実物を縮小してあります。185%拡大コピーすると、ほぼ実物大で使用できます。（タイトルと配点表は含みません）

推定配点		計
	一　問1　各2点×3　問2〜問9　各3点×8 二　問1　各2点×3　問2〜問9　各3点×8 三〜五　各2点×20	100点

2023年度 日本工業大学駒場高等学校 一般②

英語解答用紙

番号		氏名		評点	/100

1

1		2		3		4		5	

2

1		
2		
3		
4		
5		

3

1	Ken .
2	.
3	the world .
4	yesterday .
5	My uncle .

4

A	1		2		3		4		5	
	6		7		8					
B	1		2		3		4			

5

6

問1		問2						
問3	1							
	2							
問4	1		2		3		4	
問5	記号		語					

7

問1	1		2		3		4			
問2										
問3	This is know of.									
問4										
問5										
問6										
問7	1		2		3		4		5	
	6									

（注）この解答用紙は実物を縮小してあります。204%拡大コピーすると、ほぼ実物大で使用できます。（タイトルと配点表は含みません）

推定配点	
1～4 各2点×27 5 4点 6 問1、問2 各1点×2 問3～問5 各2点×7 7 問1 各1点×4 問2～問7 各2点×11	
計	100点

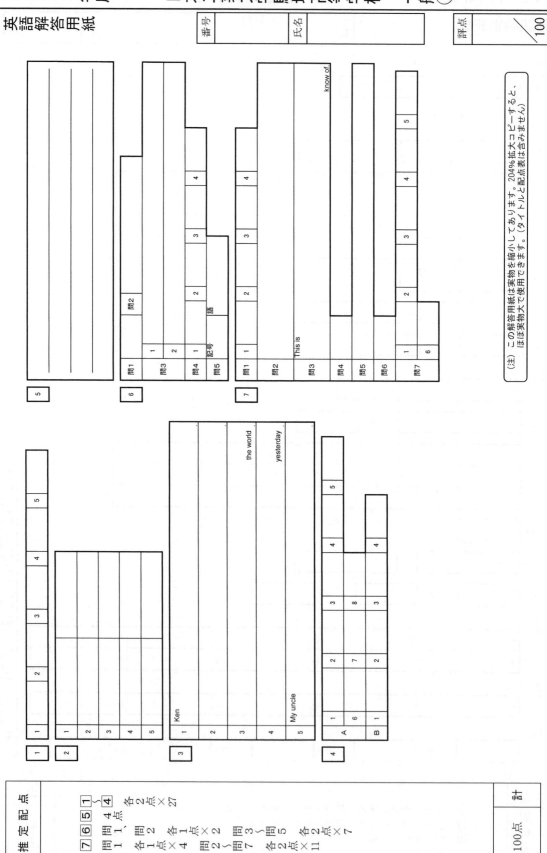

２０２３年度　日本工業大学駒場高等学校　一般②

数学解答用紙　No. 1

番号		氏名		評点	/100

1

(1)
(2)
(3)
(4)

2

(1)
(2)
(3)
(4)

3

(1)
(2)

4

(1)
(2)

2023年度　日本工業大学駒場高等学校　一般②

数学解答用紙　No.2

7
(1) ア
イ
ウ
(2)

6
(1)
(2)
(3)

5
(1)
(2)
(3)

（注）この解答用紙は実物を縮小してあります。204%拡大コピーすると、ほぼ実物大で使用できます。（タイトルと配点表は含みません）

推定配点	計
1～7 各5点×20〔7(1)は完答〕	100点

二〇二三年度　日本工業大学駒場高等学校　一般②

国語解答用紙

番号　　氏名　　評点　／100

一

問1　1　2　3

問2

問3　5

問4

問5　5

問6　20　40　60

問7

問8

問9

二

問1　1　2　3

問2　20　40　60　70

問3

問4

問5　5

問6

問7　10

問8

問9　①　②　③　④　⑤

三

①　②　③　④　⑤

⑥　⑦　⑧　⑨　⑩

四

①　②　③　④　⑤

五

問1　10

問2

問3

問4

問5

（注）この解答用紙は実物を縮小してあります。185%拡大コピーすると、ほぼ実物大で使用できます。（タイトルと配点表は含みません）

推定配点	
一 問1　各2点×3　問2～問9　各3点×8 二～五　各2点×35〔五問5は完答〕	
100点	計

2022年度　日本工業大学駒場高等学校　一般①

英語解答用紙

番号		氏名		評点	/100

1

1		2		3		4		5	

2

1		
2		
3		
4		
5		

3

1	music.
2	.
3	You .
4	I bought .
5	They .

4

A	1		2		3		4		5	
	6		7		8					
B	1		2		3		4			

5

6

Q1		Q2		Q3		Q4		Q5	
Q6									

7

問1								
問2	ア		イ		ウ		エ	
問3	and make ~							
問4		➡		➡		➡		
問5	A		B		C		D	
問6								
問7								
問8	1		2		3		4	

（注）この解答用紙は実物を縮小してあります。204%拡大コピーすると、ほぼ実物大で使用できます。（タイトルと配点表は含みません）

推定配点

1～4 各2点×27
5 4点
6 各2点×6
7 問1 2点　問2 各1点×4　問3～問8 各2点×12

計	100点

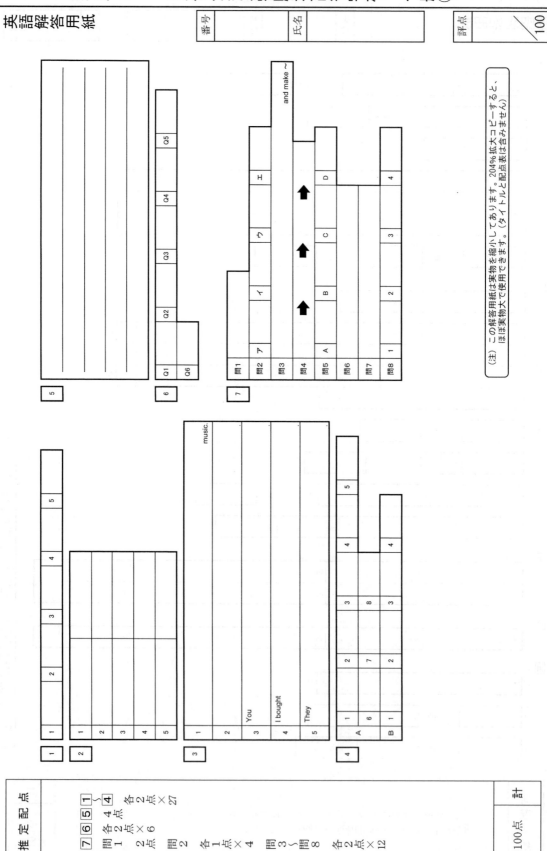

２０２２年度　日本工業大学駒場高等学校　一般①

数学解答用紙　No. 1

番号

氏名

評点　/100

1

(1)

(2)

(3)

(4)

2

(1)

(2)

(3)

(4)

3

(1)

(2)

4

(1)

(2)

２０２２年度　日本工業大学駒場高等学校　一般①

数学解答用紙　No.２

5

(1)
(2)
(3)

6

(1)
(2)
(3)

7

(1)
(2)

（注）この解答用紙は実物を縮小してあります。200%拡大コピーすると、ほぼ実物大で使用できます。（タイトルと配点表は含みません）

推定配点	
1～7　各5点×20	
100点	計

二〇二二年度　日本工業大学駒場高等学校　一般①

国語解答用紙

番号		氏名		評点	/100

（注）この解答用紙は実物を縮小してあります。175％拡大コピーすると、ほぼ実物大で使用できます。（タイトルと配点表は含みません）

一

問1　1　2　3

問2　（20・40・60・70）

問3　問4　（7）

問5　問6　（7）

問7　問8

問9

二

問1　1　2　3

問2　問3

問4　（13）

問5　（20・40・60）

問6　問7

問8　（1）　（2）

三

①　②　③　④　⑤

⑥　⑦　⑧　⑨　⑩

四

	活用の行・種類	活用形
①		
②		
③		
④		
⑤		

五

問1　問2　問3　問4　問5

推定配点	計
一 問1　各2点×3　問2　4点　問3～問7　各3点×5 問8　2点　問9　3点 二 問1　各2点×3　問2～問4　各3点×3　問5　4点 問6、問7　各3点×2　問8（1）3点（2）2点 三 各2点×10　四 各1点×10　五 各2点×5	100点

２０２２年度　日本工業大学駒場高等学校　一般②

英語解答用紙

番号		氏名		評点	/100

1

1		2		3		4		5	

2

1		
2		
3		
4		
5		

3

1	.
2	You .
3	Do you ?
4	This house is .
5	since she ～.

4

A	1		2		3		4		5	
	6		7		8					
B	1		2		3		4			

5

6

問1										
問2	A		B		C					
問3										
問4	ア		イ		ウ		エ		オ	

7

問1	ア		イ		ウ		エ		オ	
問2	1つめ									
	2つめ									
問3		問4		問5						
問6	1		2							
問7										

（注）この解答用紙は実物を縮小してあります。204%拡大コピーすると、ほぼ実物大で使用できます。（タイトルと配点表は含みません）

推定配点	
1～4 各2点×27 5 5点 6 各2点×10 7 問1 各1点×5　問2～問7 各2点×8	
計	100点

２０２２年度　日本工業大学駒場高等学校　一般②

数学解答用紙　No. 1

番号		氏名		評点	/100

1
(1)
(2)
(3)
(4)

2
(1)
(2)
(3)
(4)

3
(1)
(2)

4
(1)
(2)

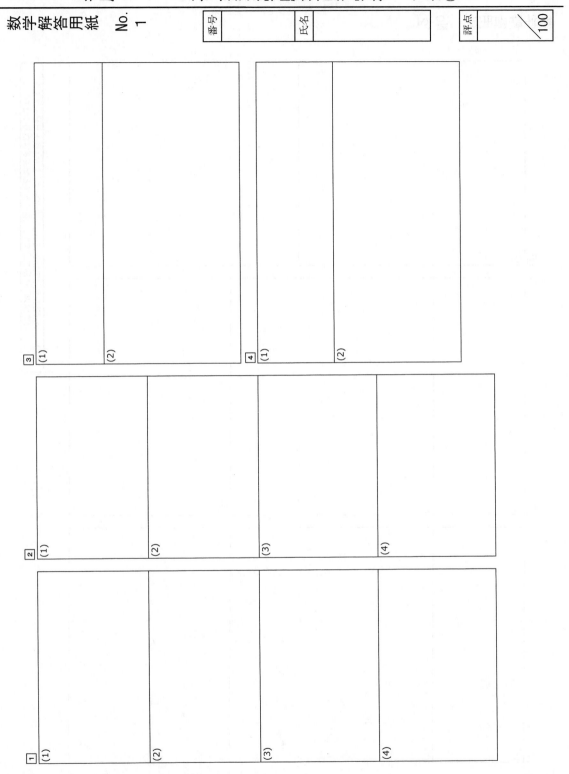

2022年度　日本工業大学駒場高等学校　一般②

数学解答用紙　No. 2

7
(1)
(2)

6
(1)
(2)
(3)

5
(1)
(2)
(3)

（注）この解答用紙は実物を縮小してあります。200%拡大コピーすると、ほぼ実物大で使用できます。（タイトルと配点表は含みません）

推定配点
1〜7　各5点×20

計
100点

二〇二二年度　日本工業大学駒場高等学校　一般②

国語解答用紙

番号　　氏名　　評点　／100

一

問1　1　2　3

問2　（85字）

問3　（11字）

問4　問5　問6

問7　問8　問9

二

問1　1　2　3

問2　問3　問4

問5　（4字）　問6

問7　（50字）

問8　問9　問10

三

①　②　③　④　⑤

⑥　⑦　⑧　⑨　⑩

四

A　B　C　D　E

五

問1　問2

問3　（5字）

問4　（10字）

問5

（注）この解答用紙は実物を縮小してあります。185％拡大コピーすると、ほぼ実物大で使用できます。（タイトルと配点表は含みません）

推定配点	
一　問1　各2点×3　問2　4点　問3～問6　各3点×4　問7　2点　問8、問9　各3点×2 二　問1　各2点×3　問2　3点　問3　2点　問4～問8　各3点×5　問9、問10　各2点×2 三～五　各2点×20	計 100点

２０２１年度　日本工業大学駒場高等学校　一般①

英語解答用紙

番号		氏名	

評点	/100

1

1		2	
3		4	
5			

2

1		2		3		4		5	

3

1		
2		
3		
4		
5		

4

1	my homework?
2	.
3	I .
4	.
5	I at night.

5

A	1		2		3		4		5	
B	1		2		3		4			

6

7

A	Q1		Q2							
B	問1	1		2		3		4		5
	問2		問3							

8

問1	A		B	
問2			問3	.
問4	あ		い	
問5				
問6	Most people did not			
問7				

問8	1		2		3		4		5	

（注）この解答用紙は実物を縮小してあります。204%拡大コピーすると、ほぼ実物大で使用できます。（タイトルと配点表は含みません）

推定配点	
1～4 各2点×20 5 A 各2点×5　B 各1点×4 6 3点 7 各2点×9 8 問1～問7 各2点×10　問8 各1点×5	
計	100点

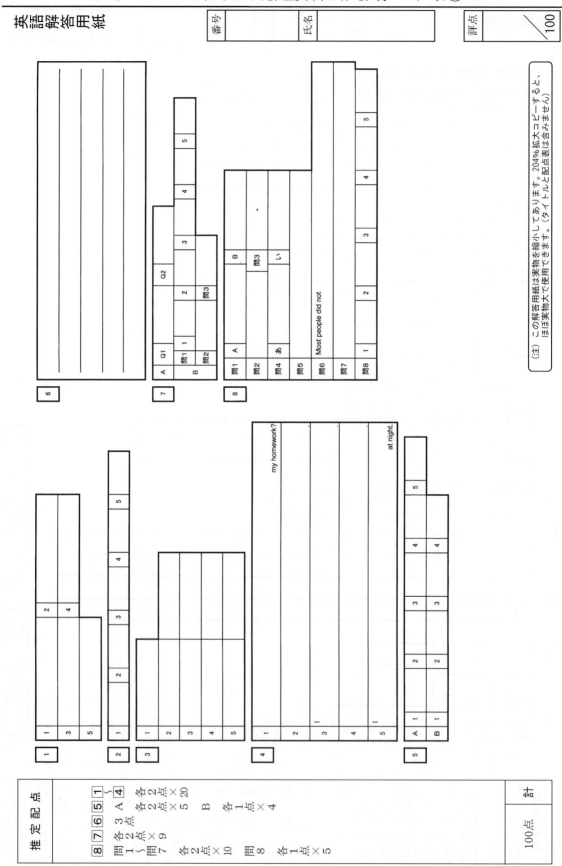

２０２１年度　日本工業大学駒場高等学校　一般①

数学解答用紙　No. 1

番号		氏名		評点	/100

1

(1)

(2)

(3)

(4)

2

(1)

(2)

(3)

(4)

3

(1)

(2)

4

(1)

(2)

2021年度　日本工業大学駒場高等学校　一般①

数学解答用紙　No. 2

5

(1)

(2)

(3)

6

(1)

(2)

(3)

7

(1)

(2)

（注）この解答用紙は実物を縮小してあります。200%拡大コピーすると、ほぼ実物大で使用できます。（タイトルと配点表は含みません）

推定配点	
1〜7　各5点×20	
100点	計

二〇二一年度　日本工業大学駒場高等学校　一般①

国語解答用紙

番号　　氏名　　評点　/100

一

問1　1　2　3

問2

問3　問4

問5　20　40　60

問6

問7　すること。

問8　問9

問10　問11

二

問1　1　2　3

問2

問3　(1)　(2)

問4　20　40　45

問5　問6　〜　から。

問7　問8

三

①　②　③　④　⑤

⑥　⑦　⑧　⑨　⑩

四

①　②　③　④　⑤

五

問1　問2　問3　問4　問5

（注）この解答用紙は実物を縮小してあります。189%拡大コピーすると、ほぼ実物大で使用できます。（タイトルと配点表は含みません）

推定配点	
一 問1〜問4　各2点×6　問5　4点　問6、問7　各2点×2 問8　3点　問9　2点　問10、問11　各3点×2 二 問1〜問3　各2点×7　問4　4点　問5　2点 問6〜問8　各3点×3 三〜五　各2点×20	計 100点

２０２１年度　日本工業大学駒場高等学校　一般②

英語解答用紙

番号		氏名		評点	/100

1

1		2	
3		4	
5			

2

1		2		3		4		5	

3

1		
2		
3		
4		
5		

4

1	Monaco is the world.
2	The boy .
3	Children a dictionary.
4	Naomi asked .
5	school yesterday.

5

A	1		2		3		4		5	
B	1		2		3		4			

6

7

A	Q1		Q2			
B	問1		問2		問3	

8

問1										
問2	A		B		C		D		E	
問3	ア		イ		ウ		エ		オ	
問4										
問5										
問6										
問7	1		2		3		4			

（注）この解答用紙は実物を縮小してあります。204％拡大コピーすると、ほぼ実物大で使用できます。（タイトルと配点表は含みません）

推定配点

1〜4　各2点×20
5　A　各2点×5　B　各1点×4
6　4点
7　各2点×5
8　問1〜問6　各2点×14　問7　各1点×4

100点	計

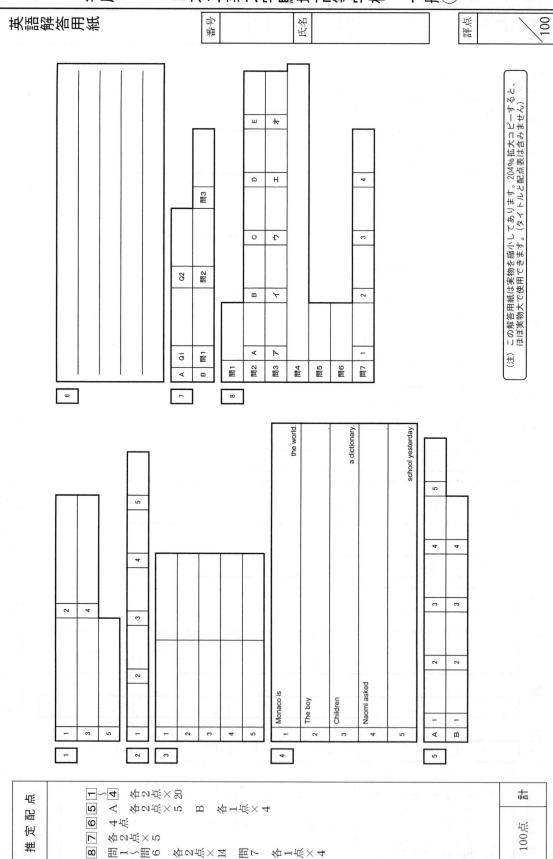

2021年度 日本工業大学駒場高等学校 一般②

数学解答用紙 No. 1

番号

氏名

評点 /100

1
(1)
(2)
(3)
(4)

2
(1)
(2)
(3)
(4)

3
(1)
(2)

4
(1)
(2)

2021年度 日本工業大学駒場高等学校 一般②

数学解答用紙 No. 2

5
(1)
(2)
(3)

6
(1)
(2)
(3)

7
(1)
(2)

推定配点	
1〜7 各5点×20	
100点	計

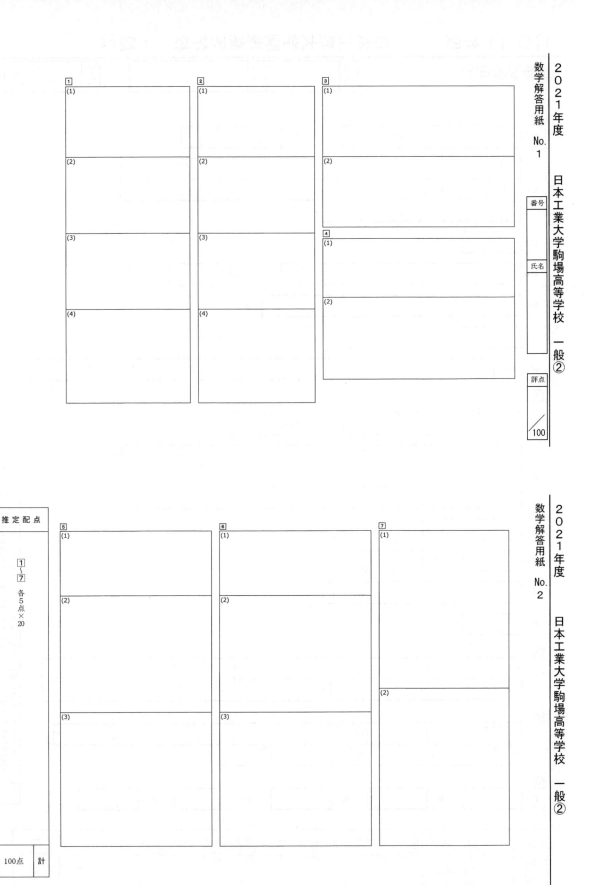

二〇二二年度　日本工業大学駒場高等学校　一般②

国語解答用紙

番号		氏名		評点	/100

一

問1　1　2　3

問2

問3　20　40　50

問4

問5

問6

問7　から。

問8

問9　(1)　(2)

二

問1　1　2　3

問2

問3　20　40　60

問4

問5

問6

問7

問8

三

① ② ③ ④ ⑤

⑥ ⑦ ⑧ ⑨ ⑩

四

① 四字熟語　意味
② 四字熟語　意味
③ 四字熟語　意味
④ 四字熟語　意味
⑤ 四字熟語　意味

五

問1　問2　問3　問4　問5

（注）この解答用紙は実物を縮小してあります。189%拡大コピーすると、ほぼ実物大で使用できます。（タイトルと配点表は含みません）

推定配点		計
	一 問1、問2　各2点×4　問3　4点　問4〜問9　各3点×7 二 問1、問2　各2点×4　問3　4点　問4〜問8　各3点×5 三 各2点×10 四 各1点×10 五 各2点×5	100点